DIE BURGEN IN ESTLAND UND LETTLAND

ARMIN TUULSE

DIE BURGEN IN
ESTLAND UND LETTLAND

Das beeindruckende Buch

Die Burgen in Estland und Lettland
von
Armin Tuulse

erscheint im Rahmen ausgewählter Literatur
als exklusive Reprint-Ausgabe in der
Historischen Bibliothek des Melchior Verlages.

Die Historische Bibliothek enthält wichtige
sowie interessante Bücher zur deutschen Geschichte
und lässt anhand dieser eindrucksvollen Zeitzeugen
bedeutende Ereignisse, Begebenheiten und Personen
aus längst vergangener Zeit wieder lebendig erscheinen.

Nachdruck der Originalausgabe von 1941
nach einem seltenen Exemplar aus Privatbesitz.

M
Reprint
© Melchior Verlag
Wolfenbüttel
2008
ISBN: 978-3-939791-78-2
www.melchior-verlag.de

Vorwort.

Die mittelalterlichen Burgen Estlands und Lettlands bilden den Verhältnissen ihrer Entstehungszeit entsprechend eine unzertrennbar zusammengehörende Gruppe. Obschon im Mittelalter die politische Macht in diesen Landgebieten unter mehrere Landesherren verteilt war, so hat jedenfalls die entscheidende Rolle in der Ausgestaltung des Burgennetzes der Deutsche Orden gespielt, neben dessen südlichem Herrschaftsgebiet, Preussen, auch Alt-Livland einen überaus wichtigen Platz innehatte. Die Grenzen dieses Gebiets stimmten im grossen und ganzen mit denen des heutigen Estlands und Lettlands überein. Infolge der besonderen geopolitischen Lage des Landes und der Verfassung des Ordensstaates wurde Alt-Livland innerhalb des Zeitraums zwischen dem Ende des 12. und dem Anfang des 16. Jahrhunderts mit einem Burgennetz überzogen, das zu den dichtesten in den Ländern um die Ostsee gehört.

Mit der Bearbeitung dieses umfangreichen Materials ist bereits gegen Ende des 18. Jahrhunderts begonnen worden, wobei die ersten Versuche ihr Gepräge sichtlich einem romantischen Interesse verdanken. Am Ende des vorigen Jahrhunderts und zu Beginn des jetzigen haben sich Wilhelm Neumann und besonders Karl v. Löwis of Menar grosse Verdienste um die Erforschung der Burgen Alt-Livlands erworben. Vor allem der letztere von ihnen hat einen festen Grund zu der wissenschaftlichen Erforschung der hiesigen Wehrbauten gelegt, indem er umfassende Grabungen unternommen, Grundrisse gezeichnet und urkundliches Material gesammelt hat. Die von ihm veröffentlichten zahlreichen Kleinaufsätze zur Baugeschichte der einzelnen Burgen haben sich als wichtige Vorarbeit für die vorliegende Untersuchung erwiesen, desgleichen konnten von ihm gezeichnete Pläne mit Erfolg benutzt werden. Bei deren Überprüfung sind bloss kleine Ungenauigkeiten zutage getreten, durch welche die Bauanalyse der Burgen nicht in nennenswertem Mass beeinträchtigt wird. Seine Forschungsergebnisse hat Löwis of Menar in einem „Burgenlexikon für Alt-Livland" (Riga, 1922) zusammengefasst, wo jeweils neben einer kurzen Baugeschichte der einzelnen Burgen auch reichliche Hinweise auf das Urkundenmaterial und die Literatur geboten werden. In dem Werk ist der Hauptnachdruck auf die Darbietung historischer und genealogischer Angaben gelegt worden, während dagegen eine typologische Betrachtung der Burgen und ihre Vergleichung mit der Wehrarchitektur anderer Länder fehlt. Es sollte ja, wie auch der Verfasser selber betont hat, nur ein erster Schritt, eine Vorarbeit für spätere Untersuchungen sein.

Die vorliegende Untersuchung möchte den nächsten Schritt tun und den Stoff nach neueren kunstgeschichtlichen Forschungsmethoden verarbeiten, um unter gleichzeitiger Berücksichtigung der politischen und wirtschaftlichen Faktoren der Entstehungszeit der Wehrbauten deren typologische Entwicklung und Zusammenhänge mit der gleichzeitigen Profanarchitektur anderer Länder festzustellen. Die Eigenart des Stoffes hat teilweise die Forschungsweise bestimmt. Handelt es sich doch grossenteils um zerstörte, in Trümmern stehende Bauten, und so hat man sich bei der Feststellung der Formenentwicklung an die Grundrisse als die dauerhaftere Schrift der Bauten halten müssen. Ausser den vom Verfasser veranstalteten Probegrabungen und den vorerwähnten Plänen von Löwis of Menar haben auf diesem Gebiete unschätzbare Dienste geleistet im Stockholmer Kriegsarchiv befindliche Zeichnungen und Pläne aus dem 17. Jahrhundert, im Auftrage des Generalgouverneurs Marquis Paulucci ausgeführte Vermessungen und endlich Zeichnungen aus der Feder von Brotze und Körber. Obschon die letzteren teilweise sehr ungenau sind, ist es mit ihrer Hilfe immerhin möglich gewesen, die Grundgestalt einiger jetzt völlig zerstörter Burgen annähernd festzustellen. Wo unmittelbares Abbildungsmaterial nicht vorgelegen hat, da haben Angaben aus Urkunden oder älterer Literatur mittelbare Schlüsse über den Charakter der Bauten, insbesondere für die Innenarchitektur, ermöglicht.

Trotz alledem ist die Grundgestalt vieler Burgen immer noch unbekannt geblieben, da es nicht möglich gewesen ist, alle dazu notwendigen Grabungen auszuführen. Vor allem fehlt es an Planmaterial für die kleineren befestigten Plätze, die zum Teil spurlos verschwunden sind. Nur wo es das Gesamtbild des Burgennetzes erfordert hat, sind geschichtliche Angaben über solche zerstörte Bauten gebracht worden, in der übrigen Mehrzahl der Fälle sind sie fortgeblieben. Desgleichen sind nur innerhalb des Rahmens einer allgemeinen Charakteristik der Bautätigkeit einer bestimmten Zeit einzelne Beispiele frühzeitlicher Holzburgen angeführt worden, deren Gestalt unbekannt ist und die bloss für die allgemeine Geschichtsforschung von Bedeutung sind. In all diesen Nebenfragen wird die künftige Forschung sicherlich noch vieles nachzutragen haben, wobei eine gleiche Arbeitslast wie den Kunsthistorikern auch den Geschichtsforschern zufallen dürfte. Erst nachdem durch ergänzende Grabungen und Archivforschungen die nötigen Vorarbeiten geleistet sein werden, wird die Herausgabe eines vollständigen Burgenlexikons für Alt-Livland möglich sein, was die vorliegende Arbeit in keiner Weise zu sein beansprucht.

Da in dieser Abhandlung der Hauptnachdruck auf die Formenentwicklung der altlivländischen mittelalterlichen Wehrarchitektur und deren Beziehungen zu dem Auslande gelegt worden ist, so hat der Verlauf der Geschichte dieses Landes selber bloss in dem Masse Erwähnung gefunden, als das zur Aufhellung der Entstehung der Wehrbauten, ihrer Formenentwicklung und Wehraufgaben notwendig gewesen ist. Bloss bei einzelnen Vasallenburgen mussten genealogische Angaben gemacht werden, in den übrigen Fällen hätte das den Rahmen dieser Arbeit gesprengt. Von den mittelalterlichen abweichende Entwicklungsgesetze haben die in der Neuzeit, und zwar besonders zahlreich im 17. Jahrhundert, bei den Hauptburgen ausgeführten Anbauten und Ergänzungen befolgt. Auch dieses ganze Gebiet ist in der vorliegenden Arbeit unberücksichtigt geblieben, abgesehen von vereinzelten Bemerkungen, die der Kennzeichnung des allgemeinen Wehrcharakters der mittelalterlichen Kernbestände dienen sollen.

Im Zusammenhang mit dieser Untersuchung hat der Verfasser bei den Burgen Estlands und Lettlands Probegrabungen und Vermessungen vorgenommen sowie photographische Aufnahmen gemacht. Als Stipendiat der Universität Dorpat hat er 1937/38 die Möglichkeit gehabt, die Wehrarchitektur Deutschlands, Schwedens, Hollands, Belgiens, Frankreichs und Italiens kennen zu lernen. In denselben Jahren hat er ausser in der Heimat auch in Riga, Stockholm und Königsberg Archivstudien betrieben. Obschon das Materialsammeln bereits 1934 im Zusammenhang mit kleineren Aufsätzen über die Burgen Estlands und Lettlands begonnen hatte, ist die endgültige Gestaltung der Arbeit doch erst hauptsächlich in den beiden letzten Jahren erfolgt.

Indem ich diese Arbeit an die Öffentlichkeit bringe, habe ich die angenehme Pflicht, allen denjenigen Personen und Behörden zu danken, die in der einen oder andern Weise bei dem Zustandekommen dieser Schritt mitgeholfen haben. Vor allem gedenke ich in Dankbarkeit meines Lehrers, Herrn Prof. Dr. S. Karling in Göteborg (ehemals in Dorpat), der mich zu diesem Thema geführt und mir jahrelang als freundlicher Berater zur Seite gestanden hat. Zu grossem Dank verpflichtet bin ich auch Herrn Prof. Dr. K. H. Clasen in Rostock, der mir vor allem in meiner Königsberger Studienzeit 1937 geholfen hat, die für die vorliegende Arbeit so wichtigen Probleme der Wehrarchitektur des Deutschen Ordens zu erfassen. Das geschichtliche Material der Arbeit ist mehrfach durch wertvolle Fingerzeige von Herrn Prof. Dr. H. Sepp ergänzt worden. Für die vorgeschichtlichen Probleme ist der Gedankenaustausch mit den Herren Prof. Dr. H. Moora und Mag. E. Laid überaus fruchtbar gewesen, die auch beim Sammeln des Materials und bei seiner Drucklegung wertvolle Dienste geleistet haben.

Für die Ermöglichung der umfassenden Sammelarbeit schulde ich grössten Dank der Universität Dorpat, die mir Inland- und Auslandstipendien bewilligt hat. Desgleichen spreche ich der Gelehrten Estnischen Gesellschaft meinen tiefsten Dank aus, die mit einem Stipendium die Ausführung der Probegrabungen und Vermessungen ermöglicht und die Unkosten der Anfertigung der zahlreichen Bildstöcke getragen hat, wodurch die Veröffentlichung der Arbeit wesentlich gefördert worden ist.

Ferner bin ich folgenden Archiven und Bibliotheken zu tiefem Dank verpflichtet (die Namen derer von Estland und Lettland sind in der Form angeführt, die sie bei der Abfassung dieser Arbeit vor 1940 hatten): Estnisches Staatliches Zentralarchiv, Universitätsbibliothek Dorpat, Kunstgeschichtliches Institut der Universität Dorpat, Bibliothek der Estländischen Literärischen Gesellschaft in Reval, Lettisches Staatsarchiv, Zentralbibliothek der Stadt Riga, Archiv des Lettischen Denkmalamts, Preussisches Staatsarchiv in Königsberg, Schwedisches Reichsarchiv in Stockholm, Kriegsarchiv in Stockholm und Bibliothek der Kungl. Vitterhets Historie och Antikvitetsakademi in Stockholm.

Herr stud. J. Armolik hat sorgfältige Aufmessungen von Burgen geliefert und mit mir Reisebeschwerden in Estland und Lettland geteilt. Die Hauptlast der Übersetzungsarbeit haben getragen Frau Dr. D. Kieckers, Frl. Mag. M. Schmiedehelm und Prof. S. Aaslava, welcher letztere auch die zeitraubende Redaktion und Korrektur in gewissenhafter Weise besorgt hat. In den technischen Arbeiten und bei der Anfertigung des Registers hat mir meine Gattin, Mag. L. Tuulse, treue Hilfe geleistet. Endlich sei mit Dank erwähnt die Sorgfalt des Dorpater Estnischen Verlages bei der Drucklegung der Schrift und desgleichen die vorbildliche Achtsamkeit der Druckerei „Postimees" bei der technischen Ausführung des Satzes und der Abbildungen.

Diese Untersuchung ist als Doktordissertation der Philosophischen Fakultät der Universität Dorpat vorgelegt und am 25. April 1942 gegen die Opponenten, Prof. Dr. K. H. Clasen (schriftliches Gutachten) und Prof. Dr. H. Sepp, verteidigt worden. Die von den Opponenten gemachten Besserungsvorschläge sind nach Möglichkeit bei der Drucklegung berücksichtigt worden.

ARMIN TUULSE.

EINLEITUNG.

Von den historischen Baudenkmälern erscheinen vornehmlich die Burgen als Urkunden, in denen uns die wirtschaftlichen und politischen Verhältnisse und die Kulturbeziehungen ihrer Erbauungszeit in deutlichen Farben entgegentreten. Wenn die Entstehungsgeschichte der Burgen durch die jeweiligen politischen Ereignisse und Beziehungen zwischen den massgebenden Machtfaktoren des Landes bestimmt wurde, so spiegelt deren äussere Gestaltung wiederum die Organisationsformen ihrer Erbauer und die von diesen jeweils beobachtete Angriffs- und Wehrtaktik wider. Mit dem Wechsel der politischen und wirtschaftlichen Verhältnisse sowie der Wehrtechnik wechseln auch die Burgformen, die ja unmittelbar aus den praktischen Bedürfnissen erwachsen sind. Abgesehen von den menschlichen Faktoren wird die Burggestaltung massgebend auch von der Natur, den geologischen Formationen, dem Klima und dem am Ort zur Verfügung stehenden Baumaterial beeinflusst. Vor einer eingehenderen Behandlung des eigentlichen Stoffes muss man sich daher zur Orientierung einen allgemeinen Überblick über alle diese formwirkenden Umstände Estlands und Lettlands verschaffen.

Zunächst sei die Folge der geschichtlichen Ereignisse angeführt, mit denen die Entstehung der Burgen unmittelbar verknüpft erscheint.

Die in eine ferne Vorzeit zurückreichende Geschichte der in den östlichen Küstengebieten der Ostsee ansässigen estnischen und lettischen Volksstämme erhält im 12. Jahrhundert eine entscheidende Wendung dadurch, dass die Deutschen in zunehmendem Masse an der Ostsee ein Übergewicht über die Skandinavier und die anderen Völker erlangten. Das alles war seinerseits bedingt durch die deutsche Expansion, die sich in der Kolonisierung der slawischen Gebiete äusserte, bei der Heinrich der Löwe und Albrecht der Bär eine wesentliche Rolle spielten [1]. Zur wirtschaftlichen und politischen Expansion gesellte sich sehr bald die kirchliche, deren Lei-

---

[1] Eesti ajalugu I, 270 ff; A r b u s o w, Grundriss 8 ff.

tung das Erzbistum Hamburg-Bremen übernahm. Eine epochemachende Bedeutung kommt der Gründung von Lübeck zu, das die erste und massgebende Stadt an der Ostsee wurde. Über Gotland erfolgte ein weiteres Vordringen zu den russischen Märkten, und so knüpften Kaufleute bereits in der zweiten Hälfte des 12. Jahrhunderts enge Beziehungen auch mit dem Ostbaltikum an. Ein Handelsplatz von wesentlicher Bedeutung wird die Dünamündung, von wo aus Strassen ins warenreiche Binnenland und ostwärts zu den russischen Märkten führten. Etwa um 1180 wird denn auch das erste Erscheinen deutscher Kaufleute an der Dünamündung angesetzt, welches Ereignis gleichsam einen Auftakt zu dem folgenden Geschehen bildet. Dem Kaufmann folgte bald der Missionar und diesem der Krieger. Der erste Verkündiger des Christentums auf dem neuen Gebiet wurde der aus Segeberg in Holstein stammende Mönch Meinhard, der den ersten bescheidenen Grund zu einer Kolonie legte. Ihm folgt der streitbare Berthold und diesem der als Organisator und Diplomat hochbegabte Bischof Albert, der mit aller Folgerichtigkeit die Gründung eines neuen Staates in die Wege zu leiten beginnt. Bereits zu Beginn des neuen Jahrhunderts wird an der Düna die fortan den Handel leitende Stadt Riga gegründet und zwecks Eroberung des Landes ein Jahr später eine auf religiöser Grundlage fussende Kriegsmacht, der Schwertbrüderorden, ins Leben gerufen. Der Expansionsdrang in der Hohenstaufenzeit hatte hiermit ein neues Ziel gefunden, während im Süden die Eroberung Palästinas als alle begeisterndes leuchtendes Ziel vorschwebte. Zur *Terra Filii* gesellte sich die *Terra Mariae*, wo die Bekehrung der Heiden zum Christentum aufs Panier geschrieben wurde, um im Rahmen dieser Idee den Betätigungsdrang der Ritter zu stillen und den aufstrebenden Handelsstädten neue Märkte zu verschaffen [2].

Mit der Gründung des Schwertbrüderordens erfolgte der endgültige Übergang von der ursprünglichen friedlichen Missionsarbeit alten Stils zur gewaltsamen Eroberung des Landes. Bischof Albert ist zunächst bestrebt, seine Macht an der Düna zu sichern, doch der Orden ist vor allem an der Eroberung der nördlich gelegenen Landgebiete interessiert. Nach der Niederwerfung der Liven und der Letten wird der Eroberungskrieg in das nordwärts gelegene Gebiet der Esten getragen, wo die eingesessene Bevölkerung erst im dritten Jahrzehnt des Jahrhunderts gezwungen wird, sich der Herrschaft der Deutschen zu unterwerfen. Das Land wird unter die geistliche und die weltliche Macht verteilt und alle damaligen Rechts- und Abhängigkeitsverhältnisse des Abendlandes hierher verpflanzt. Als erster sieht sich der Bischof genötigt, seine Ländereien in ausge-

---

[2] Krollmann 1—2.

dehnterem Masse zu verlehnen, um sich eine bewaffnete Macht sowohl für äussere als auch für innere Kämpfe zu verschaffen. Denn schon zur Zeit des Schwertbrüderordens traten zwischen den beiden Hauptmächten des Landes Gegensätze zutage, die oft grössere Aufmerksamkeit erheischten als die Beherrschung der unterworfenen einheimischen Völker und die Sicherung der Landesgrenzen.

Jedoch nicht bloss deutsche Kolonisatoren waren an dem reichen und mit guten Hinterländern versehenen Neuland interessiert; in derselben Weise hatte auch Dänemark schon zeitig sein Bestreben verraten, hier seine Oberherrschaft zu sichern, wie es die durchaus eindeutigen Kriegszüge seit dem ersten Jahrzehnt des Jahrhunderts zur Genüge beweisen. Die im Jahre 1219 erfolgte Eroberung von Lindanisse (Lindanisa), dem festesten Punkt an der Nordküste (auf dem heutigen Domberge von Reval), sichert Dänemark eine längere Herrschaft im nördlichen Teile des Landes, wonach hier eine weitere Eroberung des Landes einsetzt, in gleicher Weise wie sie im südlichen Landesteil von Bischof und Orden betrieben worden war. Hier wurde aber gerade die grosse Expansionskraft des Ordens für die dänische Besitzung verhängnisvoll, und die Dänen werden im Jahre 1227 für eine gewisse Zeit hinausgedrängt. Aber damit waren noch lange keine stabilen Zustände im Lande geschaffen; *vielmehr mussten die neuen Machthaber beständig auf der Hut* sein, um einer Erhebung der einheimischen Völker vorzubeugen. Dazu hatte man im Osten nach wie vor mit den Russen zu rechnen, die schon vor dem Eindringen der Deutschen das Land durch Eroberungszüge als ihr Interessengebiet bezeichnet hatten und nachmals auf der Dünalinie mit grosser Zähigkeit ihre bisherigen Stellungen behaupteten. In gleicher Weise drohte Gefahr von Süden her, wo die Eroberung noch nicht vollendet war und vor allem die Litauer den Bestand des neuen Staates gefährdeten. Als der Orden im Jahre 1236 durch die Litauer eine entscheidende Niederlage erlitten hatte, war auch die politische Lage des Landes entschieden: der geschwächte Schwertbrüderorden ist genötigt, sich dem Deutschen Orden in Preussen anzuschliessen. Der Vertrag zu Stenby vom Jahre 1238 gibt auch den Dänen den ihnen mittlerweile verlorengegangenen nördlichen Landesteil wieder zurück, und so wird das Verhältnis der Mächte im Lande wieder für eine Zeitlang in grossen Zügen festgelegt.

Zugleich aber beginnt für die ganze Aufbauarbeit im Lande eine neue Periode. Die Landesverteidigung wird fortan erfolgreich vom Deutschen Orden geleitet, der von Preussen her und schon seit seiner vormaligen Wirksamkeit in Ungarn und Palästina über die nötigen Erfahrungen verfügte. Im Süden des Landes wird die Eroberungsarbeit in den letzten Jahrzehnten des Jahrhunderts zum Abschluss gebracht und die Oberherrschaft im Innern des Landes gesichert, trotz mannigfacher Befreiungsversuche seitens der einheimischen Völker und von Osten und Süden her unternommener Gegenaktionen. Einen grossen Aufstieg der Ordensmacht bezeichnet das Jahr 1346, in welchem zwischen dem Könige von Dänemark und dem Deutschen Orden ein Kaufvertrag geschlossen wurde, demzufolge Estland für 19000 Kölnische Mark in den Besitz des Deutschen Ordens überging. Damit hatte der Orden natürliche Grenzen für seine Besitzungen bekommen, die nunmehr bis an den Finnischen Meerbusen reichten. Seitdem konnte die Verteidigung des Landes noch erfolgreicher betrieben und der innen- und aussenpolitische Einfluss des Ordens um ein Beträchtliches gehoben werden.

Bestehen aber bleibt das bisherige Verhältnis zwischen den Gewalten, das der Deutsche Orden eben als Erbschaft vom Schwertbrüderorden überkam. Die einzelnen Mächte standen selbständig nebeneinander, mehr durch gegenseitige Befehdung als durch geordnete Zusammenarbeit aneinander gefesselt. Als zweitgrösste Macht neben dem Orden kam nämlich das Bistum Riga in Betracht, seit 1255 ein Erzbistum, dessen Metropolitangewalt die Bischöfe Livlands (ausser Reval, das zu Lund gehörte) und Preussens unterstellt waren [3].

Bei der Verschmelzung der Orden war es eine Bedingung für Hermann von Salza, dass der Orden im Lehnsverhältnis als vom Bischof abhängig gelten sollte. Das führte zu endlosen inneren Fehden, da der Orden hier die gleiche Macht zu erlangen suchte, die er in Preussen besass. Trotz wiederholter Inkorporierung des Erzbischofs wurde das Ziel doch nicht erreicht: Livland blieb ein „Fünferstaat". Verhängnisvoll für das Land wurde neben diesen inneren Gegensätzen die Nachbarschaft des Russen im Osten, welcher bereits in der Eroberungszeit die Wirksamkeit der von Westen kommenden Kolonisatoren mit Erfolg zu hemmen gewusst hatte. In beträchtlichem Masse wuchs die Ostgefahr im 15. Jahrhundert, und im folgenden Jahrhundert wurde das Verhältnis äusserst gespannt, was dann 1558 zu einem entscheidenden Kriege und 1562 zu dem Zusammenbruch des Deutschen Ordensstaates in Livland führte.

Der Ordensstaat mitsamt den bischöflichen Besitztümern, in der Geschichte bekannt unter dem Namen Alt-Livland, deckte seinem Umfang nach etwa das Gebiet des heutigen Estlands und Lettlands. Im Norden wird das Land vom Finnischen Meerbusen und im Westen von der sich tief ins Land eingrabenden Ostsee umspült; auch im Osten erscheint die Grenzlinie zum Teil naturbestimmt durch den Peipussee nebst seinen Flüssen. Nur im Süden ist die Grenze zufälliger Art und rein geschichtlich bedingt. Hier bildete Litauen

---

[3] Eesti ajalugu II, 33 ff; Baltische Lande 482.

einen starken Wall, der alle Bemühungen um die Vereinigung der beiden Ordensgebiete vereitelte.

Dieses einem Geviert sich nähernde Landgebiet wurde dann in der Zeitspanne vom Ende des 12. bis zur ersten Hälfte des 16. Jahrhunderts mit einem Burgennetz überzogen, das zu den dichtesten in Nordosteuropa gehört: die Gesamtzahl der Burgen übersteigt 150, ungerechnet die kleineren befestigten Punkte. Der die Verteidigung des Landes leitende Orden erscheint als der hauptsächliche Bauherr: die Gesamtzahl seiner Burgen im ganzen Lande reicht bis 60, die zusammengenommen ein einheitliches Wehrsystem bilden. Waren doch alle Ordensgebiete räumlich miteinander verbunden, wogegen die bischöflichen Besitzungen vereinzelten Inseln glichen. Neben dem Ordensland waren aber auch die bischöflichen Gebiete mit einem dichten Burgennetz überzogen. Zu den Bauten der beiden Landesherren gesellten sich noch die Schlösser der Vasallen, insgesamt über 50 [4].

Die Entstehungsgeschichte der Burgen und deren räumliche Verteilung steht in unmittelbarem Zusammenhang mit der eben in grossen Zügen geschilderten geschichtlichen Entwicklung. Vor allem waren die Burgen von wesentlicher Wichtigkeit für die wenig zahlreichen Deutschen zur Erhaltung der Botmässigkeit der Völker des unterworfenen Landes. Bereits in den Tagen der Eroberungszeit war das Anlegen von Burgen eine Frage von entscheidenster Wichtigkeit. Begann doch die Unterwerfung eines bestimmten Gebietes gewöhnlich mit dem Bau einer Burg an der Grenze. So wurde Südestland von Wenden aus, Ostlettland von Kokenhusen aus, Semgallen von Mitau aus und Nordestland von Reval aus erobert [5]. Jedoch bald nach der endgültigen Besitznahme des Landes musste man wegen der inneren Fehden in zunehmendem Masse auch die Befestigung solcher Punkte ins Auge fassen, welche für die Fälle eines gegenseitigen Aufeinanderprallens der Mächte des Landes wichtig erschienen. Besonders die spätere Entwicklung des Burgwesens bietet hierfür Beispiele zur Genüge. Drittens mussten auch auswärtige Feinde ernstlichst in Betracht gezogen werden, und so sind denn besonders in den letzten Jahrhunderten des Bestehens von Alt-Livland viele Burgen auch nach diesen Gesichtspunkten angelegt worden. Das als spitzer Keil gegen Norden vorgeschobene Land war ausschliesslich auf seine eigenen Kräfte angewiesen, und dass die Deutschen trotz vieler entgegenwirkender Kräfte ihre Macht so lange zu behaupten vermochten, ist wesentlich den Burgen zu verdanken.

---

[4] L ö w i s of M e n a r, Burgenlexikon 41; L ö w i s of M e n a r, Estlands Burgen 137 ff; A. v. L ö w i s 262 ff.
[5] Eesti ajalugu II, 1; A r b u s o w, Grundriss 82 ff.

Indem die neuen Herren des Landes nach diesen Wehrgrundsätzen handelten, konnten sie auch an den vormaligen Verteidigungsbauten des Landes, den in vorgeschichtlicher Zeit von der einheimischen Bevölkerung angelegten Burgbergen, nicht einfach vorübergehen. Von diesen reichen die ältesten bis in die vorchristliche Zeit zurück und sind in ihrer ursprünglichen Gestalt Wohnburgen, zum Teil aber auch Zufluchtsstätten in Kriegszeiten gewesen. Solche Burgen wurden zumeist an Ausgangs- und Kreuzungspunkten von Strassen angelegt, an Orten, welche auch späterhin in der Geschichte des Landes eine wesentliche Rolle gespielt haben. Um die Jahrtausendwende sind viele der älteren, relativ schwach befestigten Burgen verlassen worden, während andere aufs neue vergrössert und stärker ausgebaut worden sind. Diese haben zu einem grossen Teil auch noch im Mittelalter als befestigte Siedlungen fortbestanden [6].

Die Burgberge, deren Zahl in beiden Ländern zusammen weit über 400 reicht, fussten auf den Grundsätzen der Höhenverteidigung. Die Burg wurde im wesentlichen entweder auf einem höheren Hügel oder einem Bergrücken angelegt, der von einer Seite mittels eines Grabens abgeschnitten wurde. Die Abhänge wurden mit einem Erdwall gefestigt, auf welchem gewöhnlich noch eine Holzwand, manchmal aber auch ein Steinwall ohne Mörtelverbindung errichtet war. Ihrem Grundriss nach waren diese Bauten naturgebunden, der Gestalt des Berges sich anschmiegend, um die günstigen Formen des Geländes im Verteidigungssystem besser auszunutzen. In ihrer Anlage schliessen sich die estnischen und lettischen Burgberge unmittelbar der typisch nordischen Burggestaltung an, wie sie auch in Russland, Skandinavien, Norddeutschland und anderswo verbreitet war.

Indem besonders in der frühesten Eroberungsperiode neue Festungen an den Stätten der ehemaligen Burgberge angelegt wurden, sind die alten Formen unmittelbar in die spätere Zeit hinübergetragen worden. Das war aber nur ein Element der grossen, auf den Überlieferungen der europäischen Wehrarchitektur fussenden Entwicklung, die die geläufigen Burgformen den Verhältnissen und dem Gelände der neuen Umgebung anzupassen suchte. Vorherrschend aber waren in dieser Entwicklung die bis in die Zeit der alten Römer zurückreichenden Bautraditionen, wo das regelmässige, auf den Mauernschutz sich gründende Kastell und die diesem verwandte Turmburg als Grundtypen erscheinen. Alle diese Typen sind schon in der frühesten Burgenarchitektur Alt-Livlands vertreten und haben nachmals im Verein mit dem jeweils naturgebunde-

---

[6] Muistse Eesti linnused 9 ff; L a i d, Muinaslinnad 33 ff; L a i d, Uusi andmeid 19; M o o r a, 63—65; B a l o d i s, Burgberge 272 ff.

nen Grundriss eine Reihe von Spielarten gezeitigt, entsprechend den Zeitverhältnissen und den von diesen bestimmten Bedürfnissen.

Die als massgebende Triebkräfte der Burggestaltung in Betracht kommenden Wehr- und Angriffsmethoden entsprachen in Livland im ganzen denjenigen anderer Länder. In dieser Hinsicht verlief somit die Entwicklung parallel, was auch in zahlreichen Einzelheiten der Wehrtechnik, in der Anwendung des Flankierungsprinzips und schliesslich auch im grossen Umbruch zutagetritt, den das Aufkommen der Feuerwaffen hervorrief. Aber darüber hinaus wies Livland eine ausgeprägte Eigentümlichkeit auf, nämlich die eigenartige Verfassung des Deutschen Ordens, wodurch Livland mit dem preussischen Ordensgebiet fest verbunden war. Die Verfassung des Ordens war zugleich militärisch und mönchisch, und dementsprechend dienten ihm auch sowohl Burg als Kloster zum Vorbild beim Bauen. Aus diesem Grunde ist in Alt-Livland wie in Preussen der streng blockmässig geschlossene Burgtyp verbreitet, der eine Ausnahmeerscheinung in der gesamten europäischen Burgenarchitektur darstellt [7]. Der Verschiedenheit der gestaltenden Triebkräfte entsprechend hat dieses sog. Konventshaus in Livland eine von der preussischen merklich unterschiedene Gestalt angenommen, was ein wesentliches Moment in der Entwicklungsgeschichte der Ordenskunst darstellt.

Bei der Schaffung dieser neuen Formen war auch die Herkunft der Ordensbrüder massgebend, wodurch eine Reihe von Kulturbeziehungen und Einflüssen ans Licht gerückt wird. Auch hier handelt es sich um mehrere Komponenten, entsprechend der verschiedenen Herkunft der Ordensbrüder, wodurch die ganze Frage nur noch komplizierter wird. Und schliesslich ist noch zu beachten, dass, obschon der Orden als Leiter der Landesverteidigung mit seiner Bautätigkeit dem gesamten Architekturbild einen beherrschenden Stempel aufgedrückt hat, doch auch Elemente weiterlebten, die sich hierzulande seit den Tagen Meinhards und Alberts eingebürgert hatten. Es ist von vornherein auf die massgebende Rolle hinzuweisen, die der Klerus in Alt-Livland neben dem Orden gespielt hat. Obschon die Baugrundsätze des Ordens im wesentlichen auch auf bischöflichen Gebieten eingehalten wurden, so bekundet sich doch auch der Anteil der Kirche in mancher Einzelheit der Formung, und zwar vor allem auf dem Gebiete der Innenarchitektur. Hier brachte schon die Verschiedenheit der inneren Ordnung einen anderen Zug mit sich, der sich von der durch die strenge Konventsorganisation bedingten mathematischen Genauigkeit durch eine gewisse Freiheit auszeichnete.

---

[7] Clasen, Burgbauten 9.

Neben diesen hauptsächlichen Bauherren ist bei der Betrachtung des Bauwesens auch die richtunggebende Rolle der zahlreichen Vasallen und schliesslich auch des städtischen Bürgertums nicht zu vergessen. Auch bei den Vasallen kommt in erster Linie ihre Herkunft in Betracht, da sie eben anderweitig bereits erprobte Formen der Wehrarchitektur hierher verpflanzt haben, wobei sie sie nur ein wenig den hiesigen Verhältnissen entsprechend umzugestalten brauchten. Dass auch hier das Bild verschieden ausfällt, je nach den einzelnen Gebieten und dem jeweiligen Personalbestand, wird von dem der Betrachtung unterliegenden Material nach allen Seiten hin erwiesen. Das Stadtbürgertum hat seinerseits nur noch dazu beigetragen, die auf dem Gebiet der Architektur von dem Orden und der Kirche geknüpften Beziehungen zu festigen. Wo das Land trennt, da verbindet die See, — diese Beobachtung lässt sich besonders in Alt-Livland deutlich verfolgen, das vorbildliche Häfen aufwies, von denen Flüsse weit ins Binnenland hineinführten. In erster Linie hat Reval während seiner Blütezeit im Zusammenhang mit der Machtenfaltung der Hanse im Ostseegebiet einen wesentlichen Beitrag zur mittelalterlichen Baukunst Estlands geliefert, während auf lettländischem Gebiet Riga eine ähnliche Rolle gespielt hat. Ein wandernder Baumeister im Mittelalter konnte seine Dienste verschiedenen Bauherren anbieten, und mancher Meister, der sich am Bau städtischer Festungsanlagen betätigt hatte, mochte sich nachher dem Orden oder einem Bischof zur Verfügung stellen. Desgleichen nahm sich die befestigte Kleinarchitektur des flachen Landes vor allem in der ersten Hälfte des Mittelalters die Bauart der städtischen Wohnhäuser zum Vorbild, so dass auch von dieser Seite her Beziehungen zwischen der Vasallenschaft und dem Stadtbürgertum festzustellen sind. In welcher Weise dann schliesslich auch die einheimische Bevölkerung des Landes an dieser ganzen lebhaften Bautätigkeit Anteil gewonnen hat, wird von dem erhaltenen Material ebenfalls angedeutet.

Ausser den zwischen den Mächten des Landes bestehenden Beziehungen und der mannigfachen Verbundenheit mit dem deutschen Mutterlande kommen in sehr wesentlichem Masse auch noch Nebenfaktoren in Betracht, welche von den Nachbargebieten aus einen richtunggebenden Einfluss ausgeübt haben. Mit Skandinavien hatte das Land von jeher in engen Handelsbeziehungen gestanden, von denen natürlich auch die Baukunst nicht unbeeinflusst geblieben ist. Auch in dieser Hinsicht tritt bald die zentrale Bedeutung Gotlands zutage, wobei es gleichzeitig auch nicht an anregender Wirkung seitens des an Wehrarchitektur so reichen schwedischen und dänischen Festlandes gefehlt hat. Die dänische Staatsgewalt, die sich etwa ein Jahrhundert lang in Estland zu behaupten vermocht hat, hat in der nordestländischen Baukunst unverkennbare Spuren hinterlassen; nur sind diese durch späteres Darüberbauen verdeckt worden.

Obschon abendländische Einflüsse in der Gestaltung des altlivländischen Architekturbildes die Hauptrolle gespielt haben, so werden doch auch östliche Faktoren nicht gänzlich vermisst. Gegenüber dem Verteidigungsgürtel an der Ostgrenze des Ordenslandes erhob sich auf russischer Seite ebenfalls eine Reihe bedeutender Burgen, die sich aber ihrer Anlage nach von den Ordensburgen wesentlich unterschieden, wie aus der trotzig und geradezu am Tore des Ordensstaates erbauten Festung Iwangorod in Narwa ersichtlich ist. Aber auch von gegnerischer Seite hat man lernen können, was durch Beispiele aus der späteren Entwicklungszeit dargetan wird. Dieser östliche Einschlag gibt der Burgenarchitektur Alt-Livlands eine Sondernote im Vergleich mit den übrigen Randländern der Ostsee.

Ausser dem bauenden Menschen und den durch die mit der geopolitischen Lage des Landes gegebenen Beziehungen bedingten Einflüssen sind auch andere gestaltende Kräfte von wesentlicher Bedeutung am Werk gewesen. Vor allem ist schon das Baumaterial von entscheidendem Einfluss. Als solches erscheint in Nordestland der Kalkstein, desgleichen ist Ösel ein Kalksteingebiet. Das Gebiet dieses Baustoffes wird in Südestland von einer Ziegelzone begrenzt, wo aber auch Feldstein in naturgegebenen Formen und Grössen beim Burgenbau Verwendung gefunden hat. Die Ziegel- und Feldsteinzone setzt sich auch noch in Nordlettland fort, das in dieser Hinsicht zusammen mit Südestland ein gemeinsames Gebiet darstellt. Bis Mittellettland hin reicht dieses Ziegel- und Feldsteingebiet, wo ihm dann bereits einzelne Ausstrahlungen eines neuen Kalksteingebietes begegnen, dessen Mittellinie die Düna bildet, wo man guten und zum Bauen bequem verwendbaren Kalkstein brechen konnte. So ausgedehnt wie das nordestländische Kalksteingebiet ist das an der Düna gelegene freilich nicht, und deshalb weisen die dortigen Bauten auch kein so strenges Gepräge der Hausteinarchitektur auf, wie das in Nordestland der Fall ist. Als schmaler Streifen durchzieht dieses Bruchsteingebiet Lettland, um dann im südlich gelegenen Kurland wieder Ziegel- und Feldsteinbauten Raum zu geben.

Die Verschiedenheit des Baustoffes ist neben den obengenannten Faktoren eine der Ursachen, die den Bauten ein so verschiedenes Aussehen verliehen hat, wie das besonders im Vergleich mit Preussen in die Augen fällt. In künstlerischer Hinsicht hat das Feldsteingebiet der Ausgestaltung der Einzelheiten engere Schranken gezogen; der auf Ösel gebrochene Dolomit war aber für bildhauerische Details geeignet und fand daher auch in anderen Teilen Livlands Verwendung, ja er wurde sogar noch in weitere Länder ausgeführt.

Zu der naturgegebenen Verschiedenheit des Baustoffes gesellt sich die Mannigfaltigkeit des Geländes, die auch ihrerseits eine Verschiedenheit der Burgformen begünstigt hat. Im Norden und auf den Inseln ist das Gelände flach und bietet nicht viel Gelegenheit zur Anwendung des Prinzips der Höhenverteidigung, wogegen das hügelige Gelände des südestländischen und nordlettländischen Ziegelgebiets dafür günstige Möglichkeiten bot. In Lettland gipfelt das hügelige Landschaftsbild in der Umgebung der Livländischen Aa, wo die Erhöhungen des Flussufers schon frühzeitig Befestigungszwecken gedient haben. Auch die hohen Kalksteinufer der Düna boten ein günstiges Terrain, desgleichen Ostlettland, wo das Gelände uneben ist wie in Südestland. In Kurland wechselt das Landschaftsbild wiederum und erinnert mit seinen Ebenen stellenweise an Nordestland. Hier wie dort gab es aber ausnahmsweise einzelne Stellen, die der Wehrarchitektur im Bedarfsfalle den nötigen Höhenschutz zu bieten vermochten.

Als gestaltender Faktor kommt für das Bauwesen auch noch das Klima in Betracht. Die dem nordischen Klima ähnelnden Witterungsverhältnisse mit dem strengen Frost im Winter und dem Regen der Übergangsjahreszeiten hemmten bei jedem Baudenkmal das Hervortreten grösseren Formenreichtums an der Aussenseite. Schon ihrem Wesen nach als Nutzbau drängte die Burg zur Schlichtheit einer würfelförmigen Masse. Jedoch nach dem Befunde der süd- und mitteleuropäischen Länder konnten bildhauerische und architektonische Details auch innerhalb der enggestreckten Grenzen der Wehrarchitektur einiges Lebensrecht erlangen. Neben anderen Faktoren hat in Alt-Livland besonders das Klima auf diesem Gebiet eine mässigende Wirkung ausgeübt: nur in seltenen Fällen hat die Bildhauerkunst bei den Burgen Verwendung gefunden und auch dann nur in sehr beschränktem Masse. Für die Gestaltung der rustikalen Mauermassen sind somit das Klima sowohl als auch das Baumaterial verantwortlich zu machen.

Die Mannigfaltigkeit der gestaltenden Faktoren erklärt die Kompliziertheit der altlivländischen Baukunst, die bis ins Einzelnste die Wandlungen der Geschichte spiegelt, wo sich oft mehrere Sonderinteressen in entscheidender Weise gekreuzt haben und die Ursachen und Wirkungen des Geschehens mehrfach mit vielen Nebenumständen verflochten gewesen sind. Aber gerade diese Vielgestaltigkeit ist eben eine Eigenartigkeit, innerhalb deren auch von auswärts entlehnte Züge als ihrer neuen Heimat eigentümlich erscheinen mögen.

Erster Teil.

Baugeschichte und Entwicklung der Burgen.

I. Kapitel.
DIE ANFÄNGE DER BURGENARCHITEKTUR (1185—1237).

1. Die Zeit Bischof Meinhards.

Die Anfänge der Wehrarchitektur Alt-Livlands sind in der Gegend um die Dünamündung zu suchen, die am Ende des 12. Jahrhunderts eine Hauptverkehrsader für die Völker dieses Raumes bildete. Von hier aus führten Handels- und Heerstrassen in alle Richtungen und Gegenden; die Düna entlang zur Livischen Bucht hin wurden auch die Expansionsversuche der Polozker Fürsten sowie die Aktionen Pleskaus vorgetragen. Entscheidend für das Schicksal des Landes wurde aber das Auftauchen deutscher Kaufleute, worauf dann die Missionstätigkeit und die Eroberung des Gebietes folgte. Ungefähr um das Jahr 1180 begann dort Mönch Meinhard, der von Segeberg an die Düna gekommen war, mit seiner Missionsarbeit, wozu ihn die Polozker Fürsten autorisiert hatten, denen ja die Düna-Liven untertan waren. Meinhard ging bei seiner Arbeit anfänglich noch auf eine Weise vor, die von kriegerischen Eroberungspraktiken absah. An die Düna gelangt, wählte sich Meinhard den Ort Ü x k ü l l (Ikšķile) zum Wohnsitz, wo er im Jahre 1184 eine Holzkirche bauen liess [1]. Doch bald stellte es sich heraus, dass eine solche friedliche Missionsarbeit den lokalen Verhältnissen nicht entsprach; rund herum wohnten Volksstämme, die ohne Unterlass die getauften Liven bedrohten, — ja die Glaubenstreue der Liven selbst war alles andere als verlässlich. Besonders unangenehm machte sich der zuerst erwähnte Umstand in dem Winter nach der Erbauung der Kirche bemerkbar, als die Litauer einen grösseren Raubzug in das Gebiet der Üxküll-Liven unternahmen. Gemeinsam mit den Liven der Nachbarschaft suchte Meinhard Schutz in den Wäldern. Dies zwang ihn seine bisherige Taktik zu ändern und den Bau eines befestigten Platzes, einer Burg, zu erwägen. In das zerstörte Dorf zurückgekehrt, spornte er die Liven

---

[1] Chron. Lyv. I, 3.

zum Bau einer Festung aus Stein an. Die Kosten übernahm er zu einem Fünftel, offensichtlich mit Unterstützung der Kaufleute, für die es von ebenso wesentlicher Bedeutung war, befestigte Lagerplätze an der Düna zu erhalten. Im folgenden Sommer liess man durch Vermittelung der Kaufleute Mauermeister aus Gotland kommen (*a Gothlandia lapicide adducuntur*), die den Bau der Burg ausführen sollten [2]. Sie wird auch wirklich schon im Verlauf eben dieses Sommers z. T. fertig, also vermutlich im Jahre 1185, und stellt Alt-Livlands erstes Steingebäude dar.

Vertragsgemäss erhielt Meinhard ein Fünftel der Burg für sich, die verbleibenden vier Fünftel des Burgraumes bekamen die Liven. Dass die Verwendung von Kalk als Bindemittel für die einheimische Bevölkerung eine grosse Neuerung darstellte, zeigt drastisch genug der im gleichen Jahr von den Semgallen angestellte Versuch, die Burg mit Schiffstauen in den Fluss zu schleifen, was aber begreiflicherweise nicht die erwünschten Ergebnisse zeitigte [3].

Schon im Jahre 1201 wird Üxküll Lehnsburg, verliert aber nicht seine feste Bedeutung in der älteren Geschichte des Landes. Vorerst verblieb ein Teil der Burg den Liven. Im Jahre 1203 schickt sich der Polozker Fürst an, Üxküll zu belagern [4]. Die Liven lockten ihn weg, indem sie ihn bestachen, da sie keinerlei Erfahrungen in der Verteidigung eines solch neuartigen Festungsbaues hatten. Zwei Jahre später, 1205, stand Üxküll leer, aber dennoch mächtig und fest; der Chronist meint, die Liven wären einer so wichtigen Festung nicht würdig (*indignes esse tanta munitione Livones*). Im selben Jahre noch übernimmt der Lehnsmann Konrad von Meyendorff das Kommando über die Burg [5]. Ein Jahr später widersteht das Schloss erfolgreich einem mit grossem Heeresaufgebot durchgeführten Belagerungsversuch des Polozker Fürsten.

Von dieser ältesten Burg Alt-Livlands hat sich fast gar nichts bis auf unsere Tage erhalten, aber die durch Ausgrabungen entdeckten Grundmauern bei der Kirchenruine von Üxküll werfen ein klares Licht auf das einstige Wehrsystem. Burg und Kirche waren auf dem hohen Düna-Ufer erbaut (Abb. 1). Dort bot jedoch das Gelände zur Landseite hin keinen sonderlichen Schutz; man musste also einen Burggraben hindurchziehen. Die Lage des Grabens kann man noch heute verfolgen, desgleichen einige Grundmauern an der höchsten Stelle des vom Graben umschlossenen Gebietes, in dessen

---

[2] Chron. Lyv. I, 6; vgl. auch J o h a n s e n, Hanse 6.
[3] Chron. Lyv. I, 6. Immerhin war der Versuch nicht ganz sinnlos, denn bis zu unserer Zeit hat die Erfahrung gezeigt, dass bei der Niederreissung kleinerer Turmbauten Schiffstaue von Nutzen sein können. Interessante Beispiele von Schleifungen alter Kirchtürme auf Ösel im vorigen Jahrhundert führt z. B. Körber an (K ö r b e r, Oesel II, 99—101; siehe auch N y e n s t ä d t 9).
[4] Chron. Lyv. VII, 4.
[5] Chron. Lyv. IX, 11; näheres s. T a u b e 1, 7 ff.

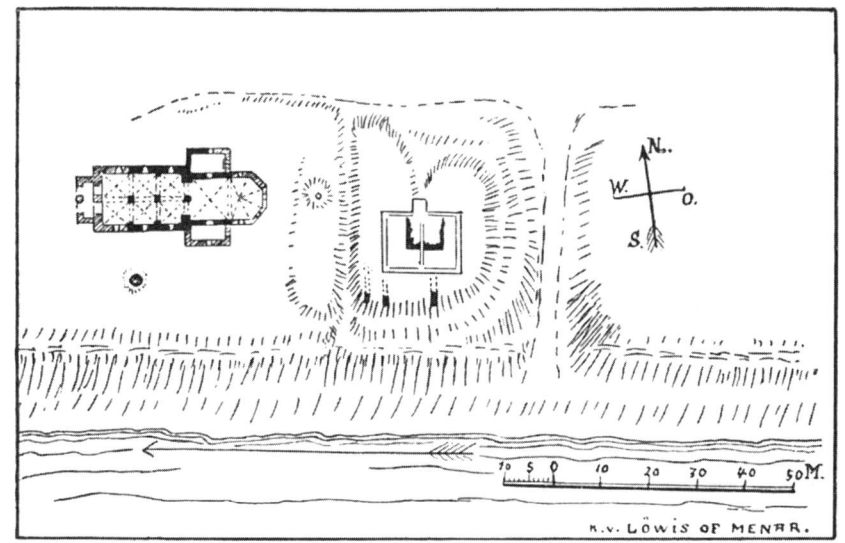

Abb. 1. Üxküll, Plan der Burg und der Kirche. Nach Löwis of Menar.

unmittelbarer Nachbarschaft sich die Ruinen der Kirche von Üxküll befinden. Nach dem von Karl v. Löwis of Menar gezeichneten Grundriss bildet die Burg ein Quadrat, dessen Seitenlänge ungefähr 8 m beträgt. Danach zu schliessen, war die ursprüngliche Burg ein Turmgebäude, um das herum dann später andere Baulichkeiten aufgeführt wurden, die teilweise aus jüngerer Zeit stammen, da die Burg noch nach dem Ende der Ordenszeit benutzt wurde und endgültig erst im 17./18. Jahrhundert verfiel [6]. Wesentliches zur Feststellung des Burgplanes bietet die Untersuchung der Kirche selbst, deren erste Bauperiode zum Teil eng mit der Erweiterung der Burg zusammenhängt. Auch hier haben uns die Ausgrabungen Klarheit verschafft [7]. Auf Grund der Analyse dieser Ergebnisse sowie der noch erhaltenen Mauern steht fest, dass sich unter den Trümmern jedenfalls nichts befindet, was aus der Zeit Meinhards stammt, als die erste Kirche ein Holzbau war. Die jetzigen Mauern der Kirche stammen in ihren ältesten Teilen aus dem 13. Jahrhundert. Allerdings fand man unter der Kirche Mauerreste, die aus der Zeit stammen dürften, wo anstelle der provisorischen Kirche ein Gotteshaus aus Stein gebaut wurde, u. zw. vermutlich schon um 1200, als man die Kirche auch noch als Kathedrale verwendete. Kirche und Burg waren zu einem Wehrsystem vereinigt mittels

---

[6] Löwis of Menar, Burgenlexikon 119; Löwis of Menar, Düna 41.
[7] Tilmanis 316 ff.

einer Ringmauer, von der noch Reste ans Tageslicht gekommen sind. Dass die grosse Ringmauer schon zu Meinhards Zeit dastand, darauf weist die Tatsache hin, dass auch die getauften Liven der Umgegend in der Burg Zuflucht finden mussten, wofür eine kleine Turmfestung nicht genügt hätte. Letztere wurde allerdings zuerst und als vorläufiger Stützpunkt errichtet, in dessen Schutz der Ausbau der Ringmauer möglichst unmittelbar erfolgte. Demgemäss dürfte auch die Burg zwischen den Liven und dem Bischof aufgeteilt gewesen sein, wobei diesem das zentrale Gebäude — der Turm — zugestanden hätte. Das war denn auch vermutlich das sogenannte „eigene Haus", wohin sich Meinhard zurückzog, als es zum ersten grösseren Zusammenstoss mit den Liven nach dem Abzug der Kaufleute kam, wie Heinrich von Lettland dieses Ereignis wiedergibt *(in domum suam recipitur)* [8]. Auf einen grösseren Burgraum um den Turm herum weisen auch die Ereignisse des Jahres 1205 hin. Zu dieser Zeit nennt der Chronist Üxküll eine *villa*, die die Wallfahrer nach der Kommandoübernahme durch Konrad mit von den Feldern der Liven geschnittenem Korn anfüllten [9]. In welchem Ausmass und in welcher Art diese Meinhardsche Burg von innen ausgebaut war, darüber erhalten wir vom Chronisten keine nähere Auskunft. Nach dem Gang der Ereignisse zu urteilen, dürfte die Bauzeit allerhöchstens zwei Sommer betragen haben, was für die Errichtung einer festen Burg aus Stein völlig ausreiche.

Meinhards erste Burg hatte ihre Bedeutung als Stützpunkt und als Operationsbasis klar erwiesen. Als sich die Missionstätigkeit auf das Gebiet der Liven in der Umgegend ausdehnte, wurden alsbald weitere Burgen notwendig. Nach der Fertigstellung von Üxküll im Jahre 1186 errichtete Meinhard Burg und Kirche in der Nähe seines ersten Tätigkeitsfeldes, auf der Düna-Insel H o l m e, auf der sich eine Siedlung der Liven befand [10]. Besonders dieser Umstand hatte bei der Wahl der Stelle mitgesprochen, da sich gerade im Hauptmittelpunkt der Siedlung die Fortführung der Missionsarbeit als am zweckmässigsten erwies. Auch strategisch war die Stelle von Bedeutung. Dort kreuzten wichtige Handelsstrassen, und da gerade bei der Insel die Düna eine günstige Furt zum Übersetzen bot, erstreckten sich von dort bedeutende Handelsstrassen nach Norden und Osten [11].

Auch auf Holme standen Burg und Kirche nebeneinander, bildeten jedoch kein einheitliches Wehrsystem. Beide waren selbständige Stützpunkte, wobei das Gotteshaus die erste Festungs-

---

[8] Chron. Lyv. I, 11.
[9] Chron. Lyv. IX, 13.
[10] Chron. Lyv. I, 7—9.
[11] Baltische Lande 208.

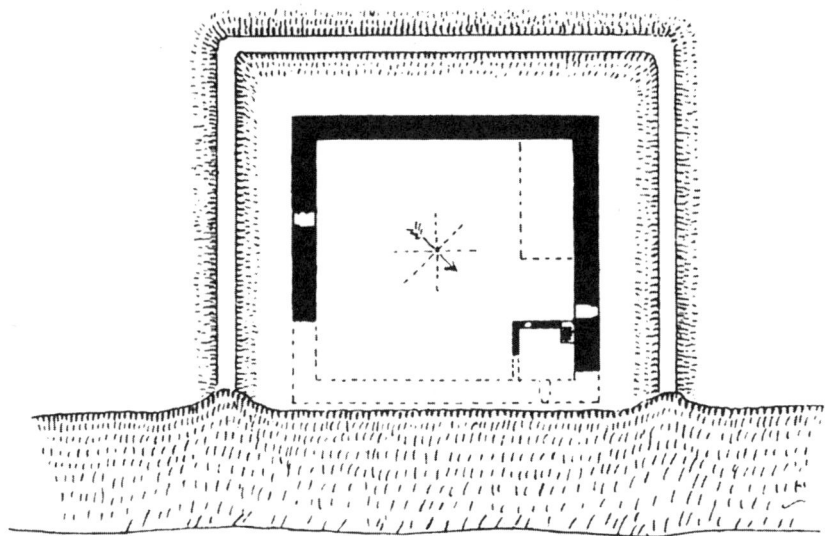

Abb. 2. Holme, Grundriss. Nach Neumann.

kirche Alt-Livlands war und die spätere Baukunst wesentlich beeinflusst hat. Eine noch bedeutendere Stellung kommt der Burg in baugeschichtlicher Hinsicht zu. Da hier der Hauptzweck des Burgbaus die Errichtung eines Verteidigungspunktes für die Liven gegen feindliche Angriffe war, so fiel das Prinzip der Turmfestung fort und an deren Stelle trat ein grosses Kastell, eine wirkliche Volksburg (Abb. 2). Im Grundriss ist sie streng regelmässig, mit Seitenlängen von 40,15 auf 34,25 m. Die Mauerdicke ist erheblich, bis zu 3 bzw. 3,35 m. Baugeschichtlich besonders wesentlich ist aber die Mauertechnik, die mit Sicherheit die Burg in die Zeit Meinhards verweist (Abb. 3). Die Wände sind in der sogenannten Schalenmauertechnik errichtet, bei der das Innere des Mauerkörpers mit allerlei zufälligem Steinmaterial angefüllt ist, während die Aussen- und Innenseiten aus sorgfältig gehauenen Quadern aufgeschichtet sind, deren mittlere Dicke 24 cm und deren mittlere Länge 50—60 cm beträgt. Wir haben es also hier mit einer frühen Mauertechnik zu tun, die sich gerade damals nach Norden ausbreitete. Drei Seiten des Mauerwerks haben sich bis heute in der Höhe von fast zwei Metern erhalten, die vierte, der Düna zugewandte Seite ist aber niedergerissen und von Eisgang-Überschwemmungen abgetragen worden. In die Burg gelangte man durch zwei Tore, die einander gegenüber im Nordwesten und Südosten angebracht waren. Rechts und links in den Tormauern sind noch heute die Öffnungen zu sehen, in die der Sperrbalken geschoben wurde, dessen Länge, nach der tiefsten Öffnung zu schliessen, über zwei Meter betrug.

Im Innenhof der Burg sind keine Spuren von Gebäuden zu finden ausser einer Grundmauer in der nördlichen Ecke, die von den älteren Forschern für das Fundament eines Turmes gehalten wurde [12]. Der Charakter der Mauer bestätigt jedoch diese Vermutung nicht: ihr Durchmesser mit 0,88 m ist für einen Turm zu klein. Desgleichen beweisen Technik und Fugen, dass sie später als die Hauptmauer gebaut wurde und sekundären Zwecken gedient hat.

Das einstige Aussehen der Burg beleuchtet Heinrich von Lettland in seinen Schilderungen mehrerer Belagerungen bald nach Errichtung der Burg. Diese Belagerungen waren oft sehr schwierig, wurden aber doch erfolgreich bestanden, was zu der Annahme berechtigt, dass das Mauerwerk des Schlosses schon von Anfang an in der Hauptsache ausgebaut worden war. Auf der Steinmauer waren noch Schutzanlagen aus Holz angebracht, die bei dem Angriff des Jahres 1212 niedergebrannt wurden. An dieser Stelle betont Heinrich besonders, dass die Burg von Bischof Meinhard in Stein errichtet worden ist (*castri ipsorum lapidei, quod primus eorum episcopus Meinardus aedificaverat*) [13]. Dass innerhalb der Schutzmauer keine Gebäude standen, in denen die Verteidiger vor den Patherellen Schutz gefunden hätten, dafür finden wir genügend Andeutungen, ebenso wie das Fehlen fester Häuser durch die Tatsache bewiesen wird, dass man das als Proviant in die Burg gebrachte Getreide nur durch Vergraben verwahren konnte. Nur ein einziges Mal ist von einem Hause in der Burg die Rede, das als Gefängnis benutzt worden ist [14]. Demnach hat wahrscheinlich die Grundmauer schon damals das einzige Gebäude innerhalb der Mauer getragen. Das aber war, wie die ganze Burg, nicht als Wohnbau gedacht; Holme war lediglich ein Lagerkastell. Auch der Bericht Heinrichs von Lettland gibt an, dass sich die Geistlichen nach Meinhards Tod in Üxküll niederliessen, nämlich in Meinhards Haus. Als aber nach Bertholds Fall Üxküll gefährdet war, flüchtete man zwar nach Holme zurück, wusste aber nicht, wie man sich dort verbergen sollte [15].

Bis zur Gründung Rigas war die Insel Holme das wichtigste Zentrum der neuen Kolonie. Hier machte auch Bischof Albert halt, als er im Jahre 1200 zum ersten Male nach Livland kam. Die Liven aber, für die man die Burg errichtet hatte, fühlten sich dort dennoch nicht vollkommen sicher, da dieselbe nach neuen, ihnen ganz unbekannten Wehrprinzipien gebaut worden war. Bisher waren sie gewohnt, als Verteidigungsstellungen Höhenzüge zu benutzen. Hier spielte aber dieses Prinzip neben der flankieren-

---

[12] Busch, Holme, Rekonstruktion von W. Neumann.
[13] Chron. Lyv. XVI, 3.
[14] Chron. Lyv. IV, 3—4.
[15] Chron. Lyv. II, 9.

Abb. 3. Holme, die Burgruine von Westen gesehen. Am Horizont die Kirche zu Kirchholm.

den Mauerlinie eine unwesentliche Rolle. Als sich die Verhältnisse später änderten, hatte die Burg keine solche Bedeutung mehr wie in der ersten Zeit der Kolonie. Mit der Gründung Rigas zieht der Handel dorthin. Des niedrigen Wasserstandes wegen konnten die grossen Schiffe nicht mehr bis Holme gelangen, und so verlor es bald seine Bedeutung. Holme ist eine der ersten Burgen, die schon im 13. Jahrhundert aus dem Verteidigungssystem ausscheiden; nach seiner Zerstörung in dem am Ende des Jahrhunderts ausgebrochenen Bürgerkriege wird es nicht wieder aufgebaut. Danach konnten die Mauerreste nur noch teilweise als Stützpunkt dienen, bis am anderen Ufer die Burg Kirchholm errichtet wurde. Dass dem so war, bestätigen die von A. Buchholz gemachten Funde, die aus dem 13. und 14. Jahrhundert stammen [16].

Von der Art und Weise, wie Bischof Meinhard gebaut hat, bekommen wir erst dann ein klares Bild, wenn wir einen Vergleich mit der späteren Zeit ziehen. Nach aussen war es die Verteidigung der Getauften, womit er die Errichtung der Burg begründete. Beide Male geschah dies als Lockmittel, um die Vorteile zu zeigen, die der neue Glaube mit sich brachte. So ist auch die Zusammenarbeit beider begreiflich, was seinerseits die Errichtung zweier Steinburgen in kurzer Frist möglich machte. Doch eine entsprechende, gleich wichtige Rolle spielte auch der deutsche Kaufmann,

---

[16] Busch, Holme 7.

der feste Plätze für seine Märkte benötigte und der auch der wirtschaftliche Helfer und Vermittler der Mauermeister aus Gotland war. Mit den Burgen Üxküll und Holme war aber ein wesentlicher Anfang in der Burgenarchitektur Alt-Livlands gemacht, und so mancher Zug aus späterer Zeit lässt sich auf diese beiden Erstlingsbauten zurückführen.

2. Die Zeit Bischof Alberts und des Schwertbrüderordens.

Die Gründung der Stadt Riga.

Auf die bescheidene und doch wichtige Arbeit des ersten Bischofs und die erfolglose Aktion seines kriegerischen Nachfolgers Berthold folgte Bischof Albert, dessen Massnahmen sichere Grundlagen für die weitere Kolonisation schufen. Der junge Bischof war ein Mann der Tat, mehr Diplomat und Soldat als Missionar. Mit der Ankunft Alberts in Livland beginnt um das Jahr 1200 eine neue Epoche, die ungefähr drei Jahrzehnte dauert. Diese Zeit ist reich an entscheidenden Kämpfen. Zugleich gestalten sich jetzt in den Hauptzügen die politischen Verhältnisse des Landes und die Beziehungen der Machtgruppen untereinander. Die Gründung der Stadt Riga im Jahre 1201 bedeutete den ersten Schritt zur Entwicklung des dortigen Bürgertums, das in der Blütezeit der Hansemacht seinen Höhepunkt erreichte. Im Jahre 1202 wird der Schwertbrüderorden *(Fratres militiae Christi)* gegründet, der ebenfalls bald zu einem grossen Machtfaktor und zum eigentlichen Führer der Landesverteidigung wird [17]. Im Orden, der sich nach den Regeln der Templer richtete, war Weltliches und Geistliches miteinander verbunden. Wichtig für die Baukunst wurde die Forderung, dass die Ordensbrüder ein klosterähnliches Gemeischaftsleben in Konventen führen sollten, was grosse Gemeinschaftsräume und vor allem eine Kapelle verlangte. Doch lässt das verhältnismässig kurze Bestehen des Schwertbrüderordens keine bedeutende Entwicklung voraussetzen, wie sie erst später von seinem Nachfolger, dem Deutschen Orden, verwirklicht worden ist. Und doch werden auch schon bei dieser ersten Generation wichtige Keime der Entwicklung sichtbar, die den erst später unternommenen Bauten als Grundlage gedient haben.

Die ersten Schritte der Bautätigkeit des Schwertbrüderordens sind eng verbunden mit der Gründung und dem Ausbau der Stadt Riga. Geschichte und Bauplan des dortigen ersten Ordenschlosses sind schwer festzustellen, da davon sehr wenig erhalten ist.

---

[17] Bunge, Orden 11 ff.

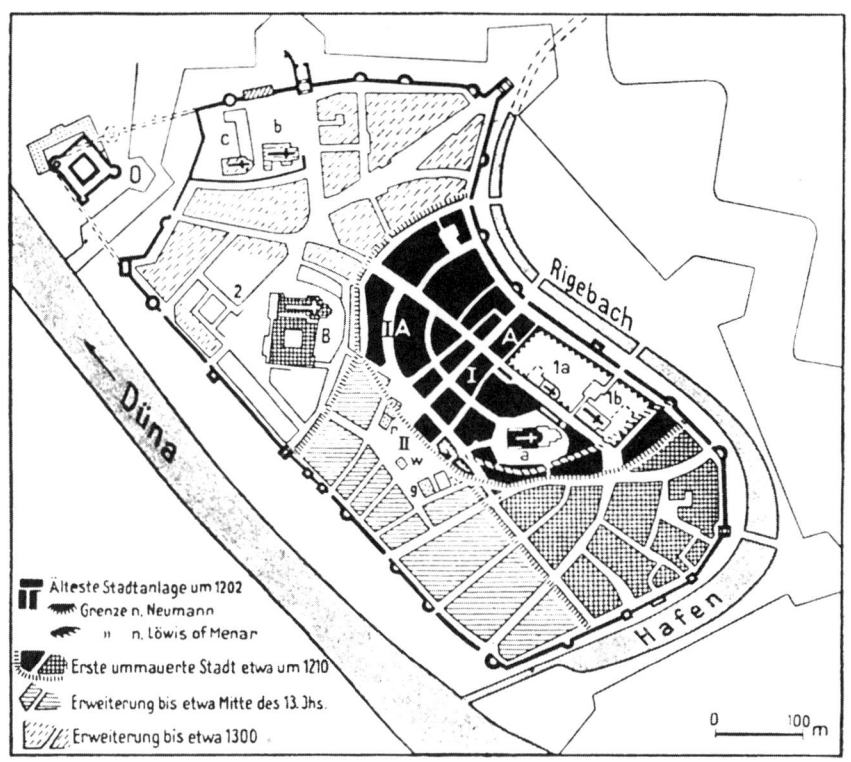

Abb. 4. Riga, die Stadt im Mittelalter. Nach Johansen.

Auch die Geschichtsquellen fliessen in dieser Hinsicht spärlich. Die Analyse der teilweise erhaltenen Mauern der Burgkapelle sowie die Untersuchung des Stadtplanes zeigt, dass die Burg dem Teil der Stadtmauer gegenüberlag, der das ältere Riga beim Rigebach im Nordosten umgab. Der Ausbau der Burg muss gleichzeitig mit der Errichtung des Rigaer Wehrgürtels erfolgt sein, auf den sie sich unmittelbar stützte. Also stand die Burg schon um das Jahr 1207, als von den Pilgern die Erhöhung der Rigaer Stadtmauer vorgenommen wurde [18].

Die Burg der Ordensbrüder bildete mit der bischöflichen Pfalz ein längliches Viereck, das sich dem Typus eines Kastells näherte (Abb. 4). Die Südwestseite der Burg wurde von der Kapelle gebildet, auch die anderen Seiten waren vermutlich bebaut, jedoch ohne eine streng geschlossene Klausur zu bilden, wie Löwis of Menar vermutet hat (Abb. 5) [19]. Das älteste Gebäude war zweifelsohne die

---

[18] Baltische Lande 366.
[19] Löwis of Menar, Ordensburg 24.

Kapelle; das forderte schon die Hausordnung des Ordens, aber auch schriftliche Aufzeichnungen beweisen ihr schon frühzeitiges Vorhandensein. Als im Jahre 1215 ein grosses Schadenfeuer in der Stadt ausgebrochen war, hiess es, dies habe sich bis zur Kapelle des Ordens ausgebreitet [20]. Möglicherweise war sie schon im Jahre 1209 aus Stein gebaut, als in ihr der Mörder des Ordensmeisters Vinno Schutz suchte. Die Kapelle war dem Heiligen Georg geweiht, wonach die ganze Burg ihren Namen Georgenburg *(Curia S. Georgii)* hatte. Sie wurde andererseits auch Wittenstein genannt, bei welcher Benennung möglicherweise der zum Bau verwendete weisse Kalkstein mitgesprochen haben mag [21]. Von den erhaltenen Teilen der Kapelle hat die runde Apside ihre Grundform am reinsten erhalten. Wie deren Mauern beweisen, sind hier wie bei der Burg von Holme grosse gehauene Quadern verwendet worden. Die Gewölbe waren aus Ziegelstein, was die wenigen erhaltenen Ansätze in den Mauern beweisen. Besonders durch die Umbauten des 17. Jahrhunderts wurde das Langhaus vollkommen verändert, wobei fraglich bleibt, wieweit die zweischiffige Anlage bis in die Zeit der Errichtung von Burg und Kapelle zurückreiche. Man könnte annehmen, dass anfänglich nur der Chorraum mit der Apside gebaut und das Gebäude erst später, im Verlauf des 13. Jahrhunderts, erweitert worden ist, als auch andere Baulichkeiten und Kirchen im Burgraume errichtet wurden, von denen aber die Mehrzahl in dem am Ende des 13. Jahrhunderts ausgebrochenen Bürgerkriege durch die Städter zerstört worden ist [22].

Mit der Verschärfung der Beziehungen zwischen Orden und Stadt scheint auch der allmähliche Ausbau der Burg erfolgt zu sein. Bei ihrer Errichtung hat sie vermutlich nicht so sehr einen selbständigen Verteidigungspunkt als vielmehr ein Quartal innerhalb der Stadtmauer gebildet. Noch hatten sich die einander bekämpfenden Mächte und die dadurch bedingten Schärfen nicht ausgebildet, womit auch zu erklären ist, dass Ordensgebiet und Pfalz nebeneinander lagen [23]. Aus diesem Grunde ist es glaubhaft, dass ein grosser Teil der Burggebäude ganz aus Holz war, welche Bauweise auch späterhin fortgelebt hat. Parallel damit entstanden aber auch Steinbauten, da man von Mauermeistern in der Stadt schon aus dem Jahr 1208 Nachrichten hat [24]. Sogar in der Nähe von Riga findet man Bauspuren, die auf das Vorhandensein einer

---
[20] Chron. Lyv. XVIII, 6.
[21] N e u m a n n, Riga 11.
[22] T u u l s e, Riga 64.
[23] Ebenso wie das Ordensschloss war auch die daneben befindliche bischöfliche Pfalz nicht streng festungsmässig ausgebaut, sondern bestand bloss aus wenigen Bauten, von denen in den Jahren 1207 und 1215 das Haus des Bischofs *(in domo episcopi)* erwähnt wird (G u t z e i t 515).
[24] Baltische Lande 381.

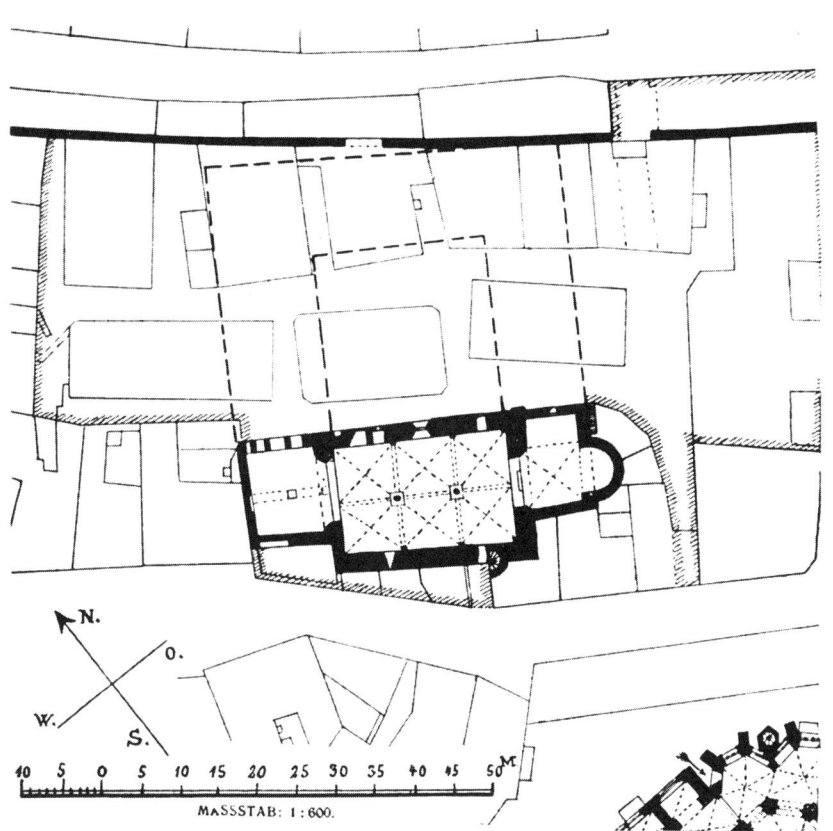

Abb. 5. Riga, Plan der St.-Georgenkapelle und ihrer Umgebung. Nach Löwis of Menar.

genügenden Anzahl von Mauermeistern hinweist. Auf dem Gebiet der Sakralarchitektur ist die kleine Kirche zu Ascheraden (Aizkraukle) südöstlich von Riga, deren Fundament erst kürzlich entdeckt worden ist, als eine Entsprechung zur Georgenkapelle anzusehen [25]. Wie der spätere Verlauf der Dinge zeigt, haben die in Riga tätig gewesenen Mauermeister auch anderswo beim Burgenbau Verwendung gefunden.

Zu gleicher Zeit, als die geistliche und die weltliche Macht in den ersten Tagen der Kolonisation gemeinsam Riga als südliches Aktionszentrum erbauten, mussten beide auch an die Schaffung befestigter Punkte auf dem Lande denken, um von dort aus die Unterwerfung der eingeborenen Bevölkerung fortzusetzen. Zuallererst mussten die strategisch wichtigen Punkte erobert werden, die an Heer- und Handelsstrassen sowie an dicht bevölkerten Plätzen

[25] Stepiņš 30 ff.

lagen. Letztere hatten aber meist schon Burgberge aufzuweisen, die auf dem Prinzip der Höhenverteidigung beruhten und sich an Stellen befanden, die bereits durch ihre Lage gut geschützt waren. Diese Punkte einen nach dem anderen zu erobern und an die Stelle der Burgberge neue Festungen aus Holz oder Stein zu errichten, dazu schickte sich nun die weltliche wie die geistliche Macht an. Von dieser ausgedehnten Befestigungsarbeit geben uns hauptsächlich Heinrich von Lettland und die ältere Reimchronik Auskunft. Unmittelbare Spuren dieser frühen Bautätigkeit sind uns überhaupt nicht oder nur spärlich erhalten, da die alten Festungen in späteren Jahrhunderten erweitert und neuen Forderungen angepasst worden sind. Stellenweise leben dennoch im Gesamtplane Züge dieser ältesten Bautätigkeit fort. Hier lassen sowohl schriftliche Aufzeichnungen als auch analoge Verhältnisse in anderen Ländern mit grosser Wahrscheinlichkeit den Schluss zu, dass ein grosser Teil dieser frühen Wehrbauten wenigstens in ihrer ursprünglichen Gestalt in Holz ausgeführt war. Sie sind in ihrer Verteidigungsstärke nicht zu unterschätzen. In der Wehrarchitektur des Nordens war Holz weit verbreitet und fand dort noch im Spätmittelalter Verwendung. Die Wehrfestigkeit von Holzbauten und Erdwällen erweisen die estnischen und lettischen Burgberge, von denen die grössten nur nach langwierigen Belagerungen zu erobern gewesen sind, wobei meist der Mangel an Trinkwasser oder eine in der Festung ausgebrochene Seuche verhängnisvoll wurden. So wird verständlich, dass die Eroberer stellenweise nur die Burgberge ausgebaut haben, um von diesen aus die Unterwerfung des Landes weiterzutreiben [26]. In dieser Beziehung besteht ein grosser Unterschied zwischen der Eroberungsepoche des Schwertbrüderordens und der Zeit Meinhards. Wenn diesem verhältnismässig ruhige Zeitläufte und die Zusammenarbeit mit der indigenen Bevölkerung die Errichtung steinerner Burgen gestattet hatten, so war der Übergang zur Holzarchitektur samt der Benutzung bestehender Burgen zuvörderst durch den schnellen Eroberungsprozess diktiert, der nicht jedesmal gleich an die Errichtung einer Steinfestung denken liess. Dass dieser Umstand seinerseits für die typologische Entwicklung der Burgen bestimmend geworden ist, dafür bietet das frühe Material genügend Beispiele.

Die Entwicklung der damaligen Burgenarchitektur zerfällt den Eroberungsperioden gemäss in zwei Abschnitte. Den ersten bilden die frühen Jahrzehnte des Jahrhunderts, als Bischofs- wie Ordensmacht den Süden des Landes sicherten, wo im Gebiet der Letten und Liven die Unterwerfung der Eingesessenen ohne längere Kämpfe vor sich ging und man bald darangehen konnte, die gegen-

---

[26] L a i d, Uusi andmeid 19.

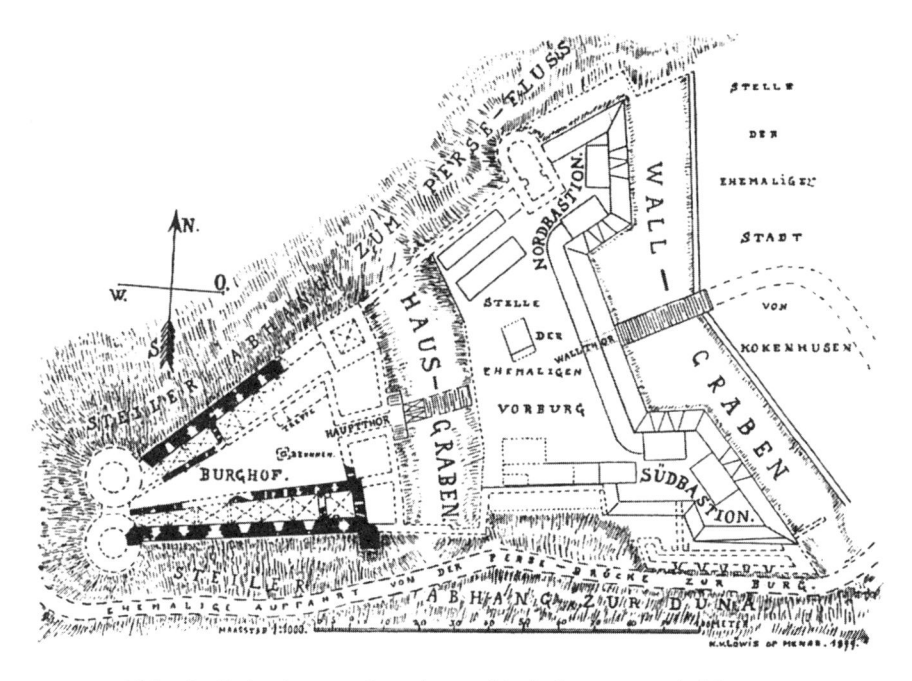

Abb. 6. Kokenhusen, Grundriss. Nach Löwis of Menar.

seitigen Machtverhältnisse zu regeln und dementsprechend in dem neueroberten Lande die Herrschaft sicherzustellen. Der zweite Abschnitt der Eroberungsperiode wird fast völlig von den Kämpfen im nördlichen Gebiet erfüllt, wo die Niederwerfung des Widerstandes der Esten grössere Anstrengung erforderte und endgültig erst im dritten Jahrzehnt des Jahrhunderts gelang [27]. Dem Fortschreiten der Eroberung entsprechend konnte man nur Schritt für Schritt an den Bau von Festungen im Gebiet der Esten denken.

Die erste Periode.

In der ersten Periode lag es im Interesse der bischöflichen Macht, vorderhand die wichtige Düna-Linie zu sichern [28]. Das war die feste Absicht Bischof Alberts, deren völlige Verwirklichung nur der nach Norden gerichtete Eroberungsdrang des Schwertbrüderordens verhinderte. Der Eroberungsdrang des Bischofs war zunächst auf Kokenhusen (Koknese) gerichtet, den hochwichtigen strategischen Punkt an der Düna, den der russische Fürst Vesceke beherrschte. Schon im Jahre 1205 beginnt der Bischof mit der Verwirklichung seiner Pläne, aber der Fürst, der die gefährliche

---

[27] Eesti ajalugu I, 348 ff.
[28] A. v. Löwis 191.

Abb. 7. Kokenhusen von Westen gesehen. Nach einer Zeichnung von Joh. Steffens S t e r n b u r g aus dem Jahre 1670 (KA).

Übermacht kennt, schlägt eine friedliche Regelung vor und überlässt dem Bischof die Hälfte seines Schlosses und Gebietes [29]. Die Zusammenstösse der beiden Mächte hören jedoch nicht auf, und im Jahre 1208 wird ein neuer Vertrag geschlossen, auf Grund dessen der Bischof mit den Kriegern auch Mauermeister nach Kokenhusen schickt, damit sie die bisher nur aus Holz errichtete Burg ausbauten. Aber auch jetzt hielt der russische Fürst den Vertrag nicht ein und liess die Mauermeister töten, als sie gerade aus dem Burggraben Steine brachen. Auf diese Tat folgte ein neuer Kriegszug des Bischofs, worauf der Fürst die Burg niederbrennen liess und nach Russland flüchtete. Im Jahre 1209 beginnt nun der Bischof, Kokenhusen vollkommen auszubauen, und zwar an derselben Stelle, auf der Vescekes Burg gestanden hatte. Vorher musste aber der Berg gründlich gesäubert und durch neue Verteidigungsanlagen gesichert werden. Trotz der Eile führte man dies sorgfältig aus; das Schloss wurde schon damals stark und fest (*et castrum firmissimum aedificavit*) [30]. Kurze Zeit hatte auch der Schwertbrüderorden an der Burg teil, später jedoch bekam sie der Bischof ganz in seine Hand und setzte dort seine Lehnsmänner ein.

Die Burg Kokenhusen hat in der Geschichte Alt-Livlands fast fünfhundert Jahre lang eine wichtige Rolle gespielt. Im Verlaufe dieser Zeit ist sie mehrfach vervollkommnet worden, wie es bei Verteidigungsbauten dieser Art üblich ist. Die bis zum heutigen Tage erhaltenen Mauerreste gestatten noch manche Feststellungen

[29] L ö w i s o f M e n a r, Kokenhusen 16 ff.
[30] Chron. Lyv. XIII, 1.

Abb. 8. Kokenhusen, Innenansicht der Südmauer.

hinsichtlich der ältesten Bauperiode der Burg. Ihrer Lage nach ist Kokenhusen eine typische Abschnittsburg. Sie liegt auf einem steilen Berggipfel, den von der einen Seite die Düna umfliesst und von der anderen Seite das Tal des Perse-Flusses umgibt (Abb. 6). Die einzige zugängliche Seite liegt gegen Osten, musste also durch einen Graben abgeschnitten werden, so dass sich auf diese Weise eine dreieckige Burggestalt ergab. Dieser Grundplan ist vom Terrain und dem System der Gräben so fest vorgeschrieben, dass die keilförmige Grundplanung wahrscheinlich mit dem Plane der dort früher befindlichen Burg des russischen Fürsten zusammengefallen ist. Die wesentlichste spätere Hinzufügung sind die Türme an der Westseite, die in eine andere Bauperiode gehören als die Grundmauern (Abb. 7). Die massiven, stellenweise über vier Meter dicken Seitenmauern könnten sich jedoch in die Zeit der Errichtung der Burg zurückführen lassen. Wie die obenerwähnten Ereignisse zeigen, hatte Albert schon von Anfang an die feste Absicht, an dieser Stelle eine Burg aus Stein zu bauen, von welchem Plane er auch dann kaum abgelassen hat, als der Fürst nach Russland geflüchtet war. Ohne Frage erhielt Alberts Plan seine endgültige Form nicht auf einmal, aber in grossen Zügen stand er doch gleich von vornherein fest. Andernfalls hätte die Widerstandskraft der Burg gelitten, die verlangte, dass das ganze Plateau mit Mauern umgeben würde. Dass die Burg schon in ihrer ursprünglichen Gestalt stark und fest genug war, darauf dürfte auch der Umstand hinweisen, dass im Jahre 1210 ein heftiger Angriff der Litauer erfolgreich zurückgeschlagen wurde, weshalb diese bei ihrem in den Jahren 1212 und 1213 unternommenen grossen Raubzug nach Estland an Kokenhusen vorbeizogen, ohne an die Festung zu rühren, was bei einer schwachen Burg kaum der Fall gewesen wäre [31]. Die Technik der beiden Seitenmauern beweist gleichfalls das hohe Alter der Burg (Abb. 8). Wir treffen hier fast die gleiche sorgfältige Mauertechnik an, wie wir sie bei Holme fanden, und die in den frühen Burgen bis zum 13. Jahrhundert weitergelebt hat. Auch das System der teilweise erhaltenen Fenster des Hauptstockwerks weist auf ein hohes Alter hin. Bei einem dieser Fenster hat sich ein altes Profil erhalten, bei dem ein typisch romanischer Doppelbogen sichtbar wird, der in Alt-Livland einzig dasteht und auch bei Sakralbauten nicht vorkommt (Abb. 9). Auch ein Teil der Schiessscharten gegen die Düna ist mit der nach innen breiten, nach aussen langen und schmalen Form typisch für diese frühe Zeit. Die uns erhaltenen Teile und Gewölbe der Innenräume weisen merklich spätere Formen auf, was auch urkundliche Angaben zu der Baugeschichte von Kokenhusen bestätigen.

Abb. 9. Kokenhusen, Fenster in der Südmauer.

Neben der Befestigung der im Osten gelegenen Punkte bemühte sich Albert, auch den Unterlauf der Düna zu sichern. Da der Bischof als solcher über keine militärischen Mittel verfügte, so war er schon frühzeitig gezwungen, sein Land als Lehen zu vergeben. Dadurch ist es bedingt, dass die *viri episcopi* später eine wichtige Rolle in der Geschichte des Landes spielten. Schon oben erwähnten wir die Belehnung Konrad von Meyendorffs mit der einstigen Burg Meinhards in Üxküll. In demselben Jahre 1201 wird Daniel von Banerow von Albert mit dem an der Düna gelegenen L e n n e w a r d e n (Lielvarde) belehnt [32]. Die Burg liegt am hohen Dünaufer, wo vom Lande her ein tiefes Flusstal natürlichen Schutz bot (Abb. 10). Das dazwischenliegende Plateau ist durch zwei grosse Gräben abgeschnitten, was das typische Bild einer Abschnitts-

---

31 L ö w i s o f M e n a r, Kokenhusen 17.
32 Chron. Lyv. V, 2.

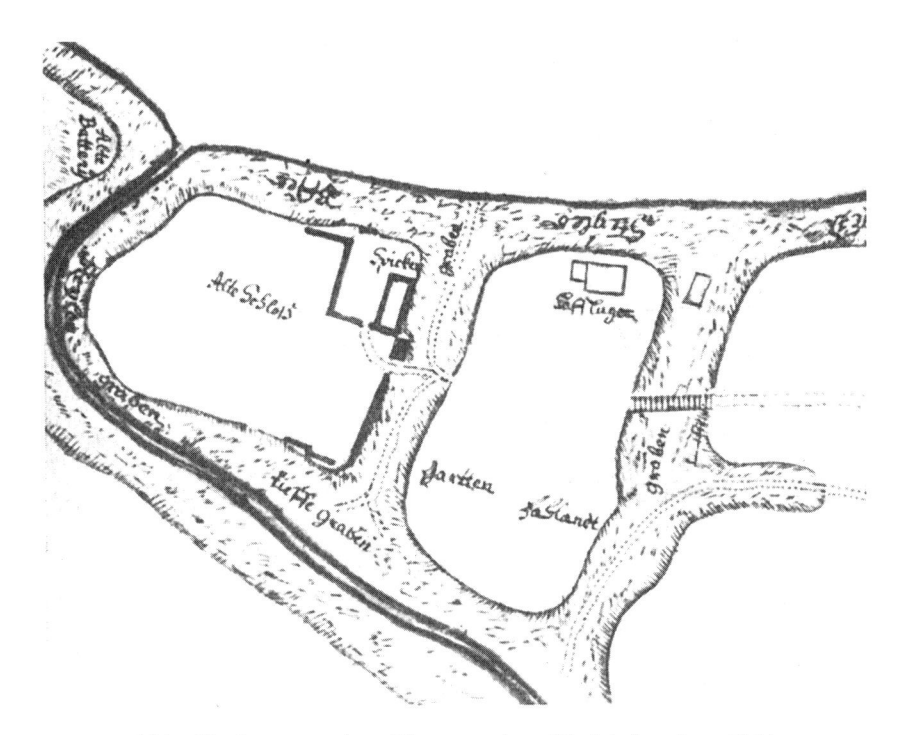

Abb. 10. Lennewarden, Plan aus dem 17. Jahrhundert (KA).

befestigung ergab, wie wir sie von den estnischen und lettischen Burgbergen her kennen. Auch in Lennewarden war früher ein Burgberg gewesen [33], dessen Verteidigunganlagen anfänglich ohne Frage in grossem Masse von dem neuen Herrn benutzt worden sind. Erst im Laufe der Zeit ist dort ein steinernes Mauerwerk entstanden, dessen bis heute erhaltene Ruinen grösstenteils aus dem 14. Jahrhundert stammen. Hieraus ergibt sich, dass dort anfänglich eine Turmfestung errichtet worden war, die dann später erweitert und auf dem ganzen Bergraum mit Mauern umgeben wurde. Abgesehen von auswärtigen Einflüssen hat in Lennewarden vermutlich die in der Nähe gelegene Turmfestung von Üxküll als Vorbild gedient, die einen passenden Typ für eine kleine Vasallenburg darstellte.

Ebenfalls schon am Anfang des 13. Jahrhunderts wurde Johann von Dolen vom Bischof mit Land auf der Nachbarinsel von Holme (*insula regis*) belehnt [34]. An dieser Stelle wurde bald die Burg Alt-Dahlen (Dole) errichtet, deren Bestehen wir unter allen Umständen schon für das Jahr 1226 voraussetzen müssen, wo Dolen sie verlieren sollte zur Strafe für den von ihm eigenmächtig unter-

---

[33] Brastiņš IV (Vidzeme), 32—33.
[34] UB I, 88.

Abb. 11. Alt-Dahlen, die Burgruine. Nach einer Zeichnung von Ungern-Sternberg aus dem Jahre 1829 (ELG).

nommenen Eroberungszug nach Nordestland. Die Burg wurde im Bürgerkrieg zwischen dem Erzbischof und der Stadt im Jahre 1298 vernichtet, und an ihrer Stelle wurde später kein Wehrbau mehr errichtet. Da die Grundmauern mit Steintrümmern bedeckt sind, so ist der Lageplan der Burg nicht mehr genau festzustellen. Ein Teil der Kellermauern ist aber bis heute unter der Erde erhalten geblieben; noch mehr von der Burg war Anfang des vorigen Jahrhunderts zu sehen, aus welcher Zeit die Zeichnung Carl Ungern-Sternbergs stammt (Abb. 11). Wie daraus ersichtlich ist, war die Burg aus quaderförmigen Kalksteinen gebaut, die Gewölbebogen waren aus Ziegeln. Diese Einzelheiten weisen auf eine frühe Bauzeit hin. Wenn man mit den grossen Ambitionen und der Unternehmungslust Dolens rechnet, dann dürfte es glaubhaft sein, dass schon von ihm an dieser Stelle eine Burg aus Stein errichtet worden ist, die zur Aktionsbasis des machtgierigen Vasallen wurde. Nach den Terrainformen des Standortes zu urteilen, könnte auch die Burg Dolens turmförmig gewesen sein, da diese Bauart ja schon frühzeitig am Ufer der Düna populär geworden war.

Das zweite Hauptgebiet der ersten Burgenbauperiode war neben der Düna die Umgegend der Livländischen Aa. Dort befand sich ein schon von dem Gelände und der Wasserstrasse geformtes wichtiges Siedlungszentrum, wo der Zisterzienser Theodorich schon frühzeitig den dort lebenden Liven gepredigt hatte. Dort besass der Live Kaupo eine Burg, der bald den Deutschen ein nützlicher Bundesgenosse geworden war. Und ebendort in Kubesele wurde auch die erste Landkirche errichtet, und zwar im Gegensatz zu anderen früheren Kirchenbauten aus Stein [35]. Bis zum Jahre 1207 wurde in diesem

---

[35] Löwis of Menar, Burgen 4 ff.

Gebiet vorerst nur an die Bekehrung der Eingesessenen zum christlichen Glauben gedacht und versucht, sie freiwillig mit den neuen Mächten zu verbünden. Dann aber tauchte das Problem des Machtverhältnisses zwischen dem Bischof und dem tatsächlichen Eroberer des Landes auf. Hierauf folgte eine Gebietsteilung, bei der der Schwertbrüderorden ein Drittel des gesamten eroberten Landes erhielt. Der Orden bekam das Land am linken Ufer der Aa, das rechte Ufer verblieb dem Bischof. Diese Teilung ist auch später bestehen geblieben, als der Deutsche Orden im Jahre 1237 an die Stelle des Schwertbrüderordens getreten war: bis zum Ende des Ordensstaates hat die Aa die Grenze zwischen Ordens- und Kirchenland gebildet.

Sofort nach der Gebietsteilung begann auf beiden Seiten des Flusses der Burgenbau. Auf der bischöflichen Seite genügte vorerst die grosse Kaupo-Burg, die auch den Deutschen als Zufluchtsort diente. Als aber diese Burg durch die wiederholten Kriegszüge der Esten und Letten zerstört worden war, begann man mit dem Bau einer neuen Burg in T r e i d e n (Turaida). Nach der Erzählung Heinrichs von Lettland zog Bischof Philipp von Ratzeburg mit Pilgern im Jahre 1214 dorthin und baute

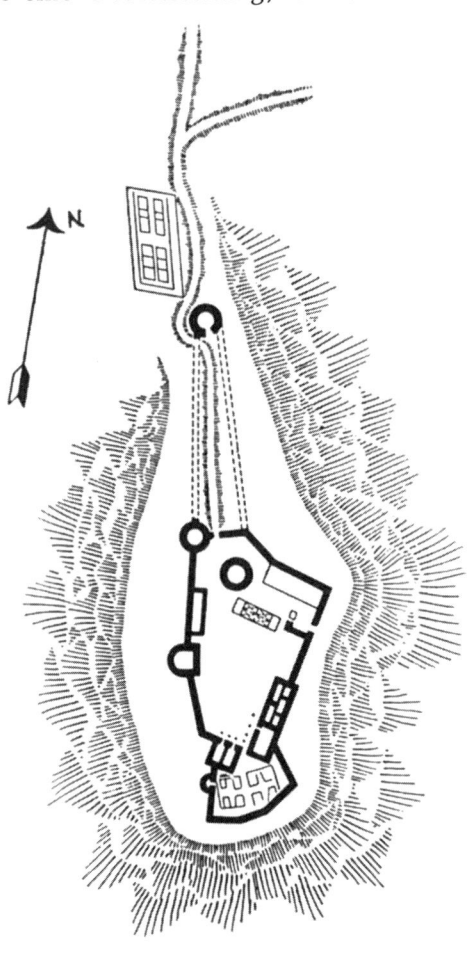

Abb. 12. Treiden, Grundriss. Nach E b h a r d t.

dort ein Kastell (*castellum*), dem man vorerst den Namen Fredeland gab, wobei man sich vorstellte, dass es dem Lande Frieden bringen und die Christen vor den Feinden schützen würde [36].

Bei der Ermittelung des Burgplanes von Treiden helfen uns die noch bis auf den heutigen Tag erhaltenen Bauteile, zu denen sich

---

[36] Chron. Lyv. XVIII, 3.

Abb. 13. Treiden, der Hauptturm von Süden gesehen.

Planmaterial aus dem 17. Jahrhundert gesellt. Danach haben wir es hier mit einer unregelmässigen, sich eng an die Gestalt des Berges anlehnenden Burg zu tun, deren Mittelpunkt ein mächtiger Rundturm bildet (Abb. 12). Als Baumaterial für die Burg sind Ziegel verwendet, bei den Grundmauern Feldsteine. Dieser ganze Plan ist bis zu seiner endgültigen Gestaltung in verschiedenen Bauperioden ausgeführt worden, die man auf Grund der Analyse der Mauertechnik deutlich unterscheiden kann. Das früheste Gebäude ist der Rundturm, der noch jetzt über 27 m hoch ragt und eine Mauerdicke von 2,9—3,3 m aufzuweisen hat (Abb. 13, 14). Drinnen war der Turm ursprünglich in 7 Stockwerke gegliedert, von denen nur eins mit Gewölben versehen war. Der Eintritt in den Turm erfolgte durch eine hochgelegene Tür, vor der eine sich auf zwei Kragbalken stützende Plattform lag. Die Tür im unteren Stockwerk ist in späterer Zeit eingebrochen worden, als der Turm ständig als Beobachtungspunkt verwendet wurde. Ausser der Gesamtform weisen auch die Einzelheiten auf eine frühe Bauzeit des Turmes hin. Nur das gewölbte Stockwerk hat als Wohnraum gedient; es war mit Kamin und Fensteröffnung ausgestattet, deren letzteren Bogen romanisch rund ist. Das Fenster war für die Wachmannschaft gedacht; von dort hatte man nämlich einen Ausblick unmittelbar auf Kubesele, wo das wichtigste Zentrum lag und von wo man im Falle einer Gefahr signalisieren konnte. In den anderen Stockwerken des Turmes ist man mit Maueröffnungen äusserst sparsam gewesen: Licht spenden nur lange, nach innen breite Schlitzscharten, die auf dieselbe Zeit hinweisen, in der Kokenhusen an der Düna erbaut worden ist. Die Inneneinrichtung des Turmes ist hauptsächlich auf die Sicherheit der darin wohnenden Mannschaft und deren Munitionslagerung in den unteren Stockwerken eingestellt, was alles für diese peripherische Verteidigungsstellung weit weg vom Hauptzentrum Riga bezeichnend ist. Für eine frühe Zeit spricht auch das Fehlen eines Burgverlieses im unteren Stockwerk; später ist dies stets ein untrennbarer Bestandteil der Türme gewesen.

Abb. 14. Treiden, Durchschnitt des Hauptturmes.

Die Art des Turmes spricht in allem für die Vermutung, dass der Bau schon zur Zeit des Ratzeburger Bischofs von den Pilgern aufgeführt worden ist, die, mit dem Ziegel vertraut, diesen schon bei den Rigaer Stadtmauern angewandt hatten. Aus Riga bekam man auch das Material und die notwendigen Arbeitskräfte. Ursprünglich scheint die Burg nur aus dem Turm bestanden zu haben, den an der Bergseite nach dem Vorbilde der Burgberge Erdwall und Palisade umgaben. Aber bald hat man Mauern Raum gegeben; sie folgten ebenfalls der Gestalt des Berges. Noch heute kann man in der erhaltenen spätmittelalterlichen Ringmauer Teile einer andersartigen Mauer finden, die aus einer älteren Bauperiode stammen dürfte. Vermutlich zu derselben Zeit wurde auch die Burgkirche gebaut, die noch auf dem Plan aus dem 17. Jahrhundert vermerkt ist und mit ihrer Lage mitten im Hof auf eine frühe Entstehungszeit hinweist. Seiner strategischen Wichtigkeit gemäss hat auch Treiden mehrere gründliche Umbauten erfahren, was der ursprünglichen Anlage neue Türme und Nebengebäude hinzufügen liess. Dass aber die Burg schon in ihrer alten Gestalt von grosser Wehrfestigkeit war, beweist die im Jahre 1297 von Ordensmeister Bruno unternommene Belagerung, die acht Tage lang dauerte, ehe sich die Burg endgültig ergab [37].

Der bischöflichen Bautätigkeit entsprach auf dem anderen Ufer des Flusses die des Schwertbrüderordens. Dort wurde Segewold (Sigulda) errichtet, die erste vom Schwertbrüderorden im Lande erbaute Burg. Auch Segewold ist auf einem hohen Berge angelegt, jedoch nicht an der Stelle des einstigen Burgberges, der dort in der Nähe lag und auf dem der Livenälteste Dabrel herrschte. Vermutlich sogleich nach der Gebietsteilung, also noch unter Meister Vinno, haben die Bauarbeiten begonnen. Nach dem Zeugnis Heinrichs von Lettland stand das Schloss schon im Jahre 1210 und wird im Jahre 1212 als eben fertig geworden erwähnt [38]. Von Segewold aus ist lange Zeit die Niederwerfung der Aufstandsversuche der Esten und Letten erfolgt. Dabei ist bekannt, dass im Schlosse Gefangene in Gewahrsam gehalten worden sind. Im Jahre 1225 machte der päpstliche Legat Wilhelm von Modena in Segewold als der wichtigsten Burg in diesem Landesteile Station. Im Jahre 1234 wird in der Burg Magister Albertus erwähnt [39]. Da ein Magister des Schwertbrüderordens einem Komtur des Deutschen Ordens entsprach, so lässt dies auf eine grössere Mannschaft in der Burg schliessen, wobei das von den Regeln des Ordens vorgeschriebene Gemeinschaftsleben beobachtet worden ist.

Die aufgezählten geschichtlichen Tatsachen gestatten keinen Zweifel darüber, dass der Orden schon zu dieser frühen Zeit eine Burg aus Stein in Segewold errichtet hatte. Später, in der Zeit der

---

[37] Löwis of Menar, Burgen 27.
[38] Chron. Lyv. XIV, 8; XVI, 3.
[39] Löwis of Menar, Burgen 9—10.

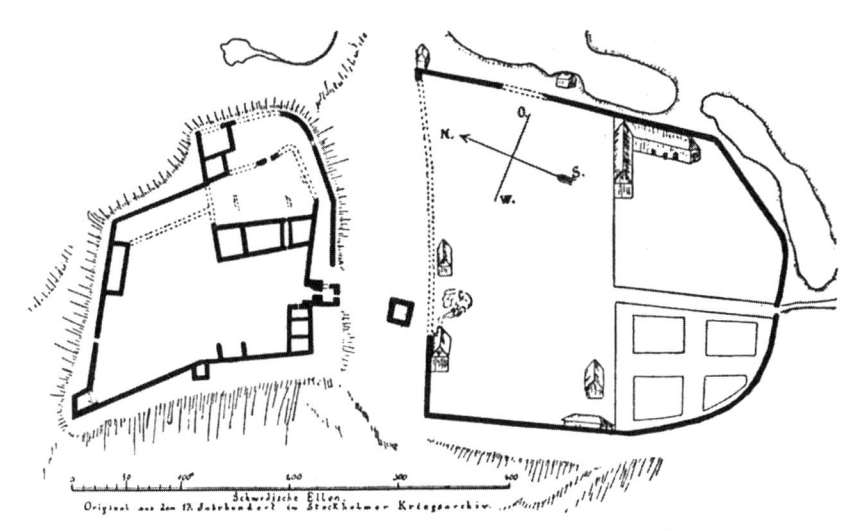

Abb. 15. Segewold, Grundriss. Nach Löwis of Menar.

Herrschaft des Deutschen Ordens, kam dem Schloss ebenfalls grosse Bedeutung zu. Man nahm daran ausgedehnte Umbauten vor, weswegen der ausgebaute Grundplan der Schwertbrüder mit dem neuen Mauerwerk verschmolz. Bei den bis heute erhaltenen Ruinen der Burg finden sich jedoch einzelne Bestandteile, die noch von dem alten Grundplan herstammen. Bemerkenswert ist die von dem übrigen Mauerwerk durch ihre Dicke (über 3 Meter) abstechende Nordostwand des Raumes unter der Kapelle. Diese Mauer kann keinesfalls mit den erhaltenen späteren Mauern in Verbindung gebracht werden. Schon die Quadertechnik und die aussergewöhnliche Dicke beweist, dass sie aus viel älterer Zeit stammen muss.

Diese Quadernmauer bildet im Schlossplan eine Seite des sich einem Geviert nähernden Innenhofes. Die Mauern der anderen Hofseiten sind ganz dem Erdboden gleichgemacht worden, so dass ihre Art nicht festgestellt werden kann. Da aber der älteste erhaltene Mauerteil an zwei Ecken nach der Hofseite Bruchstellen aufweist, scheint es wahrscheinlich zu sein, dass dieses die eine Seite der einstigen Burg war, wobei der ganze damalige Grundplan ein Gebiet in dem Umfange des späteren Burghofes eingenommen hat. Man hat diese früheren Mauern benutzt und später die Flügel des Schlosses um sie herum gebaut, wobei das alte Mauerwerk die Innenseiten bildete (Abb. 15). Demgemäss vertrat die ältere Burg den Kastelltyp, was gleichfalls auf jene Traditionen hinweist, die schon von den alten Burgen Holme und Riga her bekannt sind und die Vermutung erlauben, dass auch Segewolds altes Mauerwerk aus den ersten Jahrzehnten des Jahrhunderts stammt. Als Ergänzung zu dem mittleren Steingebäude kannte dieser Grundplan gewiss auch schon das System der Vorwerke an den steilen Bergabhängen. Es konnten dies vorerst nur Palisaden sein und erst allmählich wurden diese nebst den Erdwällen durch steinerne Mauern ersetzt. Dass bei der Verwirklichung des Grundplanes der Burg mehrere Bauperioden zusammengewirkt haben, darauf weist klar das unlogische Kreuzen der Mauerlinien hin, was kaum denkbar wäre, wenn die spätere Ausführung des Burgbaues aus Stein zur Ordenszeit auf noch unberührter Fläche erfolgt wäre.

Neben Segewold hat besonders W e n d e n (Cesis) bei der Eroberung neuer Gebiete im Norden eine zentrale Rolle gespielt. Im Laufe der späteren Geschichte ist diese Burg ebenfalls ein Hauptschloss des Deutschen Ordens gewesen. Dem entspricht auch der Umfang der dort später vorgenommenen Bautätigkeit, was seinerseits die Ermittelung der Bestandteile der ursprünglichen Burg erschwert. Auf die Geschichte von Wenden in der Eroberungsperiode wirft die Chronik Heinrichs einiges Licht, was auch die eine oder andere Vermutung über den Gang des Baues aufzustellen erlaubt. Bei den dortigen Wenden hatte die Missionsarbeit schon um das Jahr 1206 begonnen, wonach der Orden eine Besatzung in den Burgberg gelegt hat. Dass dieser neben dem später erbauten grossen Schloss auf dem sogenannten Nussberge gelegen hat, ist von den Archäologen überzeugend nachgewiesen worden [40]. Die frühere Diskussion über die Lage des von Heinrich erwähnten Alt-Wenden hat nur noch historischen Wert [41]. In dieser „kleinsten Burg im ganzen Land" haben die Schwertbrüder noch im Jahre 1210 mit den Wenden zusammengewohnt [42]. Die Burg beruhte grossenteils auf dem Schutze durch Wälle und Palisaden, wie dies die Belagerung seitens der Esten in demselben Jahre bestätigt hat. Bald aber wurde die Burg den Schwertbrüdern zu klein. Sie errichteten unter Meister Volquin (1209—1236) auf dem gleich daneben liegenden Berge eine neue Burg an der Stelle, auf der sich noch heute bedeutende Teil des Schlosses von Wenden erhalten haben. Der Nussberg diente von da an als Vorwerk der Hauptfestung.

Die Gestalt der Burg Wenden zur Zeit des Schwertbrüderordens vermögen wir nur vermutungsweise zu bestimmen. Von den heute erhaltenen Ruinen des Hauptkorpus des Schlosses werden die ältesten Formen von der Kapelle aufgewiesen, deren Mauern in dieser frühesten Zeit gebaut sein könnten. Auch hier ist die besonders

---

[40] B r a s t i ņ š IV (Vidzeme), 88—89.
[41] B i e l e n s t e i n, Grenzen 345 ff; an der umfangreichen Polemik haben sich Baerent, Vierhuff, Sivers, Schiemann u. a. beteiligt; eine Zusammenfassung der Standpunkte hat Karl Löwis of Menar in den Sb. Riga 1889 gegeben.
[42] Chron. Lyv. XIV, 8; XXII, 5.

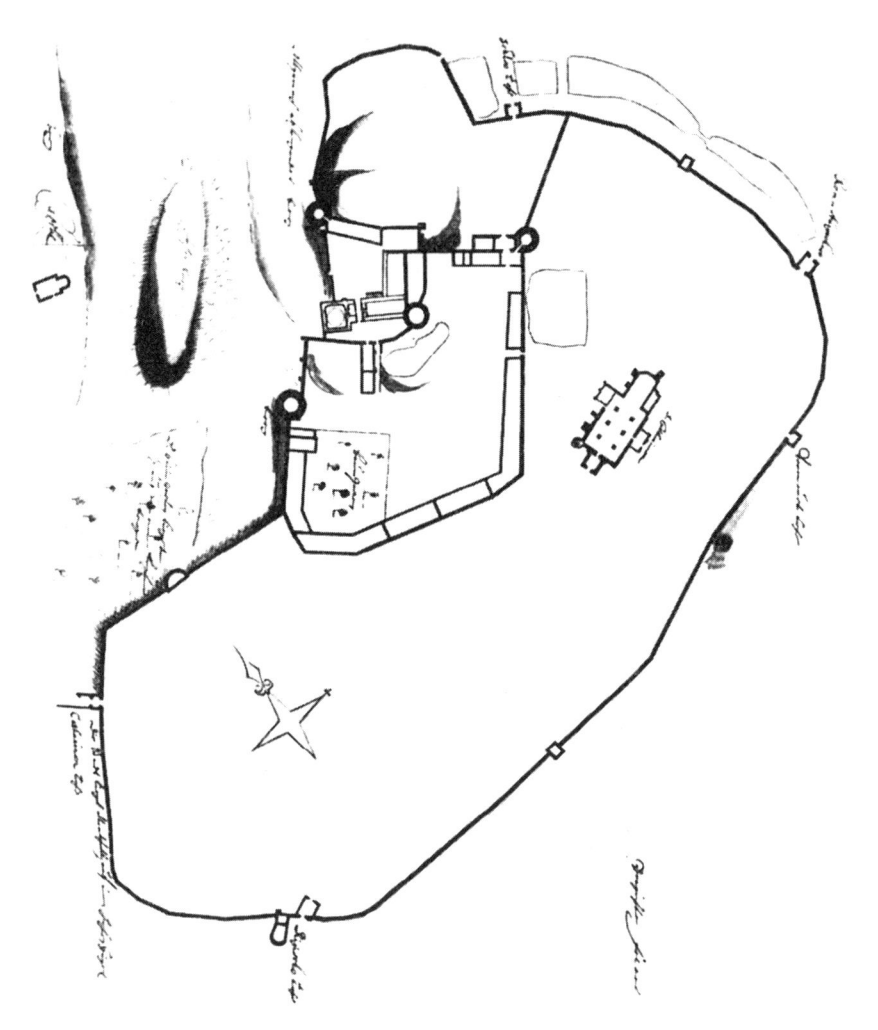

Abb. 16. Wenden, Burg und Stadt. Plan aus dem 17. Jahrhundert (KA).

sorgfältige Mauertechnik bezeichnend. Nach den Konsolenformen zu urteilen, ist das Gebäude aber nicht zu derselben Zeit gewölbt worden. Das Gebiet neben der Kapelle ist höchstwahrscheinlich schon damals bebaut gewesen, und die auf alten Plänen verzeichnete unregelmässige Parchammauer im Osten und Süden könnte aus dieser Zeit stammen (Abb. 16). Danach war der älteste Grundplan von Wenden den vorgefundenen natürlichen Bedingungen angepasst. Nur auf einer Seite gab die Kapelle der Aussenseite eine gerade Mauerlinie. Die übrigen innenarchitektonischen Teile und die Vorwerke sind von der ausgedehnten spätmittelalterlichen Bautätigkeit vollkommen beseitigt.

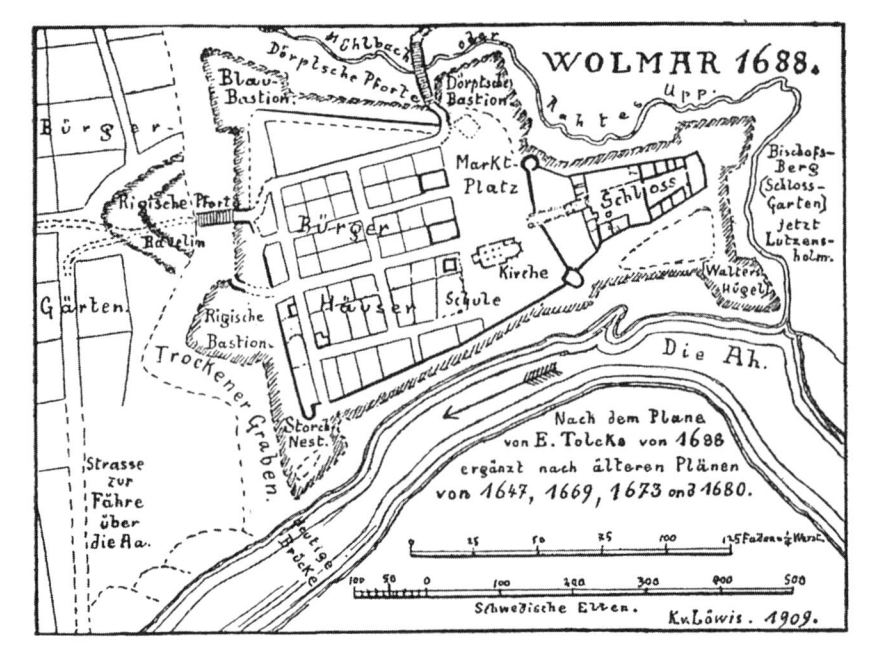

Abb. 17. Wolmar, Burg und Stadt. Nach Löwis of Menar.

In die Zeit des Schwertbrüderordens gehen wahrscheinlich auch die Anfänge der Burg von Wolmar (Valmiera) zurück. Auf Grund einer Untersuchung von Laakmann müsste sich an derselben Stelle der Burgberg von Beverin befunden haben [43], der in den Tagen des Freiheitskampfes eine wichtige Rolle gespielt hat. Das Vorhandensein eines Burgberges konnte durch die im Jahre 1937 vorgenommenen Ausgrabungen nicht bestätigt werden [44], was aber die Frage noch nicht definitiv entscheidet, da beim Bau historischer Burgen die einstigen Kulturschichten auf dem Plateau meistens vernichtet worden sind. Für die Annahme eines Burgberges spricht aber der ganze naturgebundene Bauplan und die Anlage der Mauern auf stellenweise erhöhten Wällen, weshalb ein Teil der Mauern direkt auf der Erdoberfläche aufgeführt worden ist. Die meisten bis heute erhaltenen Mauern stammen aus einer späteren Zeit; in der Zwischenzeit kann aber an dieser strategisch wichtigen Stelle eine Holzburg gestanden haben, wodurch auch die alten Formen in eine spätere Zeit mit übertragen worden sind (Abb. 17).

Neben diesen nach Norden gerichteten Burgen wurde vom Orden ausnahmsweise auch an der Dünalinie eine Burg gebaut, nämlich Ascheraden (Aizkraukle). Das ist geschehen, bald nachdem der Orden in den Jahren 1211 bis 1213 dieses Gebiet in seine

---

[43] Laakmann, Ymera 151 ff.
[44] Šnore 98.

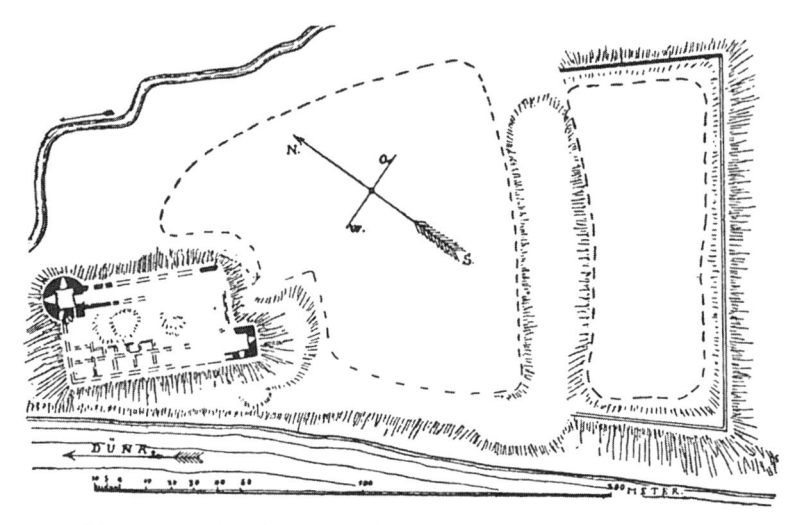

Abb. 18. Ascheraden, Grundriss. Nach Löwis of Menar.

Gewalt bekommen hatte [45]. Wie an der Aa-Linie konnte auch hier der in der Nähe gelegene, noch im Besitz der eingeborenen Bevölkerung befindliche Burgberg nicht benutzt werden, vielmehr wurde die Burg einige Kilometer davon entfernt errichtet, und zwar auf einer Anhöhe zwischen der Düna und einem in sie mündenden Bache. Von den erhaltenen Ruinen ist ein grosser Rundturm, der erst aus der Zeit der Feuerwaffen stammt, am besten sichtbar (Abb. 18). Es ist fraglich, inwieweit sich auch das mit dem Turm verbundene viereckige Gebäude in die Zeit der Schwertbrüder zurückführen lasse. Der ganze Plan im Teil der Vorburg weist aber klar auf frühe Traditionen hin: es handelt sich nämlich um eine Abschnittsbefestigung, wie sich dieser Burgtyp in Alt-Livland und in anderen nordischen Ländern besonders in der frühen Periode verbreitet hat. Urkundlich ist belegt, dass im Jahre 1234 der Ordensmagister Bernhard in der Burg residiert hat [46], was auch das Vorhandensein eines Konvents voraussetzt. Dass sich in dieser frühen Burg auch schon Steingebäude befunden haben, darauf weist das kürzlich in der Nähe des Burgbergs von Ascheraden entdeckte Mauerwerk einer Kapelle hin [47], die mit ihrem apsidialen Chorschluss direkt auf die Epoche deutet, in der die Georgenkapelle und der Chor der Domkirche zu Riga gebaut worden ist.

Die zweite Periode.

Die zweite Periode der Burgenarchitektur der Schwertbrüderzeit umfasst den Zeitraum von dem dritten Jahrzehnt des Jahrhun-

---

[45] Löwis of Menar, Burgenlexikon 47.
[46] UB I, 18, 38.
[47] Stepiņš 30 ff.

derts bis zur Vereinigung des Schwertbrüderordens mit dem Deutschen Orden. Im Anfang hat die Bautätigkeit in unmittelbarem Zusammenhange mit der Eroberung des estnischen Gebietes gestanden. Als im Jahre 1208 der erste Kriegszug in den nördlichen Teil des Landes unternommen wurde, bestanden im Süden schon Stützpunkte, während sich die Esten aber gegen die Eroberer in ihren Burgbergen verschanzten. Auf deren Eroberung richtete sich denn auch der Schlag der Ordens- und Bischofsmächte, besonders aber gegen die strategisch wichtigen Punkte in Ugaunien und Sackala, nämlich Fellin, Dorpat und Odenpäh, die gleichsam vorgeschobene Riegel vor jenen dichtbesiedelten und fruchtbaren Bezirken bildeten [48]. Die ersten Schritte konnten nach 1215 unternommen werden, als Sackala und Ugaunien gezwungen waren, sich dem christlichen Glauben zu unterwerfen. Schon im nächsten Jahr wurde eine deutsche Garnison in die Festung Odenpäh gelegt und mit deren Ausbau begonnen. Nach der Erzählung Heinrichs von Lettland bauten die Ordensbrüder von Wenden im Jahre 1221 auch die anderen Schlösser in Ugaunien und Sackala aus, legten Zisternen an, vervollkommneten die Wälle usw. (*et edificaverunt castra omnia et firmissime muniverunt, et cisternas infra fodientes*) [49]. Sogar Kirchen baute man auf den Burgbergen, wie die Ereignisse in Fellin zeigen. Der grosse und in weitem Ausmasse organisierte Aufstand vom Jahre 1222 ab beendete aber diese Zusammenarbeit auf dem Gebiete der Burgenarchitektur, und die Deutschen werden aus allen Hauptzentren hinausgedrängt. Jetzt beginnt der letzte Abschnitt des Freiheitskampfes, der mit der Niederlage der Esten endet: nacheinander fallen Odenpäh, Fellin und Dorpat, im Jahre 1224 ist der Widerstand in diesem Teile des gesamten Gebietes beendet.

Wie im südlichen Teile des Landes, so musste auch auf estnischem Gebiete an die Sicherung der Herrschaft und die Schaffung fester Punkte im ganzen Lande gedacht werden. In dem der Kirche zugefallenen Landesteil beginnt Bischof Hermann, die weltliche Gewalt in seine Hände zu nehmen. Dort werden die alten festen und mächtigen Burgen Odenpäh und Dorpat als neue Machtzentren ausgebaut. Der Orden sichert seine Herrschaft in Sackala, Nurmegunde und Moche, indem er dort Fellin als zentrale Burg ausbaut.

Die Festigkeit aller dieser Stützpunkte und ihre von Natur aus günstige Verteidigungslage waren schon rein bautechnisch eine gute Voraussetzung, dass sich die neuen Burgen in grossem Masse auf die alten Verteidigungsanlagen stützen konnten, zumal die Zeit

---

[48] Eesti ajalugu I, 311 ff.
[49] Chron. Lyv. XXV, 5.

voller politischer Wirren war und nicht gestattete, ein gänzlich neues Verteidigungssystem aufzubauen. Später wurden in all diesen Festungen grosse Umbauten und Ergänzungen vorgenommen. Deshalb können wir auch über ihre ursprüngliche Gestalt nur insoweit Vermutungen anstellen, als es uns der in den späteren Festungen weiterlebende ursprüngliche Grundplan gestattet.

O d e n p ä h (Otepää) war schon von Natur aus besonders geschützt. Es war bereits vor dem Eindringen der Deutschen auch ausserhalb der Landesgrenzen bekannt, da die Burg an einer wichtigen Handelsstrasse lag, die Ugaunien durchquerte und nach Osten führte. Die an einen Bärenkopf (Oti pää) erinnernde Gestalt des Berges hat der Festung ihren Namen gegeben, wonach auch die russischen Chroniken die Burg schon frühzeitig als Bärenkopf (Medvéžja golová) bezeichnen [50]. Bei der strategischen Bedeutung der Festung ist die von den Deutschen schon im Jahre 1216 vorgenommene ausgedehnte Bauarbeit zu ihrer Sicherung verständlich. Ein sorgfältigerer Ausbau des Verteidigungssystems erfolgte aber seit dem Jahre 1224, als vor Dorpat eben Odenpäh kurze Zeit Hauptzentrum des Bistums war. Schon im Herbst des Jahres 1225 waren die neuen Burgmauern aufgeführt: *Castrum Odempe, novis habitatoribus inhabitatum invenit et firmiter aedificatum* [51]. Die langwierigen Bauarbeiten wurden später von Bischof Alexander fortgeführt [52].

Gegen Ende des Ordensstaates war die Bedeutung Odenpähs gesunken, weswegen die Burg früher als andere Festungen verlassen wurde und verfiel. Heute ist von der einstigen Bischofsburg nur ein wenig Mauerwerk unter dem Erdboden zu ahnen. Etwas mehr war von diesen Mauerteilen noch im vorigen Jahrhundert erhalten; aus dieser Zeit stammen die Grundrisse der Burg von Körber und Kruse (Abb. 19). Beide Skizzen sind ungenau, immerhin ist der Plan im allgemeinen zutreffend wiedergegeben. Die Aussenmauer der Festung folgte der Form des Berges, wodurch der ovale Grundriss des Burgberges auch in dem späteren Bau weiterlebte. Auf einer erhöhten Stelle innerhalb der Ringmauer ist ein viereckiger Bau verzeichnet, dessen Spuren sich noch heute feststellen lassen. Nach dem schon erörterten Material zu urteilen, könnte es sich hier um eine der in dieser Zeit beliebten Turmburgen handeln. Vermutlich wurde zuallererst dieser Teil in Stein gebaut, und erst spätere Generationen fügten im Laufe der Zeit Nebengebäude sowohl in die Hauptfestung als in die Vorburg ein. Urkundlich sind die Gebäude der Burg nur durch eine Bemerkung

---

[50] B u s s e, Odenpäh 323; A. v. L ö w i s 201, Anm. 10.
[51] Chron. Lyv. XXIX, 3.
[52] G e r n e t, Verfassungsgeschichte 7; A. N e u m a n n, Bischofs- und Vasallburgen 8 (KAI).

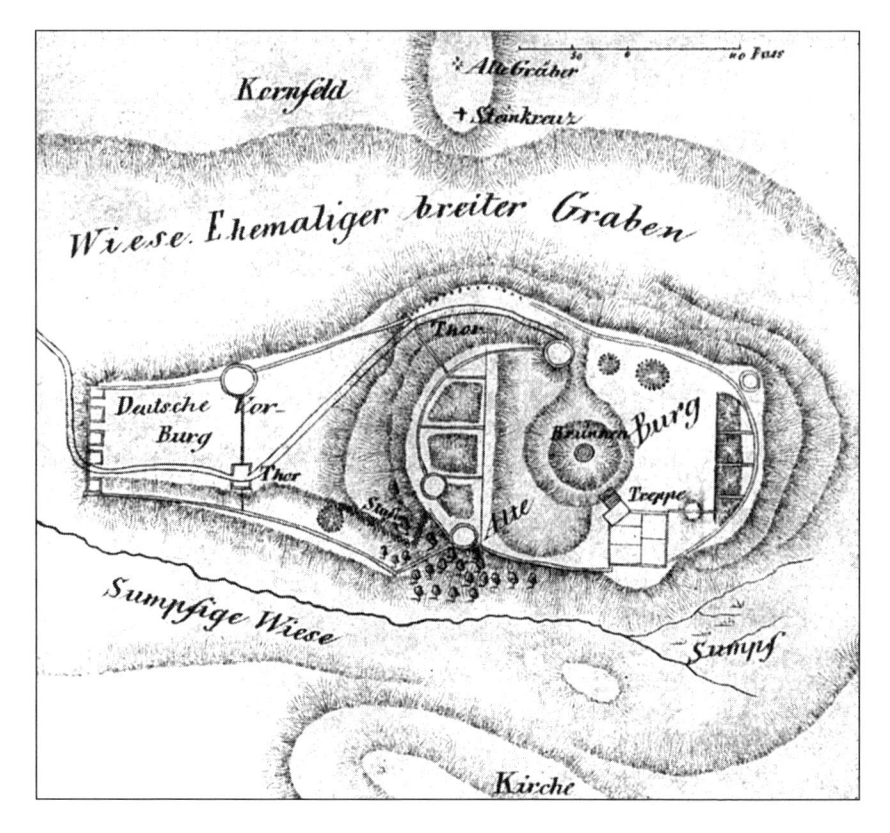

Abb. 19. Odenpäh, Grundriss. Nach K r u s e.

aus dem Jahre 1477 belegt, in der die *sunte Ylsebeten*-Kapelle erwähnt wird, die zwei mit dem Üxküllschen Wappen versehene Glocken aufzuweisen hatte [53]. Die Gebäude waren aus Feldsteinen errichtet, wobei teilweise auch Ziegel Verwendung gefunden haben.

Etwa zu derselben Zeit wie in Odenpäh begannen die Bauarbeiten auch in der zweiten wichtigen Festung des Bistums, in D o r p a t (Tartu). Urkundlich ist das *castrum Tarbate* im Jahre 1234 belegt [54], in dem es vermutlich in seiner ursprünglichen Gestalt fertig geworden war. Diese alte Festung dürfte wie andere Burgen aus der gleichen Zeit Kennzeichen der Konsolidierungszeit aufweisen, als man unter dem Zwang der Verhältnisse neben den neuen Anlagen auch das alte Wehrsystem anwenden musste. In grösserem Umfange wurde das Schloss vermutlich nach 1262 ausgebaut, als man nach dem Kriegszuge der Russen und der Eroberung der

---

[53] A. Neumann, Bischofs- und Vasallburgen 10 (KAI); T a u b e I, 129.
[54] Hildebrand, Nr. 21.

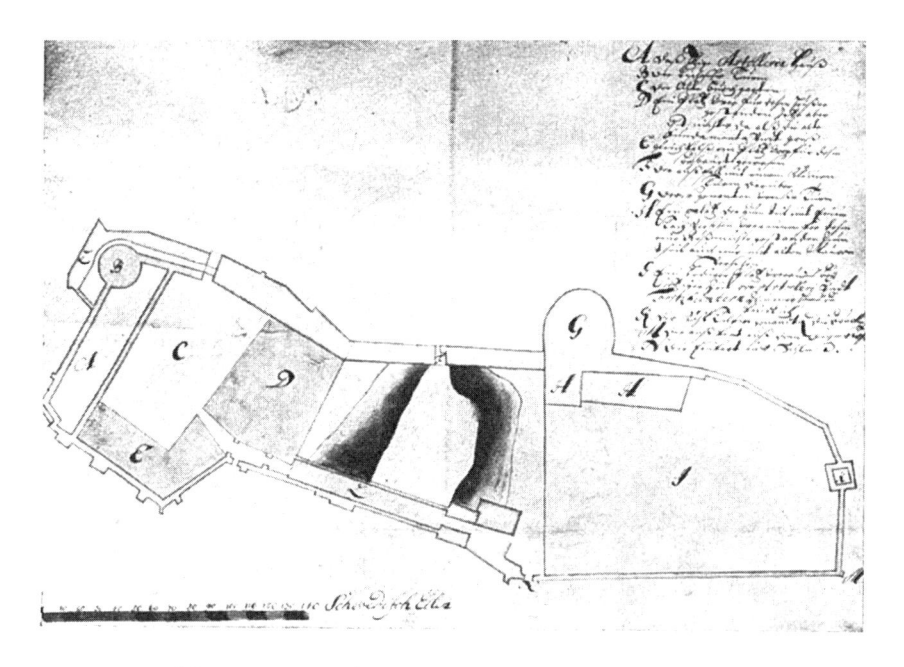

Abb. 20. Dorpat, die Burg im 17. Jahrhundert (ERKA).

Stadt den Bau der Stadtmauer eifrig fortzusetzen begann [55]. Die Burg wurde mit dem Wehrsystem der ganzen Stadt verbunden, und die dadurch gegebene Grundgestalt blieb dann in grossen Zügen bis zum Ende des Mittelalters bestehen.

Den Grundriss der Burg machen uns besonders Zeichnungen im Schwedischen Kriegsarchiv aus dem 17. Jahrhundert klar. In den Einzelheiten weicht dieses reichhaltige Material zwar voneinander ab, was sich mit der Ungenauigkeit damaliger Pläne erklären lässt, z. T. bedingt durch den Umstand, dass öfter auf denselben Plänen auch die Umbau- und Ergänzungsprojekte verzeichnet wurden. Zu dem Stockholmer Material kommt eine Zeichnung aus dem Jahre 1689 im Estnischen Staatlichen Zentralarchiv [56], die nach einem stilkritischen Vergleich der Pläne das grösste Vertrauen beanspruchen dürfte (Abb. 20).

Die Hauptburg stand an der Stelle, wo sich heute die Sternwarte befindet, auf einer nach drei Seiten steil abfallenden Anhöhe, auf der vormals auch der estnische Burgberg gelegen war, und wo schon das Gelände eine unregelmässige Grundgestalt vorschrieb. Im Westen war mit der Hauptburg ein grosses Vorwerk verbunden, das von der Hochburg durch einen tiefen Graben abgeschnitten

---
[55] Tartu 16.
[56] ERKA, LRKkA XVI, 34 e.

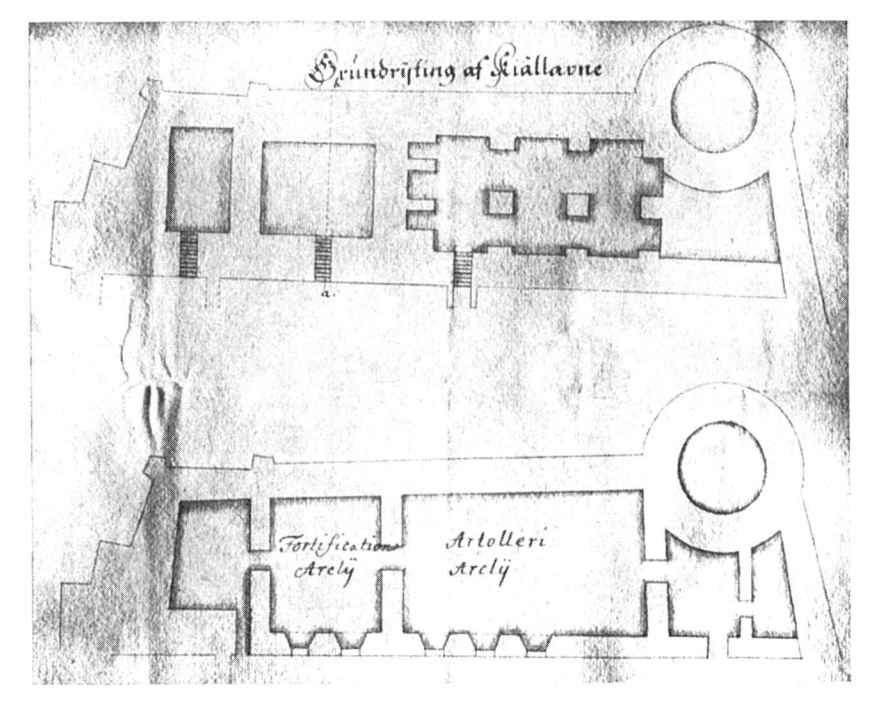

Abb. 21. Dorpat, Keller und Hauptstock des Hauptgebäudes der Burg. Aufmessung aus dem 17. Jahrhundert (ERKA).

war. Heute ist von dem Mauerwerk der Burg nichts erhalten ausser einigen Mauerteilen in dem sogenannten Pulverkeller, der im 18. Jahrhundert in den Graben eingebaut wurde, wobei die alten Mauern teilweise Verwendung gefunden haben [57]. Das wichtigste Gebäude in der Hauptfestung war ein langgestrecktes Haus an der Ostseite [58], das mit einem runden Eckturm versehen war, der urkundlich unter dem Namen „Bischofsturm" bekannt ist (Abb. 21). Es ist möglich, dass wir es hier mit dem im Jahre 1555 erwähnten sogenannten Waffensaal zu tun haben [59], und dass das Gebäude mit seinen Grundmauern in die frühere Zeit der Burg zurückreicht. Das Gebäude mit seinen massiven Mauern und Tonnengewölben erinnert an die frühen Burgbauten, aber zugleich auch an die befestigten Häuser jener Zeit. Als die Burg in der zweiten Hälfte des 13. Jahrhunderts mit dem Wehrsystem der ganzen Stadt verbunden wurde, ergänzte man das Hauptgebäude der Burg mit dem erwähnten

---

[57] Stange 3 ff.
[58] ERKA, LRKkA XIX, 45.
[59] Otto 9.

Rundturm an der Ecke, zu dessen Schutz nun ausserhalb ein zwingerartiges Vorwerk angelegt wurde. Auch in ihren anderen Teilen ist die Festung im Laufe der Zeit ergänzt worden. Die Hauptburg wurde von Baulichkeiten um den Hof herum eingeschlossen, die sich entsprechend der damaligen Zeitrichtung einem regelmässigen Plane näherten. Über den Abschnittsgraben wurde eine grosse steinerne Brücke gebaut. Auch die Zeit der Feuerwaffen hat ihren Beitrag geliefert, nämlich das grosse „Weisse Rondell" an der Südseite der Vorburg. Trotz der späteren Ergänzungen dominierte in dieser Burg schliesslich doch die naturgebundene Linienführung, was seinerseits auf die alten Estenburgen zurückzuführen ist. Vom Standpunkt der Burgenarchitektur Alt-Livlands ist aber das Hauptgebäude mit dem Eckturm besonders wichtig, das eines der frühesten dieses Typs ist und direkt oder indirekt die späteren Burgpläne beeinflusst hat.

In dem neueroberten Ordensgebiet wurde das in strategischer und administrativer Hinsicht wichtige F e l l i n (Viljandi) ein zentraler Wehrbau. Auf die Stärke und Festigkeit der Burg schon vor der deutschen Eroberung ist oben hingewiesen worden, gleichfalls auch auf die Ergänzungen und Verstärkungen, die dort seit dem Jahre 1221 von den Ordensbrüdern aus Wenden vorgenommen worden waren. So ist es verständlich, dass auch hier die Bautätigkeit nach der Eroberung im Jahre 1223 in grossem Masse das frühere Wehrsystem nachgeahmt hat. Als wichtige Ordensburg erlebte Fellin später mehrere grosse Bauperioden, die die Spuren früherer Bautätigkeit gänzlich verwischt haben. Die älteste Baugeschichte kann somit nur vermutungsweise erschlossen werden. Seiner Lage nach beruht Fellin auf dem Grundsatze der Höhenverteidigung, womit sich ein typisches Vorburgsystem der Abschnittsburg verbindet (Abb. 77). Die Gesamtanlage der Burg und Stadt Fellin ist zugleich ein treffender Beleg für die Zusammenarbeit des Ordens und der Kaufmannschaft in Alt-Livland: wie Paul Johansen nachgewiesen hat, repräsentiert Fellin in reinster Form eine Stadtsiedlung „auf dem Schilde" der Burg, so wie es auch bei einer Reihe anderer hiesiger Städte (Wolmar, Kokenhusen, Pernau, Narwa) festzustellen ist. Schon während der Gründung der Burg hat man mit einer Stadtsiedlung in der Vorburg gerechnet; zunächst freilich hat letztere meist nur als Warenlager gedient, erst später wurde allmählich das Strassennetz ausgebildet [60].

Die alte Estenburg stand höchstwahrscheinlich auf dem südlichen Gipfel des Bergrückens, wo später ein mächtiges Konventshaus errichtet wurde. Von drei Seiten gewährt die Natur eine

---

[60] J o h a n s e n, Hanse 32—33.

grossartige Höhenverteidigung und nur von Norden musste man die Burg durch einen Abschnittsgraben unzugänglich machen. Obwohl der Wasserspiegel des Felliner Sees damals höher stand als heute, konnte dadurch doch kein zusätzlicher Wasserschutz zu den Burggräben gewonnen werden [61]. Die ausserordentliche Widerstandskraft der Hauptfestung, schon in der Zeit des Freiheitskampfes bekannt und von Heinrich von Lettland lebhaft geschildert [62], ist aber nur dann erklärlich, wenn dieser ganze hochgelegene Teil des Berges bis zum Rande mit Wällen und Palisaden umgeben war. Mit diesem Verteidigungsgürtel musste auch der Orden rechnen, als die Burg Fellin unter Volquin in ihrer ursprünglichen Gestalt ausgebaut wurde. In ihrem Gesamtplan musste sie also naturgebunden sein, wie die meisten damals anstelle von Burgbergen errichteten Festungen.

Die im Sommer 1939 durchgeführten Ausgrabungen brachten keine Spuren der Estenburg ans Tageslicht. Es wäre nur auf die an der ganzen südlichen Bergseite wahrnehmbare Kohlenschicht hinzuweisen, die aber zu dünn war, um daraus irgendwelche wesentlichere Schlüsse zu ziehen. Da die verkohlte Schicht aber auf einer unberührten Grundschicht lag, so könnte jene dennoch der Teil einer einstigen alten Kulturschicht sein, deren Hauptteile bei der Grundlegung der neuen Burg vernichtet worden wären. Die Steingebäude auf dem Berge sind, wie uns der Chronist erzählt, schon unter Volquin errichtet worden [63]. Nach den anderen Burgen zu urteilen, pflegte in dem von Palisaden geschützten Raum mindestens ein festes Steingebäude errichtet zu werden, das der Burg als letzter fester Stützpunkt diente, wie im Westen diesem Zweck schon frühzeitig der sogenannte Bergfried ausgebildet worden ist. Auch in Fellin gestatten die bis heute erhaltenen steinernen Baureste Vermutungen zur Klärung dieser Frage. Besonders wesentlich ist auf der Anhöhe an der Südseite des Berges das massive turmartige Gebäude, das später als Verbindungsraum zwischen Hauptschloss und Dansker gedient hat. Das massive, aus Feldsteinen errichtete Gebäude könnte einem einst gerade dort befind-

---

[61] Hochwasser ist noch auf einer im Mellinschen Atlas befindlichen Zeichnung vom Ende des 18. Jahrhunderts zu sehen (M e l l i n, Karte Nr. VII). In dieser Hinsicht verdient auch eine Zeichnung aus dem 16. Jahrhundert in Renners Chronik, die sich in der Bremer Stadtbibliothek befindet, Beachtung, obschon diese Darstellung, was die Architektur betrifft, ziemlich ungenau ist und grossenteils auf Phantasie beruht. Die Höhe des Wasserspiegels bestätigt ihrerseits die Annahme, dass Fellin an der Wasserstrasse gelegen war, die im Mittelalter die Verbindung zwischen Pernau und Peipussee vermittelt hat, welcher Umstand die strategische Bedeutung der Ortschaft noch um ein weiteres erhöhte (Vgl. Eesti ajalugu II, 85—86).
[62] Chron. Lyv. XXVII, 2.
[63] W a r t b e r g e 4.

lich gewesenen Turmbau gefolgt sein und ist nun teilweise neuen Aufgaben angepasst worden [64].

Auch im nördlichen Teil Estlands stüzte sich die frühe Burgenarchitektur auf den Burgberg. Eine Kreuzung der Interessen verschiedener Machtgruppen zeigt die älteste Baugeschichte der Burg L e a l (Lihula). Die Burg diente formell zur Zeit der Eroberung dem Bischof von Estland als Residenz, was aber infolge der ungünstigen Zeitumstände keinerlei Bautätigkeit nach sich gezogen hat. Als die politische Spannung mit den dänischen Eroberungen in Nordestland wuchs, versuchten die Schweden, ihre Macht an diesem strategisch hochwichtigen Punkte Wieks zu sichern. Im Jahre 1220 eroberten sie mit einer grossen, von König Johann angeführten Streitmacht die Burg Leal. Wehrbauten aus Stein wurden aber auf dem Berge nicht errichtet. Im Herbste desselben Jahres wurde die Burg von einem grossen Heer der Öseler belagert, erobert und niedergebrannt. Die Garnison machten sie fast bis auf den letzten Mann nieder [65]. Vorerst verliert nun die Burg ihre Bedeutung in der Geschichte des Landes; sie wird erst wieder im Jahre 1238 aufgebaut, und dann schon von der weltlichen und geistlichen Macht gemeinsam.

In dieser Zeit spielte die H e r r s c h a f t d e r D ä n e n in dem nördlichen Teil des Landes eine wesentliche Rolle. Schon früher hatte hier Dänemark Eroberungsversuche gemacht, von denen im Zusammenhang mit der Burgenarchitektur der Zug nach Ösel im Jahre 1206 erwähnenswert ist. Damals wurde eine hölzerne Burg errichtet, deren Bestand aber nur von kurzer Dauer war, denn bald zogen die Dänen ab und zerstörten die Festung [66]. Später aber erweckte der Erfolg der Deutschen an der Dünamündung wiederum die politischen Ambitionen der Dänen im Baltikum, und im Jahre 1219 beschliesst Waldemar II. einen Kriegszug gegen die Nordküste. Noch in demselben Jahr landet er mit einer grossen Kriegsmacht in dem wichtigsten Hafen Nordestlands bei der Burg Lindanisse (Reval). Die Esten setzen der Landung keinen Widerstand entgegen, auch von der Burg aus, die damals verlassen gewesen zu sein scheint, wehrt sich niemand. Die Dänen wählen gerade den Platz, wo der alte estnische Burgberg stand, zur Aktionsbasis und schreiten dort zur Gründung einer neuen Festung [67]. Noch im Sommer desselben Jahres zieht Waldemar ab, nachdem er eine Garnison in die Burg gelegt hatte. Es ist wohl klar, dass die Dänen in dieser

---

[64] T u u l s e, Kapiteelid 757.
[65] Eesti ajalugu I, 339; J o h a n s e n, Estlandliste 70—71.
[66] Chron. Lyv. X, 13.
[67] Chron. Lyv. XXIII, 2; T u u l s e, Tallinn 51.

kurzen Zeit noch keine steinerne Festung haben ausbauen können, sondern hauptsächlich Holzbauten errichtet haben. Die Wehrkraft der Burg wurde in erster Linie durch den ausgezeichneten natürlichen Schutz, den das Gelände bot, gehoben. Der Versuch der Öseler, im Jahre 1221 die Burg niederzubrennen, weist darauf hin, dass die Festung damals noch ein Holzbau war. Auch späterhin schien es den Öselern ein leichtes, die dänische Burg zu erobern (*facile castrum Danorum expugnari*) [68]. Wenn sie trotzdem den Belagerungsversuchen widerstand, so war dies vor allem der günstigen Lage auf dem hohen Felsgelände zu verdanken.

Auch in dem übrigen Nordestland konnte sich in der ersten Dänenzeit schwerlich eine grössere Bautätigkeit entfalten, da die anhaltenden Unruhen und die immer schärfer werdenden Gegensätze im Lande dies verhinderten. An Belehnungen durfte man kaum denken, obgleich in der Umgebung von Reval einige Lehensmänner aufkamen. Wenn Heinrich von Lettland erzählt, dass im Jahre 1225 die Vasallen des Dorpater Bistums alle Schlösser von Wierland — *castra Wironie* — erobert haben, so müssen darunter die in Gebrauch befindlichen Burgberge verstanden werden, was vor allem für die Schwertbrüderzeit in Nord- und Westestland feststeht [69].

Genauere schriftliche Angaben aus dieser Zeit haben wir über den dänischen Burgbau auf Ösel. Die Kriegszüge der Öseler hatten erwiesen, dass von dort her dem dänischen Herrschaftsbereich besondere Gefahr drohte, weshalb ein neuer Kriegszug zur Eroberung von Ösel beschlossen wurde. Im Jahre 1222 landet König Waldemar mit einer grossen Heeresmacht auf der Insel und beginnt dort in aller Eile mit der Errichtung einer Festung aus Stein. Das Gebäude wird noch in dem Sommer desselben Jahres fertig und mit einer Besatzung versehen. Als die Öseler nach König Waldemars Abzug zur Belagerung der Burg schreiten, erhellt aus dem Gang der Ereignisse, dass die Festung nur aus einer steinernen Ringmauer ohne irgendwelche Gebäude bestand. Es war dies also ein ebensolcher Lagerplatz wie das von Meinhard errichtete Holme. Nach dem Bericht der Chronik zerstörten die Öseler die Burg so gründlich, dass kein Stein auf dem anderen blieb [70].

Der Lageplatz dieser dänischen Burg ist nicht genau zu ermitteln. Ein Teil der Forscher neigt zu der Ansicht, dass die Burg in Soela an der Nordküste von Ösel gelegen habe [71]. Dafür spricht die Tatsache, dass sich dort Spuren eines Wehrbaues finden, von der Volkstradition „Altburg" (*vanalinn*) genannt. Diese „Altburg"

---

[68] Chron. Lyv. XXVI, 4; T u u l s e Tallinn 51.
[69] Chron. Lyv. XXIX, 6; J o h a n s e n, Estlandliste 737 ff.
[70] Chron. Lyv. XXVI, 4.
[71] K ö r b e r, Oesel III, 130.

steht dicht am Meeresstrand auf erhöhtem Terrain, nach allen Seiten von flachem, sumpfigem Weideland umgeben. Bis zum heutigen Tage hat sich dort stellenweise ein meterhohes Wallsystem erhalten, das zusammen mit den Gräben ein regelmässiges Viereck mit einer Seitenlänge von etwa 45:42 m bildet. Der Graben um den landwärts gerichteten Wall füllt sich noch heutzutage stellenweise mit Wasser, dem Meere zu hat aber das eingestürzte Ufer den Wall teilweise mit sich gerissen. Auf dem Burgplatz fehlen jegliche Mauerreste, soweit sich das ohne Ausgrabungen feststellen lässt. Überall liegt jedoch feiner Steinschutt. Die landwärts gerichteten Ecken sind mit stark vorgebauten Wallanlagen versehen. Die damalige nordische Wehrarchitektur kannte noch keine flankierenden Türme, es könnte aber möglich sein, dass diese Anlagen an den Ecken bloss als Stützen gedient haben. In diesem Falle würde der Grundplan der angenommenen Entstehungszeit nicht widersprechen. Falls es sich in Soela wirklich um die Überreste der Waldemarschen Burg handelte, dann hätte man hier einen wesentlichen Beitrag zur Entwicklungsgeschichte des frühen Kastelltyps, dessen erster Niederschlag die von Meinhard angelegte Burg in Holme war.

Im Jahre 1227 erobern die S c h w e r t b r ü d e r die Dänenfeste R e v a l (Tallinn). Hiermit endet die erste Periode der dänischen Herrschaft in Nordestland. Zu derselben Zeit beginnt unter der tätigen Förderung des baufreudigen Ordensmeisters Volquin der Ausbau der Festung von Reval in Stein. Vorher hatte Volquin schon die Burgen Wenden und Fellin errichtet und war so im Verlauf seiner langen Regierungszeit der erste bedeutendere Förderer der Landesverteidigung geworden. Wie der Chronist uns wissen lässt, grenzte Volquin ein Viertel des ganzen Berggeländes ab und befestigte es besonders stark mit Türmen und tiefen Gräben (*Volquinus... parvum castrum Revalie construxit et muravit, cum turribus fossatisque profundis optime firmavit*) [72]. Die Burg war schon im Jahre 1229, also nach kurzer Bauzeit fertig. Das abgegrenzte Berggelände, die eigentliche Burg, nannte man *castrum minus*, im Gegensatz zu dem ganzen Berge, dem *castrum maius*, auf dem sich die Häuser der Vasallen befanden. Es scheint kaum glaubhaft, dass die in den Felsboden gehauenen tiefen Gräben unbenutzt blieben, sie haben wahrscheinlich auch bei den späteren Burgbauten Verwendung gefunden. Die Bautätigkeit der Schwertbrüder legte also den Grund für die Burganlage von Reval, damals wurden die

---

[72] T u u l s e, Tallinn 52; W a r t b e r g e 4; ebendort weist der Chronist auch auf weitere Bautätigkeit Volquins hin, nämlich bei Dorpat und Odenpäh, die er aber der Kürze halber übergeht.

ersten Mauern und Türme aus Stein errichtet. Die jetzt noch stehenden mittelalterlichen Mauern des Schlosses auf dem Domberg stammen aus späterer Zeit, unter ihnen kamen aber bei den im Jahre 1935 vorgenommenen beträchtlichen Umbauten ältere Mauerbestandteile zum Vorschein, die vermutlich aus der Bauperiode der Schwertbrüder stammen.

Die Ergebnisse der Ausgrabungen von 1935 sowie die Analyse alter Burgpläne ermöglichen die Rekonstruktion der unter Volquin gebauten Festung (Abb. 22). In ihrer Ausdehnung dürfte sie mit der heutigen Schlossanlage auf dem Domberg ungefähr zusammenfallen. Genauer lässt sich feststellen, wo die Westmauer der alten Burg gestanden hat, nämlich innerhalb der jetzigen Westmauer; an der Stelle der heutigen Hauptmauer befand sich aber damals vermutlich eine Holzpalisade. Die Südmauer fiel fast mit der jetzigen zusammen, wie das Fundament des im Jahre 1935 zum Vorschein gekommenen Rundturms in der Südostecke der Burg zeigt. Auch dieser Rundturm dürfte aus der Zeit der Schwertbrüder stammen, da er noch nicht flankierend gebaut worden ist. Nach der Lage dieses Turmes in der Südostecke zu urteilen, befand sich die damalige Ostmauer etwas weiter nach innen als die heutige Mauer. Diese Lage der Mauern wird auch durch die 1940 im Burghofe vorgenommenen Probegrabungen bestätigt. Hierbei hat man innerhalb der vermutlichen alten Ostmauer einen Graben entdeckt, der im Spätmittelalter oder gar noch später mit Balken bedeckt gewesen ist. Dieser Befund lässt sich gut mit der Annahme einer sich allmählich entwickelnden Baugeschichte vereinigen, wobei man die von Volquin gezogene Grenzlinie zu berücksichtigen hat.

Die Lage der Nordmauer ist nicht so sicher zu bestimmen, doch könnte der tiefe Aussengraben bis in die erste Zeit der Steinburg zurückreichen. Nach diesen Feststellungen ist die Burg der Schwertbrüder ein längliches Viereck und ihrer Gestalt nach der Rigaer Georgenburg ähnlich gewesen. Unlösbar bleibt die Frage, wie die Innenräume der Burg angelegt gewesen sind, da die späteren Bauperioden der Dänen und des Deutschen Ordens die Spuren der älteren Gebäude verwischt haben. Doch mögen damals auch in Reval wie bei den anderen Burgen Holzbauten dominiert haben, selbst ein Teil des Wehrgürtels mag durch hölzerne Konstruktionen vervollständigt gewesen sein. Besonders berechtigt dürfte die Annahme eines hölzernen Wehrgürtels im *castrum maius* sein; denn dort hätte ein Steinbau grössere Anforderungen gestellt, als es die damalige Zeit mit ihrem noch unentwickelten Wirtschaftsleben und ihren ungeklärten Machtverhältnissen gestattete.

Neben Reval kam es nun auch zu einer Bautätigkeit auf dem flachen Lande. Schon Magister Johannes hatte die feste Burg

Agelinde in Wierland angelegt und zu seiner Residenz erkoren. Diese Festung lag vermutlich an der Stelle des estnischen Burgberges Punamäe; die dort vorgefundenen Steintrockenmauer dürften aus jener Zeit stammen. Ein weiteres wichtiges Zentrum war Tarvanpe ebenfalls auf einem Burgberge, wo später die Burg Wesenberg angelegt worden ist. In Wiek wurde das unter Magister Johannes erbaute Goldenbeck (Kullamaa) das bedeutendste Verwaltungszentrum [73]. Neben diesen wichtigsten Punkten wurden auch kleinere vorgeschichtliche Burgen ausgebaut. Das geschah Hand in Hand mit der von den Schwertbrüdern geförderten Erweiterung des Vasallenstandes. Meistens jedoch waren damals die Beziehungen zwischen den Vasallen und dem Lande noch verhältnismässig locker; einige Lehnsmänner liessen sich aber auf den Burgbergen nieder, wie Paul Johansen auf Grund eines Vergleichs von Personen- und Ortsnamen annimmt (beispielsweise *Maekius — Mäoküla, Kokael — Koila*) [74]. Als der Orden im Jahre 1230 gotländische Kaufleute in grösserem Masse mit Land in Jerwen belehnt hatte, konnten dort kleinere befestigte Siedlungen entstehen, die jedoch heute wie überhaupt die älteren Wehrbauten Nordestlands spurlos verschwunden sind. In die spätere Entwicklung könnte aber von diesen Vorgängern gar mancher Zug übergegangen sein und bei der Ausbildung der Grundtypen eine wichtige Rolle gespielt haben.

Wenn man auf die drei Jahrzehnte der Eroberungszeit zurückblickt, so erweist sich, dass die bedeutendste Entwicklung der Burgenarchitektur in dieser Zeit im südlichen Teile des Landes erfolgt ist. Dies ist vor allem durch andersartige Umstände als im Norden bedingt. Für die Sicherung der Dünalinie war schon die Zeit Meinhards günstig genug, dort zwei Steinburgen zu gründen. Als Bischof Albert die Kolonisierung in seine Hand nahm, verfügte auch er anfangs über eine genügende Anzahl frischer Kräfte zur Errichtung von Burgen und zur Befestigung Rigas. Die Eroberung des Landes verlief im südlichen Teil ohne grössere Schwierigkeiten und so konnte der Orden mit Erfolg seine ersten Schritte auf dem Gebiete der Architektur machen: es entstanden die frühen beachtenswerten Bauten von Segewold und Wenden, denen auf Seiten des Bischofs Treiden, Kokenhusen und eine Reihe von Vasallenburgen an der Dünalinie entsprachen.

Dann brach aber mit der Eroberung des estnischen Gebietes eine schwere Periode an, wo eine schleunige Befestigung des Landes notwendig wurde, und so musste man sich unmittelbarer als im Sü-

---

[73] Johansen, Estlandliste 706—707, Anm. 1.
[74] Ebendort 739.

den auf die Burgberge stützen. Diese Sachlage hat dem ganzen nördlichen Gebiete ihren Stempel aufgedrückt. Auch nach der Eroberung Estlands und der Insel Ösel besserte sich die Lage wenig, weil um diese Zeit die ersten Reibungen zwischen den Machthabern einsetzten, was die grosse Krisenzeit der Jahre 1227—1238 verursacht hat. Die zu Anfang dieser Zeitspanne bereits verbesserte Lage verschlimmerte sich jäh mit dem Tode Bischof Alberts im Jahre 1229; durch die nachfolgenden Wirren wurde die neue Kolonie innerlich in beträchtlichem Masse geschwächt. Während des letzten Jahrzehntes der Schwertbrüderzeit konnten schwerlich umfangreichere Befestigungsarbeiten unternommen werden, und man beschränkte sich darauf, die schon vorhandenen Stützpunkte nach Möglichkeit zu vervollständigen. Besonders die nördlichen Burgen brachten zu den Wehrprinzipien des Westens in das Gesamtbild einen starken Zug von Naturgebundenheit hinein, in der die Form der alten Burgberge weitergelebt hat. Ja noch mehr, in Wierland und Harrien haben die alten Burgen in fast unveränderter Form den neuen Herren weitergedient, so dass sich diese Berge danach in keiner Weise von anderen unberührten vorgeschichtlichen Burgen unterscheiden. Alle diese Tatsachen haben aber in der folgenden Periode Bedeutung erlangt, wo die Grundtypen der altlivländischen Burgenarchitektur in unmittelbarer Anknüpfung an die bisherigen Erfahrungen und unter Benutzung der bereits vorliegenden Elemente ausgestaltet worden sind.

II. Kapitel.

DIE GESTALTUNG DER GRUNDTYPEN UND IHRE VERBREITUNG BIS ZUM AUFKOMMEN DER FEUERWAFFEN (1237—1400).

1. Die Entwicklung im dänischen Nordestland.

Der Vertrag zu Stenby im Jahre 1238 gab Dänemark die Burg Reval nebst den Gebieten Revele, Wierland, Harrien und Jerwen zurück. Hierbei überliess der König Jerwen dem Orden, unter der Bedingung dass dort ohne Erlaubnis der dänischen Staatsgewalt keine Burgen gebaut würden [1]. Die über hundert Jahre dauernde zweite Ära der dänischen Herrschaft hat zum Unterschiede von der kurzen ersten Periode auch auf dem Gebiete der Burgenarchitektur Spuren hinterlassen. Jedoch im Vergleich zu der damals so lebhaften Bautätigkeit des Ordens und des Bischofs im südlichen Landesteil befand sich die dänische Wirksamkeit auf diesem Gebiet merklich im Rückstande und beschränkte sich hauptsächlich auf drei Punkte: Reval, Narwa und Wesenberg.

Der stärkste Nachdruck fiel auf die Burg R e v a l (Tallinn), den Mittelpunkt der Verwaltung, dessen Schicksal dasjenige des ganzen Landes bedingte, wie die Ereignisse des Jahres 1227 in drastischer Weise gezeigt hatten. Da der Schwertbrüderorden den Berg schon im wesentlichen befestigt hatte, so wurden von den Dänen nur Vervollkommnungen des früher durch Mauern und Gräben begrenzten Burggebiets vorgenommen. Für die Beantwortung der Fragen, in wie grossem Masse das erfolgt sei und wie das Schloss der dänischen Zeit im allgemeinen ausgesehen habe, liefern wiederum die Umbauarbeiten vom Jahre 1935 einen interessanten Beitrag; dazu gesellt sich die Untersuchung des erhaltenen Mauerwerks und die kritische Analyse alter Pläne und archivalischer Angaben. Wenn sich der Palas des dänischen Statthalters nach der Annahme von W. Neumann gegenüber der Westmauer

---
[1] Eesti ajalugu II, 15; J o h a n s e n, Paide 201; UB I, 140.

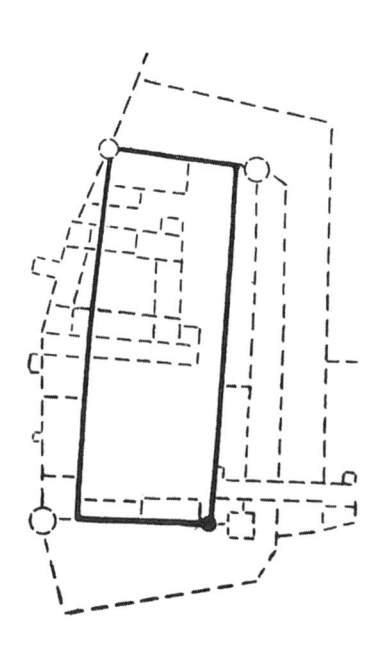

Abb. 22. Reval, die Burg in der Schwertbrüderzeit. Die Punktlinien bezeichnen ihre Ausdehnung im Spätmittelalter. Rekonstruktionsversuch des Verfassers.

Abb. 23. Reval, die Burg zu der Zeit der zweiten dänischen Herrschaft. Rekonstruktionsversuch des Verfassers.

der Vorburg befunden haben sollte [2], so ist die Baugeschichte dieses Gebäudes jetzt auf Grund des Archivmaterials genau feststellbar: der sog. Reichssaal wurde im 16. Jahrhundert angelegt, als auf Wunsch des schwedischen Königs Johann III. umfangreiche Umbauten im Schloss vorgenommen wurden [3]. Irgendein mit einer Freitreppe versehenes palastartiges Gebäude ist in der dänischen Zeit nicht gebaut worden. Die Analyse der Pläne hat gezeigt, dass die Burg in der dänischen Zeit in ihrem äusseren Mauerzug die ihr von den Schwertbrüdern verliehene Gestalt beibehalten hat und grössere Umbauten damals nur in dem mittleren Teil des Schlosses ausgeführt worden sind. An der Stelle, wo sich später das Konventshaus des Deutschen Ordens befand, wurde in der zweiten dänischen Herrschaftsperiode das Hauptgebäude des Schlosses erbaut, wodurch das bisherige weite Kastell wesentlich verändert wurde (Abb. 23). Das Ziel war Hebung der Wehrfestigkeit der Burg und Schaffung von konzentriert gelegenen Wohnräumen. Zur Erreichung des ersten Zieles wurde das Mittel-

[2] Nottbeck-Neumann 5.
[3] Tuulse, Lisaandmeid 6 ff.

gebäude viereckig abgeschlossen und mit einem Graben umgrenzt, wovon jetzt Teile an der Südseite entdeckt sind; auch der bereits oben erwähnte, im Jahre 1940 bei Probegrabungen gefundene Graben an der Ostseite des Mittelgebäudes könnte zu diesem Wehrgürtel gehört haben. Eine Untersuchung des Mauerwerks und aus dem 17. Jahrhundert stammende Pläne haben weiter bewiesen, dass das Mittelgebäude an der Südostecke mit einem mächtigen, später vom Deutschen Orden noch erhöhten viereckigen Turm versehen war, der auf den Abbildungen von Olearius sichtbar ist (Abb. 101) [4]. Neben dem Turm an der Südseite befand sich der Eingang, der auch noch zur Ordenszeit dort fortbestanden hat. Im Gegensatz zu dem späteren Konventshause waren bei diesem dänischen Bau nicht alle Innenseiten bebaut, sondern es gab Gebäude nur an der Südmauer um den Eingang herum. Diese Räume dienten dem dänischen Statthalter als Wohnung, so dass hier mit Vorbehalt von einem dänischen Palas gesprochen werden könnte. Die Besatzungs- und Wirtschaftsräume aber befanden sich auf dem ehemaligen Schlosshof, der nunmehr als Vorburg diente und wahrscheinlich in der Mitte geteilt war, um dem Hauptgebäude grössere Wehrfestigkeit zu verleihen.

Der Beginn der Bautätigkeit in Reval reichte schon in die Regierungszeit Waldemars II. zurück. Aber auch die Königin Margareta zeigte für Reval Interesse und versuchte, es besonders gegen den Übermut der Vasallen zu sichern. Gewiss war das Hauptschloss schon längst fertig, als der Bevollmächtigte des Königs Erik Menved, der Ritter Johann Canne im Jahre 1310 in Reval landete, um Direktiven in der Frage der Erweiterung des Wehrgürtels der Stadt zu geben [5]. Wie noch heute erhaltene Mauerteile beweisen, wurde ungefähr zu derselben Zeit eine Steinmauer auch um das *castrum maius* errichtet, woran man aber erst hatte denken können, als das *castrum minus* als Standort des *capitaneus* den neuen Anforderungen entsprechend ausgebaut worden war.

Die zweite hervorragende Burg Nordestlands aus der Dänenzeit ist N a r w a. Der Ort lag an einer wichtigen Handelsstrasse, wo schon in früher Zeit eine Siedlung in Gestalt eines Dorfes bestanden hat. Hauptsächlich infolge von Handelsbeziehungen ist auch die Burg Narwa entstanden, die erstmalig im Jahre 1277 erwähnt wird [6]. Diese Burg lag oberhalb des Dorfes Narvia, an der Stelle der heutigen Hermannsfeste, wo das hohe Flussufer einen guten natürlichen Schutz bot, und wo sich vermutlich früher eine Esten-

---

[4] T u u l s e, Tallinn 56—57.
[5] N o t t b e c k - N e u m a n n 13.
[6] S ü v a l e p 11.

burg befunden hatte. Die erste Burg war wahrscheinlich ein Holzbau und wurde gegen Ende des Jahrhunderts von den Russen zerstört; dann begann man an der gleichen Stelle mit dem Bau einer Festung aus Stein. Um den Kaufleuten und den Stadtbewohnern bei Gefahr Schutz zu bieten, wurde die Hauptburg in den Jahren 1341—1342 mit einer umfangreichen Vorburg versehen, die ihre Gestalt mit kleinen Änderungen auch in der Ordenszeit bewahrt hat (Abb. 104). Die Hauptburg trägt in ihrer bis jetzt erhaltenen Form charakteristische Merkmale der Ordenskunst; Sten Karling hat jedoch in seiner Forschung bewiesen, dass auch dort der Grundplan in der Hauptsache in die dänische Zeit zurückreicht [7]. Schon das von den Dänen errichtete Hauptgebäude der Burg bildete also ein kastellartiges regelmässiges Viereck, dessen wichtigste Teile in dem Nordflügel der heutigen Burg erhalten sind. Dort befand sich vermutlich der damalige Hauptraum des Schlosses, der Palas, wie das auch in Reval der Fall war. Ähnlich wie in Reval war auch die Burg in Narwa mit einem grossen viereckigen Eckturm versehen, wovon die älteren Teile noch unter dem jetzigen „Langen Hermann" erhalten sind. Ursprünglich war der Turm niedriger und hatte wahrscheinlich bloss drei Stockwerke. Die östliche und die südliche Mauerlinie der dänischen Hauptburg waren an derselben Stelle wie heute, nur dass das Wehrsystem nicht die jetzige Höhe erreichte. Die ehemalige Mauerhöhe kann noch jetzt an der südlichen Aussenseite des Schlosses festgestellt werden (Abb. 105). Auf Grund derselben Mauer hat Karling behauptet, dass die Westmauer des Schlosses nicht die Stelle der jetzigen Aussenmauer, sondern etwa die Stelle der jetzigen Innenmauer des Westflügels eingenommen habe [8]. So müsste der Hauptturm an der Nordwestecke ursprünglich stark flankierend aus der Mauerlinie herausgeragt haben, was aber nicht mit den damals in den nordischen Ländern herrschenden Wehrprinzipien übereinstimmt, wo um 1300 solch ein starkes Flankieren noch unbekannt war. Es ist möglich, dass der Bruch im westlichen Teil der Südmauer zufälliger Natur ist und dass die Mauer im Westen auch in der dänischen Zeit bis zur jetzigen Linie reichte.

Dem Viereck des Schlosses hat sich vermutlich schon in der ältesten Bauperiode im Norden eine kleine Vorburg angeschlossen. Diese war die Vorgängerin der grösseren, für die Stadtbevölkerung bestimmten Vorburg und diente zum Schutz des Schlosseingangs, wie das in Reval zur Zeit der Schwertbrüder der grössere Schlosshof tat.

---

[7] Karling, Narva 45 ff.
[8] Ebendort 60.

Der dritte wichtigere Punkt der dänischen Kolonie war W e s e n b e r g (Rakvere), wo sich in vorgeschichtlicher Zeit ein estnischer Burgberg befunden hatte, der zur Zeit Heinrichs von Lettland unter dem Namen Tarvanpe eine wichtige Rolle spielte. Wie die Mehrzahl der frühen Burgen war auch das alte Tarvanpe zweifellos anfänglich nur eine Holzfestung. Eine Veränderung hierin trat auch nicht gleich in den Anfangstagen der zweiten dänischen Herrschaftsperiode ein, in der es viel mit der Befestigung Revals und mit der allgemeinen Organisation des Landes zu tun gab. Aber schon in der Mitte des Jahrhunderts scheint dort eine Steinfestung entstanden zu sein. Urkundlich tritt Wesenberg zum ersten Mal im Jahre 1252 auf [9]; das Schloss wird 1267 erstmalig erwähnt und trägt in den russischen Chroniken den Namen Rakovor; die Russen sollen es vergeblich belagert haben [10]. Die Festung wird zu jener Zeit kaum schon endgültig fertig gewesen sein, auch hier wurde der Bau bis zu der ersten Hälfte des 14. Jahrhunderts vervollständigt, wie ein Vergleich mit der Burg Narwa anzunehmen erlaubt.

Der Lage nach ist Wesenberg eine Landrückenburg, die sich auf der Südspitze einer langen und ziemlich hohen Moräne befindet

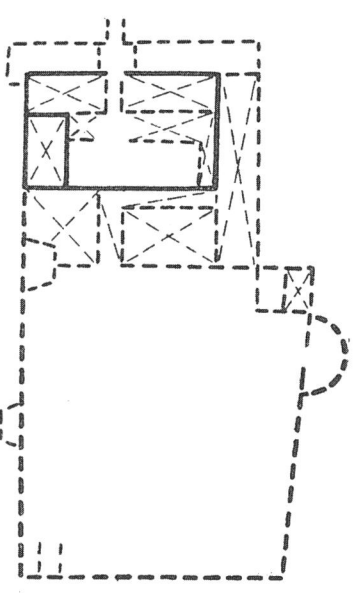

Abb. 24. Wesenberg, die Burg zu der Zeit der zweiten dänischen Herrschaft. Rekonstruktionsversuch des Verfassers.

(Abb. 97). Da der Orden hier später ebenfalls umfangreiche Umbauten vorgenommen hat, ist die Feststellung des Grundplans der Dänenfestung mit grossen Schwierigkeiten verbunden. Eine Untersuchung der erhaltenen Mauern und das Planmaterial des 17. Jahrhunderts lassen immerhin Spuren von einem Teil des älteren Gebäudes ermitteln. Es stellt sich heraus, dass der Baugang auch in Wesenberg ähnlich wie in Reval und Narwa verlaufen ist, wo der Orden das Mauerwerk der älteren Festungen benutzt hat. Schon ein Blick auf den Plan der zur Ordenszeit gebauten Burg beweist, dass die älteren Mauern in der Grundrissgestaltung eine Rolle gespielt und die Räume nicht mit der gleichen Konsequenz haben unterbringen lassen, wie das in der Baukunst des Ordens

---

9 UB I, 239.
10 B u s s e, Kriegszüge 215.

seit Ende des 13. Jahrhunderts üblich gewesen ist. Auch der dänische Bau war ein Kastell, jedoch bedeutend kleiner als das später vervollständigte Gebäude (Abb. 24). Die Aussenmauern der beiden fallen nur an der West- und Nordseite zusammen, im Süden und Osten aber hat die alte Aussenmauer als Innenwand des Gebäudekomplexes des Ordens gedient. Dadurch ist seinerseits der ungewöhnlich lange Grundplan der Kapelle bedingt. Bei der Bestimmung des alten Mauerrechtecks sind die erhaltenen Mauern eine Hilfe, wo man die Änderungen an der Hand der Fugen und der Abweichungen in der Mauertechnik gut verfolgen kann. Die älteren Mauern sind nämlich aus sorgfältig gewählten kleineren Kalksteinstücken zusammengefügt, bei den jüngeren dagegen ist reichlich Feldstein verwendet.

Der Eingang lag bei der dänischen Festung an der Nordseite, wo noch jetzt ein Teil des alten Torbogens zu sehen ist. Später wurde in der Ordenzeit noch ein zweiter Eingang an der Südseite angelegt, wobei die damaligen Innenmauern durchbrochen wurden. Auch dieser Umstand wird durch die erhaltenen Mauerteile in überzeugender Weise bestätigt. Über die innerhalb des Kastells befindlichen Gebäude gibt nur ein Teil der Westseite einige Klarheit. Dort befand sich ein grosses turmähnliches Gebäude, dessen Mauern noch jetzt in ziemlicher Höhe erhalten sind und mit dem vom Orden angelegten Turmsystem nicht harmonieren. Noch deutlicher ist dieser dänische Turmbau auf der Zeichnung von Goeteeris aus dem Jahre 1615 zu erkennen (Abb. 25). Auch die Mauertechnik und die Fugen des Turmes zeigen, dass wir es mit einem frühzeitlichen Gebäude zu tun haben, das ausser Zusammenhang mit den späteren Mauern steht.

Die Hauptfestung war sicherlich schon zur Dänenzeit mit einem Vorburgsystem verbunden, wodurch die Wehrlinie überall möglichst bis an den Bergrand vorgeschoben worden ist, um in desto wirksamerer Weise den durch die Bodenformen gebotenen Höhenschutz zu geniessen. Nach dem Eingang zu urteilen, befand sich die grössere Vorburg in der dänischen Zeit nördlich von der Hauptfestung, wo auch Mauerspuren erhalten sind, die mit dem Hauptgemäuer übereinstimmen und in dessen Nähe irgendein brückenkopfartiges Gebäude gebildet haben. Neben Steinmauern ist sicherlich auch hier das Wall- und Palisadensystem reichlich angewendet worden.

Dem Grundtyp nach schliesst sich Wesenberg unmittelbar an die beiden anderen Festungen des dänischen Nordestlands, Reval und Narwa, an. Alle drei bilden eine geschlossene Gruppe, die ihrerseits mit der zeitgenössischen Entwicklung des Kastells auf bischöflichen und Ordensgebieten übereinstimmt. Von dorther

Abb. 25. Wesenberg, die Burg von Osten gesehen. Nach einer Zeichnung von G o e t e e r i s aus dem Jahre 1615.

kann die Entwicklung beeinflusst gewesen sein, daneben kommen aber auch direkte Beeinflussungen seitens des Mutterlandes in Betracht, wo sich, wie wir später sehen werden, zahlreiche Vergleichsbeispiele aus derselben Zeit finden lassen.

Über die betrachteten drei Hauptpunkte hinaus reichte die Bautätigkeit der Dänen nicht. Im 14. Jahrhundert vertieften sich bloss die Gegensätze im dänischen Mutterland und führten es buchstäblich zur Anarchie; Estland wurde ein fast als störend und nutzlos erscheinender Fremdkörper im dänischen Staat. Die örtliche Macht dagegen war an die zahlreiche Vasallenschaft übergegangen, die sich schon sehr bald als gut organisierte Korporation erwies [11]. Ihre Machtentfaltung führte schliesslich dazu, dass sie von Reval und Narwa völlig Besitz ergriffen. Es ist bekannt, dass die Vasallen meist befestigte Häuser in der grossen Festung Reval besessen haben, deren Besitz ihnen schon der Schwertbrüderorden bestätigt hatte. Da sich seit der Mitte des Jahrhunderts die Verbindung der Vasallen mit dem Lande durch die Entstehung von Gütern immer mehr festigte, so mussten infolgedessen auch auf dem Lande Gebäude errichtet werden, die entsprechend den damaligen Verhältnissen den Charakter von Wehrbauten annehmen mussten. Wenigstens bei den bedeutenderen Vasallen ist die Entstehung von festungsartigen Gebäuden wahrscheinlich, wenn man nur an Kyvels Unternehmungslust denkt, der im Jahre 1256 mit Unterstützung

---

[11] B u n g e, Estland 133 ff.

der Schweden und Finnen eine Festung am rechten Ufer des Narwa-Flusses errichtete; dieses Unternehmen wiederholte später einer seiner gleichnamigen Nachfolger [12]. Kyvels von den Russen zerstörte Burg war aus Holz, und vermutlich waren es auch die Wehrbauten der Vasallen im Binnenlande. Darauf scheinen auch noch die Ereignisse des Estenaufstandes im Jahre 1343 hinzuweisen, wo nach den Daten der Chronik alle Güter in Harrien verbrannt worden sind [13]. Wenn nachher von den wohlhabenderen Vasallen entsprechend den neuen Verhältnissen Festungen aus Stein errichtet worden sind, so haben doch einige dieser alten Traditionen auch später noch weitergelebt; das beweist Russows Beschreibung von Neuenhof (Uuemõisa) im Kirchspiel Kosch (Kose) aus dem Jahre 1572 und die bekannte, von Olearius gegebene Abbildung des Gutes Kunda [14].

2. Die Entwicklung im Ordensgebiete und in den bischöflichen Territorien.

A. Naturgebundene Anlagen. Turm- und Hausburgen.

Die Entstehung eines Sonderzweiges des Deutschen Ordens in Livland hat neue Entwicklungswege auch in der Burgenarchitektur erschlossen. Es beginnt eine neue Periode, in der ein mächtiges System der Landesverteidigung geschaffen und ein Stil von starker Eigenart ausgebildet wird, den man nach der führenden Macht mit Recht als Ordensstil bezeichnen kann. Die Grundlage von alledem war die hochentwickelte Innenverfassung und Waffenstärke des Deutschen Ordens, desgleichen seine strenge Verwaltung und den neuen Anforderungen entsprechende Wirtschaftsorganisation.

Die neuen Züge zeigten sich natürlich nicht sofort nach der Vereinigung der Orden. Die ersten Jahrzehnte der Herrschaft des Deutschen Ordens unterscheiden sich hinsichtlich des Burgenbaus nicht wesentlich von der vorhergehenden Periode, wie auch die formbildenden Hauptfaktoren auf diesem Gebiete zunächst unverändert blieben. Das Land hatte sich noch immer nicht völlig beruhigt und in den südlichen Grenzgebieten musste der Orden sofort mit der Unterwerfung der Kuren und Semgallen beginnen. Erst in dem letzten Jahrzehnt des 13. Jahrhunderts war das Eroberungswerk im südlichen Landesteil vollendet [15]. Diese Kampfperiode ist

---

[12] Süvalep 10.
[13] Renner 86.
[14] Johansen, Estlandliste 740, Anm. 2.
[15] Arbusow, Grundriss 46.

in mancher Hinsicht auch bezüglich der Geschichte des Burgenbaus interessant, den der Verfasser der älteren Reimchronik vom Standpunkt des Kriegers aus stellenweise sehr genau beschreibt. Es werden detaillierte Angaben über die frühzeitliche Errichtung von Holzburgen gegeben. So baut der Orden die Burg D o b e n (Dobe) im Winter 1259/60 provisorisch aus Holz, um sie dann im Sommer zu ergänzen [16]. Aber auch dann noch blieb sie ein Holzbau, dessen Bedeutung mit der Beendigung der Kämpfe schwand. Genau so ist die Entstehungsgeschichte der Burg von H e i l i g e n b e r g überliefert. Um dort die Macht der Einheimischen zu brechen, wurde in unmittelbarer Nähe der alten Burg der Semgallen eine Festung errichtet, die solange eine wichtige Rolle spielte, bis die von hieraus unternommenen Eroberungen den Widerstand der Semgallen hinreichend geschwächt hatten. Auch hier schildert der Verfasser der Reimchronik mit der ihm eigenen Lebhaftigkeit, wie die Ordensleute Bäume gefällt und Balken zum Bauplatz getragen hätten [17]. Die Geschichte der Burg von Heiligenberg ist der von Doben ähnlich: auch diese Burg wurde verlassen und abgetragen, als sie ihre Aufgabe erfüllt hatte. Diese beiden Fälle charakterisieren in mittelbarer Weise den Zustand im Lande, wo man immer noch mit dem Widerstand des Volkes rechnen musste, und wo man nicht immer Zeit hatte, eine grosse Steinfestung zu bauen.

Mit den Jahrzehnten wuchs jedoch die Zahl der Steinburgen, und am Ende des Jahrhunderts begann unter der Führung des Ordens eine rege Tätigkeit im planmässigen Bauen von Festungen, als Auftakt zum 14. Jahrhundert, der klassischen Burgenbauperiode Alt-Livlands. Der Umstand aber, dass die Entwicklung zum Teil auf alten Elementen beruhte, ist für die Ausgestaltung des Typenschatzes, und zwar besonders in der Gruppe der naturgebundenen Anlagen, massgebend geworden. In der Geschichte der livländischen Wehrarchitektur ist die auf die Bodenform eingestellte Burg zwar eine altmodische Erscheinung, aber man darf sie nicht als Vorstufe des regelmässigen Typs ansehen. Von Anfang an tritt bei den Burgen von Alt-Livland nicht so sehr das Nacheinander als das Nebeneinander der Typen zutage: frühzeitig ist der Kastelltyp in die Entwicklung eingetreten und inzwischen nicht verschwunden, sondern bloss infolge der Zeitverhältnisse von unregelmässigen Typen in den Hintergrund gedrängt worden. Als aber später die regelmässige Anlage gesiegt hatte, haben daneben auch die naturgebundenen Formen weitergelebt, die in den Fällen angewendet worden sind, wo die formbildenden Faktoren dazu Veranlassung ge-

---

[16] Reimchronik 5406 ff.
[17] Ebendort 10180 ff; vgl. auch Baltische Lande 317.

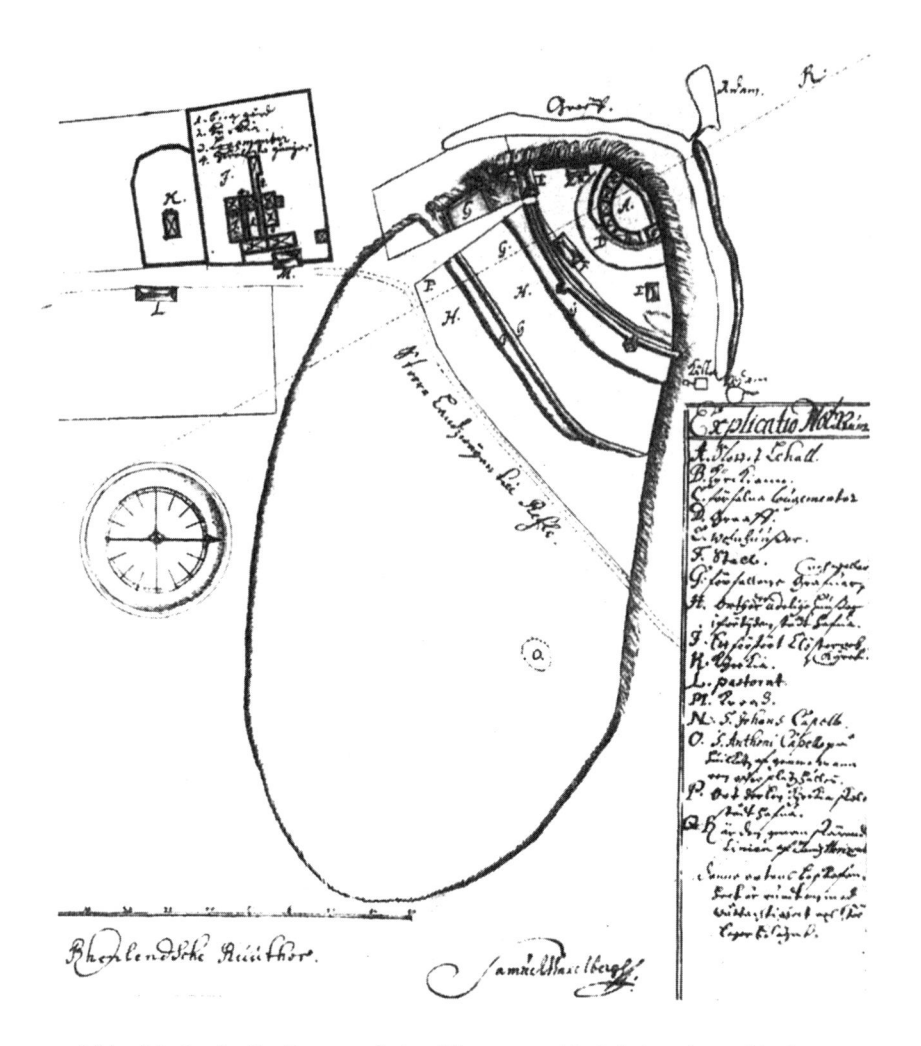

Abb. 26. Leal, die Burg und das Kloster im 17. Jahrhundert. Nach einer Zeichnung von Samuel W a x e l b e r g (KA).

boten haben. So spiegelt das jeweilige Vorherrschen bestimmter Grundtypen in charakteristischer Weise die Verhältnisse der entsprechenden Periode sowohl auf kriegstechnischem als auch auf politischem und wirtschaftlichem Gebiete wider.

Im 13. Jahrhundert ist die unregelmässige, auf die Naturformen eingestellte Burg vorherrschend, da die neuen stilbestimmenden Faktoren noch nicht vermocht hatten, diese in der Eroberungszeit geschaffenen Traditionen zu brechen, mit denen in dem ersten Jahrhundert der Herrschaft des Deutschen Ordens so mancher Zug übereinstimmte. An peripherischen Orten bleibt dieser Zustand selbst noch in der ersten Hälfte des 14. Jahrhunderts unverändert.

Abb. 27. Leal, die Burg im 17. Jahrhundert von Norden gesehen. Nach einer Zeichnung von Samuel Waxelberg (KA).

Die Burg Leal (Lihula) in Westestland schlägt die Brücke von der vorigen Periode zu der neuen: dort wurde erst jetzt auf der alten Estenburg eine Steinfestung gebaut, die den Namen Stenberg erhielt. Die Burg wurde 1238 gemeinsam von Orden und Bischof gegründet, und zwar unter der Bedingung, dass die Ordensbrüder auf ihrer Schlossseite keine Türme bauen dürften [18]. Solche sind denn auch im Grundplan nicht festzustellen (Abb. 26), und Leal gründet sich hauptsächlich auf Mauerschutz; den Verlauf der Mauer wiederum bestimmte die Gestalt des Berges und das Wallsystem der dortigen vorgeschichtlichen Estenburg. Nach ihrer ganzen Wehranlage ist die neu errichtete Burg eine unmittelbare Nachfolgerin der Burgberge: der nordwestliche Teil des Bergabhangs ist durch einen Graben abgeschnitten und mit einer ovalen Mauer umgeben, an die sich von innen gleich grosse und gleich starke Gebäude anlehnen, gemäss der beiderseitigen Abmachung, dass die Teilhaber einander nicht in ihren Verteidigungsmitteln überträfen. Im Südosten war der Hauptteil der Burg vom übrigen Berge durch eine mehrfache Grabenlinie abgeschnitten, die gleichsam als Riegel den Zugang zur Burg verschloss. Die Burg war schon im 17. Jahrhundert, als Waxelberg sie zeichnete, stark verfallen (Abb. 27); jetzt steht nur noch ein Teil der Hauptmauer da, aus dem zu ersehen ist, dass die Gebäude in Kalkstein unter Hinzufügung von Ziegeln ausgeführt gewesen sind.

a. Ordensburgen.

Als Hauptleiter der Landesverteidigung musste der Orden vor allem an eine schnelle Befestigung der strategisch wichtigen Punkte denken, wobei die von den Schwertbrüdern erprobte Taktik verfolgt wurde: die Festungen wurden entweder auf Burgbergen ge-

---

[18] UB III, 156.

baut oder auf Stellen, wo das Gelände die Befestigungsarbeiten besonders begünstigte. So entsteht eine Gruppe charakteristischer frühzeitlicher Burgen, wobei in der Mittelzone die rustiken Mauermassen aus Feldstein organisch mit der Bergform verbunden sind. Mit der Zeit treten allmählich neue Elemente in Erscheinung, die Turmburg wird in den Festungsgürtel eingefügt, letzterer wird stellenweise durch die Regelmässigkeit des Kastells beeinflusst, das stärkste Gepräge jedoch drückt den Wehrbauten die Natur auf, indem sie sich in zäher und erfolgreicher Weise gegen den sie meistern wollenden Menschen wehrt.

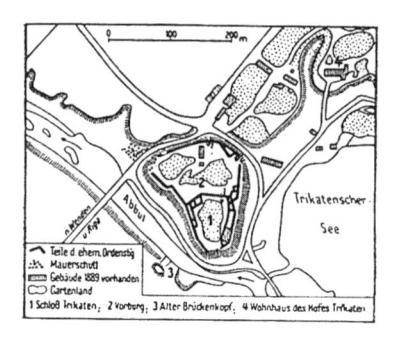

Abb. 28. Trikaten, Situationsplan. Nach Johansen.

Die charakteristischste Frühburg auf lettischem Gebiet ist Trikaten (Trikāta). Die Burg lag östlich von Wenden, nahe an der Grenze des Erzstifts, wo sich das Ordensgebiet nach Norden verbreiterte und mannigfachen Schutzes bedurfte. Die Stelle war schon in der Zeit Heinrichs von Lettland strategisch wichtig. Wann dort eine Steinfestung errichtet worden ist, kann urkundlich nicht ermittelt werden; da aber das Kirchspiel Trikaten unter Ordensmeister Willekin von Endorp (1283—1287) gegründet und dotiert wurde [19], könnte diese Zeit als *terminus post quem* der Entstehung der Burg gelten. Nachmals, als eine Strasse von Trikaten zu den im Osten errichteten wichtigen Burgen führte, nahm die Bedeutung des Ortes stetig zu, und dementsprechend wurde auch die Burg vervollständigt und verstärkt. Die Grundgestalt der alten Burg ist nach den erhaltenen Ruinen leicht zu ermitteln (Abb. 28 und 29); hinzu kommen die Ergebnisse der von Löwis of Menar vorgenommenen Ausgrabungen [20]. Die Gesamtanlage ist durch die Form des Berges bestimmt, dessen hohe und steile Abhänge einen grossartigen Höhenschutz bieten. Nur im Norden war das Burggebiet mit einer danebenliegenden höheren Stelle verbunden und musste durch einen Hausgraben abgeschnitten werden, vor dem eine umfangreiche Vorburg angelegt wurde. Die Burg gründet sich ebenso wie in Leal nur auf Mauerschutz; Türme fehlten ursprünglich, das grosse Rondell in der Nordostecke ist ein Zusatz aus dem späten Mittelalter. Als Baumaterial erscheint im älteren Teil Feldstein in grossen natürlichen Stücken, was der Anlage ein typisch archai-

---

[19] Laakmann, Ymera 148.
[20] Löwis of Menar, Trikaten 37 ff.

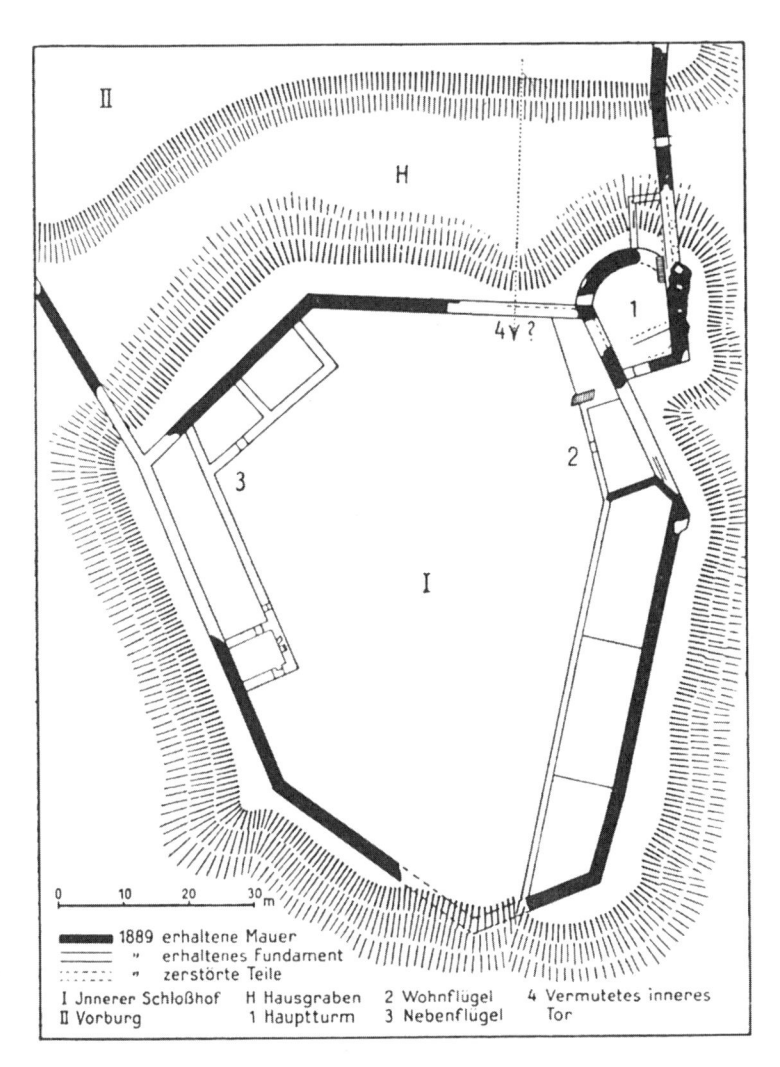

Abb. 29. Trikaten, Grundriss. Nach Johansen.

sches Gepräge verleiht. Gegen die Mantelmauern der Burg lehnten sich von innen Gebäude an, die erst nach Vollendung der Hauptmauer errichtet worden waren, und zwar zum Teil aus Holz, wie die Spuren von Balkenenden in den Mauern beweisen. An der Ostseite der Burg ist wahrscheinlich im 14. Jahrhundert ein kleiner viereckiger danskerartiger Teil angebaut worden, von dem heute nur noch die Grundmauern erhalten sind. In demselben Jahrhundert oder etwas später ist auch ein Teil der Mauer erhöht worden, wovon noch Teile der Brüstung erhalten sind, die in ihrer Form nicht mit denen des 13. Jahrhunderts übereinstimmen. Ausser dem

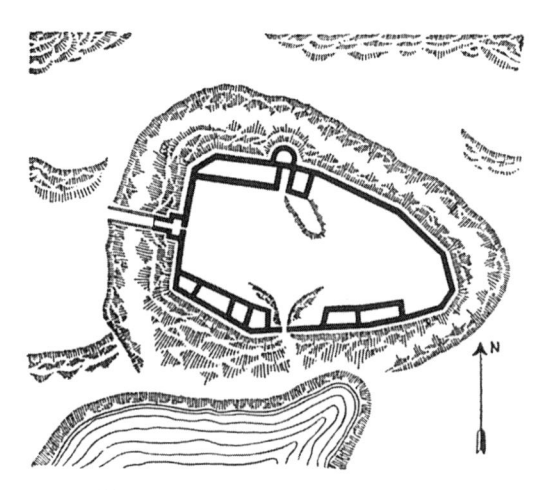

Abb. 30. Rujen, Grundriss. Nach Ebhardt.

grossartigen Höhenschutz konnte man in der Burg durch Stauung auch Wasserschutz anwenden, der ihr trotz der Bescheidenheit ihrer konstruktiven Teile besondere Stärke verlieh.

An Trikaten schliessen sich die Ordensburgen der nordlettländischen und südestländischen Feld- und Ziegelsteinzone an, die im alten Sackala, der Kornkammer des Ordens, errichtet wurden, wo man Schutz für die nach Norden führenden Strassen brauchte; aber gerade dort bestand auch schon früh ein grosses Bedürfnis nach Wirtschaftsburgen. Die südlichste von diesen ist Rujen (Rujiena), welche in den Urkunden erstmalig zu Anfang des 14. Jahrhunderts erwähnte Burg mit Karkus und Helmet einen gemeinsamen Vogt hatte [21]. Ihrer Lage und ihrem Plane nach steht die Burg Rujen Trikaten recht nahe; sie ist auf einem hohen Hügel gelegen, dessen Form auf die Mauerlinie übertragen ist (Abb. 30). Wie häufig in den alten Burgen konnte man dem Höhenschutz auch hier durch Stauung Wasserschutz hinzufügen. Von den Bauteilen der Festung diente als Hauptwehrmittel die rustike Feldsteinmauer, die von innen nur teilweise mit Steinbauten besetzt war, die dort im Laufe der Zeit aufgereiht worden sind. Der Grundplan ist zufälliger Art und, wie die ganze Anlage zeigt, eher organisch gewachsen als bewusst gestaltet. Rujen ist eine typische Mantelmauerburg, der einzige viereckige Turm an der Nordseite flankiert noch nicht, sondern lehnt sich wie auch die übrigen Gebäude gleichsam schutzsuchend an die Mauer. Genau so hat sich anfangs auch der Torschutz nur innerhalb der Mauer-

---

[21] Löwis of Menar, Burgenlexikon 108.

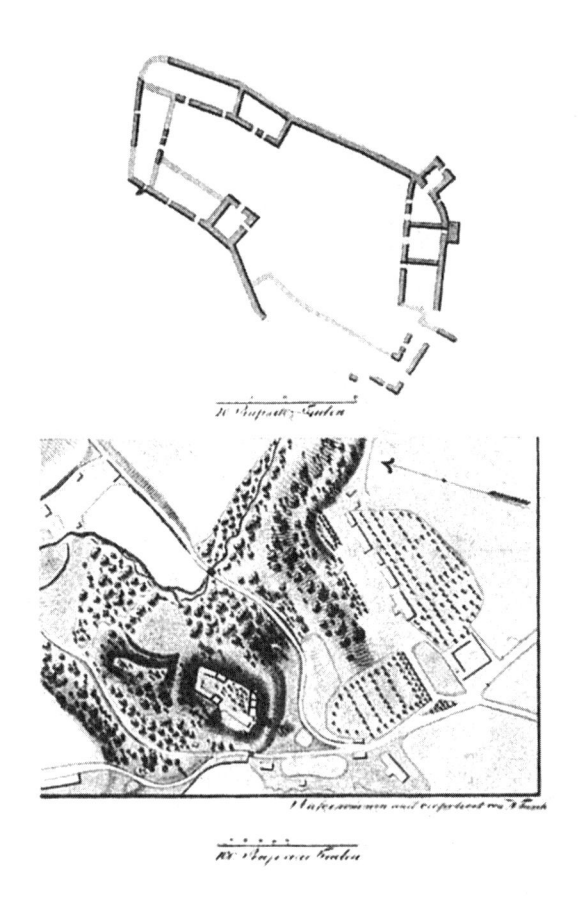

Abb. 31. Helmet, Grundriss und Situationsplan.
Aufmessung von W. T u s c h aus dem Anfang des
19. Jahrhundert (MP).

linie befunden und erst später ist ein nach Westen gerichteter
äusserer Torbau hinzugekommen. Der sich an die nördliche Aussenseite anlehnende halbrunde Turm ist offenbar ein Zusatz aus
der Zeit der Feuerwaffen.

Den vorigen recht ähnliche Grundformen treffen wir auch in
H e l m e t (Helme) an. Das Terrain gewährte hier grossartigen
Höhenschutz, was in den frühen Festungen vor allem andern
geschätzt wurde. Zur Steigerung der Schutzleistung des steilen
Bergrückens ist die Hilfe von Menschenhand nur benötigt worden, um zwei Gräben einzuschneiden (Abb. 31); der in der Nähe
vorüberfliessende Homel-Bach ermöglichte es, den Höhenschutz
durch Wasserschutz zu ergänzen. Es scheint glaubhaft, dass auch
in Helmet die Vorarbeiten zu der Einfügung der Wehrbauten in

Abb. 32. Helmet, die Burgruine von Westen gesehen. Nach einer Zeichnung von Ungern-Sternberg aus dem Jahre 1827 (ELG).

das Terrain bereits von den alten Esten bei der Anlage ihres Burgberges geleistet waren [22]. Über die Gründung der Ordensburg schweigen die Urkunden, auch später gibt es wenige Angaben über Helmet, da diese nebensächliche Wirtschaftsburg nicht unmittelbar in den Gang der Geschichte verwickelt wurde. Die Mauerreste und der Grundplan erlauben es, den Bau dieser Burg in die erste Hälfte des 14. Jahrhunderts zu setzen, wobei deren Anfänge sogar in die ersten Jahre dieses Jahrhunderts zurückreichen mögen [23].

Die Fugen in den Ruinen zeigen, dass der Festungsgürtel konzentrisch ausgebaut worden ist, wobei man von dem viereckigen Turm an der Südseite ausgegangen ist und die auf dem Bergabhang befindlichen Palisaden allmählich durch Steinmauern ersetzt hat. Die älteren Mauern sind ausnahmslos in Feldstein ausgeführt, in den jüngeren Teilen und an den Fenstern ist auch Ziegel verwendet worden (Abb. 32). Wie Trikaten und Rujen war auch Helmet eine Mantelmauerburg. Erst in der zweiten Hälfte des 14. Jahrhunderts sind in der Nordostecke zwei flankierende

---

[22] Laid, Uusi andmeid 22.
[23] Daraus, dass im Zusammenhang mit dem Raubzug der Litauer nach Helmet im Jahre 1329 die Burg nicht erwähnt wird (Wartberge 17), ist noch nicht zu schliessen, dass sie damals noch nicht bestanden habe, denn bei solchen weiten Streifzügen hat man oft von der Bestürmung der Festungen abgesehen.

Abb. 33. Karkus, Turm an der östlichen Vorburgmauer.

turmähnliche Gebilde erbaut worden, deren späterer Ursprung durch die Fugen und die Mauertechnik erwiesen wird. Der Haupteingang in die Burg erfolgte über eine grosse Steinbrücke, vor der ein starkes brückenkopfartiges Gebäude lag, das noch im 16. Jahrhundert erhalten war [24].

Die Burg K a r k u s (Karksi) gehört nur hinsichtlich ihres naturgebundenen Vorburgteiles zu dieser Gruppe (Abb. 33). Das Hauptschloss stammt aus einer späteren Periode, weshalb die ganze Behandlung der Burg im Zusammenhang anderer Bautypen erfolgen wird.

Die Gruppe der naturgebundenen Frühburgen der Feld- und Ziegelsteinzone wird in wesentlichem Masse durch W o l m a r (Valmiera) vervollständigt. Diese Festung wurde in ihrer ursprünglichen Gestalt bereits in den Tagen der Eroberung des Landes errichtet, später jedoch hat der Orden wiederholt für die Vervollständigung dieser wichtigen Burg gesorgt. Die erste grössere Bauperiode fällt in das letzte Viertel des 13. Jahrhunderts, als auch die Kirche zu Wolmar errichtet und Schloss und Stadt zu einem gemeinsamen Wehrsystem vereinigt wurden. Die Mantelmauer der Festung folgt den naturgebundenen Formen der älteren Burg (Abb. 17). In dem keilartig verschmälerten Teil der Ost-

---

[24] J a k u b o w s k i - K o r d z i k o w s k i 240.

spitze befanden sich die Haupträume, wo unter anderem im 17. Jahrhundert ein grosser Saal erwähnt wird, dessen Gewölbe sich auf einen Mittelpfeiler stützen[25]. Wie wir später sehen werden, war eine solche Raumgestaltung besonders in dem Ordensstil des 14. Jahrhunderts beliebt. Vom Hauptschloss durch eine Mauer abgesondert, befand sich im Westen die Vorburg oder, wie sie von dem nicht mehr kompetenten Protokollanten aus dem 17. Jahrhundert genannt wird, „der Rehmter"[26]. Die Vorburg war von der Stadt durch riegelartige Mauerzüge abgetrennt, von denen der innere mit einer Reihe von Gebäuden versehen war, die in den unteren Stockwerken mit Balkendecken gedeckt, im oberen Stock aber mit Ziegelgewölben ausgestattet waren. Ein dreifaches Torsystem verband das Schloss mit der Stadt, die die äusserste Wehrzone darstellte und gewissermassen eine grössere Vorburg des Schlosses bildete. Dies alles ist für die älteren Wehrbauten sehr bezeichnend, von denen man die Mehrzahl in Alt-Livland in die Zeit um 1300 datieren kann. Wie das Vorhandensein des Raumes mit einem Mittelpfeiler beweist, sind auch im 14. Jahrhundert am Schloss Ergänzungen vorgenommen worden, ja auch noch später, wie es die noch sichtbaren, aus dem 15. Jahrhundert stammenden Mauererhöhungen und Rundtürme bezeugen.

Noch tief im 14. Jahrhundert konnte eine Burg nach dem Grundsatz der Naturgebundenheit angelegt werden, wenn die örtlichen Verhältnisse und der Zweck der Burg das vorschrieben. Als Musterbeispiel mag die im Jahre 1373 vom Orden erbaute Burg S e l b u r g (Sēlpils) dienen[27]. An der Stelle hatte sich früher eine alte Selonenburg befunden. Heinrich von Lettland erzählt von einer Umzingelung der Burg im Jahre 1208, wonach sie sich ergeben habe und die Insassen getauft worden seien. Der Bau sei nicht zerstört worden[28]. Auch später scheint man dort Zuflucht vor den Plünderungszügen der Litauer gesucht zu haben, bis dort vom Orden eine Steinfestung errichtet wurde. Der neue Bau ist den alten Wallzügen gefolgt, die ihrerseits von dem grossartigen Naturschutz des Felsenufers der Düna vorgeschrieben waren. Der im Auftrage von Marquis Paulucci zu Anfang des 19. Jahrhunderts angefertigte Plan bezeichnet nur das Mauerwerk in allgemeinen Zügen (Abb. 34); aus dem Anfang des 18. Jahrhunderts stam-

---

[25] VA, Livl. Ritterschaftsarchiv, Inventaria über nachfolgende in Lyffland belegene Königl. Güter, welche dem Seel. Hochwolg. Hl. Baron, General Major, Eltesten Landt Rat und General Revisions Commissario Gustavo von Mengden zu Revidieren anbetrauet gewesen. Inventarium des Königl. Schlosses zu Wollmar, untersuchet 13. Aug., 1688, S. 230.
[26] Ebendort 218.
[27] L ö w i s of M e n a r, Burgenlexikon 113.
[28] Chron. Lyv. XI, 6.

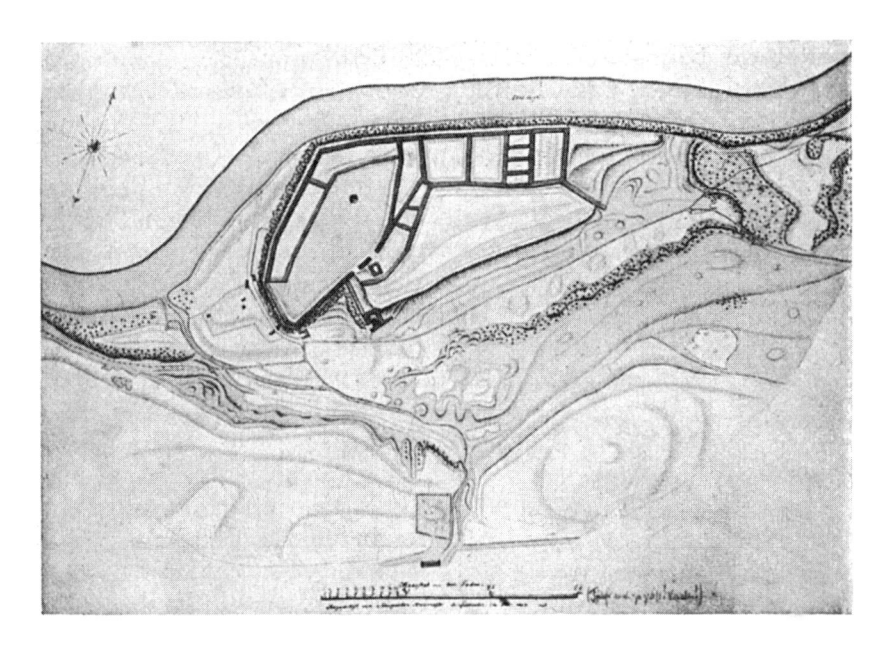

Abb. 34. Selburg, Grundriss. Aufmessung von J. v. Cislkowicz aus dem Jahre 1827 (MP).

mende Stiche zeigen jedoch, dass die Burg auch mit viereckigen und runden Türmen versehen war, die teilweise erst zur Zeit der Feuerwaffen errichtet worden sind [29]. Neben den wenigen Hauptmauern hat sich bis heute am besten der Eingang erhalten, der einen langen gewölbten Gang darstellt, und zwar mit etwas gebogenen Linien, um dem eindringenden Feinde besser Widerstand leisten zu können.

Neben den sich auf Mauerschutz stützenden Burgen lebt auch das zentralisierte Turmschutzsystem weiter, und zwar entweder selbständig oder auch in Verbindung mit einer Ummauerung. Die letztere erforderte besondere Anstrengungen und fand in der älteren, ziemlich unbeständigen Zeit nicht so grossen Anklang wie der gewöhnliche Turm und die Mantelmauerburg. Es finden sich immerhin einzelne Beispiele, von denen das typischste R o s i t e n (Rēzekne) in Lettgallen ist (Abb. 35 und 36). Dieses Gebiet bekam der Orden schon im Jahre 1264 in seinen Machtbereich, worauf bald auch der Bau des Schlosses erfolgt sein mag [30]. Die Burg liegt an einer von Natur gut geschützten Stelle, wo sich Höhenschutz mit Wasserschutz verbindet, den der unterhalb der Burg fliessende

---
[29] Kupferstich von S. Faber a. d. J. 1704 in B r o t z e I (RPCB).
[30] N e u m a n n, Ordensburgen 312 ff.

Rositensche Bach gewährte. Nach der Lage zu urteilen, könnte sich an der Stelle früher eine alte Burg der Letten befunden haben; darauf weisen auch die wallartigen höheren Stellen in der Vorburg hin, auf denen die Mauern errichtet worden sind. Im Vorburgteil stützt sich die Burg nur auf den Schutz der genau der Bergform folgenden Mauern. Zur gleichen Zeit ist auf dem höheren Teil des Berges die Hauptburg errichtet worden, die von der ersteren nicht durch einen Graben abgetrennt ist. Den zentralen Verteidigungspunkt der Hauptburg bildete ein mächtiger bergfriedartiger Rundturm, der den ganzen westlichen Teil unter seinen Schutz nahm. Der zweite kleinere Turm schützte das Brückentor und mag jünger sein. Wie die Mauerfugen beweisen, ist später auch ein flankierender viereckiger Turm gegen die Vorburg hin errichtet worden. Von den Gebäuden ist heute nichts mehr erhalten, aber wie ein Teil der Mauern beweist, hatten die Räume Balkendecken und es herrschten einfache Formen, wie es das Baumaterial, Feldstein mit einem Zusatz von Ziegel, erheischte.

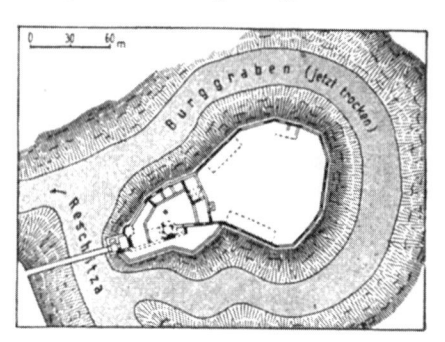

Abb. 35. Rositen, Situationsplan. Nach Johansen.

Die Zentralverteidigung in reiner Form wird im nördlichen Landesteil von Weissenstein (Paide) vertreten, das neben Treiden die bis vor kurzem besterhaltene Turmburg auf altlivländischem Gebiet gewesen ist [31]. Die Entstehung des Turmes ist eng mit der politischen Geschichte des Landes verknüpft. Der Vertrag von Stenby verbot dem Orden, in Jerwen Burgen zu errichten; daraus bildete sich mit der Zeit ein störender Faktor im Fortschreiten der Landeroberung durch den Orden. Einerseits brauchte der Orden einen sicheren Aufenthaltsort für seinen Vogt und einen Lagerraum für den Getreidezehnt, andererseits aber musste er versuchen, den strategisch wichtigen Weg zu dem Hafen von Reval zu befestigen. Die Lage wurde nach dem Jahre 1260 besonders kritisch, als nach der für den Orden unglücklichen Durben-Schlacht unter der einheimischen Bevölkerung Unruhen entstanden. Da entschloss sich denn Ordensmeister Konrad von Mandern im Jahre 1265, an der wichtigen Verbindungsstrasse eine Burg zu bauen [32]. Um die Klausel von

---

[31] Im Sommer 1941 ist der Turm von den Bolschewiken vor ihrem Rückzuge gesprengt worden.
[32] Johansen, Paide 202.

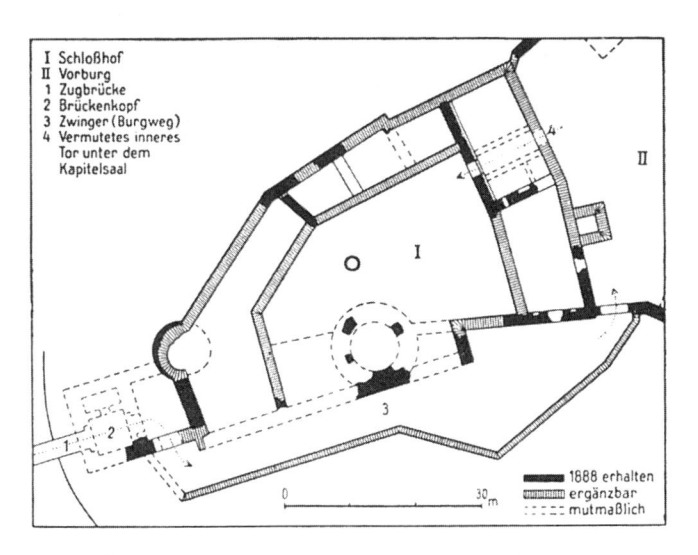

```
I  Schloßhof
II Vorburg
1  Zugbrücke
2  Brückenkopf
3  Zwinger (Burgweg)
4  Vermutetes inneres
   Tor unter dem
   Kapitelsaal
```

1888 erhalten
ergänzbar
mutmaßlich

Abb. 36. Rositen, Grundriss. Nach Johansen.

Stenby zu umgehen, wählte er als Platz für die Burg eine Erhebung im Sumpf, die sich unmittelbar an der Grenze von Jerwen befand, aber doch noch im Bereich des alten Alempois lag. Dort wurde denn das Schloss gebaut, das nach der Reimchronik damals eines der stärksten in Alt-Livland war: „der besten burge ein, die in nieflande lieget" [33]. Die Stelle wurde bald ausserordentlich wichtig: dort entstand gegen Ende des Jahrhunderts eine Stadt, und die Vögte von Jerwen spielten in der Geschichte Livlands eine erhebliche Rolle.

Der Turm, der nur teilweise unter der späteren Restauration gelitten hat, trug schon rein äusserlich die Merkmale der alten Zeit (Abb. 37). Noch schwer in seiner Gesamtsilhouette, unterschied er sich merklich von den achtkantigen Türmen, die sich besonders später im 14. Jahrhundert in den Ordensländern verbreitet haben. Auf eine frühe Zeit weist auch die Mauertechnik hin, die der nordischen Quadertechnik des 12. Jahrhunderts verwandt ist und deren Fortbestehen auch für das 13. Jahrhundert bezeugt, falls die Verhältnisse, das Baumaterial und die für den Bau zur Verfügung stehenden Kräfte das ermöglicht haben. Zum Bau war der an Ort und Stelle gebrochene, gut zu bearbeitende weissliche Kalkstein verwendet worden, der der Burg auch den Namen gegeben hat. Im Innern war der ungefähr 30 m hohe Turm ursprünglich in sechs Stockwerke geteilt, wovon drei mit Gewölben gedeckt waren (Abb. 38). Das unterste Stockwerk diente als Burgverlies, wohin man nur durch eine Luke aus dem darüber-

---

[33] Reimchronik 7517.

Abb. 37. Weissenstein, die Burgruine von Südwesten gesehen. Nach einer alten Aufnahme.

gelegenen Stock gelangte. Aber auch eine Treppe führte bis zur halben Höhe des Verlieses, von wo aus man durch eine kleine Öffnung im Bedarfsfall eine Kontrolle im unteren Raum vornehmen konnte, ohne dass es nötig gewesen wäre, den schweren Bolzen vom Boden zu heben. Der zweite Stock war als Wohnraum gedacht, das einzige lichtspendende Fenster ging nach Süden wie in allen anderen Stockwerken. In demselben Geschoss befand sich auch die Aussentür, zu der man vom Erdboden mittels einer Holztreppe gelangte, die man im Notfall beseitigen konnte; diese für das Mittelalter bezeichnende Einrichtung hatte schon bei dem Turm von Treiden Anwendung gefunden. Der letzte Eingang in den Turm war neueren Ursprung und stammte erst aus der Restaurierung im vorigen Jahrhundert. Der zum Wohnen bestimmte Raum war mit kuppelartigen, auf Schildbogen ruhenden Gewölben gedeckt, die tief genug waren, um dem Raum in den langen Wintermonaten die nötige Wärme zu sichern. Die Beheizung erfolgte durch Kamine, von denen noch kürzlich Mauerteile aus Ziegeln erhalten waren. Dieser Raum war somit eine typische sog. Dörnze, wie sie gar oft in mittelalterlichen Gebäuden Livlands sowohl in den Städten als auch auf dem Lande erwähnt werden [34]. Die oberen Stockwerke konnten offenbar als Magazine dienen; im dritten Stock fehlte bei der Restaurierung die einstige Balkendecke, die Kuppel des nächsten Stocks war jedoch unverändert erhalten und wies durch ihre Technik auf 13. Jahrhundert hin. Das ursprüng-

---

[34] Akten und Rezesse III, 19, 21, 89, 135, 183.

lich oberste und das Wehrstockwerk wurden bei der Restaurierung stark verändert.

Zuerst stand dieser Turm völlig selbständig da oder war nur von einer schwächeren Mauer oder gar von einer Palisade umgeben. In diesem Teil mag der Wehrgürtel der hier anzunehmenden ehemaligen Estenburg vorgearbeitet haben. Erst seit dem folgenden Jahrhundert wurden umfangreiche Ergänzungen vorgenommen, die die Verbreitung späterer Burgtypen aufhellen helfen (Abb. 194). Aber auch dann noch hat der aus Manderns Zeit stammende Turm seine Wehrbedeutung bewahrt, und die übrige Burganlage ist in grossem Masse auf dieses Zentrum eingestellt gewesen.

Dass der Turmbau in fernen Vorposten, an Standorten der Vögte, besonders beliebt war, beweist die Ordensburg P e u d e (Pöide) auf Ösel. Urkundlich wird sie zum ersten Mal im Jahre 1290 erwähnt; aus dieser Erwähnung ist aber zu schliessen, dass sie schon längere Zeit bestanden hat, denn es wird hier wie von einer alten Verfügung gesprochen, dass der „voget von Poyden" von der erhaltenen Gebühr jedes Jahr 40 Mark Silbergulden für Goldingen zu entrichten habe [35]. Als die Vogtgerichtsordnung im Jahre 1255 geregelt wurde, gab es noch kein Schloss, so muss dieses also in der Zeit zwischen 1255 und 1290 erbaut worden sein. Das Gebäude wird im Jahre 1299 als Turm erwähnt, wo die Öseler gefangen gehalten werden, ferner wird im Jahre 1312 der „thurm von Poida" genannt. Zur Zeit des grossen Freiheitskampfes 1343 umzingelten die Öseler die Festung, und die Besatzung, die

Abb. 38. Weissenstein, Durchschnitt des Hauptturmes.

[35] Holzmayer 18 ff.

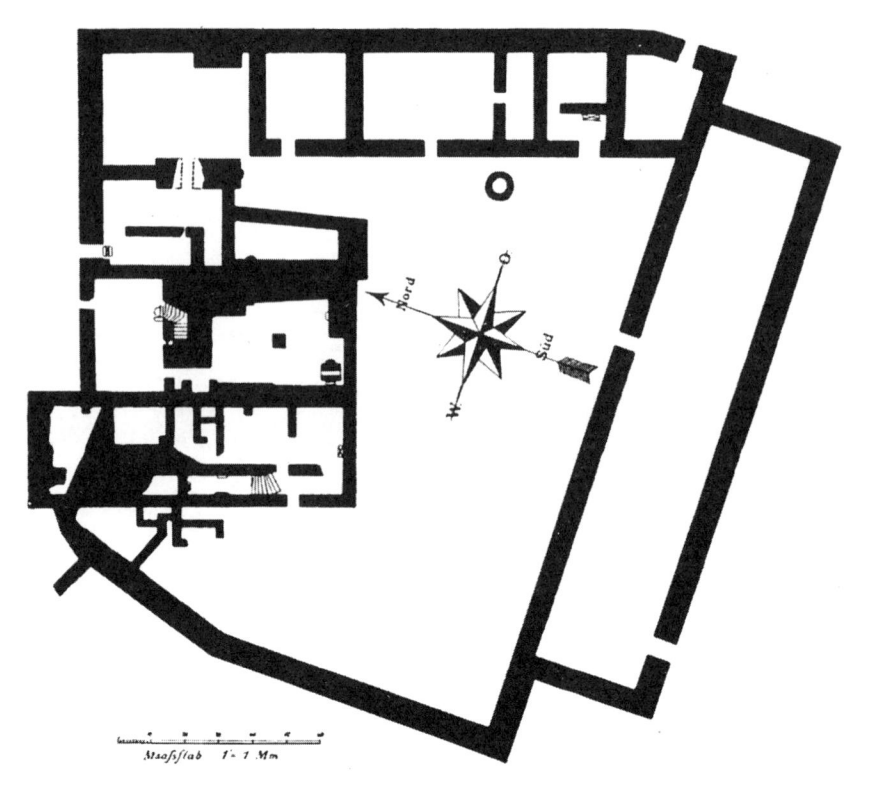

Abb. 39. Peude, Grundriss der Burg und der Kirche. Nach Holzmayer.

auf keine Hilfe zu hoffen hatte, musste kapitulieren. Danach zerstörten die Öseler die Burg, die auch später nicht wieder aufgebaut worden ist.

Die Burg stand auf einem Bergabhang bei der Kirche von Peude, wo noch heute geringe Mauerreste zu bemerken sind. Ende des vorigen Jahrhunderts hat J. B. Holzmayer dort Ausgrabungen veranstaltet. Der von ihm hergestellte Grundriss ist ungenau, gewährt aber immerhin eine gewisse Vorstellung vom Gesamtplan der Festung (Abb. 39). Danach hat sich einige zehn Meter nördlich von der Kirche ein massiver viereckiger turmartiger Bau erhoben, in dessen unterem Stockwerk sich ein mit einem Mittelpfeiler versehener Raum befand. Später wurde das Mittelgebäude erweitert und auch um den Hof herum Bauten errichtet, die in der Nordostecke einen regelmässigen Komplex bildeten. Die alte malerische Gruppierung bleibt aber dennoch vorherrschend und tritt besonders an der Lage der Kirche in Erscheinung. In der jetzigen Gestalt ist die Kirche im 14. und 15. Jahrhundert gebaut worden, doch hat an dieser Stelle schon Mitte des 13. Jahrhunderts eine

Kapelle romanischen Stils gestanden [36], bei deren Errichtung die Nähe einer Wallburg vermutlich in Rechnung gezogen worden war, wie das auf Ösel auch in Karmel und in Waljal der Fall gewesen ist und wofür auch das Festland Beispiele aufzuweisen hat. In der Nähe der Kirche ist wahrscheinlich bald eine kleine Siedlung entstanden, zu deren Schutz wohl auch der Turm gerade dort errichtet worden ist, obgleich das Terrain keine besonderen Vorteile in bezug auf den damals stark bevorzugten Höhenschutz bot. Auf jeden Fall kam als Standort der Festung nicht die in der Nähe befindliche Wallburg in Frage, die noch in dem Besitz der Öseler war. Um der Anlage grössere Widerstandsfähigkeit zu geben, wurde auch die Kirche mit der Burg vereinigt, eine Bauweise, die von Üxküll her bekannt und auch in anderen Gebieten des Nordens beliebt war.

Der Turm war aus Kalkstein, wobei nur in den Innenräumen in geringem Masse Ziegel Verwendung gefunden hatten. Die durch die Ausgrabungen ermittelten Einzelheiten weisen auf eine Formensprache hin, die bei den frühen Kirchen von Ösel geherrscht hat, so z. B. in Waljal und Karmel, welche Kirchen in den sechziger Jahren des 13. Jahrhunderts entstanden sind. Wie auch die anderen Kirchen bezeugen, hat zu jener Zeit auf der Insel eine lebhafte Bautätigkeit begonnen, und es ist wahrscheinlich, dass neben der Kapelle von Peude gleichzeitig auch die Turmburg errichtet worden ist. Deren endgültige Vereinigung mit der Kirche ist wahrscheinlich einige Jahre vor dem Aufstand der Esten erfolgt, als statt des früheren Gotteshauses romanischen Stils das jetzige erbaut wurde, das man aber nicht mehr hat wölben können. Sowohl die Gewölbe als auch der mächtige Turm stammen aus dem 15. Jahrhundert; die Kirche war ursprünglich turmlos, da man das Bauen eines Turmes neben der Burg schon aus rein strategischen Gründen nicht gestatten mochte.

Dem Typ nach steht den Turmburgen auch Dünaburg (Daugavpils) nahe, das nach den Angaben der Reimchronik in den siebziger Jahren des 13. Jahrhunderts von Meister Ernst gegründet worden ist [37]. Auch diese Festung war ein ferner Vorposten, hauptsächlich für die Kämpfe gegen die von Süden her drohenden Litauer errichtet. Die Burg ist bis auf die Grundmauern zerstört, ihren Grundriss helfen aber die von W. Neumann am Ende des vorigen Jahrhunderts unternommenen Ausgrabungen zu ermitteln (Abb. 40). Die Festung hat mehrere Bauperioden durchgemacht, aber als Mittelpunkt hat sich der zuallererst errichtete Turm behauptet. Es ist fraglich, ob dieser schon unter

---

[36] Tuulse, Wehrkirchen 167 ff.
[37] Neumann, Ordensburgen 303.

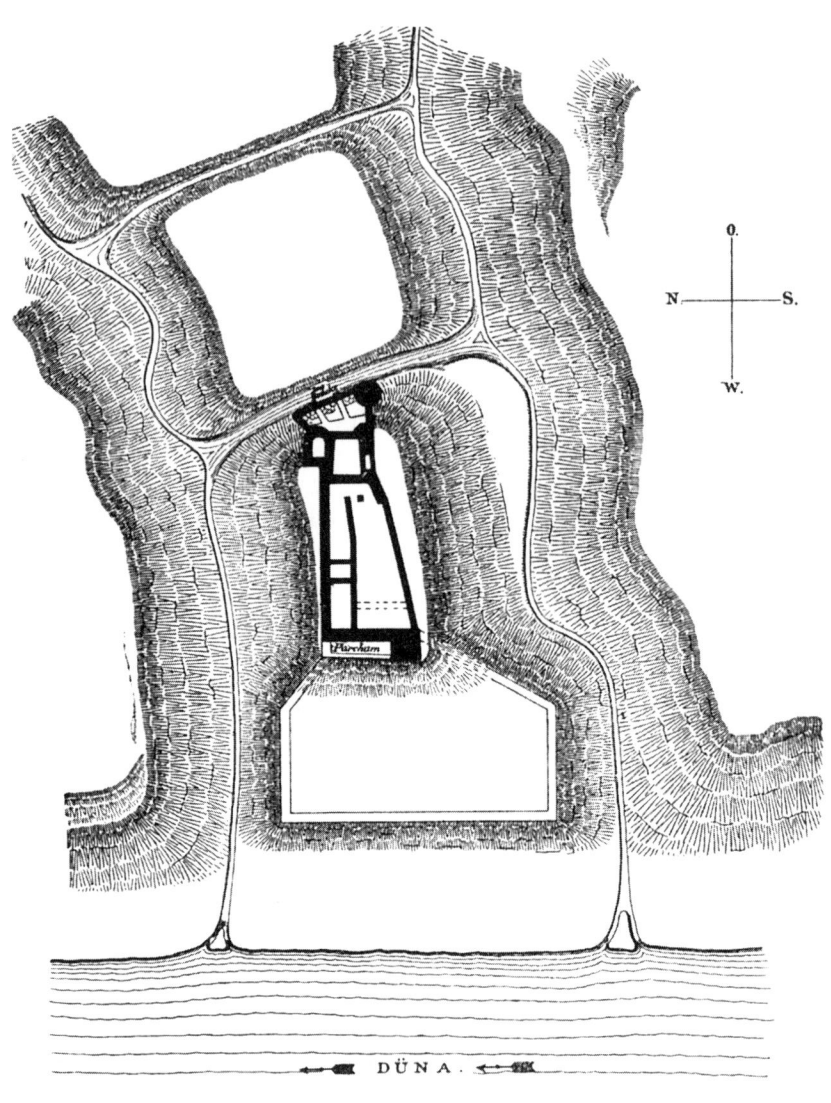

Abb. 40. Dünaburg, Grundriss. Nach Neumann.

Meister Ernst erbaut worden ist, da die Burg nach den Angaben der Chronik in kurzer Zeit fertig geworden ist und daher wohl nur ein schlichter Holzbau gewesen sein wird. Das geht auch aus der Belagerung hervor, die bald nach dem Abzuge des Ordensheeres von den Litauern unternommen wurde. Wenn die Burg aber dennoch mit Erfolg Widerstand zu leisten vermochte, so lag das an dem guten Höhenschutz zwischen den beiden grossen Flussbetten. Von der Landseite war das Ganze mit einem System mehrfacher Vorburgen versehen, von der Düna her aber schützte das hohe Flussufer das Schloss. Erfolgreicher war eine zweite Belagerung 35 Jahre später: damals wurde die Burg von den Litauern erobert und zerstört. Im Jahre 1312 oder 1313 baut Meister Gerhard von Jorke sie wieder auf, und im Jahre 1347 wird sie von Meister Goswin von Herike ergänzt [38]. Aus diesen beiden Bauperioden stammt wahrscheinlich auch der endgültige Plan der Burg, wie er nach den Ausgrabungen von Neumann vorliegt. An der Stelle der von Ernst angelegten Burg wurde unter Jorke zuerst ein mächtiger Turm mit massiven Mauern errichtet, in dessen Keller die Tonnengewölbe im vergangenen Jahrhundert noch teilweise erhalten waren. Zu den wichtigsten der vorgefundenen Details gehören die zweiteiligen Wulstrippen, die ihrem Charakter nach zum frühgotischen Formenschatz der Baukunst des Westens gehören. In Alt-Livland haben diese Formen auch später weitergelebt, nur dass sie dann ein feineres und mehr dekoratives Gepräge angenommen haben. Unstreitig gehören in eine frühe Bauzeit Teile des Bogenfrieses, die ebenfalls bei den Grabungsarbeiten zum Vorschein gekommen sind; sie sind aus Kalkstein angefertigt, während in den übrigen Teilen des Gebäudes Ziegel als Baumaterial vorherrscht. Das dekorative Beiwerk am Turm hat schon Neumann zu der glaubwürdigen Vermutung veranlasst, dass sich am ursprünglichen Hauptstock eine Kapelle befunden habe; das bestätigt ein Vergleich mit den übrigen Turmburgen in Livland und anderswo.

Die Bautätigkeit unter Goswin von Herike hat die ursprüngliche Anlage wesentlich erweitert. Hinzukam ein umfangreiches Vorburg- und Vorwerksystem, wobei die Chronik besonders den Bau von vier Türmen hervorhebt [39]. Auch ein Teil der Vorburg trägt das Gepräge der Baurichtung jener Zeit: teilweise hat sich zwar der Mauerzug der Form des Berges angepasst, aber in einer Ecke treffen wir den geradlinigen Grundriss an, wie er besonders bei den Kastelltypen der Burgen jener Zeit verbreitet war. Von den Türmen wird damals der das Tor schützende, runde flankierende Turm erbaut worden sein, wie solche Türme zu jener Zeit auch bei anderen Festungen sowohl im Süden als auch im Norden des Landes aufgekommen sind. Möglicherweise ist auch der an der Dünaseite befindliche grosse viereckige Eckturm in dieselbe Bauperiode zurückzuführen. Die übrigen unter Herike errichteten Türme mögen in den anderen Vorburgen gelegen haben; von ihnen sind bei Neumanns Ausgrabungen keine Spuren entdeckt worden. Die runden Teile an der Ostseite des unter Jorke erbauten Wohn-

---

[38] Ebendort 310; T a u b e I, 103.
[39] W a r t b e r g e 24.

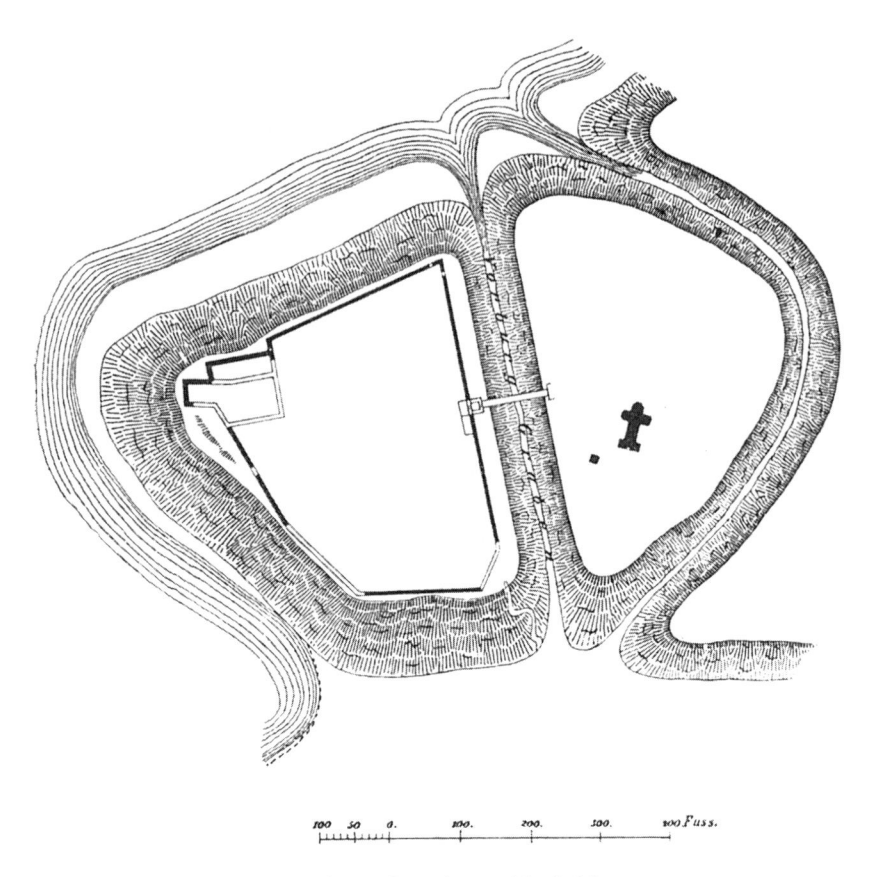

Abb. 41. Ludsen, Grundriss. Nach Neumann.

turmes dürften aus der Zeit der Feuerwaffen stammen, als im Schloss ebenfalls Umbauten vorgenommen wurden. Aus einer noch späteren Zeit stammt das niedrige, zum Unterbringen der Kanonen bestimmte Vorwerk an der Flussseite. Diese Umbauten und Ergänzungen konnten jedoch die Wehrfestigkeit der nach stark veralteten Grundsätzen angelegten Bauten nicht wesentlich heben; eine Bemerkung vom Jahre 1557 über Dünaburg lautet: „nit veste, ein alt verfallen haus" [40].

Das unter Jorke und Herike ausgebaute Dünaburg zeigt verwandte Züge mit der Bischofsburg von Dorpat, besonders im Wehrgebiet des östlichen Haupttores, wo das Verhältnis des Rundturmes zur Mauerlinie unmittelbar an das des Bischofsturmes von Dorpat zu dem daneben befindlichen Hauptgebäude erinnert

---

[40] PS, HBA, Nr. 626: Christof Botticher an Herzog Albrecht, Kowno, 14. III 1557.

(Abb. 20). Wenn auch die mittelalterlichen Festungen gleichen Verhältnissen entsprungen sind und sich zu gleicher Zeit oft ähnliche Grundrisstypen gestaltet haben, so wird es sich hier doch nicht um eine zufällige Ähnlichkeit handeln, wenn man weiss, dass der Bischof von Dorpat vierhundert Mann zur Aushilfe bei dem Bau dieser Burg hingesandt hatte [41]. Wie die Betrachtung der Baugeschichte Dorpats ergeben hat, hatte die Hauptburg des Bischofs damals schon ihre endgültige Gestalt erhalten.

Die Gestaltung der Anlage der östlichen Grenzfestung L u d s e n (Ludza) ist ebenfalls in mehreren Perioden erfolgt, aber auch hier wurde anfangs eine Turmburg aufgeführt, die im späteren Wehrsystem eine wichtige Rolle gespielt hat. Die Burg war Rositen unterstellt und wurde wahrscheinlich von einem Pfleger verwaltet. Arndt hat als Bauzeit von Ludsen das Jahr 1399 angegeben [42]. Wenn auch die meisten der Arndtschen Datierungen unbegründet sind und man ihnen daher nur mit grosser Vorsicht zustimmen darf, so scheint der hier gemachte Zeitansatz doch nicht unzutreffend zu sein, wie der Grundriss und die erhaltenen Mauerteile bezeugen.

Abb. 42. Ludsen, Hauptturm der Burg.

Die Burg ist auf der hohen Bergnase zwischen den beiden Ludsen-Seen errichtet worden; dort bot die Natur von Norden her guten Schutz, im Süden musste man jedoch das Plateau mittels Gräben abschneiden (Abb. 41). Zuerst wurde auf der höchsten Nordspitze des Berges ein Wohnturm aus Ziegel errichtet, der sich auf eine Feldsteinmauer gründete. Als Schmuck hat die Vorderseite des Turmes ein Rautenmuster erhalten, wie auch farbige Ziegel in den Bogenfriesen der weissgetünchten Nischen verwendet worden sind (Abb. 42). Das alles ist sehr charakteristisch für die livländische Baukunst der Zeit um 1400, wo man sowohl in

---

[41] UB II, Reg. 1227.
[42] N e u m a n n, Ordensburgen 317.

der Innenarchitektur als auch an der Aussenseite der Burgbauten die spezifischen Ziegelbauformen zu beachten und die Verwendungsmöglichkeiten dieses Baumaterials auszunutzen suchte.

Anfangs hatte man beabsichtigt, die Innenräume des Hauptturmes zu wölben, ist aber später unter den veränderten Verhältnissen nicht zu der Ausführung dieser Absicht gekommen, und so haben die Stockwerke eine Holzdecke erhalten. Die Fensterformen und der Kamin im Hauptstockwerk zeigen, dass hier die Räume ebenso eingeteilt und ausgebaut sind wie in den früheren Wohntürmen. In Ludsen hat jedoch der Turm nicht lange als selbständiger Wehrbau gedient. Wie die Verzahnungen in den Mauern beweisen, hatte schon von Anfang an die Absicht bestanden, das Gebäude zu erweitern und die ursprünglichen Palisaden und Wälle am Bergrande durch Steinmauern zu ersetzen. Solche Bauarbeiten sind denn auch von Zeit zu Zeit vorgenommen worden. Anfangs ist ein kleines Gebiet der Burg mit dem Turm verbunden und den Traditionen der Konventshäuser gemäss klausurartig abgeschlossen worden. Von diesen Räumen kann man nur im Osten einen Überblick erhalten, wo in der Mauer noch die Spuren grosser Mantelschornsteine zu sehen sind, woraus man schliessen kann, dass sich dort ehemals die Küchenräume befunden haben.

Nach Vollendung dieser Arbeiten hat dann der Ausbau der nächsten grossen Vorburg begonnen, was besonders für diese abgelegene und in wirtschaftlicher Hinsicht nur auf eigene Kräfte angewiesene Burg notwendig war. Wie die teilweise erhaltenen Mauern beweisen, ist auch hier die Bauarbeit stufenweise erfolgt, je nachdem es die Verhältnisse gestatteten. Im Gegensatz zu der sorgfältigen Ziegeltechnik des Hauptschlosses wurde die Vorburg in gemischter Technik ausgeführt: neben Ziegeln ist auch reichlich Feldstein verwendet. Der Mauerzug folgt nur noch im allgemeinen den Formen des Berges, ohne sich mehr so eng den Terrainformen anzuschliessen, wie es bei den älteren Festungen der Fall gewesen ist. Es herrscht die gerade Linie, nur dass sie hier nicht zum konsequenten Kastelltyp geführt hat.

Neben den Steingebäuden hat in der Vorburg auch die Holzkonstruktion eine wichtige Rolle gespielt, wie ein polnisches Protokoll aus dem 16. Jahrhundert bestätigt. Zu jener Zeit ist noch ein Teil der hölzernen Tortürme erhalten sowie eine Reihe von Gebäuden in der Vorburg „auf moskauische Art" gebaut gewesen [43].

Wichtige Berührungspunkte mit den besprochenen Burgen weist die Ordensburg D o b l e n (Dobele) auf, obschon sich zugleich

---

43 Ebendort 319 ff.

auch Besonderheiten zeigen. Altertümliche Züge im Grundriss der Burg sind dadurch zu erklären, dass das Schloss an der Stelle einer vorgeschichtlichen Burg errichtet ist, die in den Kämpfen der Eroberungszeit eine wichtige Rolle gespielt hatte. Diese Semgallenburg wurde von dem Ordensheer im Jahre 1290 eingeäschert; erst im 14. Jahrhundert machte man sich an die Errichtung von Steingebäuden: in der ursprünglichen Gestalt hat Ordensmeister Eberhard von Monheim (1328—1340) Doblen ausgebaut, sein Nachfolger Goswin von Herike (1345—1359) hat die Burg vervollständigt und verstärkt [44].

Die Festung befindet sich auf einem hohen Hügel an dem rechten Ufer des Perse-Flusses, wo die Stelle von zwei Seiten durch jähe Abhänge gut geschützt war; im Süden musste das Burggebiet durch einen Graben abgegrenzt werden (Abb. 43). Noch heute sind wichtige Mauerteile erhalten, die im Norden einen schmaleren Plan darstellen und den höheren Teil der Berges ganz bedecken; im Süden erweitert sich die Festung, indem sie einen geräumigen Vorhof bildet (Abb. 44). Die ältere Steinburg errichtete Monheim wahrscheinlich im Nordteil des Berges [45]. Es war eine annähernd viereckige Mantelmauerburg, bei der Einwirkungen der damals stark verbreiteten Konventshäuser deutlich zu spüren sind. Doch sind die einzelnen Flügel nicht hart aneinandergefügt; es fehlt eben die den Konventshäusern eigene Konzentration. Die zu Monheims Zeiten erbaute Burg hatte als erster Stützpunkt nur eine geringe Ausdehnung; infolgedessen wurde recht bald eine Erweiterung vorgenommen. An der Südseite wurde ein grosses Hauptgebäude errichtet, das bei der Verteidigung den zentralen Platz innehatte. Dem Typ nach haben wir es hier mit einer den Turmburgen nahestehenden Hausburg zu tun, die direkt mit den Palästen des Westens vergleichbar ist (Abb. 45).

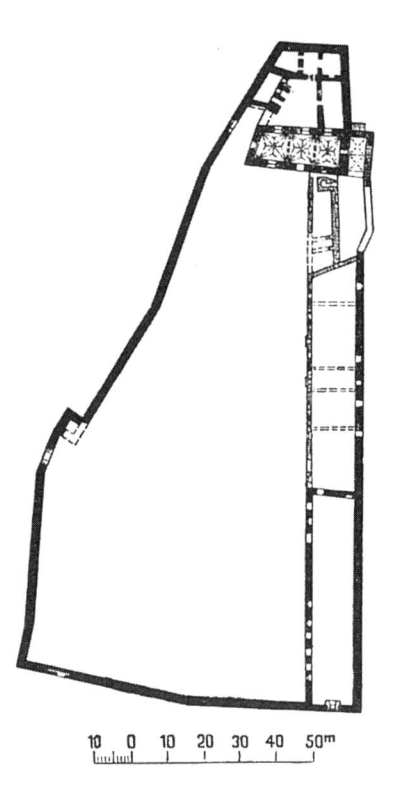

---

[44] Löwis of Menar, Komtureien 37.
[45] Schmid 210.

Abb. 44. Doblen, die Burgruine von Südwesten gesehen. Nach einer alten Aufnahme.

Charakteristisch für die Bauzeit sind die vier dekorativen Erkertürme aus Ziegelstein, zu welchen sich die Kadenzen der Bogenfriese an den Seiten gesellen. Das Hauptstockwerk der Innenräume des Gebäudes ist im 16. Jahrhundert, unter der Herzogin Elisabeth Magdalene umgebaut worden, indem dort eine Kirche angelegt und der Raum von neuem gewölbt wurde. Die Gewölbekonsolen weisen typische Renaissanceformen auf, bei den Gewölben jedoch lebt noch das mittelalterliche System in der Form von Sterngewölben fort (Abb. 46), wozu man Parallelbeispiele auch aus der gleichzeitigen kirchlichen Baukunst von Kurland anführen kann.

Gleichzeitig mit dem Bau des Hauptgebäudes begann man auch, den Vorhof der Burg nach Süden hin zu erweitern. Die nördlichen Teile der Vorburgmauer sind noch zur Zeit Herikes errichtet und teilweise mit den gleichen Bogenfriesen wie das Hauptgebäude verziert worden. Die gesamte Mauerlinie verteilt sich auf mehrere Perioden, wie die Fugen und das verschiedene Baumaterial beweisen. Nachdem die Vorburg fertig geworden war, wurde der ehemals vor der kleinen Burg gelegene Graben aufgefüllt, und das ganze Schloss bildete nun eine gemeinsame Wehreinheit mit einem zentralen Hauptgebäude. Auch in der Vorburg wurden unter den Herzögen Vervollständigungen vorgenommen, wovon als wichtigste das lange Gebäude an der Ostseite erscheint, dessen Bau noch in die Zeit Kettlers fällt; doch kann ein Teil der Grundmauern noch in die Ordenszeit zurückgeführt werden, zu welcher Zeit sich dort grosse Wirtschaftsgebäude befunden hatten.

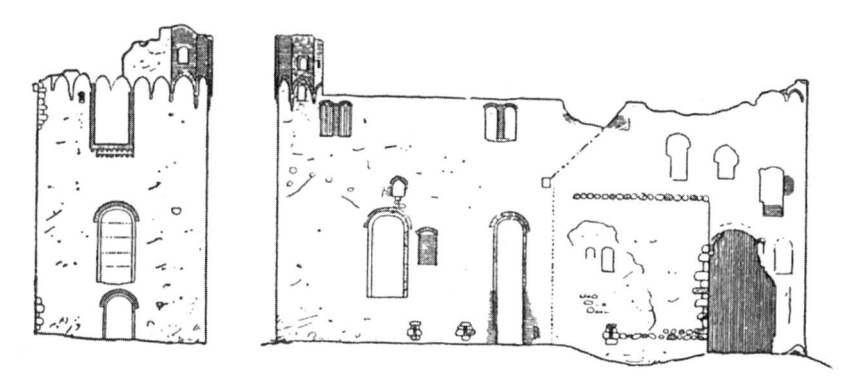

Abb. 45. Doblen, West- und Südseite des Hauptgebäudes der Burg. Nach S c h m i d.

b. Bischofsburgen.

Bei den bischöflichen Frühburgen kommt der Grundsatz der Naturgebundenheit nicht zur vollen Geltung. Schon oben ist auf die Ursachen hingewiesen worden, die unmittelbar in der Organisierung der Landesverteidigung liegen, wovon denn auch die übrigen formbestimmenden Umstände abhängen. Waren doch die bischöflichen Burgen nicht für zahlreiche Besatzungen bestimmt, also konnten sie kleiner sein als die Ordensburgen. In der Mehrzahl der Fälle wurden sie erst nach der Eroberung des Landes ausgebaut, so dass eine Ausnutzung der älteren Wehrbauten nicht mehr erforderlich war. Gleichwohl wird aber das Wehrsystem des Ordens auch von einem Teil der Bischofsburgen vertreten.

Aus der behandelten Periode erinnert an die Frühburgen des Ordens A m b o t e n (Embute) in Kurland, welche Burg unter Ordensmeister Konrad von Mandern im Jahre 1265 errichtet worden ist [46]. Bei der Wahl der Stelle hatte das Auge des Ordensmeisters entschieden: die Burg befindet sich auf einem hohen, mit Terrassen versehenen Berge, der von drei Seiten Wasserschutz geniesst. In welcher Form der Bischof die Festung später ausgebaut hat, weiss man nicht, da die Ruinen in neuerer Zeit umgebaut worden sind. Wenige Spuren sind nur von zwei runden Tortürmen vorhanden, die aus der Zeit der Feuerwaffen stammen dürften.

Viel verbreiteter als Mantelmauerburgen waren auf den bischöflichen Gebieten in dieser frühen Periode Turmburgen mit davon abhängigen Nebentypen. In erster Linie wurden solche kleine Festungen von den Bischöfen zum Schutz ihrer Grenzen gebaut, sie waren aber auch zweckdienlich bei der Anlage von Land- und

---

[46] W a r t b e r g e 9; Reimchronik 2436 ff.

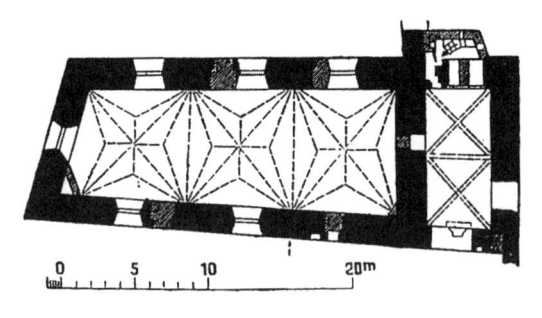

Abb. 46. Doblen, Grundriss des Hauptgebäudes der Burg. Nach Schmid.

Wasserwegen, wo eine grosse Besatzung nicht vonnöten war. Von diesen Burgen bilden diejenigen des Dorpater Bistums eine Gruppe für sich, nämlich Oldentorn, Warbeck, Kirrumpäh und Neuhausen und zwar hinsichtlich ihrer ursprünglichen Form, vor der grossen Umbau- und Erweiterungsperiode im späten Mittelalter.

Der Metropole des Bischofsstaates war es wichtig, den Wasserweg nach Osten, den Unterlauf des Embachs, zu sichern, zu welchem Zweck dort schon früh zwei Burgen errichtet worden waren. Betreffs der ersten von ihnen — Oldentorn (Vana-Kastre) — vermutet Arndt, dass sie schon bald nach der Gründung Dorpats entstanden sei; dafür spricht auch eine Überlieferung, derzufolge an dieser Stelle ein grosser Holzturm gestanden habe, der zugleich als Gefängnis und als Wachtturm verwendet worden sei. Der Phantast Jürgen Helms hat sogar eine Zeichnung des Turms gewagt [47]. Im vorliegenden Fall scheinen sich Tradition und geschichtliche Tatsachen zu decken, worauf neben der Geschichte der Wehrarchitektur auch der alte Name der Festung — Alde Torn — hinzuweisen scheint [48].

Die Burg liegt auf einem Berghügel am Embach, an der Stelle, wo in diesen der Lutze-Bach einmündet. Um Höhenschutz zu erhalten, musste Menschenhand der Natur tüchtig nachhelfen; auch wurde die Burg auf der Landseite mit einem Graben versehen, der es ermöglichte, im Sommer von dem wichtigen Wasserschutz Gebrauch zu machen. Die Bodenformen erlauben anzunehmen, dass dort in vorgeschichtlicher Zeit vielleicht ein Burgberg gestanden habe. Heute ist an der Stelle nur weniges Feldsteingemäuer erhalten, woraus ein viereckiger Burgplan von 32×28 m zu erschliessen ist. Über die Mitte des Berges zieht sich eine

---

[47] A. Neumann, Bischofs- und Vasallburgen 32 (KAI); Körber I (GEG).
[48] PS, HBA, Nr. 616.

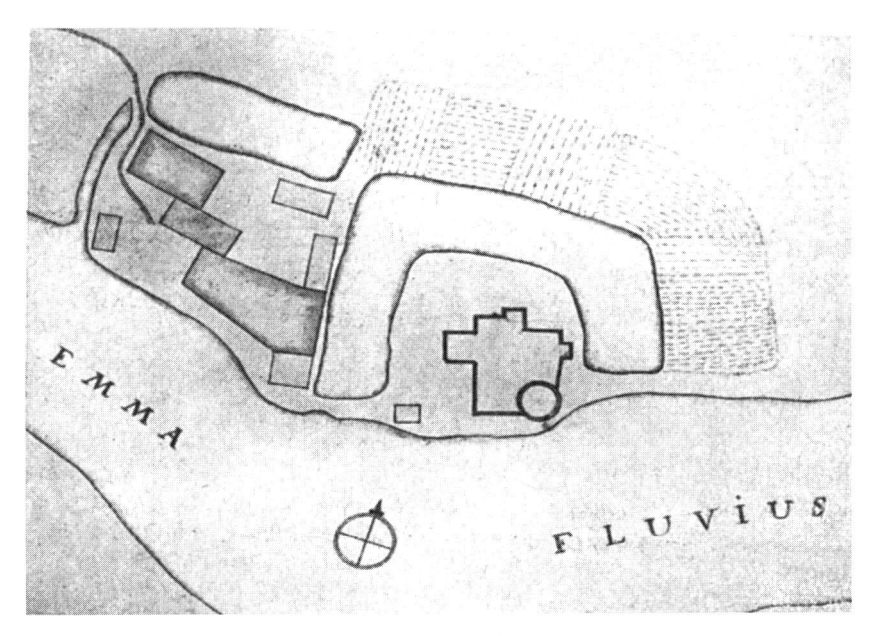

Abb. 47. Warbeck, Situationsplan. Aufmessung von Paul v. Essen aus dem Jahre 1697 (KA).

Mauer hin, von der flusswärts der starke Burgbau und landwärts ein Hof gelegen haben wird. Die ehemalige Brückenstelle am Fluss wird durch Steintrümmer und Balkenreste unter dem Wasser bezeichnet. Eine genauere Analyse ermöglicht die Lokalbetrachtung nicht. Zwar gibt es mehrere Abbildungen und Pläne von Körber [49], sie haben sich aber bei genauerer Untersuchung als Phantasie herausgestellt.

Als der Grenzschutz im 14. Jahrhundert noch weiter ostwärts verschoben wurde, ist am Unterlauf des Embachs W a r b e c k (Uue-Kastre) errichtet worden. Das Schloss wird urkundlich zum ersten Mal im Jahre 1392 erwähnt, wo es im Vertrage zwischen den Abgeordneten der Hanse und den Nowgorodern heisst: „de balke de over Embeke licht vor Werbeke" [50]. Danach befand sich beim Schloss ein Balken, um zu verhindern, dass Schiffe unbemerkt den Zollpunkt passieren könnten; davon stammt vermutlich auch der Name der Burg (Weerbeke = Bachwehr) [51].

Die Burg stützte sich hauptsächlich auf Wasserverteidigung; der Standort des Gebäudes war nicht einmal hoch genug, um dort die Anlage von Kellern zu gestatten. Der alte Wallgraben lässt

---
[49] Körber I (GEG).
[50] UB III, 1330.
[51] Löwis of Menar, Burgenlexikon 120.

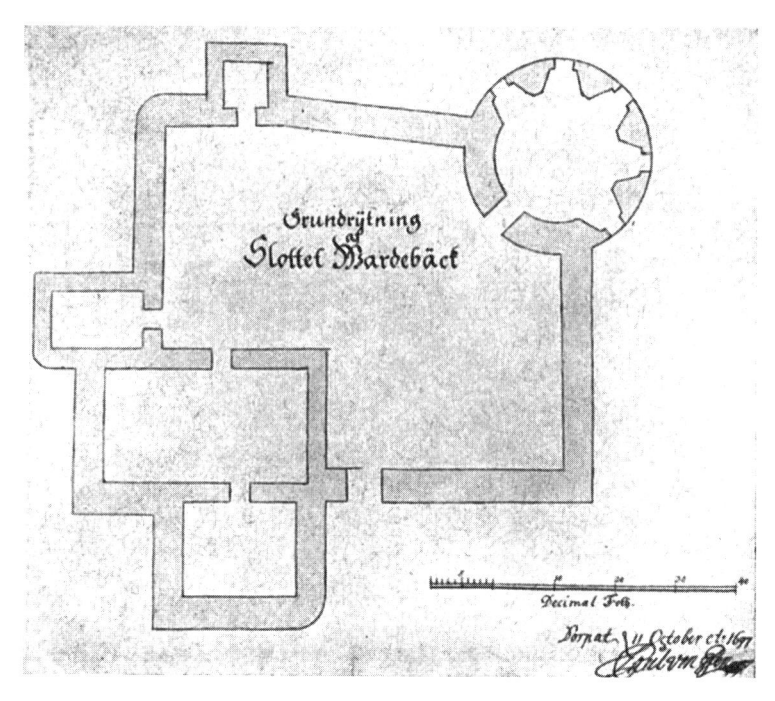

Abb. 48. Warbeck, Grundriss. Aufmessung von Paul v. E s s e n aus dem Jahre 1697 (KA).

sich noch jetzt gut verfolgen, und daneben zeigt sich eine etwas höhere Stelle, wo sich ehemals ein Hakelwerk befunden hat [52]. An der Stelle der einstigen Burg wurde im verflossenen Jahrhundert ein Krug erbaut, wobei das alte Steinmaterial benutzt wurde. Aus den wenigen am Flussufer erhaltenen Mauerresten geht hervor, dass die Burg aus Feld- und Ziegelsteinen gebaut war. Zu einiger Klarheit über ihren Grundriss verhelfen zum Teil die aus dem 17. Jahrhundert stammenden Umbauprojekte, in denen auch die Grundgestalt der alten Burg angegeben ist (Abb. 47 und 48). Danach dominierte hier ein grosser, für Feuerwaffen berechneter Turm, der im späten Mittelalter den Schutz des Flusses nach Osten hin übernahm. Aber in der mit diesem Turm verbundenen Gebäudegruppe treten auch viereckige turmartige Bauten auf, von denen ein Teil zum älteren Plan der Burg gehören mag, der dann von Zeit zu Zeit bis zum Untergang des Bischofsstaates vervollständigt worden ist. Der erste Bau ist wahrscheinlich der in der Mitte des Burggebiets befindliche flankierende massive Turm gewesen, der vor der Errichtung der steinernen Hofmauer mit einer Holzpalisade am Schlossgraben umgeben gewesen sein mag.

[52] A. N e u m a n n, Bischofs- und Vasallburgen 38 (KAI).

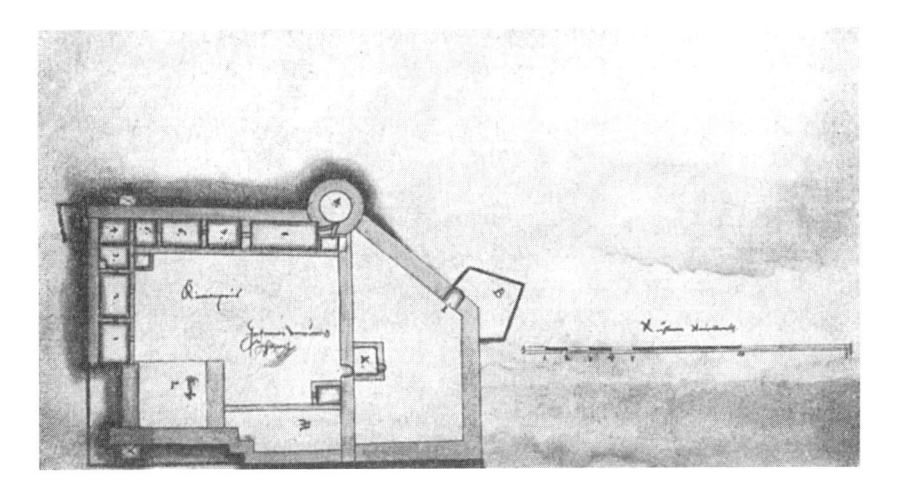

Abb. 49. Kirrumpäh, Grundriss. Aufmessung aus dem 17. Jahrhundert (KA).

Solchem Schutz des Embachs entsprach die südliche Wehrlinie der Ostgrenze, wo die Festungen ebenfalls stufenweise ostwärts vorgerückt wurden. Der erste stärkere Stützpunkt war hier K i r - r u m p ä h (Kirumpää), das schon 1322 als *castrum* angeführt wird. Im 14. Jahrhundert erscheint Kirrumpäh wiederholt als Mittelpunkt kriegerischer Unternehmungen. Im Jahre 1340 schickte der Orden 400 Mann zum Schutz des Dorpater Bistums nach Kirrumpäh, weil die Russen ins Land eingedrungen waren. Zwei Jahre später versammelte der Ordensmeister seine Truppen in Kirrumpäh, um von dort aus Raubzüge nach Russland zu unternehmen. Im Jahre 1369 unternahmen die Russen mit einem grossen Heer einen Feldzug gegen Kirrumpäh: die Festung wurde zwar erobert, aber nicht zerstört, das benachbarte Dorf jedoch eingeäschert [53]. Diese Reihe von Feldzügen erweist die Bedeutung von Kirrumpäh für die Landesverteidigung, und es ist glaubwürdig, dass die erste urkundliche Erwähnung der Festung ihrer Gründungszeit nahekommt, da andernfalls schon früher Nachrichten über das Vorhandensein der Burg erschienen wären.

Die Burg Kirrumpäh stützt sich auf Höhenschutz; sie liegt auf einem kleinen Berge am Ufer des Voo-Flusses, wo noch Feld- und Ziegelsteinruinen erhalten sind. Wahrscheinlich hat auch dort früher eine Estenburg gestanden. Ein vollständigeres Bild vom Grundriss des Schlosses gibt ein Plan aus der schwedischen Zeit (Abb. 49). Auf Grund sowohl dieses Planes als auch der im

---

[53] Ebendort 19—20; G a d e b u s c h I_1, 401; B o n n e l l, Comm. 159; W a r t - b e r g e 20, 37; G e r n e t, Verfassungsgeschichte 127.

Jahre 1939 in den Schlossruinen vorgenommenen Probegrabungen kann man mehrere Bauperioden unterscheiden. Das ursprüngliche Gebäude scheint eine Turmburg, richtiger eine Hausburg gewesen zu sein, ein Gebäude mit massiven Mauern, das in dem Plan aus dem 17. Jahrhundert als Kirche vermerkt ist und von dessen Eckbefestigungen noch heute Mauerteile erhalten sind. Dass sich im ersten Stock der Turmburgen gewöhnlich eine Kapelle befand, hat sich schon aus dem oben betrachteten Material ergeben. Da die Burg aber in den unruhigen Zeiten grössere Räume für die Besatzung brauchte, genügte eine Turmburg nicht mehr, und so wurden bald Erweiterungen des Gebäudes vorgenommen. Mit dem Turm wurde der östliche Teil der Vorburg verbunden, deren Umfang nach Ausweis der Mauerfugen damals nur halb so gross gewesen ist wie jetzt. Sowohl der Turm als auch die Ecken der Hofmauer wurden mit Mauerteilen versehen, die an kleine flankierende Türme erinnern. Diese Bauweise war in den vierziger Jahren des 14. Jahrhunderts besonders in dem südlichen Teil des Landes verbreitet. In dieser Gestalt blieb die Burg von Kirrumpäh längere Zeit bestehen, bis erst das späte Mittelalter wichtige Erweiterungen brachte.

In vorläufiger Form ist Kirrumpäh vermutlich erst 1342 fertig geworden, als Neuhausen (Vastseliina) bereits seine Rolle übernahm. Diese Burg hat in den ersten Jahren den Namen Frauenburg getragen, der aber später dem Namen *Novum castrum* gewichen ist, welche Bezeichnung vermutlich das zeitliche Verhältnis zu Kirrumpäh ausdrücken sollte. Neuhausen wurde unmittelbar der russischen Grenze gegenüber errichtet; die Russen reagierten im Jahre 1371 mit einem Feldzuge, der in der älteren Geschichtsliteratur übertrieben und gefärbt dargestellt ist. Unzutreffend ist die Mitteilung von Arndt, als hätten die Litauer im Jahre 1390 Neuhausen eingeäschert; wird doch die Burg noch kurz vorher, im Jahre 1379, anlässlich des Bischofsstreits zwischen A. Hecht und D. Damerow als *castrum fortissimum et munitissimum in tota patria* bezeichnet [54].

Eine wichtige Voraussetzung für die Stärke der Burg ist ihre Lage an der Vereinigung zweier tiefer Flusstäler, wo auf Grund des alten erprobten Systems der Teil nach der Landseite mit einem tiefen Graben durchschnitten wurde (Abb. 209). Die Lage erinnert an die Frühburgen des Ordens, was teilweise durch den Umstand zu erklären ist, dass die Gründung der Festung durch den Ordensmeister Dreileben erfolgte; der Fall ist Amboten analog, wo bei der Wahl des Ortes ebenfalls der Entscheid des Ordensmeisters

---

[54] A. Neumann, Lossid 88 (TrtÜR); UB III, 1144; Bonnell, Comm. 190.

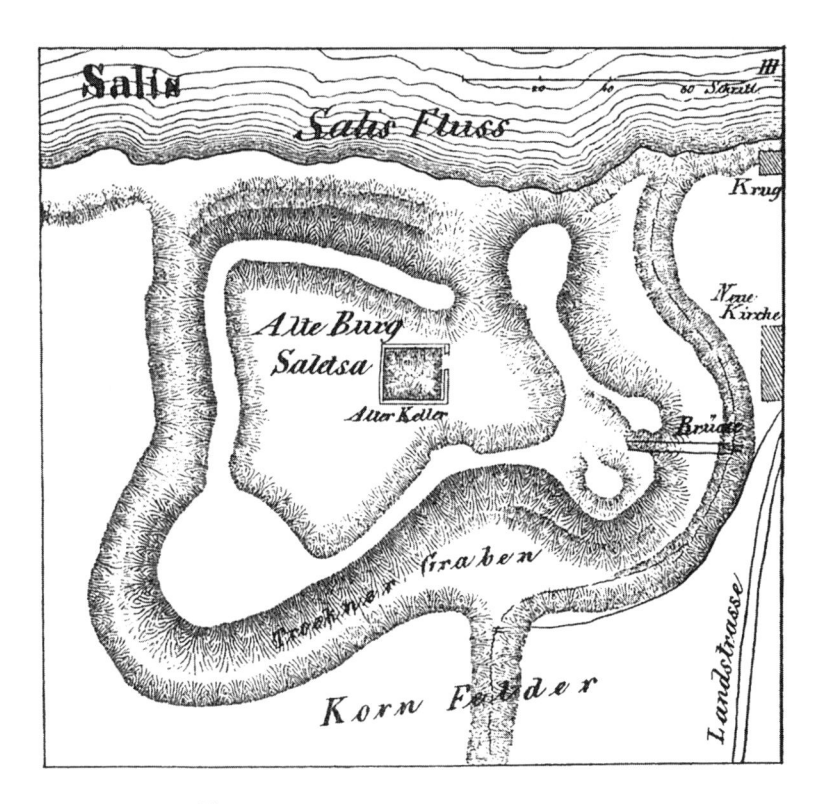

Abb. 50. Salis, Grundriss. Nach K r u s e.

mitsprach. Die Burg selber, von der wichtige Ruinen erhalten sind, ist erst in mehreren Bauperioden vollendet worden, über die uns Zeichnungen aus dem 17. Jahrhundert und ein von Guleke auf Grund von Ausgrabungen angefertigter Plan Aufschluss geben. Nach dem Planmaterial und dem erhaltenen Gemäuer zu urteilen, ist auch hier die Burg in ihrer ursprünglichen Gestalt ein turmartiger Bau gewesen. Unter dem Turm befand sich ein gewölbter Keller und darüber die auch urkundlich erwähnte Schlosskapelle [55]. Zweifellos war dieser Turm schon von vornherein an den Bergseiten von Wehrbauten aus Stein oder Holz umgeben, worin jedoch im Verlauf der im 15. Jahrhundert vorgenommenen umfangreichen Umbauten eine Veränderung eintrat. Bis zum Umbau bestand die Stärke der Burg neben ihrer günstigen Lage in erster Linie in der Festigkeit des Turmes, der nach Ausweis seines Grundrisses einer der stärksten Bauten dieser Art in Alt-Livland war und in vollem Masse die erwähnte Schätzung rechtfertigte.

---

[55] M o t z k i 129.

Auch auf erzbischöflichem Gebiet ist die Turmburg vor allem an der Grenze und bei den Häfen bevorzugt worden. In der Verteidigung der Ostgrenze hat V i l l a c k (Viļaka), auch M a r i e n h a u s e n genannt, eine wichtige Rolle gespielt; diese Burg wurde im späten Mittelalter in umfassender Weise ausgebaut, ihre Gründung reicht jedoch schon ins 14. Jahrhundert zurück, als die Verteidigungsfrage an den Grenzen besonders brennend wurde. Im Burgplan sind zwei Bauperioden deutlich zu unterscheiden (Abb. 235). Ursprünglich ist an der Stelle ein breites viereckiges turmartiges Haus errichtet worden, dessen Bauzeit der der Grenzburgen des Dorpater Bistums — Kirrumpäh und Neuhausen — nahekommen dürfte. Villack war auf einer kleinen Insel errichtet und stützte sich hauptsächlich auf Wasserverteidigung. Eine wichtige Rolle fiel neben dem Turmschutz der an den Ufern der Insel angelegten Holzkonstruktion zu, die noch im späten Mittelalter verstärkt worden ist. Etwas später wird die ganze Festung in Stein ausgebaut; diese letzte Bauperiode liefert einen wichtigen Beitrag zur Spätentwicklung der livländischen Burgenarchitektur.

Eine weitere wichtige erzbischöfliche Turmburg war S a l i s (Salacgriva) an der für die Schiffahrt in älterer Zeit günstigen Mündung des Salis-Flusses am Rigaschen Meerbusen. Das war der einzige Seehafen des Erzbischofs, und so wird hier zum Schutz des Ortes schon sehr früh eine Burg angelegt worden sein. Erstmalig wird Salis freilich erst im Jahre 1478 erwähnt; im nächsten Jahr wird die Burg vom Orden erobert. In seinem Bericht an den Hochmeister vom 10. März 1479 erwähnt der Komtur von Goldingen „einen Torne veste an der appenen Szee ..."[56]. Von dem Gebäude, das sich auf einem höheren Berghügel befand, ist heute nichts erhalten ausser dem Fundament, wonach die Festung ein turmartiger Bau von 14×19 m gewesen ist (Abb. 50). Die Burg war aus Feldstein mit einem geringen Zusatz von Ziegeln erbaut; ihre Mauern sind auf der von Brotze zu Anfang des vorigen Jahrhunderts angefertigten Zeichnung noch gut zu sehen[57]. Neben Stein war auch hier zur Befestigung des Berges in reichlichem Masse Holz verwendet worden, wodurch die aus dem Jahre 1564

---

[56] L ö w i s o f M e n a r, Salis 58. Nach dem Lübecker Chronisten sollen die Ordensritter im Zusammenhang mit den Streitigkeiten zwischen dem Erzbischof und dem Orden im Jahre 1391 das Schloss „de saltze" erobert haben. B o n n e l l (a. a. O. Comm. 211) meint, das soll eine Verwechslung mit der Sperrung des Salis-Flusses oder Hafens sein. In Anbetracht der allgemeinen Entwicklung des Burgenbaus in dieser Zeitspanne dürfte doch dem Chronisten Glauben zu schenken sein: die Burg Salis stand sicherlich schon am Ende des 14. Jahrhunderts da.
[57] B r o t z e II, 7 (RPCB).

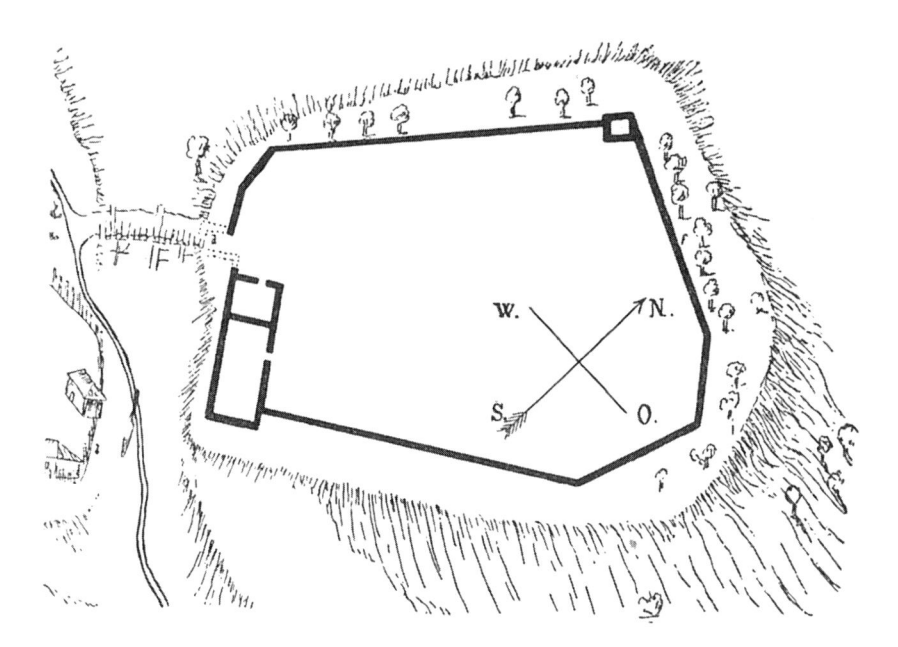

Abb. 51. Kremon, Grundriss. Nach Löwis of Menar.

stammende Bemerkung zu erklären ist: „Salis, — ein verbrandt schloss" [58].

Eine charakteristische Kleinburg ist Kremon (Krimulda), das schon in der Mitte des 13. Jahrhunderts als Nebenburg von Treiden auf einem hohen Berge in der Nähe der einstigen Burg des Livenfürsten Kaupo gegründet wurde. Der Bau der Burg erfolgte unter Erzbischof Albert Suerbeer [59], wobei auch hier anfangs nur ein Turm gestanden hat, dessen Spuren noch jetzt im Fundament zu sehen sind (Abb. 51). Vom Turm aus als dem ersten Stützpunkt ist die Burg mit der Zeit allmählich erweitert worden und zwar zuerst der Turm als solcher, wodurch eine palastähnliche Hausburg entstand; in den folgenden Perioden wurde eine grosse Vorburg angeschlossen, die aber nicht genau der Gestalt des Berges folgte, sondern sich mehr einem regelmässigen Gebilde näherte. Daher sind nicht alle Eigentümlichkeiten des Geländes mit solcher Folgerichtigkeit benutzt worden, wie das an

---

[58] PS, HBA, Nr. 647: Summarischer bericht und Relation von den sachenn so durch mich Johan von Molinum In Lifflandt aus gerichtet Ao 64 In dem Monat Junio; in der wechselvollen Spätgeschichte Alt-Livlands hat Salis immerhin noch eine gewisse Rolle gespielt: es wurde nach 1575 von Herzog Magnus befestigt, und nachmals haben die Schweden den Turm mit vier Bastionen umgeben, die man noch jetzt sehen kann (Löwis of Menar, Salis 59).
[59] Löwis of Menar, Burgen 36.

den Frühburgen des Ordens beobachtet werden kann. Die Lage auf einem Höhenzug gewährte nicht so sehr eine vermehrte Festigkeit als die Möglichkeit einer Kontrolle über die nächste Umgebung.

Wie bei allen umfangreichen Mauerzügen kann man auch in Kremon deren stufenweise erfolgte Ausführung wahrnehmen. Das noch erhaltene Gemäuer des Hauptgebäudes ist zum grössten Teil im 19. Jahrhundert anlässlich eines Kaiserbesuchs neu gebaut worden; zu Anfang des Jahrhunderts waren vom Gebäude nur wenige Ruinen übrig, wie aus einer Zeichnung von Brotze zu ersehen ist [60]. Im Gegensatz zu Treiden ist in Kremon hauptsächlich Feldstein als Baumaterial verwendet worden.

Aus einem Turm weiterentwickelt war auch das Burggebäude von K r e u z b u r g (Krustpils). Dieser Burg kam in strategischer Hinsicht eine grosse Bedeutung zu, da sie die östlichste erzbischöfliche Burg an der Düna war und zugleich auch die ostwärts führenden Handelsstrassen schützte. Das Schloss wird erstmalig im Jahre 1318 erwähnt, als der Orden die Festung eroberte. Da der Bürgerkrieg schon im Jahre 1297 begonnen hatte, muss man die Gründungszeit Kreuzburgs in die Jahre davor setzen [61]. Im 18. Jahrhundert wurde an der Stelle der Festung ein Gutshaus gebaut, wobei teilweise die alten Mauerteile benutzt wurden, wonach es möglich ist, im Südflügel des heutigen Gebäudekomplexes das Hauptgebäude der alten Burg, einen länglichen Bau mit gewölbten Innenräumen, festzustellen. Die diesen Flügel schmückenden Türme stammen aus der Zeit der Romantik, ebensowenig ist der grosse viereckige Torturm mittelalterlich, sondern stammt erst aus dem 18. Jahrhundert, als in Livland bei den Herrenhäusern solche festungsartige Einfahrtstürme besonders beliebt waren. Dass im Mittelalter zu den Burggebäuden ein recht starkes Vorwerksystem hinzugetreten ist, zeigt ein geschichtlicher Bericht, wonach der Orden im 15. Jahrhundert vergeblich versucht hat, Kreuzburg zu erobern. Von den Mauern der Vorburg ist heute nichts mehr erhalten, selbst das System der Gräben ist eingeebnet.

c. Vasallenburgen.

Hand in Hand mit der politischen Eroberung des Landes entwickelte sich auch die bereits unter Bischof Albert begonnene Ansiedlung des Adels. Zunächst war das Verhältnis der Vasallen zum Lande im allgemeinen locker geblieben; man beschränkte sich darauf, die verlehnten Gebiete als Einnahmequellen anzusehen. Anders

---

[60] B r o t z e VI, 63 (RPCB).
[61] L ö w i s o f M e n a r, Burgenlexikon 74.

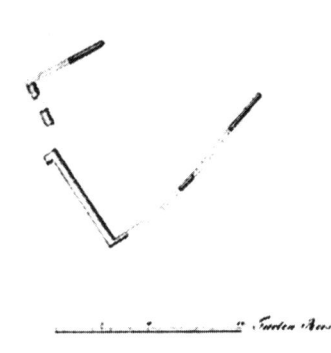

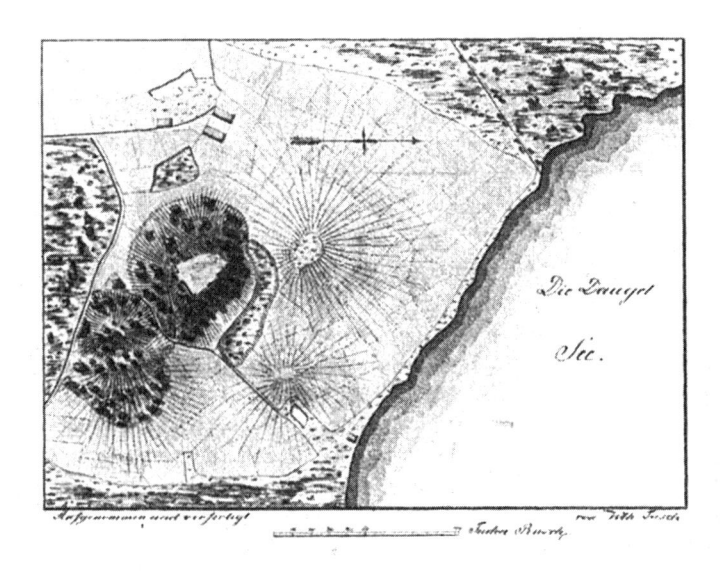

Abb. 52. Hochrosen, Grundriss und Situationsplan. Aufmessung von W. T u s c h aus dem Anfang des 19. Jahrhunderts (MP).

gestalteten sich die Verhältnisse gegen Ende des 13., besonders aber im 14. Jahrhundert, als sich mit der Entstehung der Güter die Verbindung der Vasallen mit dem Lande festigte. In diesem Zusammenhang begann man auch, auf dem Lande Gutshäuser zu errichten, die bei den reicheren Vasallen den Charakter von Burgen annahmen. Derartig umfangreiche Bauten konnten jedoch nur für die hervorragendsten Vasallengeschlechter in Frage kommen, während sich die Mehrheit mit kleineren befestigten Plätzen begnügen musste, wovon die bescheidensten dieser Art den anspruchslosen Namen befestigter Häuser tragen. Die Mehrzahl der befestigten Häuser ist spurlos verschwunden, die grösseren von ihnen sind jedoch kaum von den Burgen deutlich abzugrenzen, wie auch die damalige Terminologie schwankend ist und eine Festung das eine Mal „Burg", das andere Mal „Haus" genannt wird. Unter dem Gesichtspunkt der Typenentwicklung kommen in erster Linie die Sonderbedingungen in Betracht, die für die wirtschaftliche Lage der Vasallen kennzeichnend waren und nur in Ausnahmefällen den Bautraditionen der Landesherren zu folgen erlaubten.

Immerhin stand ein Teil der Vasallenburgen würdig neben den Befestigungen der Landesherren da. Es sei hier vorderhand auf die Verhältnisse im Erzstift hingewiesen, wo die Lehnsmänner bei den inneren Machtstreitigkeiten schon ziemlich früh eine wichtige Rolle gespielt haben. Livland war damals für tatkräftige Männer ein Land grosser Möglichkeiten, und so mancher hat sich in verhältnismässig kurzer Zeit beträchtliche Besitztümer erkämpft. Man denke nur an die Grossvasallen des Erzstifts, die Rosen, Tiesenhausen und Üxküll, von denen die beiden letzteren Familien schon im 14. Jahrhundert im Bereich der Düna Riesengebiete besessen haben. Ebendiese Geschlechter haben während der Machtstreitigkeiten zwischen Erzbischof und Orden im 14. Jahrhundert eine bedeutende Rolle gespielt, wobei die Entstehung und Vervollständigung der Wehrbauten unmittelbar die inneren Zustände des Landes widerspiegelte [62].

Da die Vasallenburgen meistenteils erst in späterer Zeit entstanden sind, wo es nicht mehr nötig war, in aller Eile die Standorte alter vorgeschichtlicher Burgen aufzusuchen und die Wehranlage gutem Naturschutz anzupassen, so tritt der Grundsatz der Naturgebundenheit in den Adelshäusern am allerwenigsten zutage. An die Frühburgen des Ordens erinnert im Gebiet des Erzbistums Riga nur eine einzige, H o c h r o s e n (Augstroze) (Abb. 52). Diese dem Hause von Rosen gehörende Burg ist schon im 13. Jahrhundert errichtet worden [63]. Ihrer Lage nach ist es eine typische frühe Landrückenburg, auf einem eirunden Berg gelegen, dessen steile Abhänge vorzüglichen Schutz gewährten, bis auf den südöstlichen Bergabhang, der mit einer Vorburg versehen werden musste. Das Hauptschloss ist ein Ziegelbau gewesen, wie aus dem noch erhaltenen Mauerwerk zu ersehen ist. Die Mauertechnik weist mit ihrer sorgfältigen Fugenbehandlung und besonders mit ihren Ziegeln grossen Formats auf alte, an den Turm von Treiden erinnernde Überlieferungen hin. An die der Gestalt des Berges folgende Mauer lehnen sich gleichsam schutzsuchend die Gebäude an, die hier ebenfalls wie auch bei den frühen Ordens- und Bischofsburgen ohne

---

[62] L a a k m a n n, Grossgrundbesitz 57; T a u b e I, 100 ff; G e r n e t, Forschungen II, 39.
[63] L ö w i s o f M e n a r, Burgenlexikon 65.

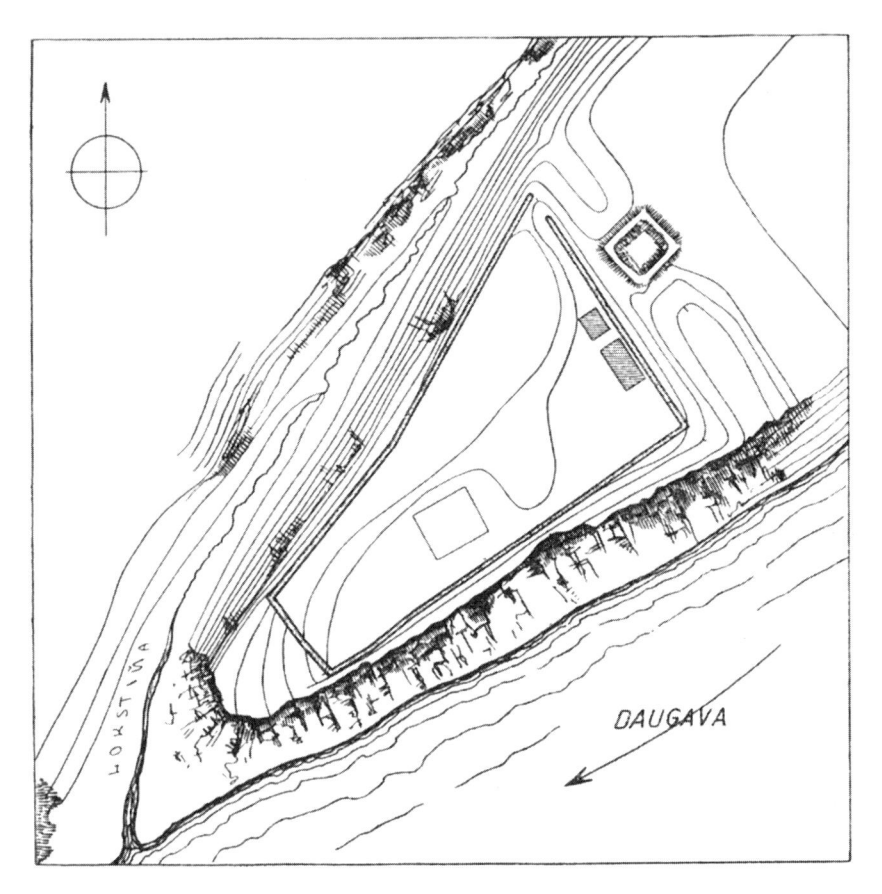

Abb. 53. Loxten, Grundriss. Nach Brastiņš.

festen Plan gebaut sind. Statt des fehlenden Hauptturmes übernahm eine grosse, massive Schildmauer den Schutz der Burg auf der schwächeren Seite, indem sie sich in verhältnismässig gerader Richtung als Riegel vor dem ganzen Burggebiet hinzog. In diesem Punkt ist Hochrosen eine Ausnahmeerscheinung unter den Burgen von Alt-Livland, wo gewöhnlich der Schildmauerschutz nicht so klar durchgeführt erscheint. Der Durchmesser der Schildmauer kommt dem der alten Mauern des 13. Jahrhunderts nahe, die übrigen Seitenmauern dagegen waren äusserst schwach, weil man sich dort hauptsächlich auf den Naturschutz verlassen konnte. Die innerhalb des Wehrgürtels befindlichen Gebäude waren zum grossen Teil aus Stein errichtet; sie können natürlich Jahrzehnte später gebaut worden sein. Die Burg spielte im 15. Jahrhundert eine wichtige Rolle, als sie einen festen Stützpunkt in dem Streit der sich befehdenden Mächte bildete. Trotz der mittlerweile in Gebrauch gekommenen Feuerwaffen war Hochrosen immer noch uneinnehmbar, wie ihre vergebliche Umzingelung durch den Ordensmeister im Jahre 1480 beweist [64]. Hochrosen war somit eine der ersten grösseren Vasallenburgen des Erzstifts; die sich später immer mehr zuspitzende Lage brachte noch weitere Wehrbauten von ähnlicher Stärke und zwar wieder in Verbindung mit den obengenannten führenden Vasallengeschlechtern.

Die zweite Vasallenburg älteren Charakters, L o x t e n (Lokstiņa), liegt an der Düna. Loxten ist das Gegenstück zu der am anderen Ufer gelegenen Ordensburg Selburg; so ist es möglich, dass ihr verhältnismässig gleichzeitiges Entstehen mit dem gespannten Verhältnis zwischen der weltlichen und der geistlichen Macht zusammenhängt. Selburg wurde 1373 erbaut, Loxten wird zum ersten Mal in der Mitte des 14. Jahrhunderts erwähnt [65], was ungefähr mit seiner Entstehungszeit zusammenfallen dürfte. Loxten hat man früher irrtümlicherweise mit Gerzike gleichgesetzt, welche Burg in der Vorgeschichte eine wichtige Rolle gespielt hatte [66]. Die Annahme, dass sich auch in Loxten in vorgeschichtlicher Zeit eine Burg befunden habe, wird schon durch die Ortslage nahegelegt, da diese Stelle in günstiger Weise von zwei Seiten durch steile, felsige Flussufer geschützt war; so brauchte man nur noch die Nordostseite durch einen Graben abzuschneiden, um ein äusserst schwer zu eroberndes Burggebiet zu erhalten (Abb. 53).

Die Wehrteile der Burg bestanden nur aus Mauern, wie es bei den älteren Mantelmauerburgen Brauch war. Heute ist von dem Seitenschutz nichts mehr erhalten; ungefähr meterhoch hat sich jedoch die Nordostmauer erhalten, zu deren Bau aus der Düna gebrochener Kalk verwendet wurde, der gleich dicke Steine lieferte und daher eine regelmässige Mauertechnik ermöglichte (Abb. 54). Im Vergleich zu der Holmischen Quadertechnik ist der Unterschied immerhin gross, eher nähert sich diese Technik der von Selburg, wo ebenfalls Dünakalkstein als Baustoff gedient hat.

Die dem Lande zugekehrte Burgseite wurde ausser der Mauer noch durch ein viereckiges brückenkopfartiges Gebäude geschützt, dessen Fundament erhalten ist. Die innerhalb der Mauerlinie gelegenen Bauten sind neu, von den alten sind keine Spuren erhalten; es ist möglich, dass die Gebäude in der Mehrzahl aus Holz

---

[64] Ebendort 65.
[65] W a r t b e r g e 49; BB 79, 290.
[66] K r u s e, Tab. 66, V. In der Ordenszeit tritt Gerzike als Üxküllsche Lehnsburg auf und wird innerhalb des 13. und 14. Jahrhunderts wiederholt als *castrum*, „Burg" und „Schloss" erwähnt (T a u b e I, 101, Anm. 3). Umfangreiche Steinbauten hat Gerzike wohl nicht gehabt, ebenso die zweite in der Nähe gelegene Üxküllsche Burg Dubena, die sich ebenfalls auf eine alte Wallburg gestützt hat.

Abb. 54. Loxten, die Nordostmauer der Burg.

gewesen sind, wie das auch sonst bei den kleineren Burgen der Fall war. Auf dem von Kruse im 19. Jahrhundert angefertigten Grundriss erscheint die Burg als mit Rundtürmen versehen, was aber fraglich ist, zumal da sich bei der Kontrolle anderer vom gleichen Autor angefertigter Pläne grosse Ungenauigkeiten herausgestellt haben.

Zu der bescheideneren Lebenshaltung der Vasallen passte eben die Turm- und Hausburg besser, deren Bau auch die Kräfte geringerer Lehnsleute nicht überstieg. Als Beispiel für frühe Turmburgen im Gebiete des Erzbistums erscheint das schon oben erwähnte L e n n e w a r d e n (Lielvarde) an der Stelle einer vorgeschichtlichen Burg. Auch hier ging der Ausbau in Stein erst Schritt für Schritt vor sich. Der Ausgangspunkt war der Turm, von dem noch jetzt beträchtliche Mauerteile erhalten sind. Er ist aber nicht lange ein selbständiger Verteidigungspunkt gewesen, sondern wurde zu einem länglichen Gebäude erweitert, wie Pläne aus dem 17. Jahrhundert und auch die Mauerfugen bezeugen (Abb. 10). Nach Ausweis der Mauertechnik ist die Erweiterung der Burg recht spät erfolgt, nämlich erst im 14. Jahrhundert. Zu gleicher Zeit wurde auch die Bergseite mit Steinmauern versehen. Bis zur Errichtung der Seitenmauern war der Berg vermutlich durch Holzpalisaden geschützt, wozu sich noch der von dem hohen Dünaufer gebotene gute Naturschutz gesellte. Die durch einen Abschnittgraben abgesonderte Vorburg ist aber offenbar auch noch später bloss mit einer Holzpalisade umgeben geblieben, da dort im 17. Jahrhundert keinerlei Mauern vermerkt sind. Selbst in ihrer endgültig ausgebauten

Gestalt folgt Lennewarden der Form der Frühburg, nur dass der Turm und das um ihn herum errichtete Mauerwerk neue Wehrgrundsätze eingeführt haben. In der Hauptanlage erinnert die Burg stark an Kremon, was auch verständlich ist, da sich beide in erzbischöflichem Gebiet befanden.

Zur Hebung der Wehrkraft der Vasallen wird der Grundsatz der Gruppensiedlung befolgt worden sein, wie die Standorte der Burgen auf erzbischöflichem Gebiet, im Bistum Dorpat und in Nordestland anzunehmen erlauben (vgl. die Burgenkarte). Nahe beieinander liegend bildeten die kleinen Verteidigungspunkte eine gemeinsame Front; aber auch in Friedenszeiten ergaben sich daraus gewisse Vorteile für die Gestaltung des Lebens und die Bewirtschaftung des Landbesitzes. Den Standort solcher Gruppen pflegten ausser strategischen Gründen in erster Linie die Güte des Ackerlandes und die Nähe wichtiger Handelsstrassen zu bestimmen; daneben ist besonders im Spätmittelalter eine Gruppierung nach den einzelnen Geschlechtern wahrzunehmen.

Abb. 55. Gross-Roop, der Hauptturm von Nordwesten gesehen.

Dieser Anordnungsgrundsatz wird durch die zahlreichen Vasallenburgen im sog. livischen Teile des Erzbistums in der Umgebung der Hauptburg Lemsal erwiesen. Eine Handhabe für die Beurteilung der Entwicklung der Turmburgen liefert dort in erster Linie G r o s s - R o o p (Lielstraupe). Gross-Roop hat einem der bedeutendsten Vasallengeschlechter des Erzbistums, den Rosen, gehört [67], in deren Besitz sich die Burg bereits um die Mitte des 14. Jahrhunderts befindet. Die Stadt Roop hat als Hakelwerk schon im 13. Jahrhundert bestanden, so dass vielleicht auch die Entstehung der Burg in diese Zeit zurückreichen dürfte. Die Burg liegt an einer erhöhten Stelle an einem Flussarm der Aa, der es ermöglichte, den Wasserschutz sowohl für die Burg als auch für das Wehrsystem

---

[67] L ö w i s of M e n a r, Burgenlexikon 104.

der Stadt nutzbar zu machen. Vermutlich ist das bis heute erhaltene Hauptgebäude der Burg in der zweiten Hälfte des 14. Jahrhunderts entstanden; es ist ein massiver viereckiger Turm mit einem Grundriss von 9 × 9,45 m, eingeteilt in vier Stockwerke (Abb. 55). Die im Oberteil erhaltenen Gewölbe und die architektonischen Einzelheiten bestätigen die angesetzte Datierung. Der anfangs selbständig gebauten Turmburg wurden später Nebengebäude angegliedert, die im Westteil einen 9 m breiten Flügel bildeten. In den später umgebauten Wohnräumen ist eine Kaminnische erhalten, die mit ihrem runden Bogen und ihrer Profilierung in das 15. Jahrhundert gehören dürfte und nicht etwa in die Zeit der romanischen Kunst, wie ältere Forscher angenommen haben [68]. Zur selben Zeit wurde die neben der Burg befindliche Kirche erbaut, die dem Wehrsystem als Festungskirche angeschlossen wurde. Als Vorbild dienten die älteren Gotteshäuser des Landes mit ihren hochgesetzten Fenstern und den darunterliegenden Wehrgängen [69]. Die übrigen Gebäudeteile stammen aus dem Anfang des 18. Jahrhunderts, wo in der Burg ein umfassender Umbau vorgenommen wurde. Bei den Restaurierungsarbeiten des verflossenen Jahrhunderts ist in der Ostecke eine Schutzmauer gebaut worden; wahrscheinlich ist dieser Teil auch im Mittelalter von Mauern umgeben gewesen, um die Burg mit dem Wehrsystem der ganzen Stadt zu verbinden.

Ein Kilometer nördlich von Gross-Roop befand sich das ebenfalls den Rosen gehörende K l e i n - R o o p (Mazstraupe), das im Jahre 1408 als „luttike hove by Rope" bezeichnet wird [70]. Auch dort bildete der Turm den Hauptpunkt der Burg, der aber zugleich auch als Torturm diente: in dem unteren Stockwerk war das Gebäude mit einem grossen Tor versehen, dessen sorgfältig behauener Bogen aus der Zeit um 1400 stammen dürfte (Abb. 56). Das obere Stockwerk des Turmes war zum Wohnraum für unruhige Zeiten bestimmt, die gewöhnlichen Wohnräume und die Wirtschaftsgebäude befanden sich auf einem mit einer Steinmauer umgebenen Hof. Auch anderswo in Alt-Livland hat sich dieser Turmtyp zur gleichen Zeit verbreitet. Als unmittelbare Vorbilder haben hier die mächtigen Ortürme der Städte gedient, wie man sie in der zweiten Hälfte des 14. Jahrhunderts zu bauen angefangen hat. Der im Jahre 1380 in Reval errichtete Torturm am Langen Domberge ist ein gutes Vergleichsbeispiel für Klein-Roop, doch konnte man ähnliche Türme auch in dem damaligen Festungssystem von Riga und in anderen Städten des lettländischen Gebiets finden. Der Turm von

---

[68] B o c k s l a f f 134; P i r a n g I, 16.
[69] T u u l s e, Wehrkirchen 178 ff.
[70] UB VI, 2975; BB 167.

Abb. 56. Klein-Roop, der Torturm. Nach einer alten Aufnahme.

Klein-Roop hatte sich verhältnismässig gut bis 1938 erhalten, in welchem Jahre er abgetragen wurde.

Ein Beispiel für die Turmburgen dieser Periode auf dem südlichen erzbischöflichen Gebiet ist E r l a a (Erģli), das den Tiesenhausen gehört hat. Die Burg liegt auf dem rechten Ufer des Oger-Flusses, etwas nördlich von der auf dem linken Ufer desselben Flusses liegenden erzbischöflichen Burg Baltow. Als Vollendungszeit der letzteren kann man die zweite Hälfte des 14. Jahrhunderts annehmen [71]; um diese Zeit ist auch Erlaa errichtet worden. Noch heute sind die Mauern des grossen Ziegelturms erhalten, dem sich ein viereckiger, mit einer Mauer umgebener Burghof mit den Wirt-

---

[71] W a r t b e r g e 49.

Abb. 57. Erlaa, die Burgruine.

schaftsräumen anschloss (Abb. 57). Der in solider Ziegeltechnik erbaute Turm folgt den livländischen Bautraditionen des Ausgangs des 14. Jahrhunderts; auch die Urkunden weisen in dieselbe Bauzeit: es ist bekannt, das schon Engelbrecht Tiesenhausen mit dem Bau der Burg begonnen und sein Sohn Johann im Jahre 1397 die Arbeiten fortgesetzt hat [72]. Verglichen mit den obenerwähnten Türmen ist dieser Bau breiter; seine Masse nähern sich denen des Turms, den der Orden am Ende des 14. Jahrhunderts in Ludsen errichtet hat. Der Turm von Erlaa ist im 15. Jahrhundert im oberen Teil vervollständigt worden; aus dieser Zeit stammen auch die runden Blendnischen und die für Feuerwaffen bestimmten Schlüssellochscharten.

Besonders beliebt war die Turmburg bei den harrisch-wierischen Vasallen und auch auf dem bischöflichen Gebiet von Wiek. In Nordestland hatten die Vasallen besonders unter dem grossen Aufstande der Esten im Jahre 1343 zu leiden gehabt, da alle Güter eingeäschert wurden; das führte mit Notwendigkeit dazu, dass bald nach der Beruhigung des Landes an die Errichtung von Steingebäuden gedacht worden ist. Aber das Land war erschöpft, die Vasal-

---

[72] Gernet, Forschungen II, 84; vgl. auch Tiesenhausen, Anm. 29.

Abb. 58. Kyda, die Turmburg.

len verarmt, so dass der Umfang der Festungen auf ein Mindestmass beschränkt werden musste. Und wenn auch einzelne Geschlechter, z. B. die Üxküll in Wiek, wohlhabend waren, so bestand doch kein Anlass, hier so grosse Zwingburgen zu bauen wie etwa im spannungsreichen Gebiet des Erzstifts. Eben dort lag auch das Herz und die Hauptmacht der führenden Vasallengeschlechter. So entstanden in Nordestland nur bescheidenere Turmburgen, die hauptsächlich zur Abwehr kleinerer Überrumpelungen dienen sollten. Bei regelrechten Umzingelungen konnten sie freilich nicht lange standhalten.

In Harrien ist K y d a (Kiiu) ein typischer Vertreter der damals erbauten Kleinburgen. Der Ort wird in den Urkunden schon im 13. Jahrhundert genannt, im Jahre 1348 wird dort eine „villa", später ein „Hof" erwähnt [73]. Der kleine Rundturm an der Landstrasse Reval-Narwa ist noch verhältnismässig gut erhalten (Abb. 58);

---

[73] J o h a n s e n, Estlandliste 389, 434.

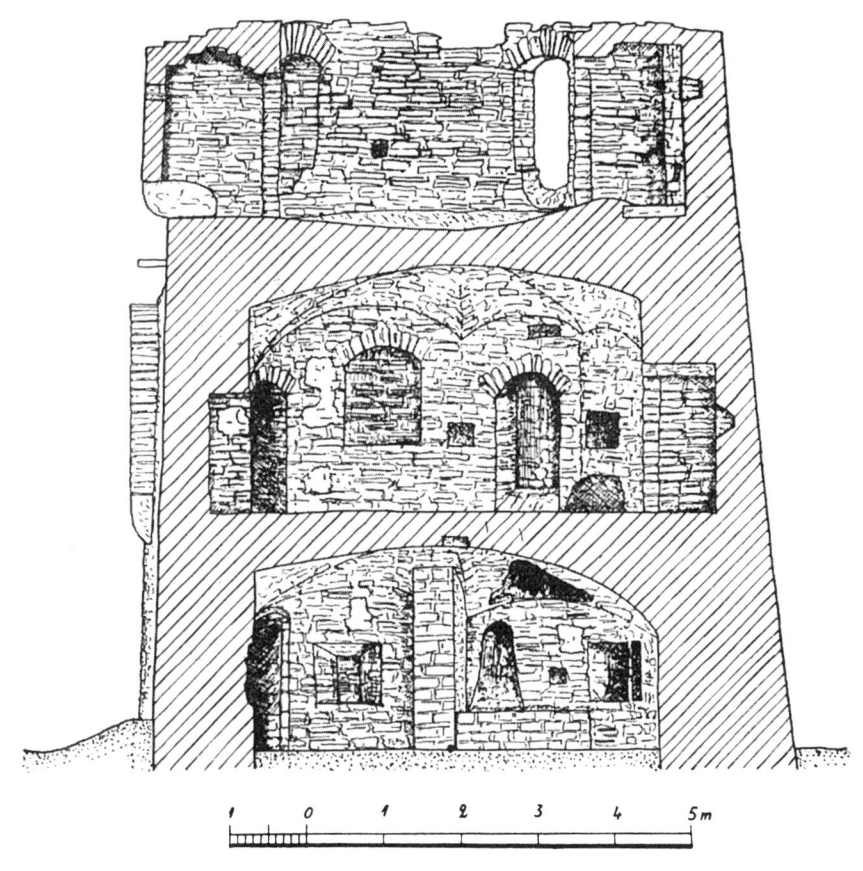

Abb. 59. Kyda, Turmdurchschnitt.

nach einer Zeichnung von Brotze war das Gebäude zu Beginn des vorigen Jahrhunderts noch mit einem malerischen Dach bedeckt [74]. Von den Innenräumen sind zwei mit Gratgewölben gedeckte Stockwerke erhalten und ein Teil des oberen Raumes, der mit einer Balkendecke versehen war (Abb. 59). In neuerer Zeit ist der Turm als Schmiede benutzt worden und im unteren Stock eine Esse eingebaut. Auch im Mittelalter ist der Turm heizbar gewesen, worauf Kaminröhren hinweisen; seine Verwendung als Wohnturm erweisen ferner die zwei erkerartigen Dansker und der Verzicht auf einen hochgestellten Eingang. Von Anfang an hat sich die Tür an der gleichen Stelle wie jetzt befunden, nur ist sie später stark umgebaut worden. Die Burg vertritt ihrer Konstruktion und ihren Massen

---

[74] Brotze X, 32 (RPCB).

Abb. 60. Wack, die Turmburg.

nach im allgemeinen den Typ eines festen Hauses. Auf Grund der Gewölbe, der Fensterbogen und anderer architektonischer Details kann man die Errichtung des Turmes auf das Ende des 14. Jahrhunderts ansetzen, somit auf eine Zeit, wo sich das Land einigermassen von dem grossen Aufstande erholt hatte und wo durch die Jungingensche Gnade die politische Kraft der harrisch-wierischen Ritterschaft in hohem Masse gewachsen war [75].

Der zweite Turm gleichen Charakters, W a c k (Vao), steht in Wierland. Dieser aus Muschelkalkstein erbaute Turm ist in vier Stockwerke geteilt, die gut erhalten sind (Abb. 60 und 61). Auch hier war das Gebäude zum Wohnen berechnet, wie der Eingang zu ebner Erde sowie der Dansker, die Kamine und die Wasserausgussrinne im dritten Stock beweisen. Das mit einem ·Mittelpfeiler versehene Kellergeschoss war durch eine Mauertreppe mit den obe-

---

[75] G e r n e t, Forschungen I, 51, 86.

Abb. 61. Wack, Turmdurchschnitt.

ren Stockwerken verbunden, von denen die Wehretage an jeder Seite drei Fenster hatte. Vom Wehrsystem gänzlich abgesondert war das mit Gratgewölben bedeckte und mit grossen Fenstern versehene Hauptstockwerk, in das man geradewegs von draussen hineingelangen konnte und das in Friedenszeiten vermutlich als Wohnraum gedient hat. Die Entstehungszeit des Turmes kommt der von Kyda nahe, zu einer genaueren Datierung verhilft ein Vergleich mit der Kirche zu Klein-Marien (Väike-Maarja), wo man an den Pfeilern genau die gleichen Kapitelle und Basenformen antrifft wie im Keller von Wack (Abb. 62). Die Kirche von Klein-Marien ist in den siebziger Jahren des 14. Jahrhunderts erbaut worden [76], zu welcher Zeit wahrscheinlich von den gleichen Meistern auch der Turm von Wack errichtet worden ist. Sowohl in Alt-Livland als auch in anderen Ländern war es eine häufige Erscheinung, dass die in der Nähe von Burgen gegründeten Kirchen von denselben Meistern errichtet wurden oder umgekehrt; das war eben eine praktische Lösung bei der Einteilung des Arbeitsganges und bei der Verwendung erfahrener Meister.

Drei Kilometer südlich von Wack liegt die Vasallenburg A s s (Kiltsi), deren Formen in das 15. Jahrhundert weisen. In der Ordenszeit gehörte das Gut der aus Hessen stammenden Familie Gilsen (Gilsa), woran bis heute der estnische Ortsname erinnert [77]. Da der älteste Lehnsbrief aus dem Jahre 1383 stammt, so wird man annehmen können, dass dort ungefähr um dieselbe Zeit ein befestigter Bau angelegt worden ist, der dann später, wie sich weiter unter herausstellen wird, den neuen Anforderungen entsprechend ergänzt worden ist.

Abb. 62. Wack, Kellerraum.

Ruinen sind ferner von der Vasallenburg E t z (Edise) — arx Taubiorum haereditaria — erhalten [78]. Der kleine Turm hatte eine Seitenlänge von 5 m, und die Räume seiner drei Stockwerke sind mit einer Holzdecke gedeckt gewesen. Im Mauerwerk ist noch ein Teil vom Portal erhalten, wobei die schlichten, strengen Formen an die Portalarchitektur Revals im 15. Jahrhundert erinnern; auch die erhaltenen Schiessscharten und Fensterformen legen es nahe, die Gründung von Etz in diese Zeit zu verlegen. Dem Turm hat sich ein grösserer Hof mit Nebengebäuden angeschlossen, der entweder von einer schwächeren Mauer oder einer Holzpalisade umgeben gewesen ist. Von der Anlage waren wichtige Teile noch zu Anfang

---

[76] Vgl. K a r l i n g, Gotland 92; über die Familie von Wacke siehe J o h a n s e n, Estlandliste 920 ff, auch T a u b e I, 97 ff.
[77] P i r a n g I, 60; G i l s a 143 ff.
[78] B u n g e, Archiv VI, 144.

des 19. Jahrhunderts erhalten, aus welcher Zeit der Plan von
C. Faehlmann stammt [79]. Als grössere Vasallenburg stellte Etz einen
wichtigen Verteidigungspunkt dar, dem sich die in der Nähe befindliche Festungskirche zu Jewe (Jõhvi) und im Norden noch eine
andere Vasallenburg dieser Gruppe, T ü r p s a l (Järve), anschloss.
Auch dies war ein turmartiger Bau, dessen von dem späteren Gebäude umschlossenes Erdgeschoss noch heute erhalten ist. Der
Raum ist mit Gratgewölben versehen, die den Gewölbeformen des
15. Jahrhunderts verwandt sind [80].

Die befestigte Kirche zu Jewe nebst den Türmen von Türpsal
und Etz bildeten als die östlichsten Festungen des Binnenlandes
einen Riegel auf der wichtigen Kriegs- und Handelsstrasse, die von
Westen nach Osten führte [81]. Als der Russisch-Livländische Krieg
ausbrach, mussten diese Verteidigungspunkte als erste mit den
feindlichen Truppen in Berührung kommen, besonders Etz und die
Kirche zu Jewe. Beide wurden 1558 von den Russen umzingelt, wobei sich das Schloss ohne Widerstand ergab, die befestigte Kirche
jedoch erfolgreich der Umzingelung standhielt [82].

Zu den östlichen Kleinburgen gesellt sich an der Nordküste
P ö d d e s (Kalvi), das urkundlich erstmalig im Jahre 1485 als „slot
huss unde hoff te Podwess" erwähnt wird [83]. An dieser Stelle ist
später das Gutshaus errichtet worden, das sich in seinem Grundriss
einer Klausur nähert. Wichtige Teile dieses Gebäudes stammen aus
dem Ende des 18. und dem Beginn des 19. Jahrhunderts; bei diesem
Neubau ist das ältere Mauerwerk grösstenteils vernichtet worden [84].

Zu den Turmburgen in Wierland liefert auch die Wiek ihren
Beitrag, nämlich F i c k e l (Vigala). Urkundlich wird diese den
Üxküll gehörende Burg (Haus) erst in der Mitte des 15. Jahrhun-

---

[79] MP II, 7 (RPCB).

[80] Der Hof von Türpsal wird im Jahre 1497 erwähnt (J o h a n s e n, Estlandliste 625); die Wehrkirche Jewe weist deutlich in das Ende des 15. Jahrhunderts, was auch die Gründungszeit der in der Nähe liegenden Turmburgen sein könnte. Hier sei an die sehr bekannte Sage von den beiden Brüdern erinnert, die den Bau der Kirche unternahmen, ursprünglich aber ein Schloss hatten bauen wollen (J o h a n s e n, Estlandliste 210).

[81] Johansen hat vermutet, das auch die Kirche von Luggenhusen (Lüganuse) als Wehrkirche zu dieser Gruppe gehört habe (J o h a n s e n, Estlandliste 210). Diese Vermutung ist zutreffend, obwohl dort die Wehrdetails nicht so klar in die Augen fallen wie in Jewe und in den anderen estländischen Wehrkirchen.

[82] R e n n e r 166.

[83] Brieflade I, 1374; L ö w i s o f M e n a r, Estlands Burgen 155.

[84] Dass die Anlage als solche in ihren Grundzügen in die Ordenszeit zurückreicht, das bestätigt ausser dem teilweise erhaltenen Mauerwerk auch die von Hupel vor der Errichtung des gegenwärtigen Gebäudes gebotene Schilderung. Besonders wird dort der klausurmässige Grundriss betont, der wahrscheinlich erst im 17. Jahrhundert bebaut worden ist (H u p e l III, 477).

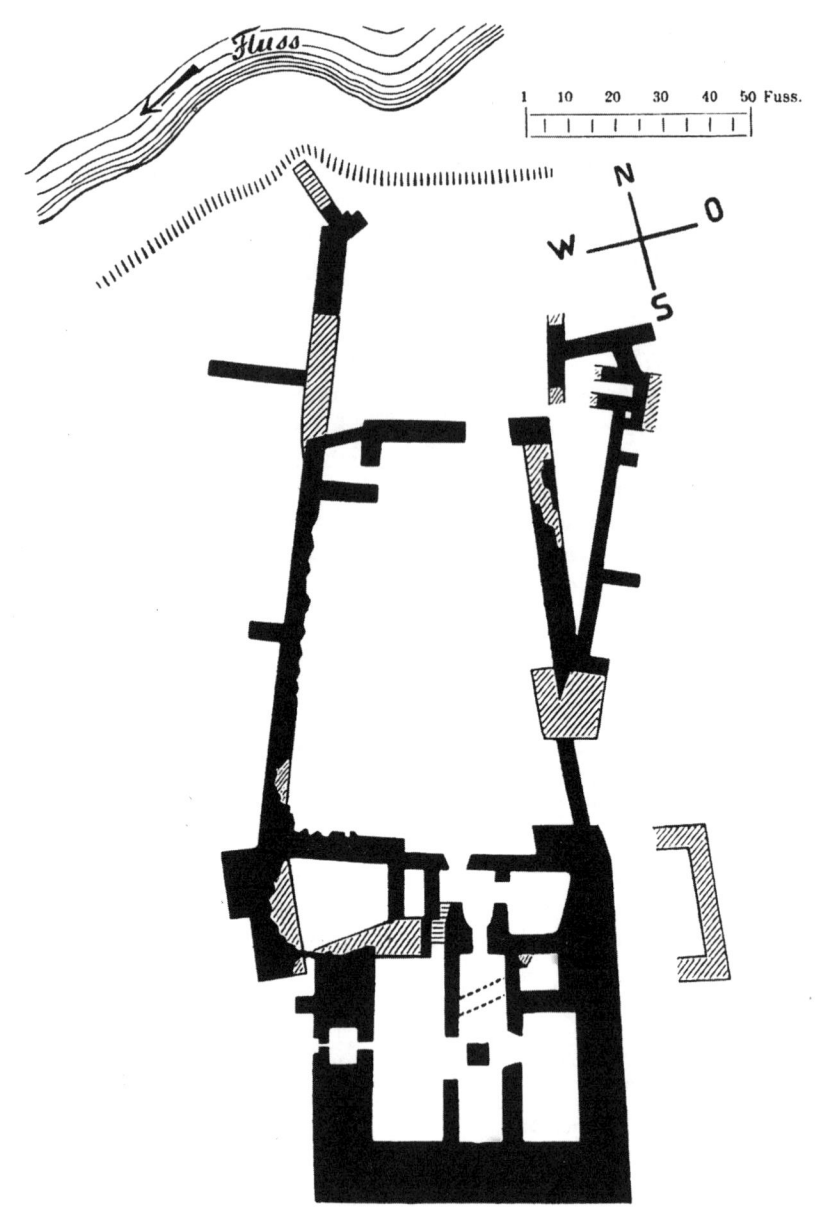

Abb. 63. Fickel, Grundriss. Nach Hansen.

derts erwähnt [85], vermutlich ist sie aber bereits in der ersten Hälfte des Jahrhunderts oder sogar etwas früher entstanden [86]. Den Kern

---

[85] Hansen 231 ff.
[86] Vgl. Taube I, 19 ff.

der Burg bildete ein grosser, massiver viereckiger Turm, dessen unterer Raum mit einem Mittelpfeiler versehen war, wie das auch in Wack und Peude der Fall war (Abb. 63). Die in den Raum eingebauten dünnen Wände stammen erst aus einer späteren Zeit. Im Norden schloss sich dem Turm eine Vorburg an, wo bis zum Ende des Mittelalters verschiedene Nebengebäude eingebaut worden sind. Ein grosser Teil von ihnen war aus Holz und wurde in den Jahren 1560 und 1581 von den Russen verbrannt [87].

Mit Fickel bilden die Vasallenburgen Felx und Kasty in Ost-Wiek eine gemeinsame Gruppe. Die den Üxküll gehörende Burg F e l x (Velise) lag an einer höheren Stelle, wo das niedrigere Gebiet ringsumher und der zum Kilgi-Fluss anwachsende Bach guten Wasserschutz lieferten. Die Lage des Wallgrabens ist noch jetzt leicht festzustellen. In den Ruinen des Gutshauses sind von der einstigen Burg Reste des Tonnengewölbes und des Fundaments erhalten, die aber den Grundriss der Burg nicht genau bestimmen lassen. Ebenso ist infolge späterer Umbauten die dritte den Üxküll gehörende Burg K a s t y (Kasti) zerstört worden, von der in den Kellerräumen des heutigen Gutsgebäudes nur ein Teil des alten Mauerwerks erhalten ist; vielleicht handelt es sich auch hier um die Reste einer Turmburg. Dieser schloss sich aber eine weitreichende Anlage mit Nebengebäuden an, von denen im Jahre 1529 ausser dem „Thorn" noch „Vorburg", „Stock" und „Reuenter" erwähnt werden [88].

Bei den behandelten Üxküllschen Kleinburgen tritt die Gruppierung der Wehrbauten nach den Vasallenfamilien besonders klar zutage. Obwohl die Lehnsmänner nicht selten im eigenen Interesse eine ordensfreundliche Stellung einnahmen, hat der bischöfliche Lehnsherr seine Vasallen doch an die gefährdete Ordensgrenze gestellt.

Neben den Turmburgen kamen zu gleicher Zeit auf dem nördlichen Gebiet auch Festungen auf, die sich nach ihrem Grundplan den Hausburgen näherten. Von diesen ist A n g e r n (Angerja) in Harrien als Ruine erhalten. Zu Anfang des 15. Jahrhunderts besass Bernd Kudesel den Hof Angern; 1451—1455 gehörte dieser dem Deutschen Orden, der ihn 1455 an Brun Wetberg weiterverkaufte [89]. An einer höheren Stelle des Bachufers sind umfangreiche Kalksteinmauern erhalten, die einen länglichen turmartigen Bau bil-

---

[87] Renner 331.
[88] L ö w i s o f M e n a r, Estlands Burgen 149.
[89] J o h a n s e n, Estlandliste 315; B u s s e, Angern 82.

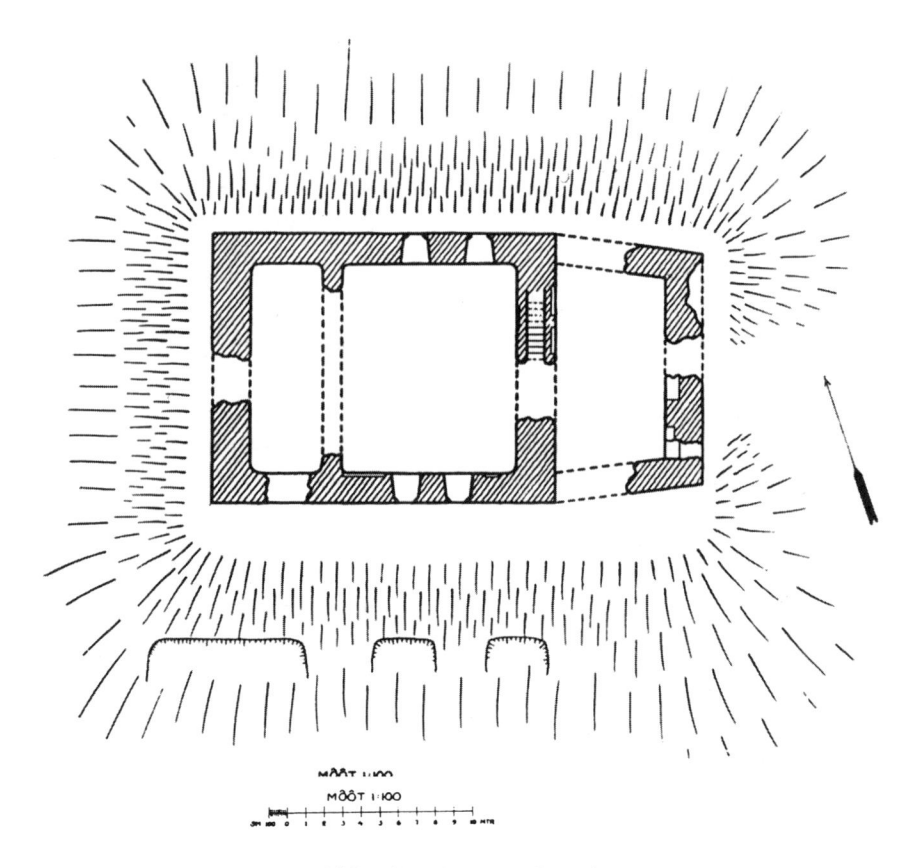

Abb. 64. Angern, Grundriss.

den, der in zwei Räume eingeteilt ist (Abb. 64). In späterer Zeit ist dem Hauptgebäude im Osten ein vorhofartiger Bau angefügt worden. Nach den Mauern zu urteilen, hat das Gebäude zwei Stockwerke und ein Kellergeschoss gehabt. Die Gewölbe sind zerfallen; die Fensterprofile des Hauptraumes und eine an der zum oberen Stockwerk führenden Treppe befindliche Schiessscharte beweisen, dass bei der Gründung der Festung die Feuerwaffen noch nicht ausschlaggebend waren; somit dürfte die Bauzeit von Angern in die Jahrzehnte um 1400 fallen. Ausser dem Hauptgebäude sind keine Spuren von anderen Steingebäuden zu entdecken, ausser einer in der Nähe befindlichen Mühle, die im Jahre 1424 urkundlich erwähnt wird [90].

Solche und kleinere befestigte Bauten gab es zweifellos in grosser Zahl sowohl im Norden als auch im Süden des Landes, und dieser Typ hat mit kleinen Abänderungen auch zur Zeit der Feuer-

---

[90] Brieflade I, 141.

Abb. 65. Annenburg, Zeichnung von S t o r n o aus dem Jahre 1661 in Meyerbergs Reisebeschreibung.

waffen weiterbestanden. Ein grosser Teil der kleineren Turmburgen ist jedoch spurlos verschwunden, so z. B. ein in der Nähe von Hapsal befindlich gewesener Turm, der urkundlich im Jahre 1462 erwähnt wird [91]. Auch Hupel weist auf mehrere kleinere Ruinen, die sog. Klosterstätten, hin, die noch gegen Ende des 18. Jahrhunderts sichtbar gewesen sind. Die beachtenswerteste unter ihnen ist L i m m a t (Lümandu) in der Wiek, die mit den südlicher gelegenen Wehrbauten von Fickel, Felx und Kasty eine gemeinsame Gruppe bildete [92]. Auf lettischem Gebiet könnte S t e n d e n (Stenda) in diese Periode gehören, wo noch heute ein Gebäude mit dicken Mauern erhalten ist [93]. Ein anschauliches Bild von der Anordnung der Nebengebäude bei den kleinen Turm- und Hausburgen gibt eine Zeichnung von Storno aus dem 17. Jahrhundert, auf der die in Kurland gelegene A n n e n b u r g (Emburga) dargestellt ist (Abb. 65). Die einzelnen Stein- und Holzbauten bilden dort keine geschlossene Gruppe, sondern sind in malerischer Regellosigkeit angeordnet, was besonders der frühen Periode eigen war.

Es ist auch wahrscheinlich, dass schon im 13. und 14. Jahrhundert neben den Kirchen bei den Pastoraten Gebäude in der Art befestigter Häuser entstanden sind, die meisten von ihnen sind je-

---

[91] UB XII, 173.
[92] H u p e l II, Nachtr. 25; vgl. auch U n g e r n - S t e r n b e r g, Revision I, 131; Akten und Rezesse III, 241. Die Erforschung dieser fraglichen Kleinburgen muss der Zukunft vorbehalten bleiben, wo durch Ausgrabungen sicherlich wesentliche Beiträge besonders zur Lösung der Fragen der altlivländischen Vasallensiedlung geliefert werden können.
[93] L ö w i s o f M e n a r, Burgenlexikon 115.

doch erst in der folgenden Periode aufgekommen, in der auch die alten Gebäude den neuen Ansprüchen gemäss umgebaut wurden. Und schliesslich erlaubt das spätere Material anzunehmen, dass sich auch wohlhabendere Bauern sogar schon vor der Zeit der Feuerwaffen befestigte Bauten angelegt haben, deren Umfang und Festigkeit sich nach den jeweiligen wirtschaftlichen Möglichkeiten und den geltenden Gesetzen gestalteten, die den Bau grösserer Wehrbauten beschränkten. Aus diesen beiden Gründen dürfte es sich nur um Einzelfälle gehandelt haben, meist haben auch jetzt noch bis zum Ende des Mittelalters die alten Burgberge in unruhigen Zeiten als Schutzorte gedient, wo sie nicht bereits durch Steinfestungen ersetzt worden waren.

B. Das Konventshaus.

a. Ordensburgen.

Gleichzeitig mit der Verbreitung naturgebundener und auf Zentralverteidigung beruhender Burgen vollzog sich die Entwicklung des strengen Kastelltyps. Schon unter Meinhard war dieser Typ mit der Burg von Holme ins Land gekommen, und es hing nunmehr von den Zeitumständen und von der inneren Verfassung des Ordens ab, wie weit sich diese Bauweise verbreiten und wie sich die weitere Entwicklung gestalten sollte. Wie sich aus dem betrachteten Material ergibt, war die Eroberungszeit der Verbreitung der regelmässigen Anlage nicht günstig gewesen, weshalb diese auch zunächst beiseite gelassen wurde. Aber im letzten Viertel des 13. Jahrhunderts wurde das Kastell wieder üblich und bildete verschiedene Sondertypen aus, unter denen das Konventshaus in den Ordensgebieten die zentrale und führende Stelle einnimmt.

Die Eigenart der Konventshäuser (*domus conventuales*) ergibt sich unmittelbar aus der sozialen Struktur des Ordens. Die Rittergemeinschaften, die Ordenskonvente, bestanden gewöhnlich aus zwölf Ordensbrüdern, die nach der strengen Ordensregel unter Führung eines Komturs ein Gemeinschaftsleben führten [1]. Später wuchs die Zahl der Konventsmitglieder, die Verfassung aber blieb dieselbe. Sie war das Rückgrat der Organisation des Ordens, die Verwaltung erfolgte in erster Linie durch die Komture, denen die einzelnen Landbezirke, die sog. Komtureien, unterstellt waren. Als zentrale, militärisch bedeutsame Burgen wurden die Komtursitze verhältnismässig schnell und zwar als geräumige Anlagen ausgebaut, was sich auch in der Gestaltung des Typs auswirkte. Noch

---

[1] Dragendorff 55.

mehr aber sprach hierbei die erwähnte Verfassung mit: die Ordensbrüder brauchten für ihr Gemeinschaftsleben grosse Räume, — eine Kapelle, einen Kapitelsaal, ein Dormitorium und einen Remter, womit eine unmittelbare Verwandtschaft mit der Klosterarchitektur gegeben war. Saalbauten lassen sich am besten im Viereck anordnen, so dass jedes Gebäude je eine Seite des Kastells einnimmt, wodurch eine streng geschlossene, klausurartige Bauplanung entsteht [2]. Von den grossen Burgen ausgehend, erlangte dieser Typ bald eine derartige Beliebtheit, dass man ihn auch bei solchen Bauten befolgte, die nicht zum Sitz eines Ordenskonvents bestimmt waren; ausschlaggebend war zunächst nur die militärische Bedeutung des Schlosses im Wehrsystem des Landes und der sich daraus ergebende Grad der Befestigungsstärke.

In beiden Ordensländern hat der Grundriss des Konventshauses und die Gestaltung seiner Innenräume eine lange Entwicklung durchgemacht. Im Gebiete von Alt-Livland setzt die Entwicklung dieses führenden Typs mit dem Zeitalter ein, in dem die Bautätigkeit einen besonderen Aufschwung nahm. In den sechziger Jahren des 13. Jahrhunderts, nach der Schlacht bei Durben und den darauf folgenden inneren Unruhen, begann man überall, mit grosser Sorgfalt die Befestigung des Landes zu organisieren. Ein grosser Teil der bisherigen Holzburgen wurde in Stein ausgebaut, und in den vereinzelten älteren Steinburgen wurden Umbauten vorgenommen. Bei der Errichtung naturgebundener Burgen sowohl als auch von Konventshäusern stand der eigentliche Träger der Landesverteidigung, der Deutsche Orden, an der Spitze.

Die Frühentwicklung.

Die Anfänge des neuen Typs kann man zuerst an der Burg von S e g e w o l d (Sigulda) feststellen, da der Orden hier an diesem hochbedeutenden Zentrum bald nach der Festigung der Lage grosse Umbauten vorgenommen hat. Teilweise wurde für den Grundriss das frühere, noch aus der Zeit der Schwertbrüder stammende Kastell bestimmend, das aber wegen seiner geringen Masse den neuen Anforderungen nicht mehr entsprach und erweitert werden musste (Abb. 15). Die Aussenmauer des Kastells bestimmte den Umfang des neuen Burghofes in seinen Grundzügen, rings um diesen Bezirk herum wurden die Gebäude angeordnet. Am besten lässt sich diese Erweiterung an der Südwestseite der Burg verfolgen, wo im Hauptgeschoss die Kapelle eingebaut wurde. An die Kapelle grenzte im Westen ein kleiner viereckiger Raum. Auch der Nord-

---

[2] C l a s e n, Burgbauten 13 ff.

Abb. 66. Segewold, die Burgruine von Süden gesehen. Nach einer Zeichnung von Ungern-Sternberg aus dem Jahre 1810 (ELG).

westflügel wurde in seiner geradlinigen Form durch einen grossen Gemeinschaftsraum bestimmt; an den anderen Seiten dagegen musste man, um eine grössere Festigkeit der Anlage zu erreichen, der steilen Böschungslinie des Bergabhanges folgen. So entsprach das neue Gebäude zwar nicht ganz den Regeln, aber die Anwendung der neuen Grundsätze ist immerhin deutlich genug wahrzunehmen. Der Hauptkörper wurde allmählich durch ein System von Vorwerken gesichert, das wie immer in seinen Formen konservativer war und der Bodengestalt folgte. Um die ausgedehnten wirtschaftlichen Bedürfnisse des Ordens zu befriedigen und die Burg an ihrer schwachen Seite zu sichern, wurde vor dem Abschnittgraben noch ein zweiter grösserer Vorhof angelegt, wo Nebengebäude, Ställe und Magazine, untergebracht wurden. Die Endphase der Bauarbeiten wurde um 1400 erreicht; aus dieser Zeit stammt der grosse viereckige Torturm, durch den die Verbindung zwischen der Hauptburg und der grossen Vorburg hergestellt wurde (Abb. 66).

Aus der frühen Periode der Burg sind an den Ruinen der Kapelle nur noch Einzelheiten erhalten. Darunter sind die Gewölbekonsolen und Gurtbogenteile mit ihren schweren, abgerundeten, schlichten Formen charakteristisch für die Architektur des Landes im letzten Drittel des 13. Jahrhunderts (Abb. 67, links). Die Kapelle ist dreijochig, ihr Grundriss erweitert sich etwas in ihrem westlichen Teile. An dem Mauerwerk des westlich von der Kapelle

Abb. 67. L i n k s : Segewold, Gewölbekonsole.
R e c h t s : Wenden, Gewölbekonsole.

gelegenen Raumes sind ebenfalls Gewölbeansätze erhalten, die nach zisterziensischer Bauweise abgekragt sind, wie auch die schlichte, strenge Formensprache auf die Eigentümlichkeiten eben dieses Baustiles hinweist. An der Südwand der Kapelle sind Fensteröffnungen erhalten, deren schlanke, schmale Gestalt an die Bautraditionen der Frühgotik erinnert. Wie meistens in den Schlössern, so wurden im Spätmittelalter auch in Segewold am Hauptgebäude und an der Vorburg die Mauern erhöht. In diesem Zusammenhang wurde den neuen Anforderungen entsprechend die Kapelle im Osten mit einem grossen Fenster und die Mauer darüber mit einer kreuzförmigen Blendnische versehen. Als Material dienten neben Bruch- und Natursteinen auch Ziegel; diese Bauweise gehört ebenfalls zu den Stileigentümlichkeiten jenes Zeitalters.

Bald nach 1237 und auch noch später wurden Ergänzungsbauten an der zweiten bedeutenderen Ordensburg, W e n d e n (Cēsis), vorgenommen, die der erste Landmeister Hermann Balk zu seinem Sitz gewählt hatte. Wieviel von der ehemaligen Anlage der Schwertbrüder in jener Zeit umgebaut worden ist, ist selbst vermutungsweise nur schwer festzustellen, da die spätgotische Bauperiode von

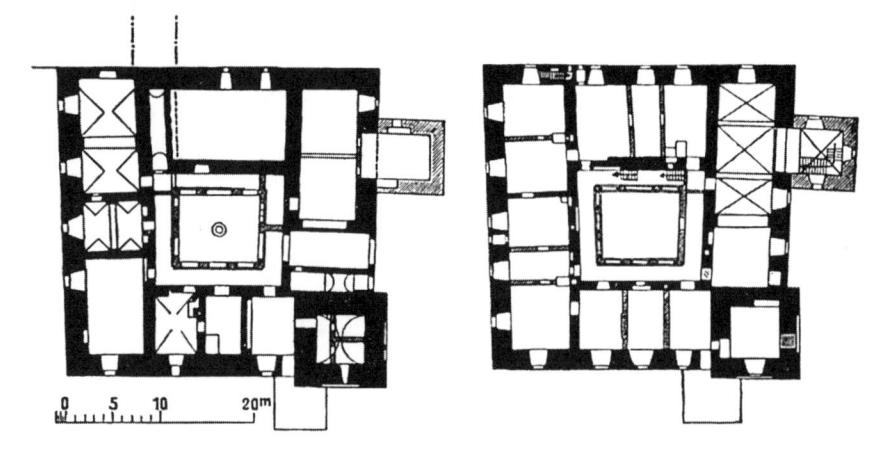

Abb. 68. Windau, Grundriss des Kellers und des ersten Stockwerks. Nach S c h m i d.

den älteren Teilen nur das Mauerwerk der Kapelle erhalten hat. Ein Teil von diesem geht auf die Zeit der Schwertbrüder zurück, aber die erhaltenen Ansätze des Gewölbesystems beweisen, dass die Kapelle erst zur Zeit des Deutschen Ordens endgültig fertig geworden ist (Abb. 67, rechts). Sie steht in ihrem Grundriss der Kapelle von Segewold nahe, mit der sie sogar die Unregelmässigkeit im Grundriss gemeinsam hat, nur dass sich hier der Raum nicht im westlichen, sondern im östlichen Teil erweitert (Abb. 118). Die Gewölbe sind in drei Joche eingeteilt und mit massig ausladenden Gurtbogen und Wulstrippen versehen. Diesem Rippensystem entspricht genau die Gewölbegestaltung des Kapitelsaals und des Kreuzganges in der Rigaer Domkirche, den Konsolen aber fehlt das Ornament; sie führen mit ihrer geometrischen Schlichtheit unmittelbar auf die zurückhaltende Formgebung der Zisterzienser zurück, auf die vor allem der der Gestaltung der Details zugrundeliegende Grundsatz: für jeden Bogen sein eigner Träger, hinweist. Der hier am Werk gewesene Meister hat die Möglichkeiten der Hausteintechnik stilrein ausgenutzt.

Eins der ersten in strengem Stile durchgeführten Konventshäuser in Alt-Livland ist W i n d a u (Ventspils), zugleich eins der bis heute am besten erhaltenen Schlösser auf lettländischem Gebiet. Der Orden hatte diesen Teil von Kurland schon 1253 in Besitz genommen, aber erst am Ende des Jahrhunderts entstand hier eine Burg, die die Aufgabe hatte, den guten Hafenplatz an der Mündung der Windau in die Ostsee zu schützen. Der Komtur von Windau wurde im Jahre 1290 Goldingen unterstellt, was mit dem Zeitpunkt der Vollendung der Burg zusammenfällt [3]. Trotz mehrerer Umbauten

---

[3] S c h m i d 229.

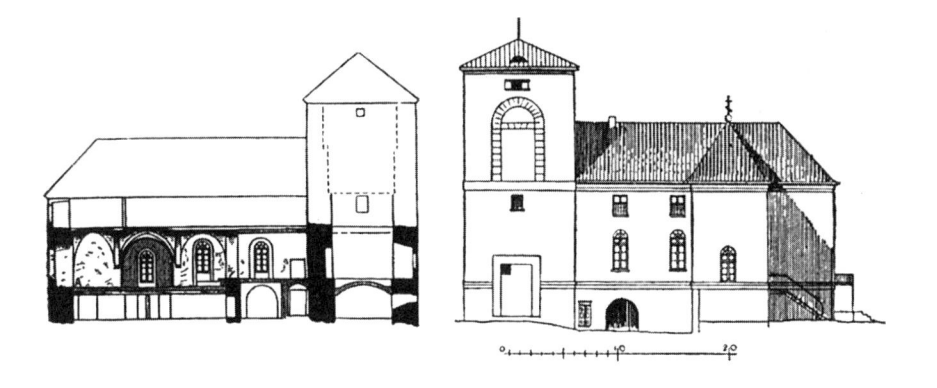

Abb. 69. Windau, Längsschnitt durch den Ostflügel und Ostansicht. Nach Schmid.

ist die Gestalt der alten Burg noch jetzt gut erkennbar. Um die Klärung dieser Fragen hat vor allem B. Schmid sich Verdienste erworben, wie er ja überhaupt als erster die Baugeschichte aller Burgen in Kurland auf Grund neuer Forschungsmethoden untersucht hat.

Von aussen gesehen bildet das Gebäude einen würfelförmig geschlossenen Block, den nur ein massiver, die Mauerlinie etwas überschreitender Eckturm belebt (Abb. 68 und 69). Der vorspringende viereckige Teil am Ostflügel ist nicht mittelalterlichen Ursprungs, wie Neumann und Löwis of Menar vermutet haben [1], sondern stammt erst aus dem 18. oder 19. Jahrhundert, in denen an dem Schlosse umfangreiche Umbauten vorgenommen worden sind. Seiner inneren Anordnung nach ist der Gesamtbau in vier Flügel eingeteilt, die selbständige Gebäudeteile bilden und den vier Seiten des würfelformigen Gebäudeblocks entsprechen. Da die Lage des Sakralraumes in den Ordensburgen nach Möglichkeit die sogenannte „heilige Linie" einzuhalten bestrebt ist, so hätte man die Stelle der ehemaligen Schlosskapelle im Südflügel zu suchen, in dem sich die Turmstube als ein passender Platz für die Sakristei darbietet [5]. Nur im Ostflügel, sonst in keinem Raume des Hauptgeschosses, haben sich die Gewölbe erhalten. Der dort gelegene, mit Gratgewölben versehene dreijochige Saal mag als Kapitelsaal gedient haben. Die Konsolen der breiten Gurtbogen passen zur Stilrichtung des Jahrhundertendes (Abb. 70). Als Zierelemente erscheinen hier Rundbogenfriese, an das Knospenkapitell erinnernde Voluten und eine Perlenschnur, die alle zum Formen-

---

[4] Löwis of Menar, Komtureien 56; Neumann, Grundriss 76.
[5] Schmid 230.

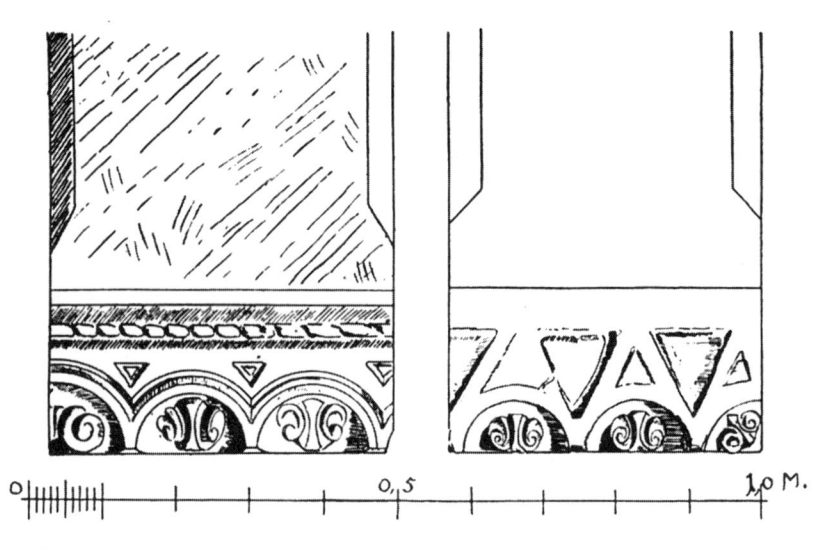

Abb. 70. Windau, Kragsteine aus dem Kapitelsaal. Nach S c h m i d.

schatz des romanischen Stils gehören, der sich samt den Bestandteilen des Übergangsstiles bis zum Ende des 13. Jahrhunderts in Alt-Livland behauptet hat. Das vierte, südliche Joch des Ostflügels hat einen selbständigen Raum überspannt, der als Zimmer des Komturs gedient haben mag. Im Nordflügel hat vermutlich der Remter gelegen, im Westflügel das Dormitorium, von dem aus die Ordensbrüder schnell zu den nächtlichen Gottesdiensten gelangen konnten.

Das Untergeschoss des Gebäudes umfasste verschiedene Wirtschaftsräume, von denen noch Tonnengewölbe mit Stichkappen erhalten sind. Diese Gewölbeart war auch noch später gebräuchlich, eignet aber doch hauptsächlich den Kellerräumen der Frühburgen. Der Eingang zur Burg führte im Ostflügel durch einen gewölbten Gang neben dem Hauptturme, wo es leicht war, das Tor zu schützen. Links neben dem Tore dem Turme zu befand sich eine kleine, für die Torwache bestimmte längliche Kammer. Den schachtartig geschlossenen Hof umgab eine Vorlaube, die die Verbindung unter den Räumen des Hauptgeschosses herstellte. Dieser Gebäudeteil war aus Holz, wie auch in späteren Ordensburgen die Vorlauben nur vereinzelt aus Stein gebaut wurden. Völlig verändert wurde beim späteren Umbau das dritte Stockwerk, das der Verteidigung diente, ebenso wurde der obere Teil des Turmes verbaut, ursprünglich war dieser bedeutend höher. Von dem Parcham, der einst die Burg umgeben hat, ist nichts erhalten, auch sind die Mauern des Vorwerks auf einer Zeichnung aus dem Jahre 1729 nicht mehr zu sehen, während diese das später angelegte System von Bastionen sehr wohl wiedergibt [6].

Das zweite frühe Konventshaus wurde in A d s e l (Gaujiena) errichtet. Diese an der Wasserstrasse der Aa und der Heerstrasse Riga—Pleskau gelegene Stelle hat schon zur Zeit des Schwertbrüderordens grosse Bedeutung besessen; daher ist vielleicht schon damals auf der von Natur gut befestigten Höhe eine Burg gegründet worden. Sie mag eine typische Frühburg gewesen sein, hauptsächlich aus Erdwällen und hölzernen Palisaden. Wie die noch erhaltenen Ruinen, die Grabungsergebnisse Löwis of Menars und Pläne aus dem 17. Jahrhundert beweisen, ist das Konventshaus mit seinem System von Vorburgen erst frühestens gegen Ende des 13. Jahrhunderts entstanden (Abb. 71). Im Grundriss steht das Konventshaus von Adsel dem von Windau nahe. Es herrscht dieselbe Gedrängtheit; um einen engen Schlosshof gruppieren sich die verhältnismässig breiten Flügel des Gebäudes, von denen zwei von Mauer zu Mauer reichen, während die beiden anderen dazwischen liegen. Ein Eckturm fehlte, wenn er nicht etwa an der Südwestecke des Gebäudes lag, wo ein viereckiges, zu einem Turm passendes Mauerfundament vorhanden ist. Von den Räumen des Hauptgeschosses sind nur noch ganz geringe Spuren zu finden; ein kleiner Raum war über dem Haupttore gelegen und von einem Gratgewölbe überspannt. Östlich davon wird die Kapelle gelegen haben, worauf die erhaltenen Spuren eines Depositoriums hinweisen. Nach einer alten Zeichnung ist das Ostfenster der Kapelle nach Art der Arkaden im Kreuzgange der Rigaer Domkirche dreiteilig gewesen [7]. Auch das weist als Bauzeit auf das 13. Jahrhundert hin, in dem der bedeutendste Bau des Landes, die Domkirche zu Riga, allgemein als Vorbild für die Formgebung in der sakralen und der profanen Architektur gedient hat.

In den Formen der Vorburg begegnet uns noch eine starke Naturgebundenheit, die durch den Berg mit seinen steilen Uferböschungen am Zusammenfluss der Aa und eines kleinen Nebenflusses veranlasst war. Zahlreiche flankierende Gebäude beweisen, dass das System der Vorwerke zu einem grossen Teile erst im 14. Jahrhundert ausgebaut worden ist. Aber auch im 15. Jahrhundert sind an der Burg Ergänzungsbauten vorgenommen worden, wie ein grosser, für Feuerwaffen berechneter Rundturm an der Nordwestecke beweist. Dieser besass Sterngewölbe, deren Rippenprofile nach dem Grabungsbefunde doppelwulstig gewesen sind [8]; diese Bauform hat sich alten Traditionen zufolge besonders im Spätmittel-

---

[6] S c h m i d, Abb. 54.
[7] L ö w i s o f M e n a r, Adsel 437—438.
[8] Ebendort 439.

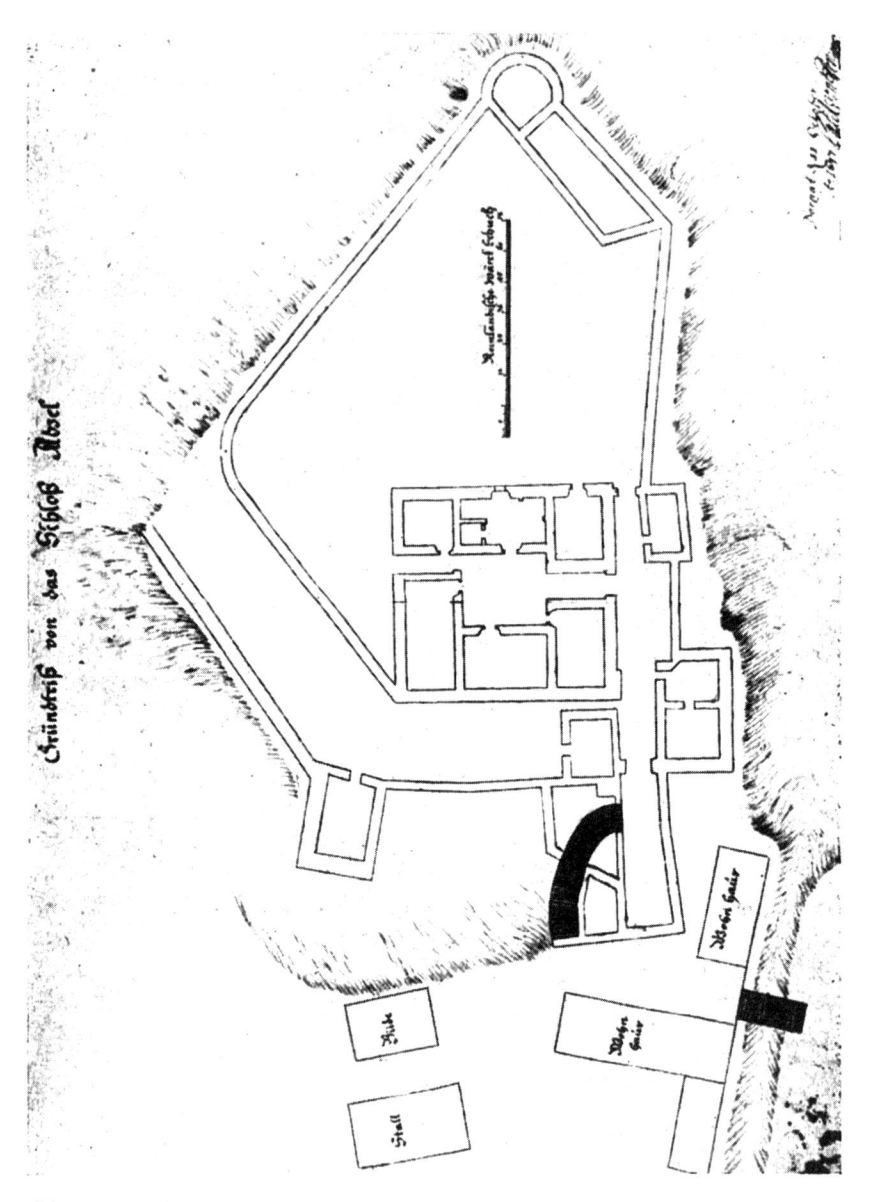

Abb. 71. Adsel, Grundriss. Aufmessung von P. v. Essen aus dem Jahre 1697 (KA). N ist rechts.

alter in Alt-Livland verbreitet. Zu derselben Zeit, in der dieser Eckturm errichtet worden ist, hat man auch die Mauern erhöht, wobei der in der späteren Zeit beliebte Backstein Verwendung fand. Erst in den unruhigen Zeiten des letzten mittelalterlichen Jahrhunderts hat auch der zweite grössere Vorhof der Burg, der diese im Süd-

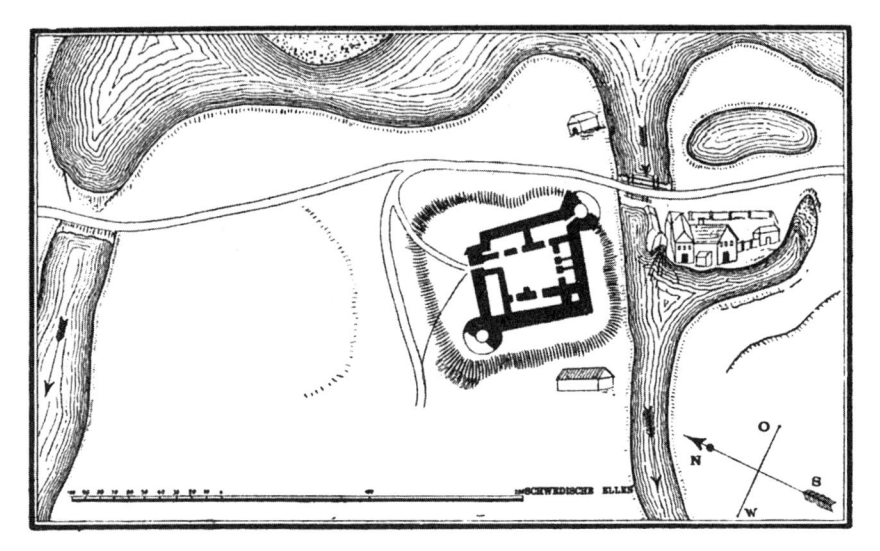

Abb. 72. Neuermühlen, Grundriss. Nach L ö w i s o f M e n a r.

osten umgab und für Pferde- und Viehställe bestimmt war, Steinbauten erhalten.

In die Gruppe der gegen Ende des 13. Jahrhunderts gegründeten Konventshäuser gehört auch N e u e r m ü h l e n (Adaži). Urkundlich begegnet uns Neuermühlen zur Zeit des Bürgerkrieges, der zwischen der Stadt Riga und dem Orden im Jahre 1297 ausbrach. Damals wurde in Neuermühlen das Wehrsystem ergänzt [9]. Nur wenige Grundmauern sind erhalten, doch ergibt sich die Gestalt der damaligen Burg aus alten Zeichnungen und Plänen (Abb. 72). Nach diesen zu urteilen, ist der Bau in zwei grossen Perioden erfolgt: zuerst ist das schlichte Konventshaus errichtet worden, dem nach Einführung der Feuerwaffen zwei diagonal angeordnete starke Ecktürme angefügt worden sind. Der ursprüngliche Grundriss ist dem obenbeschriebenen ähnlich: das Verhältnis der Flügel zum Hof ist annähernd dasselbe, auch bei der Einteilung der einzelnen Räume herrscht noch die den Frühburgen eigene Strenge. An der Nordecke des Gebäudeblockes befand sich ein nur ganz wenig flankierender viereckiger Turm, der den danebenliegenden Eingang schützte. Wie die meisten Konventsgebäude war auch Neuermühlen mit einem Parcham versehen, von dem sich noch Mauerreste aufspüren lassen.

Auch im nördlichen Ordensgebiet hat der strenge Frühstil des Konventshauses eine Burg gestaltet — P e r n a u (Pärnu). Sie wurde auf dem linken Ufer der Embecke (jetzt Pernaufluss) er-

---

[9] L ö w i s o f M e n a r, Beiträge 157.

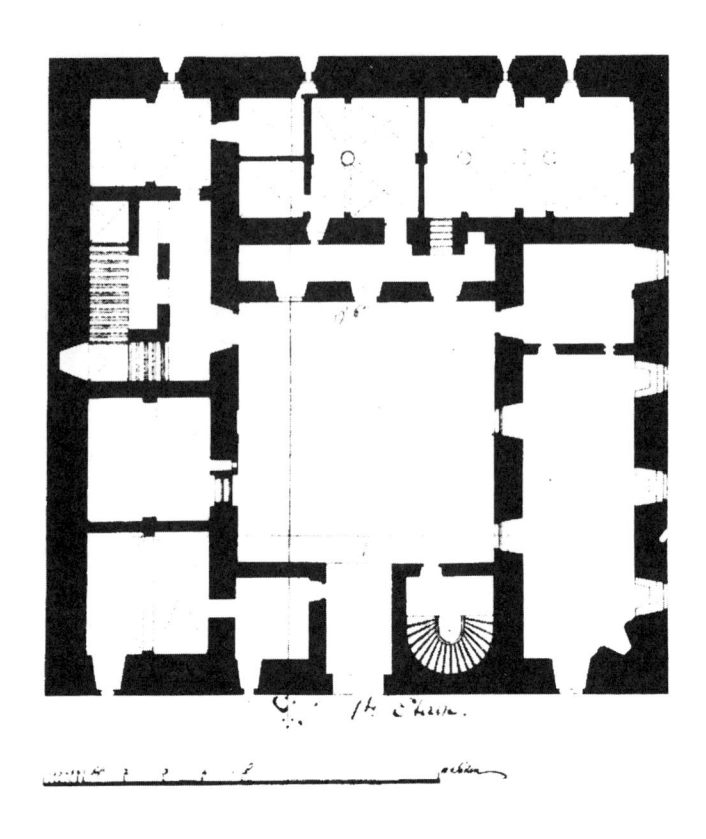

Abb. 73. Pernau, Grundriss des Erdgeschosses. Aufmessung von M. S c h o n s aus dem Ende des 18. Jh. (PLA).

richtet, bald nachdem das auf dem rechten Ufer gelegene bischöfliche Alt-Pernau im Jahre 1263 durch die Litauer zerstört worden war. Ausser dem Schutze des Hafens kam der Burg Pernau eine wichtige Rolle als Vorposten gegen das Bistum Ösel-Wiek und das damals noch dänische Estland (Harrien und Wierland) zu. Im Jahre 1265 wird ein „Nienslott tor Embecke" erwähnt, wo ein Komtur residierte [10]. Komturssitz ist Pernau bis zum Ende der Ordensherrschaft geblieben und hat auch noch später wesentlichen Anteil an der Geschichte des Landes gehabt.

Zu der Zeit, als die Konventshäuser entstanden, begann man auch in Pernau, die alte Burg durch eine neue zu ersetzen. Auf Grund unkontrollierter Angaben von Arndt ist die Tradition verbreitet, dass die Burg Pernau im Jahre 1311 unter dem Ordensmeister Jorke gegründet worden sei. Durch die stilkritische Betrachtung wird diese Datierung im vorliegenden Falle als stichhal-

---

[10] L ö w i s of M e n a r, Burgenlexikon 91.

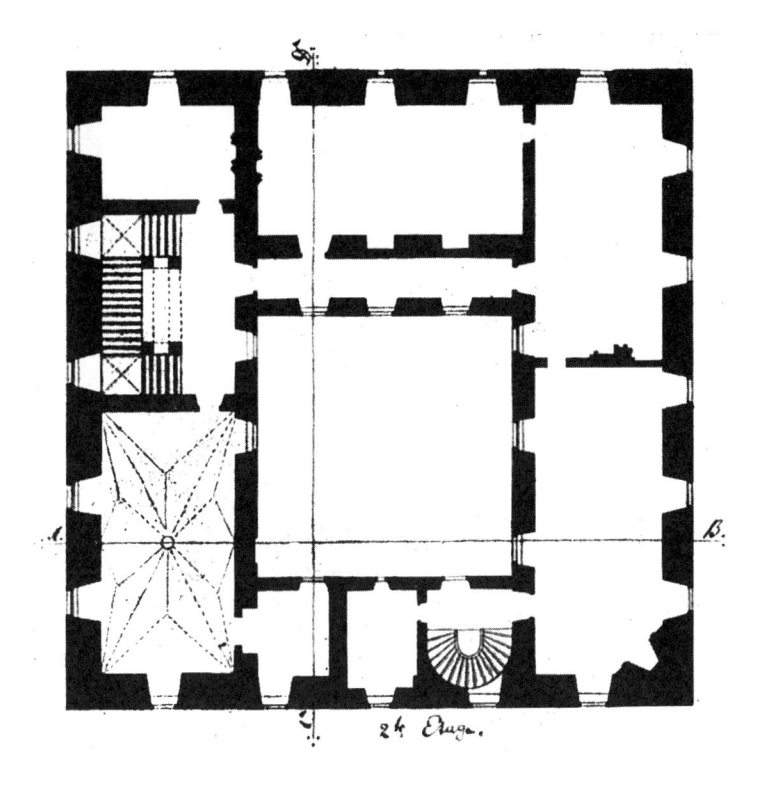

Abb. 74. Pernau, Grundriss des ersten Stockwerks. Aufmessung von M. S c h o n s (PLA).

tig erwiesen. Von dem Gebäude ist heute nur wenig Mauerwerk erhalten; danach ist der Bau in Backstein ausgeführt und an den Ecken mit Kalksteinquadern versehen gewesen. Zur Zeit der schwedischen Herrschaft hat das Gebäude noch zeitweilig als Sitz der Universität Dorpat gedient, und aus dieser Zeit sind noch Planmaterialien erhalten [11]. Noch mehr aber sind die Pläne und Schnitte des Gouvernementsarchitekten M. Schons aus dem Ende des 18. Jahrhunderts bei der Feststellung der Gestalt des Schlosses von Nutzen (Abb. 73—75). Nach diesen Rissen hat das Gebäude einen streng geschlossenen würfelförmigen Block gebildet, dessen Eigentümlichkeit im Vergleich zu den obigen Beispielen im Fehlen jeglichen Turmes besteht. Anzunehmen, dass ein solcher jemals vorhanden gewesen sei, verbietet auch der Grundriss. Es ist möglich, dass das Schloss einst kleinere Türme auf der Mauerkrone besessen hat, die dann bei späteren Umbauten beseitigt worden sind.

---

[11] K a r l i n g, Byggnadshistoria 54 ff.

Abb. 75. Pernau, Ostansicht und Querschnitt des Süd- und Nordflügels. Aufmessung von M. S c h o n s (PLA).

Nach den Rissen von Schons hat das Schloss auch keinerlei Giebel gehabt; eine Zeichnung von Brotze dagegen aus dem Jahre 1795 zeigt einen Giebel am westlichen Teil des Südflügels [12], was beweist, dass in nachmittelalterlicher Zeit am Dach wesentliche Veränderungen vorgenommen worden sind, wobei auch die Türme beseitigt worden sein mögen. Jedenfalls ist von ihnen bei Gelegenheit der Umbauten, die die schwedische Regierung im 17. Jahrhundert vorgenommen hat, nicht mehr die Rede. Das Verhältnis zwischen

---

12 B r o t z e VI, 51 (RPCB).

der Breite der Gebäudeflügel und dem Innenhof ist dasselbe wie bei den obenbeschriebenen Burgen, ebenso ist die Einteilung der Innenräume diesen ähnlich: das Quadrat bilden zwei durchgehende und zwei dazwischen eingekeilte Gebäude. Im Gegensatz zu den vorigen Beispielen liegt aber die Einfahrt symmetrisch in der Mitte des Ostflügels, was ein Anzeichen der Ausbildung eines neuen Typs bedeutet. Im Hauptgeschoss sind die Regeln der Ordensburgen streng eingehalten. Im östlichen Teile des Südflügels befindet sich die Kapelle, die noch in schwedischer Zeit als solche gedient hat. Der Raum hat eigenartig gestaltete Sterngewölbe, die sich auf eine Mittelsäule stützen. Soweit man aus dem Riss von Schons schliessen kann, ist beim Kapitell und bei den Konsolen eine sachliche geometrische Formensprache zur Geltung gekommen, was für den Ordensstil typisch ist, der sich in der ersten Hälfte des 14. Jahrhunderts zu gestalten begonnen hat. Die langgezogene Gestalt der Gewölbesterne dagegen kann nicht aus der Entstehungszeit der Burg stammen, sondern muss sekundär sein: anfangs scheint die Kapelle ein schlichtes Kreuzgewölbe gehabt zu haben, dessen massive Wulstrippenfragmente Löwis of Menar bei einer Ausgrabung zutage gefördert hat [13]. Neu überwölbt wurde die Kapelle wohl am Anfang des 16. Jahrhunderts, nachdem das Schloss vermutlich unter den beiden Schadenfeuern der Jahre 1513 und 1533 gelitten hatte. Dass annähernd um dieselbe Zeit eine umfangreiche Veränderung am Schlosse vorgenommen worden ist, zeigt auch der spätgotische Gewölbebogen der Einfahrt.

Neben der Kapelle lag ein grösserer Raum, der später im Zusammenhang mit der Anlage eines Treppenhauses geteilt worden ist. Vermutlich hat sich dort während der Ordenszeit der Kapitelsaal befunden, wie ja dieser Raum in den meisten Frühburgen in einem Flügel mit der Kapelle untergebracht war. Von den übrigen Gemeinschaftsräumen mag das Dormitorium im Westflügel gelegen haben, von wo man durch eine Vorlaube schnell in die Kapelle gelangte. Der mit einem Kamin versehene Raum im östlichen Teil des Nordflügels wird wohl als Speisesaal gedient haben, der nach der Ordensregel zu den heizbaren Räumen gehörte. Neben dem Remter lagen die Wohnräume des Komturs, deren mittelalterliche Zwischenwände später entfernt worden sind. Im Ostflügel befanden sich über der Einfahrt einige Nebenräume und der Kapelle angeschlossen die Sakristei. Die Verbindung zwischen den Räumen des oberen Stockwerkes wurde nur durch eine Vorlaube am West-

---

[13] L ö w i s o f M e n a r, Pernau 147.

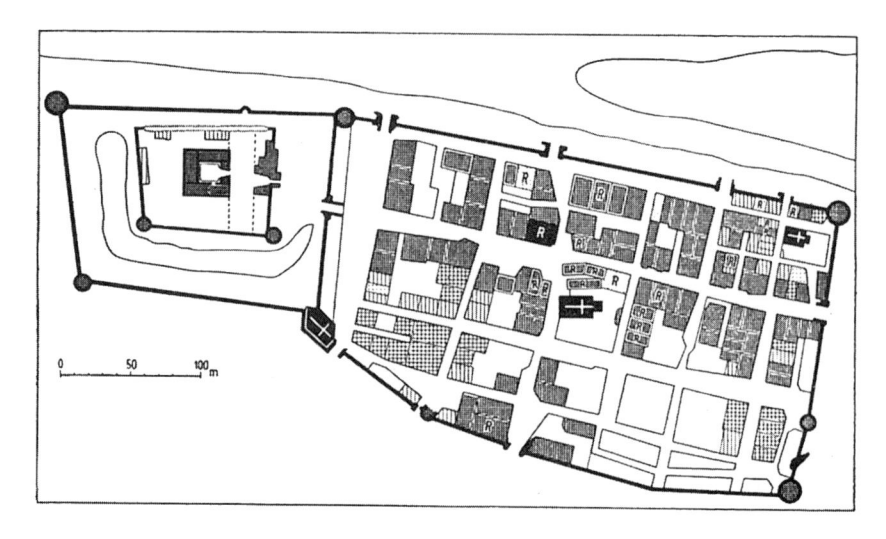

Abb. 76. Pernau, Plan der Burg und der Stadt im Mittelalter.
Nach Johansen.

flügel hergestellt; an den anderen Seiten waren vielleicht kleinere hölzerne Galerien angebracht. Solche können aber auch gefehlt haben.

Schon zur Gründungszeit der Burg erhielt das Hauptgebäude eine angrenzende Vorburg, bei deren Bau vermutlich ein Teil der alten Anlage benutzt worden ist, wie einige über die Mauerlinie hinaus vorspringende Gebäude neben dem Tore beweisen. Als die Stadt später mit einer Ringmauer umgeben wurde, hat man gleichzeitig auch das Schloss durch eine weitere Vorburg ergänzt, um beide — Stadt und Schloss — zu einem einheitlichen Wehrsystem zusammenzuschliessen. Nach Einführung der Feuerwaffen wurden sowohl die Vorwerke des Schlosses als auch die Stadtmauern mit grossen runden Batterietürmen versehen (Abb. 76) [14]. Die Burg Pernau ist eine der ersten völlig gemäss den Bauregeln des Ordens durchgeführten Anlagen in Estland, wo überall der regelnde Grundsatz fest und sicher zur Geltung gekommen ist, was auch die ebene Bodengestalt ihrerseits begünstigt hat, im Gegensatz zu den die

---

[14] Ausdrücklich ist von einer ergänzenden Befestigung der Stadt im Jahr 1420 die Rede, als der Ordensmeister die Bürger an die „beteringe und bovestinge der stadt" mahnte. Hundert Jahre später ist die Befestigung der Stadt erneut auf der Tagesordnung: 1520 stellen Bürgermeister und Rat vor, Pernau wäre so schwach, dass „se unsers ordens stadt nicht voll in genochsamer beteringe und gebuw holden konnen, alse dissen landen van noden ist", worauf der Meister ihnen das erbetene Dorf Rede verleiht (Hausmann 32). Wahrscheinlich ist zur gleichen Zeit die Befestigung der Vorburg durch Basteitürme erfolgt, deren Formen auf die Zeit Plettenbergs hinweisen.

Naturgebundenheit der Frühburgen bedingenden Anhöhen. Eine gleich strenge Gebundenheit an die Regeln liegt auch dem Plane der sich dem Schloss anschliessenden Stadt zugrunde, deren Strassennetz an die in derselben Art angelegten preussischen Ordensstädte erinnert.

Der reifende Stil.

An die obenbeschriebene, Stilmerkmale der Frühzeit tragende Gruppe von Burgen schliesst sich eine zweite an, wo Veränderungen vor allem am Grundriss auftreten, die uns gestatten, ihre Entstehungszeit in eine um einige Jahrzehnte spätere Zeit zu verlegen. Bei der Datierung helfen auch historische Tatsachen und urkundliche Angaben mit, vor allem dort, wo das Material selbst nicht so gut erhalten ist, dass man eine gründliche vergleichende Stilanalyse vornehmen könnte.

Ungefähr um 1300 wurde in Fellin (Viljandi) ein durchgreifender Umbau der alten Burg unternommen. Der Ausbau der grossen Anlage zog sich aber in die Länge, was auch deutlich aus der Gestaltung des Grundrisses zu ersehen ist (Abb. 77 und 78). Mit den Bauarbeiten wurde auf dem südlichen Berge begonnen, wo Volquin anstelle der alten estnischen Burg die erste Festung aus Stein errichtet hatte. Schon durch die allgemeine Richtung, die die Bautätigkeit im Lande eingeschlagen hatte, war die Anlage des neuen Hauptgebäudes vorgeschrieben: es wurde als Konventshaus errichtet. Aber die Bedeutung der Burg und die Grösse des Konvents erforderten mit der Zeit merkliche Erweiterungen. In Windau betrug die Seitenlänge des Gebäudes ca. 33 m, in Pernau 34 m, in Neuermühlen 40 m, Fellin wurde als Quadrat mit 55 m Seitenlänge ausgeführt, wonach es eines der umfangreichsten Konventshäuser Alt-Livlands darstellt. Wie Pernau war auch Fellin ein Backsteingebäude mit Kalksteinquadern an den Ecken. Auf Grund der heute noch erhaltenen Ruinen ist es schwer, den Grundriss im einzelnen festzustellen. Dabei leisten uns aber Schiemanns Grabungsergebnisse, ein polnisches Revisionsprotokoll aus dem Jahre 1599 und — für einen Teil — die bei den Grabungen im Jahre 1939 blossgelegten Mauern und die dabei gemachten losen Funde gute Hilfe.

Von dem im Zentrum der Burg gelegenen Konventshause wurde den üblichen Bautraditionen gemäss zu allererst die Aussenmauer fertiggestellt, innerhalb deren dann nach einem festen Programm die Gemeinschaftsräume einzeln ausgebaut wurden. Von diesen erforderte die Verfassung des Ordens an erster Stelle den Bau der Kapelle und des Kapitelsaales, die in Fellin in den Nordflügel verlegt wurden. Beide waren zweischiffig. Die Kapelle wurde mit

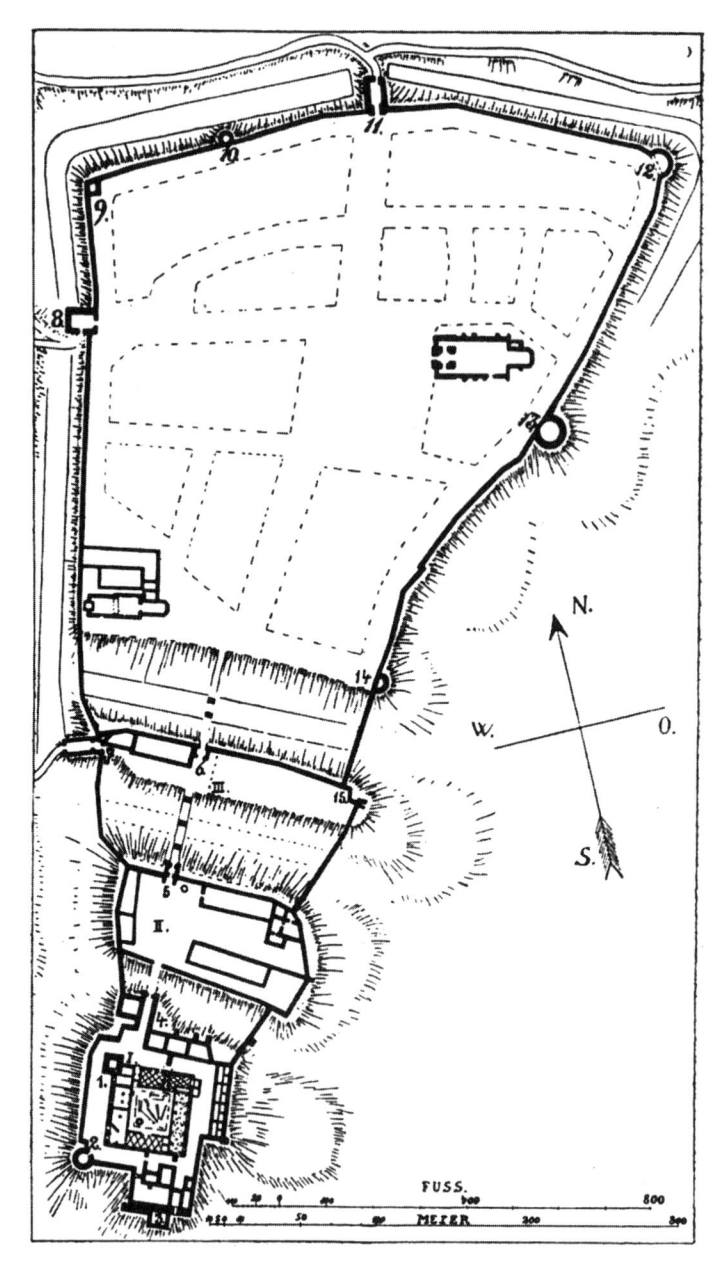

Abb. 77. Fellin, Plan der Burg und der Stadt im Mittelalter.
Nach Löwis of Menar.

einem vorspringenden Chor und einem Turm versehen, womit sie das Aussehen einer selbständigen Kirche erhielt, im Gegensatz zu

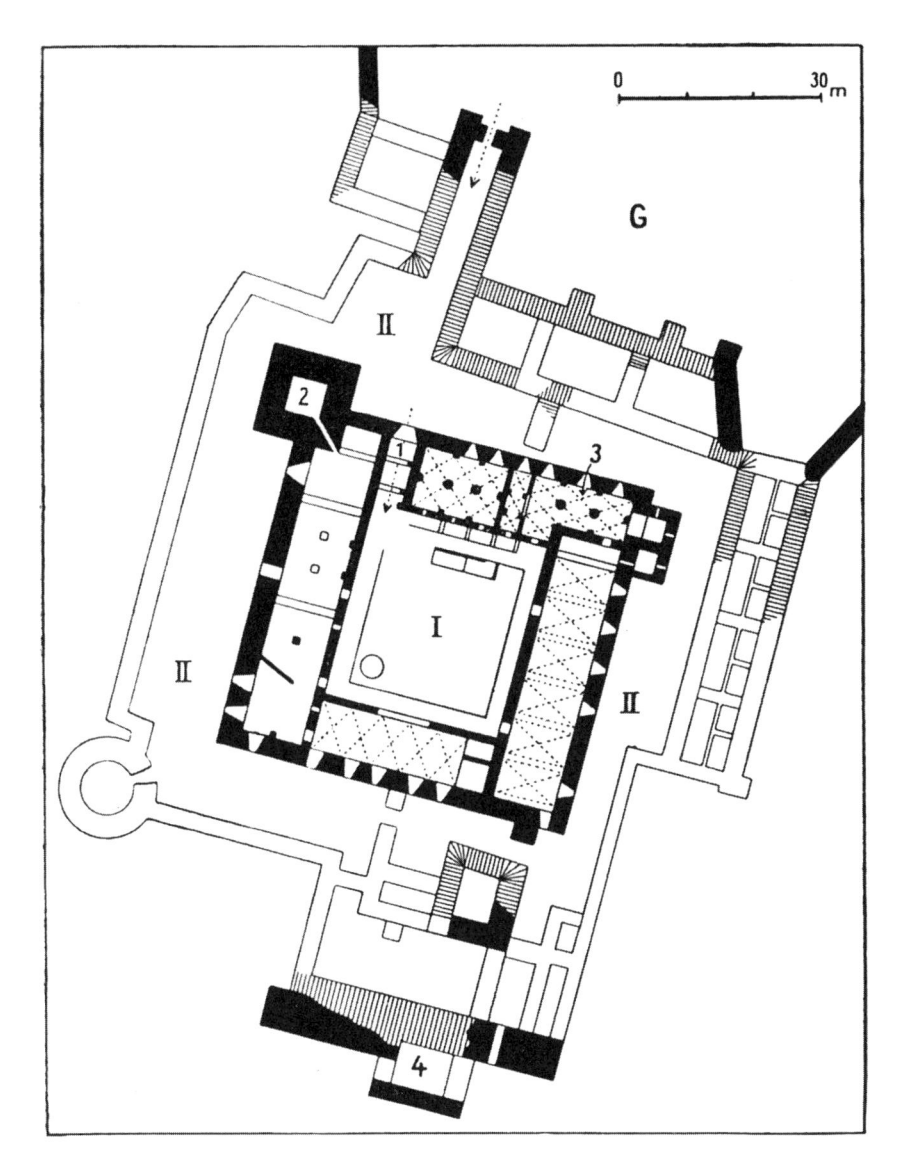

Abb. 78. Fellin, Grundriss der Hauptburg. Nach Löwis of Menar.

dem üblichen Konventshausbrauch, wonach der Sakralraum nur einen grösseren Saal in einer Reihe gleicher darstellte. Zwischen Kapitelsaal und Kapelle befand sich ein kleiner Verbindungsraum, der einen typischen Bestandteil des ausgebildeten Konventshauses bildete und als Archiv benutzt wurde. Vermutlich gleichzeitig mit dem Nordflügel wurde auch der Ostflügel errichtet, was sich aus

Abb. 79. Fellin, Ansicht der Burgruine von Osten.

dem Eingreifen einer seiner Ecken in die Kapelle ergibt, wobei der so entstandene kleine Raum wohl als Sakristei gedient haben mag. In dem Ostflügel lag im Mittelalter das Dormitorium der Ordensbrüder, neben diesem im südlichen Teil befanden sich die Privaträume des Komturs. Der Remter lag im Südflügel, nahe der noch im Jahre 1599 erwähnten grossen Konventsküche an der Südwestecke des Schlosses [15]. Neben der Küche waren die anderen Wirtschaftsräume, die Braustube, Lagerräume usw. untergebracht. An der Hofseite vermittelte eine grosse Vorlaube aus Stein die Verbindung zwischen den Räumen; sie war noch im 16. Jahrhundert in ihrer ursprünglichen Gestalt vorhanden. Nahe der Küche lag der grosse, mit Quadern ausgemauerte runde Schlossbrunnen, dessen oberer Teil noch heute zu sehen ist.

Den Schutz des Schlosses nach aussen hin versah ein grosser massiver Turm an der Nordwestecke, auch hier „Langer Hermann" genannt, von dem im polnischen Protokoll gesagt wird, dass man von dort aus ausser dem Schloss auch die ganze Stadt verteidigen könne [16]. Hinsichtlich seiner Innenräume war es ein typischer Bergfried mit einem engen, tiefen Burgverlies im untersten Stockwerk und mit gewölbten Kammern darüber, wo man noch Schutz finden konnte, falls die übrigen Teile des Schlosses erobert sein würden. Die starke Flankenstellung des Turmes gestattet nicht, seine Bauzeit vor der Mitte des 14. Jahrhunderts anzusetzen, da eine derartige Grundrissgestaltung in den Ordensgebieten für die frühere Zeit nicht zu belegen ist. So scheint hier der Turm im Gegensatz zu der gewöhnlichen Bautraditionen erst erbaut worden zu sein, nachdem das Schloss in seiner Gesamtanlage zum Teil schon fertig war. Dass aber mit den Bauarbeiten am Schloss und mit der

---

[15] Westrén-Doll 71.
[16] Ebendort.

Abb. 80. Fellin, die Kapitelle.

Verzierung der Innenräume schon etwa um 1300 begonnen worden ist, darüber lassen die von Schiemann in grosser Menge aufgedeckten Steinmetzarbeiten keinerlei Zweifel übrig. Abgesehen von dem stark vorspringenden Turme erscheinen hier im Vergleich zu früheren Konventshäusern auch noch andere Besonderheiten, die für eine spätere Vollendungszeit des Schlosses sprechen. Die Flügel sind nicht mehr so stark aneinandergedrängt; was aber besonders wichtig ist: über dem Haupteingang befinden sich keine Räume, was deutlich auf die beginnende Spätentwicklung hinweist.

Für die Stilentwicklung in den Innenräumen der Ordensburgen sind die in Fellin gefundenen Steinmetzarbeiten von wesentlicher Bedeutung. Sie sind aus Öselschem Dolomit gehauen, der frisch gebrochen sogar mit dem Messer bearbeitet werden konnte und sich im Mittelalter auch ausserhalb Alt-Livlands grosser Beliebtheit erfreut hat (Abb. 80 und 81) [17]. Aus diesem Material waren in Fellin ausser den Kapitellen und Säulen auch die Fenstereinfassungen und Gewölberippen angefertigt, was den Innenräumen das Aussehen reiner Hausteinarchitektur verlieh, im Gegensatz zur Backsteinarchitektur an der Aussenseite des Schlosses. Die Fülle der Funde hat es Guleke ermöglicht, die Kapelle und den Kapitelsaal des Schlosses zu rekonstruieren, was trotz einer Reihe von Irrtümern doch annähernd einen Eindruck vom einstigen Gesamtcharakter der Räume vermittelt [18]. Im Stil herrscht die romanische Schwere, die vor allem durch massive runde Mittelsäulen und auf diesen ruhende starke Gurtbogen und Wulstrippen betont wird. Die Fenster bestanden aus zwei dreibogigen Hälften zwischen Doppelsäulchen. Ausser diesen Fenstern hatte die Kapelle noch ein

---

[17] Tuulse, Kapiteelid 766, Anm. 2.
[18] Guleke, F. II, Taf. XV.

Abb. 81. Fellin, Kapitell.

grosses Rosettenfenster mit reicher Profilierung. Wie Schiemanns Grabungsprotokolle beweisen, wurden ebensolche Säulen- und Bogenfragmente auch im Hofe an der Stelle der einstigen Vorlaube gefunden, was zu einem polnischen Vermerk aus dem 16. Jahrhundert stimmt, der Kreuzgang sei mit grossem Kostenaufwand erbaut worden [19].

Alle diese Architekturfragmente führen geradeswegs auf das älteste und bedeutsamste Baudenkmal des Landes zurück, auf die Domkirche zu Riga. An die Burg zu Fellin gemahnende Formen finden wir vor allem im Kapitelsaal und im Kreuzgang der Rigaer Domkirche vor, an deren Gewölben starke Gurtbogen und Wulstrippen von derselben Art erscheinen. Auch die Gestalt der Fenster weist eine ebenfalls enge Verwandtschaft mit den in Fellin gefundenen Fragmenten auf [20].

Der Kapitelsaal und der Kreuzgang der Domkirche zu Riga sind annähernd um die Mitte des 13. Jahrhunderts vollendet worden [21], so dass sie von dem Beginn der Bauzeit in Fellin ungefähr um ein halbes Jahrhundert getrennt sind. Das wird in überzeugender Weise durch einen Vergleich der Kapitellornamente beider bestätigt. Teilweise sind auch in Fellin an den Kapitellen noch ausgesprochen romanische Formen vorhanden, besonders an den Doppelkapitellen

---

[19] Westrén-Doll 72.
[20] Neumann, Dom, Abb. 13, 16.
[21] Baltische Lande 456.

der Fenster, deren Knollenformen denen in Riga nahestehen. Auch an den grösseren Kapitellen finden wir romanische Kurven und Perlenschnüre, aber daneben treten auch derartige naturalistische Motive auf, wie sie aus der Sakralarchitektur des Landes für die Zeit um 1300 bekannt sind (vgl. die Kirche zu Turgel — Türi) [22]. Ebenso bekunden neben den Pflanzenornamenten in naturalistischer Frische ausgeführte figürliche Fabelszenen, dass zwischen der rein romanischen Kapitellkunst von Riga und den Steinmetzarbeiten von Fellin mindestens fünfzig Jahre liegen. Tief ins 14. Jahrhundert hinein kann man aber die Entstehungszeit der Kapitelle von Fellin nicht verlegen, da ihr frühgotischer Charakter im Verein mit den Rudimenten romanischer Formensprache nach dem ersten Jahrzehnt dieses Jahrhunderts nicht mehr denkbar ist.

Die Steinmetzarbeiten von Fellin stehen in den Burgen Estlands und Lettlands einzig da, was sich aus der grossen Bedeutung dieser Burg im Wehr- und Verwaltungssystem des ganzen Landes erklärt. Die Komture von Fellin hatten eine hervorragende Stellung, sieben von ihnen sind zur Würde des Ordensmeisters emporgestiegen, — von Wilhelm von Schierborch und Goswin von Herike bis Wilhelm von Fürstenberg und Gotthard Kettler. Von diesen ist Goswin von Herike als einer der grössten Bauherren im 14. Jahrhundert bekannt, was seinerseits vermuten lässt, dass die Bautätigkeit in Fellin unter besonderer Förderung Herikes während seines Komturamtes betrieben wurde. Die Burg wurde als erste in dieser reichen Gegend durch Steinbauten erweitert. Dieser Reichtum ermöglichte eine maximale Ausnutzung der Arbeitskraft und gestattete es, trotz der durch die Wehrzwecke geforderten strengen äusseren Schlichtheit des Baues doch auch einen aussergewöhnlichen Nachdruck auf die künstlerische Ausschmückung der Innenräume zu legen.

Die Vollendung des Konventshauses bedeutete nun aber nicht das Ende der Bautätigkeit. Nunmehr wurde auch das Vorwerksystem der Burg endgültig ausgebaut und mit der Stadt verbunden, die gewissermassen nur eine Vorburg des Schlosses bildete und unter dessen unmittelbarem Schutz stand. In den aneinandergereihten Vorburgen lebten die alten Grundsätze weiter, die die gute natürliche Lage nutzbar zu machen versuchten (Abb. 77 und 79). Zum Schutz des Konventshauses wurde auf dem Bergabhang eine zwingerartige Vorburg gebaut mit einigen für die Geistlichkeit bestimmten Nebengebäuden. Später ist hier eine ganze Reihe kleinerer Gebäude für die Landsknechte errichtet worden. Für Gäste war ein

---

[22] Tuulse, Kapiteelid 763.

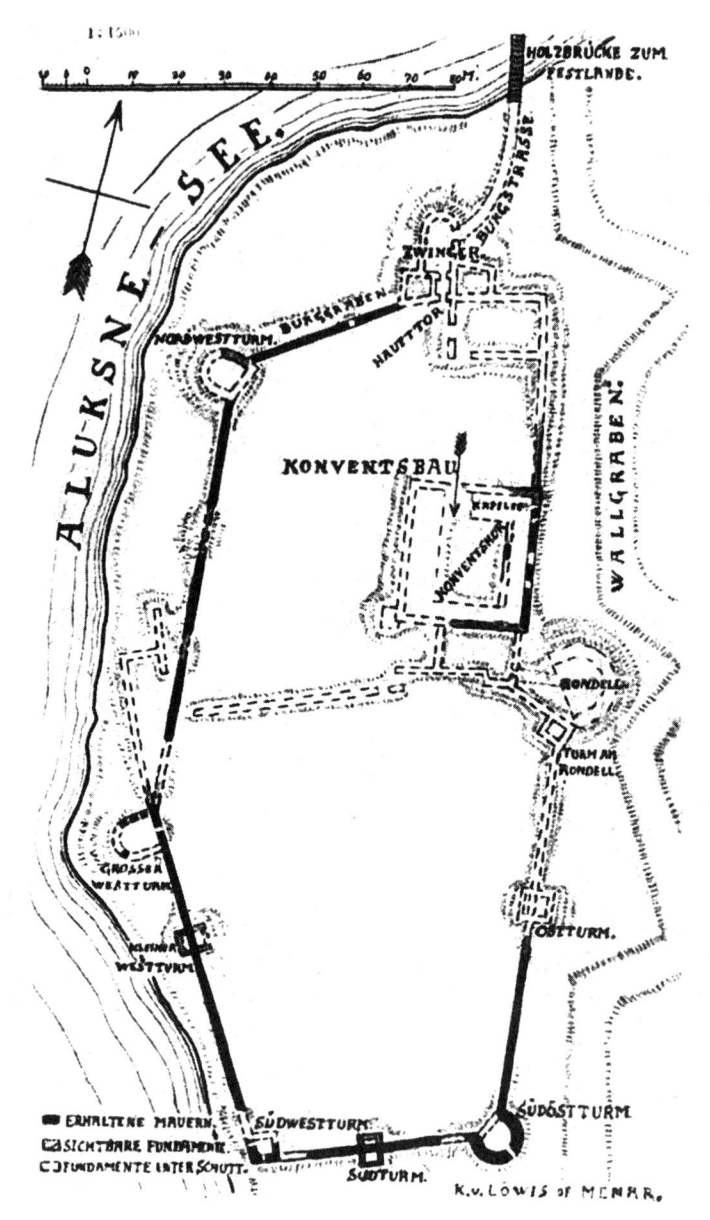

Abb. 82. Marienburg, Grundriss. Nach Löwis of Menar.

besonderer Flügel an der Südseite bestimmt, wo früher die Hauptgebäude der älteren Steinburg gelegen hatten, die jetzt mit einem grossen Dansker verbunden wurden, dessen Aufgabe es zugleich war, die vorburglose Südseite zu schützen. In derselben Gebäudegruppe wird auch eine Schlosskapelle erwähnt [23], die aus der Zeit vor dem Bau des Konventshauses stammen mag. Die im Norden an die Burg stossenden drei grossen, ebenso vorzüglich mit Mauern und Türmen ausgerüsteten Vorburgen waren für Wirtschaftsgebäude bestimmt. In dem ersten befanden sich noch im 16. Jahrhundert ein mit Quadern ausgemauerter Brunnen und ein grosser Stall für über 100 Pferde. Der Befestigungsgürtel der Burg und der Stadt war erst zu Beginn des 15. Jahrhunderts endgültig fertig, was auch die Tatsache beweist, dass zu dieser Zeit ausserhalb der Burgmauern die kleine sog. Katharinenkapelle errichtet worden ist, die für die Beisetzung der Ordensbrüder bestimmt war, wie solche Kapellen auch sonst in der Nähe der Schlösser nachweisbar sind. Von Bedeutung ist ein bei dieser Kapelle gefundenes Kapitell, das von den Bildhauerarbeiten der Schlossräume schon sehr abweichende Formen aufweist [24]. Jetzt ist eben der Ordensstil zur Herrschaft gelangt mit den achtkantigen Pfeilern und der strengen, sachlichen Formensprache, die zwar anfangs noch figürliche Dekoration duldete, aber nur im sog. Herbariumstil des Flachreliefs.

Zur Zeit der Feuerwaffen wurde der ohnehin übermässig befestigten Burg nur noch ganz wenig hinzugefügt, so dass sie noch Renner als „kaiserlich" bezeichnen konnte [25]. Aus dem 16. Jahrhundert stammen vermutlich der Rundturm an der Südwestecke des Schlosses und die Kanonentürme gleichen Charakters an der Stadtmauer.

In die gleiche Periode mit Fellin gehört ein anderes grösseres Konventshaus des Backsteingebiets, M a r i e n b u r g (Alūksne), das auf einer Insel des Aluksne-Sees in Nordost-Lettland gelegen ist (Abb. 82). Die Burg wurde im Jahre 1342 von dem Ordensmeister Burkhard v. Dreileben gegründet, und zwar als ein Glied in der Befestigung der Ostgrenze, in welcher Absicht zur selben Zeit auch die obenbeschriebene Turmfestung Neuhausen angelegt wurde. Marienburg wurde Komturei anstelle von Adsel, von wo der Konvent, bald nachdem einer der ersten Komture, Gerlach von Haren, mit dem Bau eines Steingebäudes begonnen hatte, nach Marienburg übergeführt wurde [26]. In seiner ersten Gestalt war Marienburg wie die meisten Burgen aus Holz gebaut gewesen. Von dem aus Ziegel erbauten Konventshause sind heute nur noch die Grundmauern erhalten, mehreres steht von den Aussenmauern da, die aus widerstandsfähigerem Material — aus Feldsteinen — aufgeführt waren. Nach dem Grundriss zu schliessen, steht Marienburg in sei-

---

[23] Westrén-Doll 70.
[24] Tuulse, Kapitelid, Abb. 9.
[25] Renner 329.
[26] Wartberge 21.

Abb. 83. Marienburg, von Nordwesten gesehen. Zeichnung von S t o r n o aus dem Jahre 1661 in Meyerbergs Reisebeschreibung.

nen Formen Fellin nahe: den Hausblock bilden ebensolche lange Flügel, die aber nicht mehr so streng geschlossen sind wie bei den Konventshäusern der Frühzeit. Der Eckturm flankiert ebenso stark wie in Fellin; nur entspricht dieser Zug hier der Gründungszeit der Burg. Das Mauersystem der Vorburg mit seinem gebrochenen Linienverlauf ist teilweise zur selben Zeit wie das Konventshaus gebaut worden, wesentliche Teile des Vorwerks jedoch stammen aus einer späteren Periode, vor allem aus dem Anfang des 16. Jahrhunderts, als die Sicherung der Ostgrenze besonders aktuell geworden war. Spätmittelalterlichen Ursprungs ist auch das von zwei Rundtürmen flankierte Tor mit der Zugbrücke, das noch im 17. Jahrhundert vorhanden war (Abb. 83). Die Stärke der Befestigung von Marienburg wird durch wiederholte erfolgreiche Abwehr von Angriffen im 16. Jahrhundert erwiesen. Noch nach der Zeit der Ordensherrschaft war Marienburg bewohnbar und konnte als Festung verwendet werden [27].

Annähernd zur selben Zeit wie das Schloss Fellin ist auch die diesem unterstellte Burg O b e r p a h l e n (Põltsamaa) entstanden, von wo aus der nördliche Teil der Komturei verwaltet wurde. Die dortige Vogtei ist vermutlich gegen Ende des 13. oder zu Beginn des 14. Jahrhunderts auf dem Wege der Vereinigung ehemaliger kleinerer Vogteien entstanden [28]. Anfangs konzentrierten sich alle Kräfte auf den Bau von Fellin, so dass der Ausbau von Oberpahlen erst seit der zweiten Hälfte des 14. Jahrhunderts erfolgen

---

[27] L ö w i s o f M e n a r, Burgenlexikon 81.
[28] K e n k m a n 27.

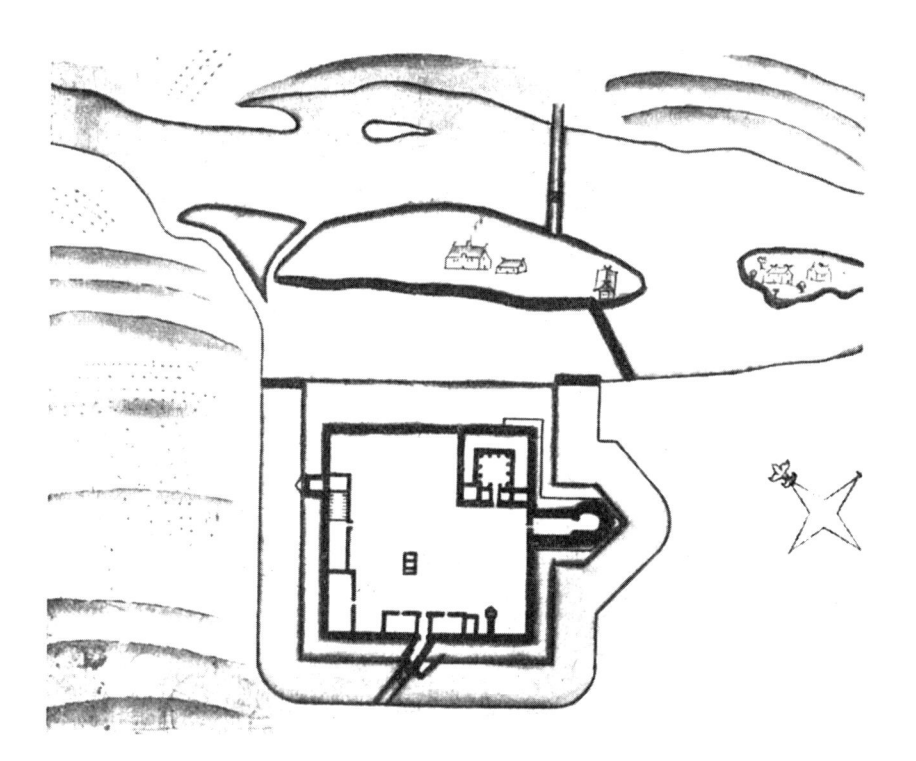

Abb. 84. Oberpahlen, Grundriss. Nach einer Zeichnung aus dem 17. Jahrhundert (KA).

konnte. Wie ein grosser Teil der Burgen jener Zeit war auch Oberpahlen an einem Flusse gelegen, der eine wichtige Verkehrsstrasse bildete und im Wehrsystem eine wesentliche Rolle spielte. Bei der Wahl des Typs gab das Vorbild der Hauptburg Fellin den Ausschlag, deren zu jener Zeit vollendetes Konventshaus so grossen Eindruck machte, dass dadurch auch der Bau des Vogteischlosses beeinflusst wurde. Anstelle des Konventshauses wurde im 18. Jahrhundert das neuzeitliche Schloss Oberpahlen erbaut [29], das aber der Gestalt des vorhergehenden Baues folgte und sogar auf dessen Grundmauern und Kellern errichtet ist. Das heutige Schloss ist mit einem grossen Eckturm versehen, der nicht flankiert, sondern die Mauerlinie einhält. Dass das auch bei dem mittelalterlichen Gebäude der Fall gewesen ist, beweisen im schwedischen Kriegsarchiv befindliche Pläne aus dem 17. Jahrhundert (Abb. 84).

Wenig später wurde die dem Konventshaus angegliederte, ebenso streng den Regeln entsprechende Vorburg erbaut, die noch heute in vollem Umfang erhalten ist. Als Material hat hauptsächlich Naturstein gedient, wobei besonders die regelmässige Anordnung der

---

[29] Vaga 19 ff.

Abb. 85. Oberpahlen, Haupttor der Burg.

Steine auffällt; an den Ecken wurden Kalksteinquadern verwandt. Bei dem Umbau im 18. Jahrhundert wurde das Haupttor der Vorburg besonders stark verändert, die Konstruktion der Zugbrücke jedoch geht auf frühere Formen zurück (Abb. 85). Von der auf dem Plane vermerkten Vorbefestigung des Tores ist nichts mehr erhalten. Innerhalb der Mauer dagegen stehen zu beiden Seiten des Tores noch mittelalterliche Gebäude, die nach der Aufführung der Mauer erbaut worden sind. Gegen Ende der Ordensherrschaft wurden an der Mauer der Vorburg Wirtschaftsgebäude errichtet, von denen ein grosser Teil aus dem 16. Jahrhundert stammt. Dasselbe Jahrhundert fügte der sich in ihrer Gesamtanlage streng nach den Regeln richtenden Vorburg noch eine besondere Einzelheit hinzu: von den zwei danskerartig vorspringenden Wehrteilen wurde der im Süden gelegene mit einem grossen Basteiturm versehen, der nach

Einführung der Kanonen die Verteidigung der Burg zu leisten hatte. Im 18. Jahrhundert ist an dieser Stelle eine Kirche erbaut und der ehemalige Turm als Chor umgestaltet worden.

Vermutlich schon in der ersten Hälfte des 14. Jahrhunderts entstand in demselben Ordensgebiet die Burg T a l k h o f (Kursi), wo für die Zeitspanne 1343—1560 dreizehn Komture und zwei Vögte für Waigele nachzuweisen sind [30]. Über die Burg fehlen zwar genauere Nachrichten, auch sind am Ort keine Ruinen erhalten; das Vorhandensein von Komturen und Vögten ermöglicht jedoch den sicheren Schluss, dass dort auch eine Ordensburg vorhanden gewesen sein muss [31]. Es ist kaum denkbar, dass man sich über zweihundert Jahre lang mit einem Holzbau begnügt haben sollte, der es doch nicht ermöglichte, ein den Anforderungen des Ordens entsprechendes Konventsleben zu führen. In Talkhof hat man aber auch einen wichtigen Vorposten der Ordensmacht zu sehen, der gegen die bedeutendste Festung des westlichen Teiles des Bistums Dorpat, das Kloster Falkenau, gerichtet war.

Das viertürmige Kastell.

Zu derselben Zeit, als sich die erste Welle von Konventshäusern über die nördlichen Gebiete verbreitete, begann sich vom Zentrum der Kolonie, von Riga, aus ein neuer Nebentyp zu entwickeln, der rasch die südlichen Teile des Landes ergriffen hat und schliesslich auch in das nördliche Gebiet eingedrungen ist. Das früher meist mit einem einzigen Eckturm versehene Gebäude wurde durch einen neuen Typ verdrängt, der in seinem Äusseren lebhafter gestaltet ist: das viertürmige Kastell macht eine kurze, aber intensive Entwicklung durch. Jedoch ebenso wie hinsichtlich der äusseren Gestalt vollzog sich auch in der architektonischen Ausgestaltung der Innenräume und in der Lage der Flügel eine Veränderung. Das ist eben die Hochentwicklung des Konventshauses in Alt-Livland.

Diese neue Stilperiode ist eng verknüpft mit der Regierungszeit des baufreudigen Ordensmeisters Eberhard von Monheim (1328—1340). Den Auftakt bildete der Bau des neuen Ordensschlosses in R i g a, der nach der siegreichen Beendigung des Bürgerkrieges zwischen dem Orden und der Stadt Riga im Jahre 1330 in Angriff genommen wurde. Das ehemalige Ordensschloss, die

---

[30] L ö w i s o f M e n a r, Burgenlexikon 115. Aus einem Brief des Komturs Hermann von Ovelacker erhellt, dass der Konvent am Anfang des 16. Jh. 14 Mitglieder aufwies (PS, OBA, VI:2).
[31] In dem teils zwar sehr nachlässig verfassten Verzeichnis aus dem Jahre 1555 wird zu Talkhof bemerkt: *arx in qua et ordinis quidam frater sedem habuit* (Bunge, Archiv VI, 144).

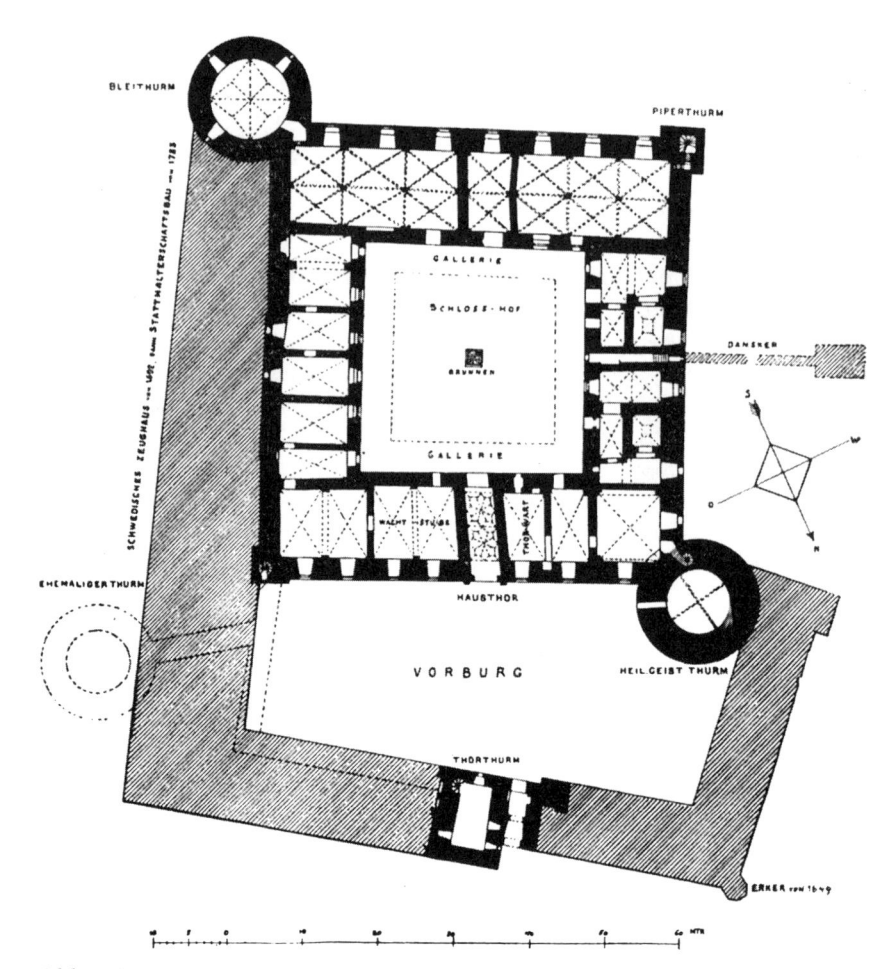

Abb. 86. Riga, Schloss. Grundriss des Kellergeschosses. Nach Neumann.

sog. Georgenburg (Jürgenshof), war in das Wehrsystem der Stadt einbezogen worden und wurde von den Bürgern zerstört. Nun bot sich für den Orden eine günstige Gelegenheit, die Burg ganz unabhängig von der Stadt zu errichten. Als neuen Bauplatz wählte man die vorspringende Nordwestecke der Stadt, die ungefähr um 1300 bei der Erweiterung der Stadt mit einer Ringmauer umgeben worden war, und wo bis dahin das Heiligen-Geist-Hospital gelegen hatte. Die die Burg und die Stadt verbindenden Mauerteile wurden aus strategischen Gründen geschleift und beide feindlichen Lager durch einen tiefen Graben voneinander getrennt. Noch im gleichen Jahre 1330 begann man mit den Bauarbeiten, die auf das energische Betreiben des Ordensmeisters hin rasch vorschritten, so dass das Schloss schon im folgenden Jahrzehnt im

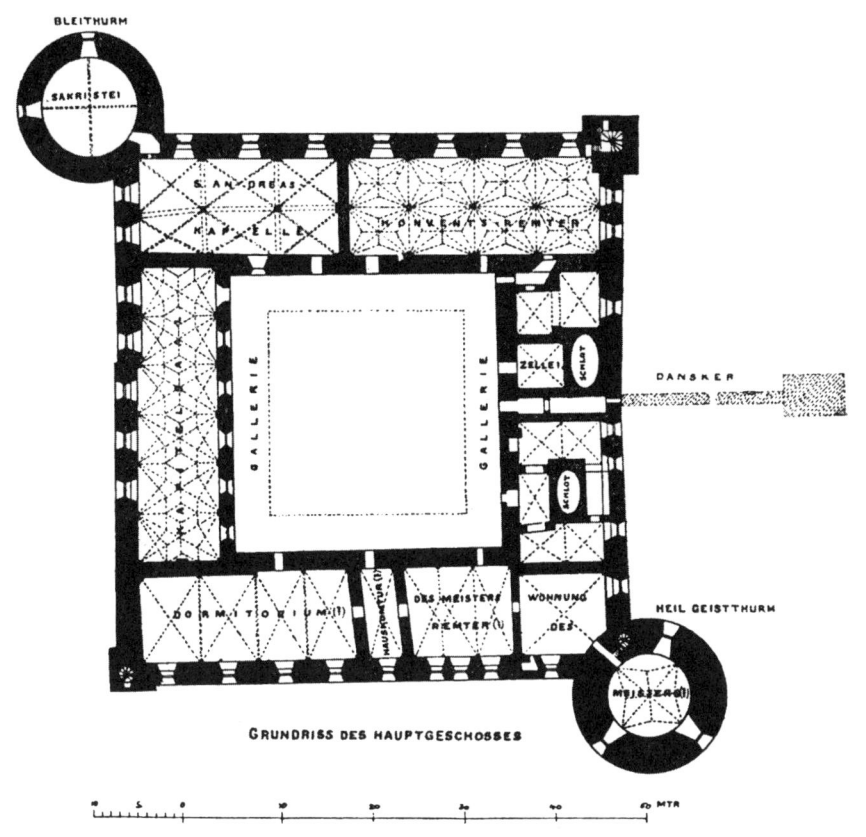

Abb. 87. Riga, Schloss. Grundriss des Hauptgeschosses. Nach Neumann.

allgemeinen fertig war [32]. Obwohl es in dem am Ende des 15. Jahrhunderts zwischen Orden und Stadt neu entbrannten Kriege stark gelitten hat und dann unter Ordensmeister Plettenberg wieder aufgebaut und ergänzt worden ist, kann man doch seine einstige Gestalt verhältnismässig genau rekonstruieren. Wie die stilkritische Analyse ergibt und noch heute erhaltene Mauerreste zeigen, sind die Angaben der Chronik, das Schloss sei im Jahre 1484 gänzlich zerstört worden, nicht zutreffend. Unter der Zerstörung hat nämlich nur ein Teil der Türme und Innenräume gelitten, die Gesamtanlage des Gebäudes ist erhalten geblieben.

An der Aussenseite des Schlosses kann man noch heute die aus Monheims Zeit stammenden Teile von denen der Zeit Plettenbergs unterscheiden. Aus der letzteren Periode stammen die grossen, diagonal angeordneten Rundtürme, die ein wichtiges Element im Stadtbild von Riga bilden (Abb. 86 und 87). Anfangs war das

---

[32] Tuulse, Riga 66 ff.

Abb. 88. Riga, das Schloss von Süden gesehen. Nach einer Zeichnung aus dem Jahre 1784 (GEG).

Schloss an drei Ecken mit kleinen dekorativen Treppentürmen versehen, die man besonders gut auf einer Zeichnung aus dem 18. Jahrhundert feststellen kann (Abb. 88). Wie die Grundmauern und Fugen beweisen, gesellte sich zu diesen Treppentürmen als vierter an der Nordseite ein grosser viereckiger Hauptturm, ein Zeichen für das Fortleben der alten Tradition (Abb. 89). Auch die Einteilung der Innenräume geht zum Teil auf Monheims Zeit zurück. Die Lage der Flügel wird durch das altbekannte Schema bestimmt: die Burgflügel sind als einzelne Häuser aneinandergeschoben und ihre Räume von der Hausmauer fest umschlossen. Der Hauptflügel liegt im Süden und enthält zwei wichtige Räume: Kapelle und Remter. Der Verbindungsraum zwischen diesen ist in einer späteren Bauperiode beseitigt worden; dass ein solcher aber ursprünglich vorhanden gewesen ist, beweisen die Mauern des Kellergeschosses.

Die Kenntnis des Stils der Innenräume der Monheimschen Zeit wird vor allem durch die Kapelle vermittelt, wo noch die im 14. Jahrhundert erbauten Gewölbe mit geringen Veränderungen erhalten sind (Abb. 90 und 91). Der Raum wird von zwei achtkantigen Pfeilern in zwei Schiffe geteilt. Die Basen weisen schlichte geometrische Formen auf, wie sie besonders aus der späteren Zeit der Ordenskunst bekannt sind. An den Kapitellen wurde im 15. Jahrhun-

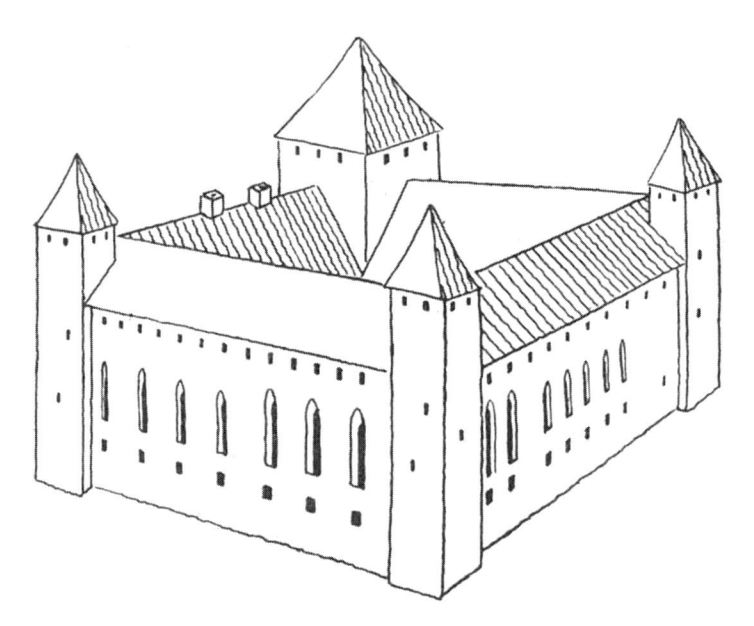

Abb. 89. Riga, das Schloss zu Monheims Zeit. Rekonstruktionsversuch des Verfassers.

dert eine Veränderung vorgenommen. Der dort wahrzunehmende Übergang von den Gewölbestützen auf die Rippen ist besonders aus der spätgotischen Baukunst des Landes bekannt (Kirche von Haljal in Nordestland). Wahrscheinlich hatten die Kapitelle im Jahr 1484 stark gelitten und so hat man es bei der Restauration für zweckmässiger gehalten, sie einfach abzuschleifen. Ganz in ihrer alten Gestalt sind die Gewölbekappen und -rippen erhalten, deren Form für jene Periode charakteristisch ist. Die starken Wülste erinnern an die damalige Sakralarchitektur (die Kirchen auf Ösel, die Seitenschiffe der Johanniskirche zu Dorpat, ein erhaltenes Joch in der Kirche zu Ronneburg), desgleichen auch die starke Busung der Kappen und das Fehlen der Kehlung.

Vermutlich hatte auch der daneben gelegene Remter dasselbe Aussehen wie die Kapelle, aber zu Plettenbergs Zeit wurde er wie auch der im Ostflügel gelegene grosse Kapitelsaal von neuem überwölbt. Von den übrigen Räumen hat das Dormitorium wahrscheinlich schon damals im Nordflügel gelegen, und daneben befanden sich die Wohnräume des Meisters. Der Westflügel an der Flussseite war für verschiedene Wirtschaftsräume bestimmt; von dort aus führte ein Gang zu einem grossen vorspringenden Dansker, der später nachweislich ein Holzbau war und es vermutlich schon zu Monheims Zeit gewesen ist. Im selben Flügel lagen im unteren Stockwerk die Konventsküchen, wie die grossen Mantelschorn-

Abb. 90. Riga, ein Teil des Gewölbes der ehemaligen Schlosskapelle.

steine beweisen. Auch in diesem Stock sind Gewölbe aus der Zeit Monheims teilweise erhalten; sie sind mit starken Gurtbogenrippen versehen, wie solche im Ordensgebiet in der Mitte des 14. Jahrhunderts beliebt gewesen sind (Abb. 92). Im selben Stockwerk ist auch ein Pfeiler mit Kapitell erhalten, dessen geometrische Formen den Pfeilerbasen der Kapelle nahestehen, so dass man daraus auch auf die Form der einstigen Kapitelle des Sakralraums schliessen darf.

Entsprechend der Gesamtanlage der Konventshäuser wurde auch das Rigaer Schloss an der Hofseite mit einer Vorlaube versehen, die hier am Sitz des Ordensmeisters vermutlich ein Steinbau gewesen ist. Der Eingang in den Burghof befand sich schon zu Monheims Zeiten an derselben Stelle wie später, die Gewölbe aber stammen aus der Zeit Plettenbergs.

Wie gesagt, war das Gebäude in grossen Zügen schon in den vierziger Jahren des Jahrhunderts fertig. Das besagt jedoch für Riga ebensowenig wie für andere Burgen, dass nunmehr eine längere Pause in der Bautätigkeit eingetreten sei: die Festungen bedurften beständiger Ergänzung und Besserung. Unmittelbar nach der Vollendung des Konventshauses wurde diesem an der Nordseite eine Vorburg angeschlossen, deren regelwidriges Verhältnis zur Hauptburg zeigt, dass man hier Teile der alten Stadtmauer benutzt hat.

Abb. 91. Riga, die Schlosskapelle. Rekonstruktion von Guleke.

Diese kleinere Vorburg war nun für Wohnräume bestimmt; hier lag auch die Firmarie, das Haus für die kranken Ordensbrüder. Wie die in ihren Formen für die Baukunst des Landes typische Pforte beweist, konnten nur Fussgänger in den Hof gelangen. Für Wirtschaftsgebäude und Ställe wurde noch ein zweiter grösserer Vorhof um das Schloss angelegt, wo sich auch die urkundlich belegte Kapelle für die Dienerschaft befand [33].

Neben Fellin stellte Riga das zweite im 14. Jahrhundert erbaute grössere Konventshaus dar. Als Residenz des Ordensmeisters hat dieser Bau in wesentlichem Masse die Entwicklung der Architektur des Landes beeinflusst: bald entstand im lettischen Gebiet eine ganze Gruppe von Burgen, deren Formen entweder direkt auf Riga oder doch auf dieselben Quellen zurückgehen, aus denen die dortigen Bauherren und Baumeister geschöpft hatten.

Das erste Beispiel dieser Art ist das Schloss M i t a u (Jelgava), das wie Riga zur Zeit des Ordensmeisters Monheim erbaut worden ist [34]. An dieser Stelle hatte freilich Ordensmeister Konrad von Mandern schon im Jahre 1265 eine Burg errichtet, die aber vermut-

---

[33] Tuulse, Riga 39.
[34] Ebendort 89.

Abb. 92. Riga, Raum im ersten Stockwerk des Schlosses.

lich als Frühburg nur ein Holzbau gewesen war und eine durch die Semgallische Aa und einen von deren Nebenflüssen geschützte Wasserburg dargestellt hatte. An derselben Stelle haben die Herzöge von Kurland im 18. Jahrhundert ein neues Schloss erbaut, wobei sie das Monheimsche Gebäude gänzlich abgetragen haben, so dass wir dieses nur aus Abbildungen und Plänen des 17. und 18. Jahrhunderts kennen (Abb. 93). Diesen zufolge stand Mitau dem Rigaer Schloss der Monheimschen Zeit verhältnismässig nahe, hinsichtlich seiner Ausmasse gehörte es aber mit seiner Seitenlänge von ca. 30 m zu den kleineren Konventshäusern. Auch Mitau war ein viertürmiges Kastell und vertrat diesen Typ in noch reinerer Gestalt als Riga, da alle Türme von gleicher Stärke waren. Wie man aus den Grundrissen feststellen kann, war hier mit der Hauptburg eine ebenso regelmässige Vorburg verbunden wie in Riga. Im 17. Jahrhundert wurde das Schloss mit einem umfangreichen System von Bastionen versehen [35]. Die Burg Mitau der Monheimschen Zeit war verhältnismässig schnell aufgebaut: schon im Jahre 1345 sollen die Litauer die Burg zwar belagert, aber nicht haben einnehmen können, da sie aus Quadern erbaut gewesen sei; so gibt nämlich Wartberge den Verlauf der Ereignisse wieder [36]. Es ist

---

[35] Schmid, Abb. 40.
[36] Wartberge 23.

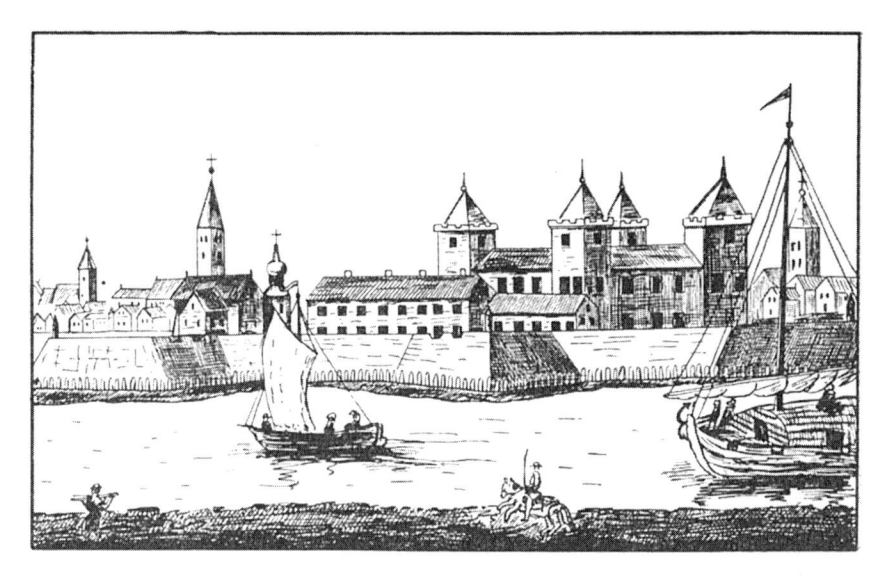

Abb. 93. Mitau, die Burg im Jahre 1703. Nach Löwis of Menar.

aber fraglich, ob die Burg wirklich ein reiner Quaderbau gewesen ist; glaubwürdiger klingt Reckes Beschreibung, nach der grösstenteils Feldstein als Baumaterial gedient habe [37].

Zur selben Gruppe gehört auch die wichtigste Burg in Kurland, das Wehr- und Verwaltungszentrum G o l d i n g e n (Kuldiga). Die Gründungszeit dieser Burg liegt zwischen 1242 und 1245; zehn Jahre später, 1252, wird dort erstmalig ein Komtur erwähnt [38]. Das setzt das Bestehen eines selbständigen Konvents voraus, und so darf man vermuten, dass die Bauarbeiten an der Burg zu jener Zeit ihr Endstadium erreicht hatten. Als südlicher Vorposten des vom Orden eroberten Gebietes hiess die Burg anfänglich Jesusburg; ihren späteren Namen hat sie von der heidnischen Feste Goldingen erhalten. Die Bedeutung von Goldingen wuchs besonders gegen Ende des 13. Jahrhunderts, nachdem der Ordensmeister im Jahre 1290 die Unterordnung aller Ordensbrüder in Kurland dem Komtur von Goldingen verfügt hatte [39].

Von diesem bedeutenden Zentrum der Ordensherrschaft am Ufer der Windau sind heute nur noch einige wenige Grundmauern erhalten. Aber zu der Zeit der Herzöge ist das Schloss noch bewohnbar gewesen, und die aus dieser Zeit stammenden Beschreibungen und Zeichnungen ermöglichen es, die einstige Gestalt die-

---
[37] Löwis of Menar, Komtureien 45—46.
[38] Dragendorff 87.
[39] Schmid 215.

Abb. 94. Goldingen, die Burg im Jahre 1729.
Nach L ö w i s of M e n a r.

ses Gebäudes zu vergegenwärtigen. Am wichtigsten ist eine Zeichnung von Weygandt aus dem Jahre 1729, wo Goldingen als ein ebensolches viertürmiges Kastell wie Mitau dargestellt ist (Abb. 94). Zu dieser Gestalt ist aber das Schloss erst nach mancherlei Umbauperioden gelangt. Wie die um die Mitte des 13. Jahrhunderts errichtete Burg ausgesehen hat, darüber gibt es keine Angaben; wohl aber bekunden noch teilweise erhaltene Mauerreste im eingestürzten Kellergeschoss, dass das Gebäude anfänglich aus für jene Zeit charakteristischen, sorgfältig behauenen grossen Quadern von 80 cm Länge und 30 cm Dicke errichtet worden war [40]. Seine ursprünglichen Masse werden wohl nur klein gewesen sein; vermutlich erst gegen Ende des Jahrhunderts ist das Konventshaus erbaut worden, das wohl eins der ersten dieses Typs in Alt-Livland gewesen ist und als Vorbild für Windau und andere gedient haben mag. Als die Bautätigkeit in der zweiten Hälfte des Mittelalters einen gewissen Aufschwung nahm, wurden auch an der alten Burg Goldingen den neuen Stilforderungen entsprechende Änderungen vorgenommen. Das Aussenbild wurde durch die Hinzufügung von Ecktürmen verändert; von den Innenräumen erhielt die Kapelle ein Sterngewölbe, wie aus einer Beschreibung des 18. Jahrhunderts hervorgeht [41]. Von dem System der sich an das Hauptgebäude anschliessenden Vorburg gibt ebenfalls die Zeichnung von Weygandt eine Vorstellung. Hier werden im Vordergrunde ein grosses Seitengebäude und eine Mühle dargestellt. Letztere gehört zu den unerlässlichen Bestandteilen fast aller Ordens- und grösseren Bischofsburgen, da der im Lande aufgebrachte Getreidezehnte vermahlen werden musste.

Anklänge an das viertürmige Kastell finden wir auch bei der Burg von T e r w e t e n (Tervete), die an der Stelle der in der Zeit

---
[40] S c h m i d 215.
[41] Ebendort 216.

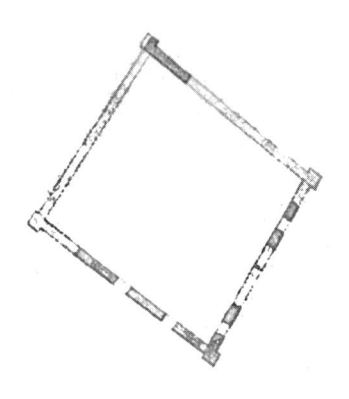

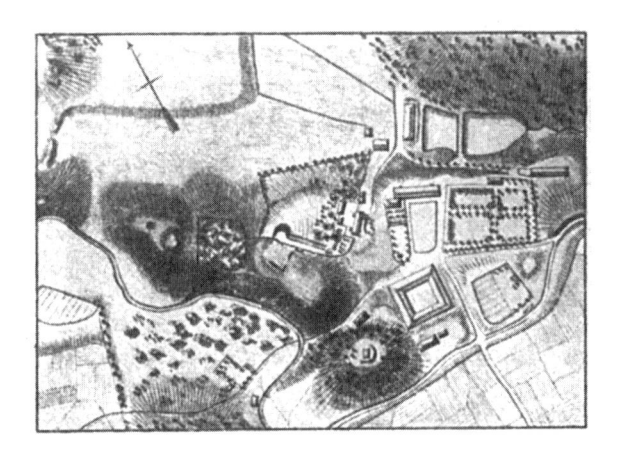

Abb. 95. Terweten, Grundriss und Situationsplan. Aufmessung von C. G. Raetsch aus dem Anfang des 19. Jahrhunderts (MP).

der Kämpfe errichteten Holzburg von Heiligenberg lag. Nach der Unterwerfung der Semgallen zerstörten die Ordensleute diese vorläufige Festung, und erst im 14. Jahrhundert, als man daranging, das Burgennetz zu erweitern und zu ergänzen, errichtete der Ordensmeister Monheim im Jahre 1339 an dem alten günstigen Platz eine Steinburg, die den südlichen Teil des Landes gegen die Angriffe der Litauer verteidigen sollte. Sie hat aber nur sehr kurze Zeit bestanden: schon im Jahre 1345 haben die Litauer die Burg erobert und dabei acht Ordensritter und eine grosse Menge Volkes erschlagen [42]. Zur Zeit der Ordensherrschaft ist die Burg nicht wie-

---

[42] Tuulse, Riga 92.

der aufgebaut worden; erst im 16. Jahrhundert haben die Herzöge das alte Mauerwerk bei der Anlage eines Jagdschlosses benutzt.

Terweten gehörte mit seiner Seitenlänge von ca. 25 m zu den kleineren Konventshäusern Livlands. Von der aus Feldstein errichteten Aussenmauer sind nur noch wenige Ruinen erhalten. Auf Grund dieser sowie nach einer zu Pauluccis Zeit angefertigten Zeichnung lässt sich feststellen, dass die Ecken des Schlosses mit viereckigen Mauerausbuchtungen versehen waren, die an die in jener Zeit üblichen Ecktürme erinnern (Abb. 95 u. 96). Der Kürze der Zeit wegen konnte nur die Aussenmauer aus Stein gebaut werden, die innerhalb derselben befindlichen Bauten waren aus Holz und sind erst in herzoglicher Zeit in Stein ausgeführt worden.

Zu den Burgen Alt-Livlands gehört teilweise auch M e m e l, das in seiner ersten Gestalt zwischen 1242 und 1245 gegründet, im Jahre 1252 an einer günstigeren Stelle neu errichtet und 1328 in preussische Herrschaft übernommen wurde. Die zuerst errichtete Burg war wahrscheinlich aus Holz und Erde, aber schon 1253 wird der Bau als „Barchwride, die in der Memele steit" erwähnt, was auf eine Turmburg schliessen lässt [43]. Die strategisch bedeutsame Lage der Festung hat später eine Erweiterung erfordert. Heute ist nichts mehr von dem Bau erhalten; alten Plänen zufolge ist er mit vier Ecktürmen versehen gewesen, die aus der Zeit vor 1328 oder auch aus dem Ende desselben Jahrhunderts stammen mochten, wo in Stadt und Burg grosse Umbauten stattfanden. Aber auch damals bestanden noch enge Beziehungen zu dem livländischen Ordensgebiet: der für die Bauarbeiten nötige Ziegellehm wurde aus Rositen in Ostlettland, der Kalkstein aus Amboten in Kurland herbeigeschafft [44].

Abb. 96. Terweten, Mauerausbuchtung an der Südecke.

---

[43] S e m b r i t z k i 19.
[44] PS, HBA, Abt. D, Nr. 606: Christof Sturtz, Kanzler, an Herzog Albrecht, Pilten, 7. Juli 1547. Berichtet auf Wunsch des Herzogs über Orte, von wo man guten Kalkstein zum Anfertigen von Tür- und Fensterrahmen bekommen könne, z. B. auf Ösel, ferner 12 Meilen von Memel in Kurland, — „daselbst sol ein treflicher guter kalckstein sein von welchem auch ehemals die Memel gebauet..."; S e m b r i t z k i 45.

Die Entwicklung in Nordestland.

Die Architektur des Ordens hatte gerade ihre bestimmte Entwicklungsrichtung erhalten, als die politischen und territorialen Erfolge wieder günstige Voraussetzungen für die Verbreitung neuer Kunstformen schufen. Von grosser Bedeutung für den Orden war die 1346 auf dem Kaufwege erfolgte Erwerbung Nordestlands aus dänischer Hand. Mit neuem Eifer wurde die Befestigung des Landes auch im nördlichen Gebiet in Angriff genommen, wozu sich noch in Reval ein erheblicher Aufschwung der städtischen Architektur gesellt hat. Damit war der Ausgestaltung des gesamten Kunstbildes des Landes ein kräftiger Anstoss gegeben.

Der Chronist Wartberge erzählt, dass der Ordensmeister Goswin von Herike bald nach der Erwerbung Estlands in den Burgen von Reval, Narwa und Wesenberg Bauarbeiten unternommen habe, wobei er besonderen Nachdruck darauf gelegt habe, diese Burgen mit Türmen auszustatten [45]. Da alle drei Burgen während der dänischen Bauperiode eine kastellähnliche Gestalt erhalten hatten, war es jetzt leicht, abgesehen von einer allgemeinen Hebung ihrer Wehrfestigkeit, auch Konventshäuser innerhalb der alten Ummauerung zu errichten. Man war bemüht, bei den Umbauten nach Möglichkeit die Grundregeln zu befolgen, die sich während der ersten Hälfte des 14. Jahrhunderts im südlichen Landesgebiet herausgebildet hatten. Am unmittelbarsten tritt der Zusammenhang mit der Rigaer Gruppe in W e s e n b e r g (Rakvere) zutage. Das erhaltene Mauerwerk und ein Grundriss von Samuel Waxelberg aus dem 17. Jahrhundert zeigen deutlich, wie man dort bestrebt gewesen ist, das alte Kastell mit den neuen Anforderungen in Einklang zu bringen (Abb. 97). Da die dänische Burg sehr klein gewesen war, musste man sie wesentlich erweitern, um die durch die Konventsregeln gestellten Raumanforderungen zu befriedigen. Diese Erweiterung vollzog sich in der Weise, dass man einen Teil der Räume innerhalb, den anderen Teil dagegen ausserhalb der alten Mauern unterbrachte, worin die widersinnigen Ecken im Grundriss, wie man sie nie bei ganz neu angelegten Konventshäusern findet, ihre innere Begründung finden. Die alten Mauern blieben Aussenmauern im Norden und Westen, im Osten dagegen wurde ein neuer Flügel hinzugebaut, der die Schlosskapelle enthielt (vgl. Abb. 24). Ebenso entstanden neue Bauten an der alten Südmauer, die nun als Innenmauer diente. An der Hofseite wurde die Verbindung zwischen den einzelnen Gebäudeteilen durch eine steinerne Vorlaube hergestellt, die, nach den Mauerresten und dem Waxelbergschen Plan zu

---

[45] Wartberge 24.

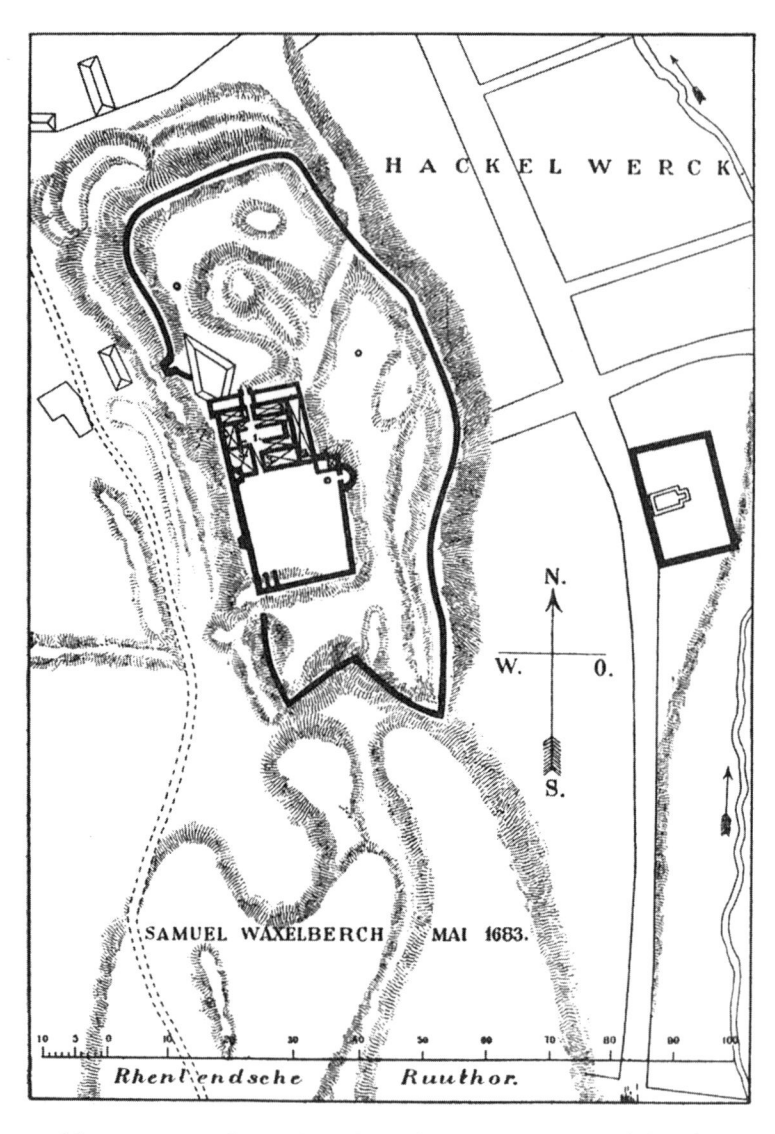

Abb. 97. Wesenberg, Grundriss der Burg im 17. Jahrhundert.
Nach Löwis of Menar.

schliessen, gewölbt gewesen ist. So wurde das Konventshaus zwar nach aussen hin ein geschlossener Block, die Innenräume aber waren nicht organisch miteinander verbunden, wie sich aus einem Vergleich mit den früheren Beispielen ergibt. Besonders der langgezogene Grundriss der Kapelle widerspricht den strengen Bauregeln des Ordens, wie auch das im Westflügel befindliche Haupt-

Abb. 98. Wesenberg, die Burgruine von Südosten gesehen.

gebäude aus der dänischen Zeit augenfällig die Gesamtplanung überschreitet. Alle runden Fensterbogen dieser Gebäude stammen aus der zu Beginn unseres Jahrhunderts vorgenommenen Restauration; ursprünglich waren die Fenster spitzbogig gewesen.

Bei der Ausgestaltung der Aussenseite und des Wehrcharakters des Konventshauses hat man auf die Südseite besonderen Nachdruck gelegt, indem hier an den Ecken schlanke viereckige Treppentürme errichtet wurden, die der Burg von der Südseite her das Aussehen eines viertürmigen Kastells verleihen (Abb. 98), durch welchen Typ die Erbauer von Wesenberg zweifellos angeregt worden sind. Von den früheren Bestandteilen ist der aus der dänischen Zeit stammende Turm an der Westseite stehengeblieben, wodurch auch die Aussenseite ein uneinheitliches Gepräge erhalten hat. An der Nordseite wurde kein Eckturm errichtet, da die hier beibehaltene alte Mauer dies nicht zuliess.

Ungefähr gleichzeitig mit dem Bau des Hauptschlosses erfolgte auch die Ergänzung des Vorburgsystems. An der Südseite wurde ein grosser Hof angelegt, der sich trotz der ungleichförmigen Gestalt des Berges durch strenge Regelmässigkeit auszeichnete. Die Vorburg wies anfänglich keinerlei Turmschutz auf, erst in der Zeit nach der Einführung der Feuerwaffen wurde an der Ostseite ein grosses Rondell hinzugefügt. Die auf dem Plan aus dem 17. Jahrhundert abgebildete (Abb. 97), im Gegensatz zu der Regelmässigkeit des Hauptgebäudes naturgebundene Mauer um den Berg herum war von den Russen zwischen 1558 und 1581 gebaut worden.

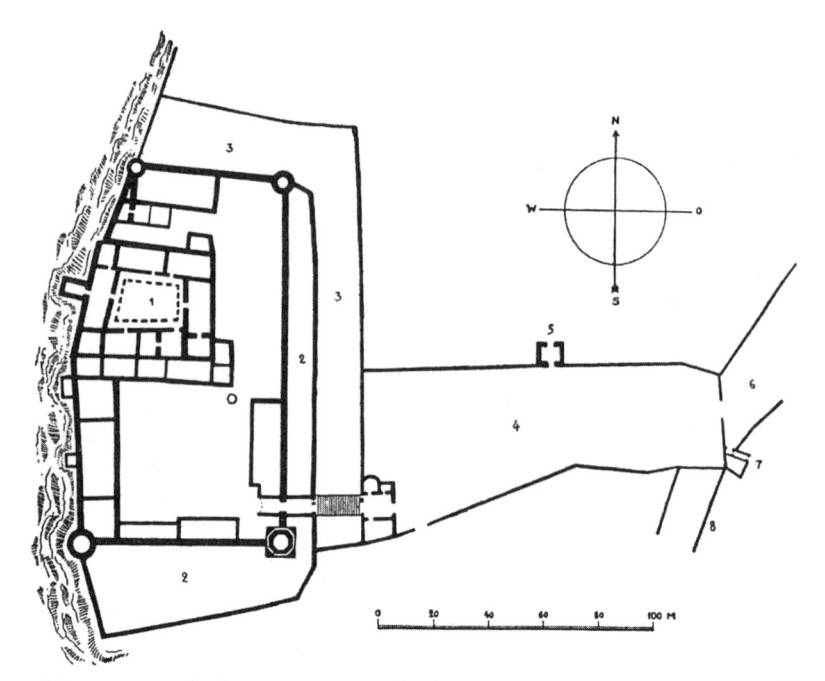

Abb. 99. Reval, die Burg am Ende der Ordenszeit. Rekonstruktion des Verfassers. 1 — Das Konventshaus, 2 — Der Parcham, 3 — Der Graben, 4 — Die Vorburg, 5 — Das Domtor, 6 — Der Lange Domberg, 7 — Der Kurze Domberg, 8 — Die Stadtmauer.

Von ihr ist heute nichts mehr erhalten: die Mauer, die aus den Steinen der Häuser der Stadt Wesenberg errichtet worden war, hat beim Wiederaufbau der Stadt ihrerseits das Material zum Häuserbau liefern müssen [46].

Die um die Mitte des Jahrhunderts begonnenen Bauarbeiten am Hauptgebäude der Burg haben verhältnismässig lange angedauert: erst gegen Anfang des 15. Jahrhunderts wurde es in seiner endgültigen Gestalt vollendet. Bei der Datierung kann man sich zu einem Teil auf die erhaltenen Kellergewölbe und Portalfragmente stützen, die die schlichten, strengen Formen aufweisen, wie sie um 1400 im Kalksteingebiet Nordestlands üblich gewesen sind. Die in einem kleineren Keller erhaltene Vorrichtung für Warmluftheizung ist späteren Ursprungs und stammt vermutlich erst aus der zweiten Hälfte des 15. Jahrhunderts, wo ein grosser Teil der Burgen mit einer solchen Heizvorrichtung versehen worden ist.

Als Vorposten der Burg Wesenberg diente die nördlich gelegene Wehrkirche zu Haljal (Haljala). Die Entstehung der Kirche

---

[46] Löwis of Menar, Wesenberg 56.

fällt in die erste Hälfte des 15. Jahrhunderts, also in eine Zeit, als die Bauarbeiten in Wesenberg bereits beendet waren. Im Vergleich mit den älteren Wehrkirchen auf Ösel und in Südestland (z. B. Nüggen — Nõo) ist das Wehrsystem völlig verändert: keine hochsitzenden Fenster mit Wehrgang mehr, dagegen das Langhaus im unteren Teil mit eine Reihe von Schiessscharten versehen, wie das auch noch z. B. in den Kirchen zu Luggenhusen und Nuckö (Noarootsi) der Fall ist.

Besonders umfangreich gestalteten sich die Umbauarbeiten des Ordens in der Burg von R e v a l (Tallinn), das sich nach Riga zu dem bedeutendsten militärischen und administrativen Zentrum des Landes entwickelte. Abgesehen von einer Verstärkung des Wehrgürtels, kam es vor allem darauf an, zeitgemässe Räume für den Ordenskonvent zu schaffen. Das Konventshaus kam an dieselbe Stelle zu stehen, wo in der dänischen Zeit das Hauptgebäude mit den Wohnräumen des *capitaneus* gelegen hatte (vgl. Abb. 23 und 99). Dabei wurde teilweise auch das dänische Mauerwerk benutzt, nur ragte das Konventshaus weiter als der ehemalige Gebäudekomplex westwärts hervor. Die früheren Bauten bedingten nur am Südflügel Abweichungen von den Bauregeln, die anderen Seiten hatten früher keine Gebäude gehabt und so konnte man hier die Gemeinschaftsräume ganz nach den Anforderungen der Ordensregel anordnen [47]. In den östlichen Teil des Nordflügels wurde die Kapelle verlegt, deren mit gotischen Bogen versehene Fenster uns aus einer Zeichnung von Körber bekannt sind. Neben der Kapelle lag der Kapitelsaal und im Westflügel das Dormitorium, das mit einem grossen vorspringenden Dansker verbunden war, der zugleich den Seitenschutz für die Westmauer übernahm (Abb. 100). Der vierte Gemeinschaftsraum, der Remter, wurde im Ostflügel untergebracht. In den alten Wohnflügel aus der dänischen Zeit passten am besten die Räume des Komturs. Über die architektonische Gestalt der damaligen Innenräume ist nichts bekannt, da das Gebäude in neuerer Zeit wiederholt umgebaut worden ist. Auf Grund unbekannter Quellen meint Neumann, das Dormitorium und der Remter sei zweischiffig und von einem schlichten Kreuzgewölbe überspannt gewesen [48]. Ebensolche Gewölbe hatten übrigens auch die Kapelle und der Kapitelsaal, die beide einschiffig waren. In der Ausgestaltung der Einzelheiten herrschte wahrscheinlich der sachliche Ordensstil, der bald besonders in der Kalksteinarchitektur von Reval mit einem lokalen Akzent zur Herrschaft gelangt ist. Noch im ersten Jahrzehnt unseres Jahrhunderts war eine wenig

---

[47] T u u l s e, Tallinn 59 ff.
[48] N o t t b e c k - N e u m a n n, Fig. 4.

Abb. 100. Reval, die Burg von Nordwesten gesehen. Nach Löwis of Menar.

Abb. 101. Reval, Nordwestansicht der Burg aus der Mitte des 17. Jahrhunderts. Nach Olearius.

veränderte Vorlaube aus Stein erhalten, die ein schlichtes Gratgewölbe aufwies [49].

An der Südostecke des Gebäudes erhielt sich der schon in dänischer Zeit erbaute grosse viereckige Turm, der nachmals vermutlich erhöht worden ist, wie man nach der Baugeschichte von damaligen Burgen gleichen Charakters annehmen darf. Der Turm ist auf den Ansichten von Olearius noch zu sehen, wobei er auf der grosse Ungenauigkeiten aufweisenden Westansicht an der Nordostecke des Konventshauses untergebracht ist (Abb. 101). Die Bauarbeiten wurden in verhältnismässig kurzer Zeit durchgeführt, woran die von der Stadt gewährte Unterstützung zur Instandsetzung und Verstärkung des Schlosses (*pro reparatione et melioratione eiusdem castri*) wesentlichen Anteil haben mochte [50].

Der ersten Bauperiode folgte bald eine zweite, die vor allem die Burganlage ausserhalb des Konventshauses wesentlich verändert hat. Nach Wartberge ist bekannt, dass die Burg von Reval um das Jahr 1371, also unter Ordensmeister Wilhelm, vergrössert und mit hohen Mauern sowie mit zwei sehr festen Türmen ausgestattet worden ist [51]. So war diese Bautätigkeit vor allem darauf gerichtet, das aus dänischer Zeit und zum Teil noch von den Schwertbrüdern stammende Vorwerk durch ein neues zu ersetzen. Mit den Arbeiten wurde an der Südseite begonnen, wo der natürliche Schutz am schwächsten war. An der Südwestecke wurde ein grosser Rundturm, der „Lange Hermann" aufgeführt, der mit seiner Höhe von 45 m in wesentlichem Masse das Stadtbild von Reval bestimmt. Seine jetzige Höhe hat der Turm in zwei Bauperioden erhalten, anfänglich hat sie bloss etwa 35 m betragen [52]. Der inneren Einteilung nach ist der Turm ein typischer Bergfried mit einem schmalen, kleinen Burgverliese im Erdgeschoss und mit heizbaren Oberkammern, wohin man sich bei grosser Gefahr zurückziehen konnte (Abb. 102). Mit dem Bau des „Langen Hermann" wurde zugleich die südliche sowohl als auch die westliche Mauerlinie weiter vorgerückt und die letztere jetzt an den Rand des steilen Felsabhangs verlegt, nämlich an die Stelle, wo sich ehemals die Holzpalisade befunden hatte. Zu dem früheren grossen Dansker wurde noch ein zweiter kleinerer gebaut, um die Westmauer bequemer unter Seitenfeuer nehmen zu können.

Im Zusammenhang mit dem Vorrücken der Südmauer hatte das dort zur Zeit der Schwertbrüder angelegte Turmsystem seine Bedeutung eingebüsst, da es bereits veraltet war und auch in der Süd-

---

[49] Tuulse, Tallinn, Abb. 9.
[50] UB II, 889, 890.
[51] Tuulse, Tallinn 61.
[52] Ebendort 65.

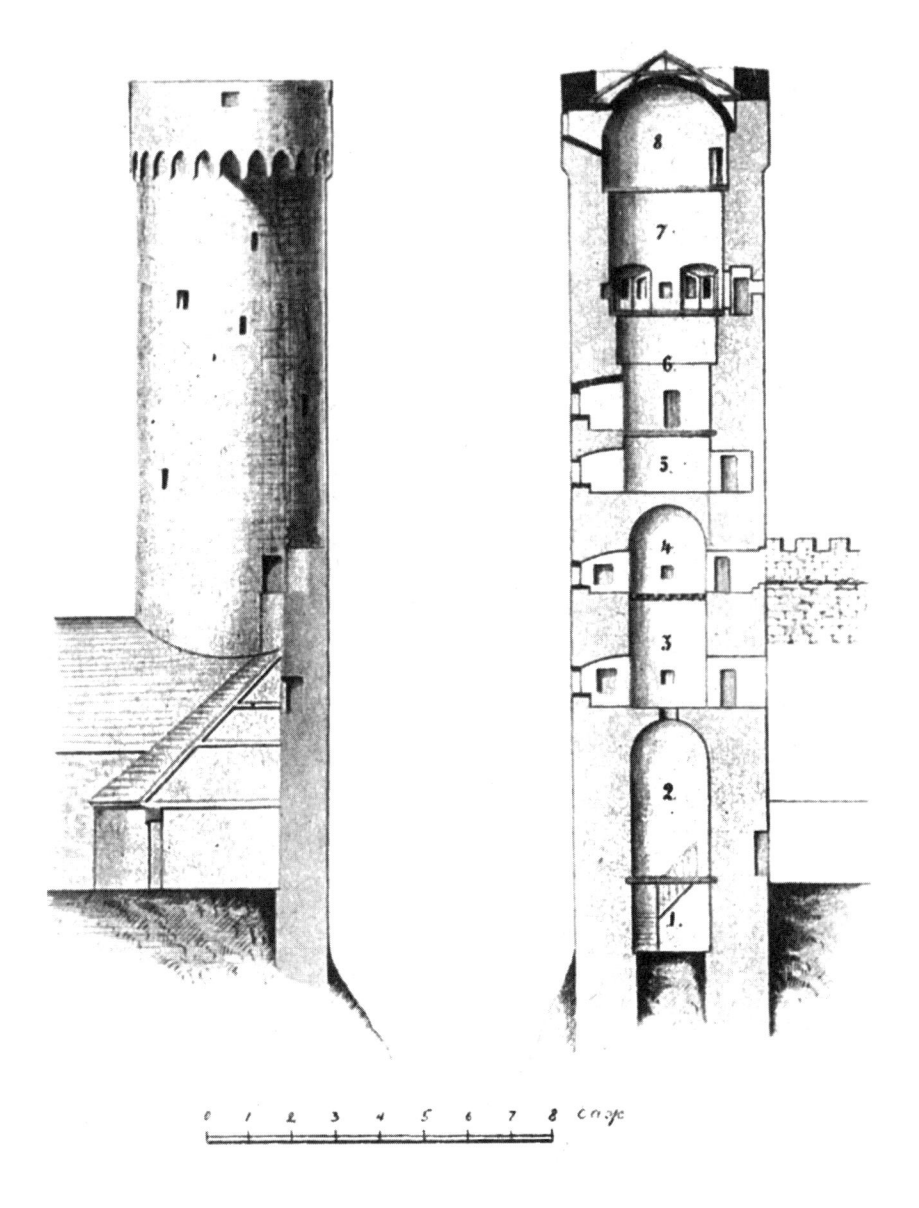

Abb. 102. Reval, Ansicht und Durchschnitt des „Langen Hermann" aus dem Jahre 1859 (ERKA).

ostecke durch ein neues ersetzt werden musste. Dort wurde der vom Chronisten bezeichnete zweite mächtige Turm errichtet, der urkundlich unter dem Namen „Stür den Kerl" bekannt ist. Der Turm wurde anlässlich der Umbauarbeiten des 18. Jahrhunderts abgetragen, seine Gestalt ist aber aus Zeichnungen und Grundrissen

171

Abb. 103. Reval, Ansicht des „Pilstikers" und der „Landskrone"
vor der Restaurierung.

bekannt. Der in seinem unteren Teil viereckige, oben achtkantige „Stür den Kerl" hat diese Form erstmalig innerhalb der altlivländischen Burgenarchitektur vertreten.

In derselben Bauperiode ist es auch zu einer gründlichen Erneuerung des nördlichen Teils der Burg gekommen. Die Nordost-

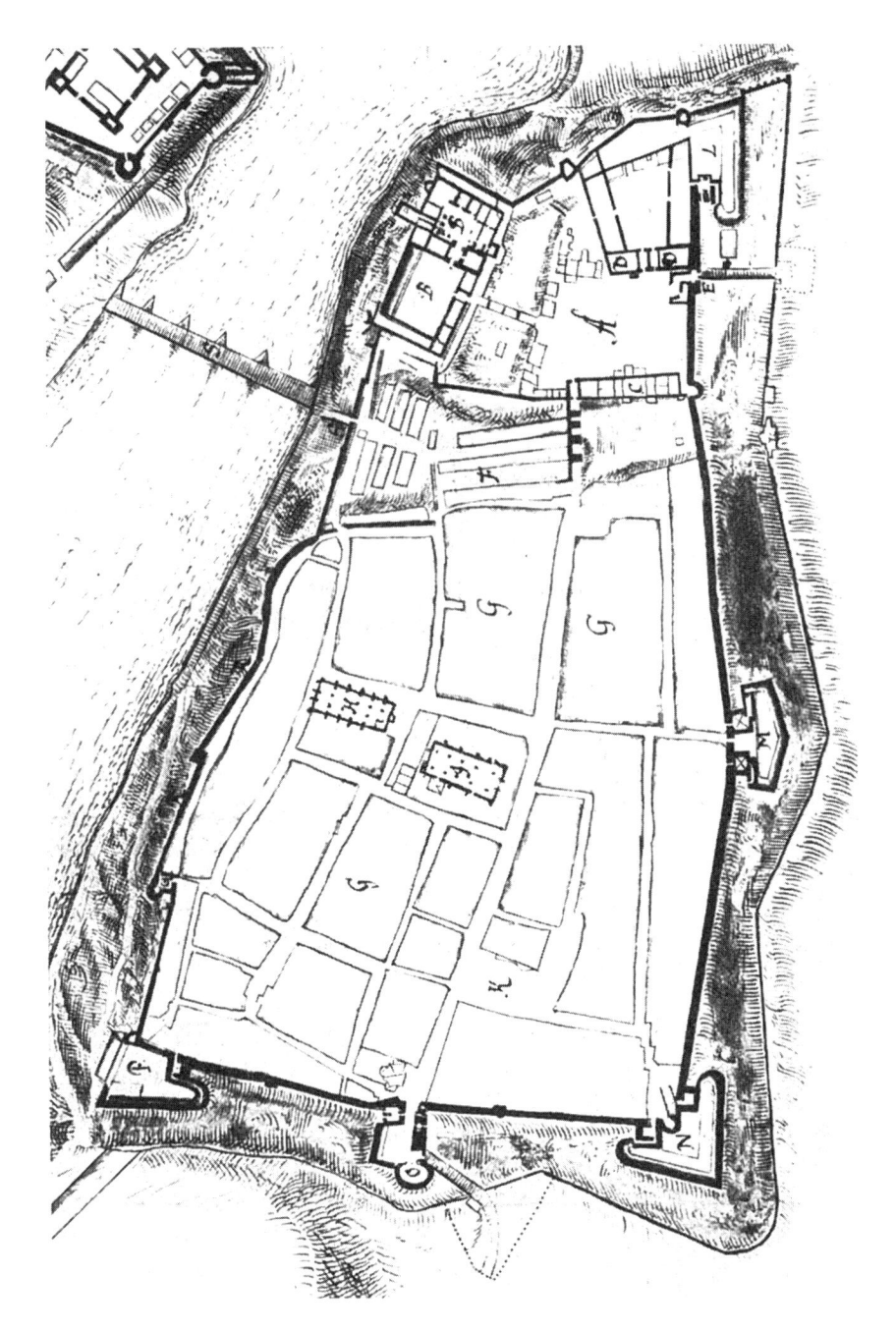

Abb. 104. Narwa, Plan der Stadt und der Burg aus dem Jahre 1650.
Nach Karling.

Abb. 105. Narwa, die Burg von Südosten gesehen.

ecke war hinreichend durch das *castrum maius* geschützt, und so blieb sie zunächst ohne Eckturm. In der Nordwestecke wurde aber eine dekorative Echauguette, der „Pilstiker", angelegt, der nachmals das Vorbild für ähnliche Türme in anderen nordestländischen Wehrbauten abgegeben hat (Abb. 103). Abgesehen vom oberen, restaurierten Teil hat sich der Turm bis heute unverändert erhalten.

Den Türmen und Hauptmauern schloss sich ein zu derselben Zeit angelegtes Zwingersystem an, das besonders im Süden in beträchtlicher Breite die Burg umgab, um die Wehrlinie möglichst nahe an den steilen Bergrand zu bringen. Desgleichen wurde das Haupttor an der Ostseite mittels eines mehrfachen Verschlusssystems und durch Seitentürme gesichert (Abb. 99). In geringerem Masse schutzbedürftig war die an der Nordseite befindliche Schlupfpforte, durch welche die unmittelbare Verbindung mit dem *castrum maius* hergestellt wurde. In der Nordmauer hat sich das Profil der einstigen Pforte bis heute erhalten. Im Verein mit dem übrigen Wehrsystem des Domberges bildete die damals ausgebaute Burg eine starke Wehreinheit, welcher dann auch noch die Stadt ihrerseits durch die Befestigung ihrer Ringmauern und durch deren Anpassung an das Wehrsystem des Ordens beigesteuert hat. Noch im folgenden Jahrhundert sind die Bauarbeiten an der Stadt-

Abb. 106. Narwa, die Burg von Osten gesehen.

mauer in flotter Weise fortgeführt worden, während beim Schloss erst hundert Jahre später das Aufkommen der Feuerwaffen eine Prüfung des Wehrgürtels notwendig gemacht hat, womit dort die letzte grössere Bauperiode innerhalb der mittelalterlichen Zeit einsetzte. Wesentlich ist die dem Schloss auf dem Domberge im 14. Jahrhundert verliehene Gestalt dadurch nicht verändert worden, vielmehr hat sie sich ungeachtet neuzeitlicher Umbauten an der Westseite bis heutigentags in verhältnismässiger Ganzheit erhalten (Abb. 100).

Abb. 107. Narwa, die Hermannsburg und Iwangorod von Südosten gesehen.

Mit dem Übergang von N a r w a an den Deutschen Orden entstand das dringende Bedürfnis, auch dort das alte dänische Schloss den neuen Anforderungen gemäss umzugestalten. Der Ort war in strategischer Hinsicht besonders wichtig, und dementsprechend wurde auch die Burg als östlicher Vorposten des Deutschen Ordens äusserst fest ausgebaut. Seit 1347 ist die Burg Narwa Komtursresidenz gewesen, was auch das Vorhandensein eines Konvents voraussetzt. Für den Bau grosser Gemeinschaftsräume bot diese Burg ähnliche Bedingungen wie die beiden vorigen: auch hier lag eine viereckige Mauerlinie bereits vor, innerhalb deren neue Bauten mit geringen Kosten angelegt werden konnten (Abb. 104). Der letztere Umstand war aber in Narwa von ebenso wesentlicher Bedeutung wie in Reval oder in Wesenberg, da der nördliche Teil des Landes nach dem grossen Aufstand erschöpft war, so dass es nicht möglich war, sofort eine umfassende Bautätigkeit einzuleiten. Wie es sich vorhin herausgestellt hat, konnte die Burg von Wesenberg erst zu Beginn des 15. Jahrhunderts ihre endgültige Gestalt erhalten. In Reval wurde eine lebhaftere Bautätigkeit durch das Mitwirken der wohlhabenden Hansestadt begünstigt, in Narwa dagegen war das Verhältnis umgekehrt: bei der im 14. Jahrhundert unternommenen Ergänzung und dem Ausbau des Befestigungsgürtels

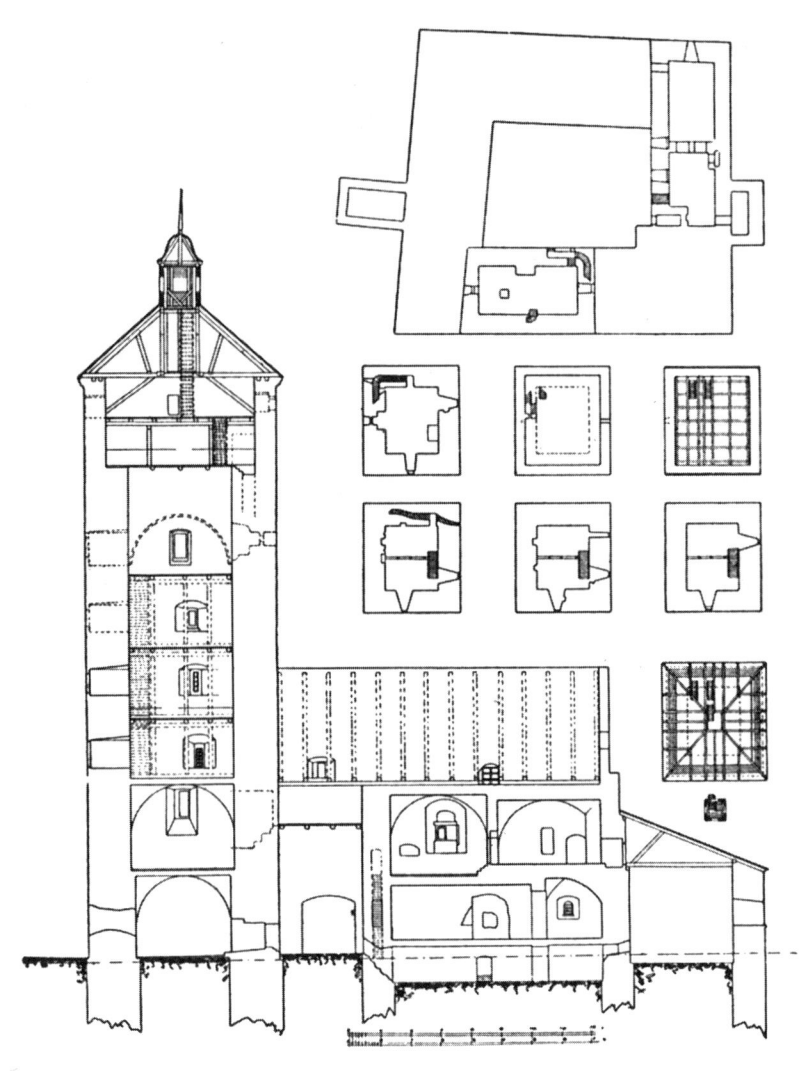

Abb. 108. Narwa, Längsschnitt des Nordflügels der Burg mit dem Turm. Grundriss des Kellergeschosses der Hauptburg und (von links oben gerechnet) des 6., 7., 8., 3., 4., 5., 9. und 10. Stockwerkes des Turmes. Nach Karling.

der Stadt mussten gar die Ordensbrüder mithelfen [53]. Dadurch wurden die Arbeiten am Burgbau noch um ein Weiteres erschwert; man sah sich genötigt, altes Mauerwerk auszunutzen, und so wurde die endgültige Vollendung tief ins folgende Jahrhundert weitergerückt. Dadurch ist es zu erklären, dass sich die Ordensbrüder fürs erste mit Holzbauten begnügen mussten und vor allem auf die He-

---

[53] Karling, Narva 64.

bung der äusseren Wehrfestigkeit der Burg bedacht waren, zu welchem Zweck ein massiver Hauptturm über den aus der dänischen Zeit stammenden Mauern aufgeführt wurde (Abb. 108). Dieser „Lange Hermann" hat seine endgültige Höhe freilich erst am Ende des 15. Jahrhunderts erhalten, und zwar im Zusammenhang mit dem Bau der russischen Festung Iwangorod jenseits des Flusses (Abb. 107); in den Turmformen aber lebten frühe Elemente weiter, die zum Teil noch in die dänische Zeit zurückreichen.

Erst zu Beginn des 15. Jahrhunderts ist der westliche Hauptflügel der Burg erbaut worden. Auf diesen Zeitansatz weisen nämlich die auf die frühen Hakenbüchsen berechneten Fenster, die schlichten polygonalen Konsolen und die Form der Gratgewölbe. Im unteren, mit einer Balkendecke versehenen Raum glaubt Karling das ehemalige Dormitorium und im oberen gewölbten Raum den Remter wiederzufinden (Abb. 109) [54]; die Kapelle mag in der Turmkammer gelegen haben. Die gegen Süden angelegten Räume dienten als Magazine, wie das aus ihrer zum Teil veränderten Gestalt noch heute ersichtlich ist. Die im Ostflügel untergebrachten Nebenräume wurden mit dem Brunnenhause verbunden, das an der dem Flusse zugewandten Aussenseite angelegt war und in seiner äusseren Gestalt an einen Dansker erinnert (Abb. 106). Abgesehen von der Wasserversorgung, diente dieser Gebäudeteil im wesentlichen auch noch Wehrzwecken, da er eine flankierende Verteidigung der Ostseite ermöglichte. Während die Innen- und Aussenseite den Anforderungen und Überlieferungen des Ordens angepasst worden waren, wurden auch die Seitenmauern erhöht und in der Südwestecke ein kleiner, innerhalb der Mauerlinie sitzender Scharwachturm errichtet, der mit seiner achtkantigen Gestalt an andere ähnliche Türmchen in mehreren Burgen des Landes erinnert (Abb. 110). Erst am Ende des Mittelalters ist an der Westseite der Burg ein mit Werfscharten versehener Dansker angelegt worden, der im vorigen Jahrhundert in seinen alten Formen restauriert worden ist.

Gleichzeitig mit dem Bau des Hauptgebäudes wurden auch im Vorburgsystem einigen Ergänzungen vorgenommen, wodurch aber deren ehemalige Gestalt im allgemeinen nicht verändert worden ist. In den Innenräumen mag sich als Baustoff neben Stein auch Holz bis ins Spätmittelalter behauptet haben, wie denn auch die Vorlaube der Hauptburg bis zum Ende der Ordenszeit ein Holzbau auf Steinpfosten geblieben war [55]. In ihrem Äusseren weist die Burg noch heute Stilelemente der Baukunst des Deutschen Ordens auf, mit all der Strenge und Sachlichkeit, die besonders in der

---

[54] K a r l i n g, Narwa 58.
[55] Ebendort 57.

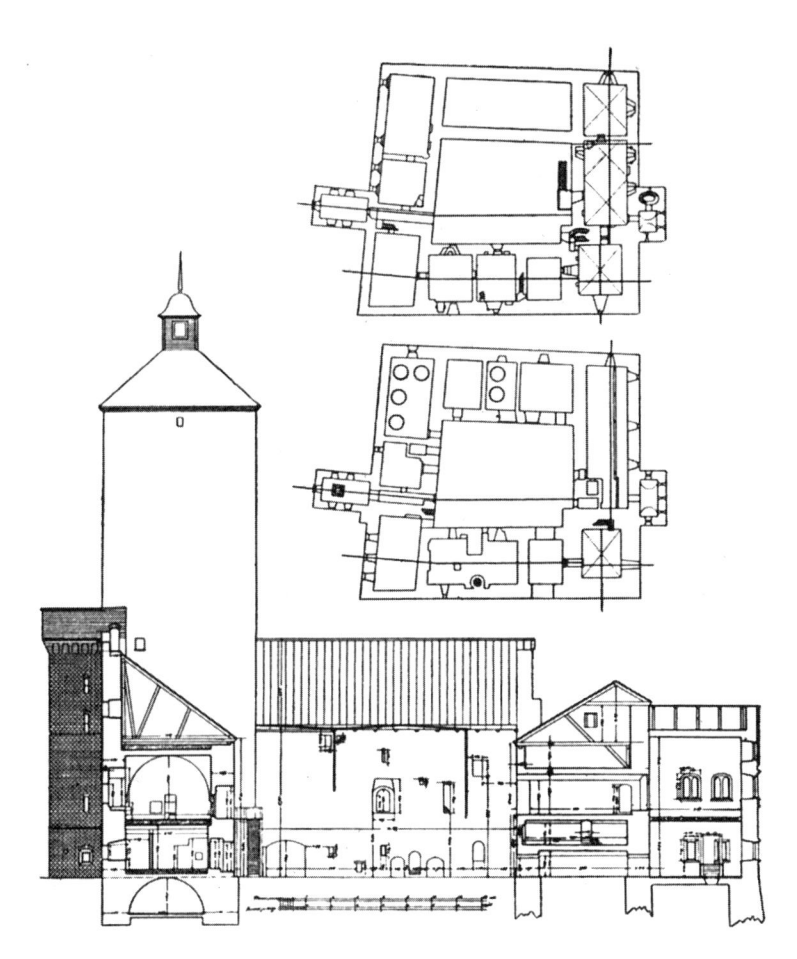

Abb. 109. Narwa, Grundriss des ersten (unten) und des zweiten Stockwerks und Querschnitt des West- und des Ostflügels der Hauptburg, nach Norden gesehen. Nach Karling.

Konstruktion der Ostseite an das Schloss zu Reval erinnert. Da der Bau des letzteren etwas früher vollendet wurde, so ist es glaubhaft, dass ein Teil der Mauermeister beim Bau beider Burgen beschäftigt gewesen ist.

Schon vor dem Übergang von Nordestland in den Besitz des Deutschen Ordens hatte die Komturei W e i s s e n s t e i n (Paide) an Bedeutung gewonnen, und daher wurden dort in der ersten Hälfte des 14. Jahrhunderts grössere Umbauten in Angriff genommen. Die alte, bereits unter Mandern erbaute Turmfestung hatte zwar noch ihre Festigkeit bewahrt, aber sie war doch in erster Linie als Verteidigungspunkt in unruhiger Umgebung gedacht und bot daher keine Möglichkeiten zu einem vorschriftsmässigen Leben des

Abb. 110. Narwa, die Burg von Südwesten gesehen.

Ordenskonvents. Eben um dieses zu ermöglichen, wurde dem Turm von Nordosten ein viereckiger Gebäudekomplex angeschlossen, der in seinem Grundriss einem Konventshause ähnlich sieht (Abb. 194). Die alten Turmkammern wurden zum Teil weiterbenutzt, daher lag auch kein Bedürfnis vor, alle Seiten des Neubaus auszuführen. Als würdigster Raum wurde eine Kapelle in den Nordflügel eingebaut, und zwar wie in den meisten Burgen mit westöstlicher Orientierung. Der zweite wichtigste Raum, der Kapitelsaal, befand sich im Ostflügel; die übrigen Teile dieser beiden Flügel mögen den Remter und das Dormitorium enthalten haben. Wie die im Sommer 1939 unternommenen Probegrabungen erwiesen haben, ist die Westmauer nicht so verlaufen, wie es auf dem von Löwis of Menar entworfenen Plan angegeben ist, sondern sie ist der Westseite der

Kapelle angefügt gewesen und hat somit den Konventshof abgeschlossen. Aus den Schilderungen der dramatischen Ereignisse des grossen Aufstandes von 1343 ist bekannt, dass die estnischen Könige in der Vorlaube zu Weissenstein von den Ordensleuten umgebracht worden sind [56]; diese Vorlaube hat wahrscheinlich bloss die Front der Kapelle und des Kapitelsaales umgeben und wird ein Holzbau gewesen sein, da keinerlei Spuren von Mauern erhalten sind.

Mit diesen Bauten etwa wird man sich in der ersten Hälfte des 14. Jahrhunderts begnügt haben. Das Konventshaus wird wohl von einem weniger festen Parcham umgeben gewesen sein, der aber während einer späteren, noch bedeutenderen Bauperiode in Fortfall gekommen ist. Die ganze Anlage hat der Mandernsche Turm unter seinen Schutz genommen; wie eine grosse Anzahl von Türmen anderer Ordensburgen wurde auch er „Langer Hermann" genannt [57]. Die Südmauer der dem Turm sich anschliessenden Konventshausanlage ist Ende des vorigen Jahrhunderts unter der Leitung von W. Neumann restauriert worden; dabei sind aber die Schiessscharten irrtümlicherweise nach dem Innenhofe des Schlosses gerichtet worden.

Die Spätentwicklung.

Da bei der Anlage der vier nördlichen Burgen alte Gebäudeteile benutzt werden mussten, so kann man bei ihnen die Entwicklung des Konventshaustyps nicht in dem Masse wie bei den südlichen Burgen feststellen. Aber auch sonst bietet das geringe Material im allgemeinen keine Möglichkeit, den Entwicklungsgang des Konventshaustyps ununterbrochen während der zweiten Hälfte des 14. Jahrhunderts zu verfolgen. Soviel aus dem angeführten Material zu erschliessen ist, erlebte das Konventshaus seinen Höhepunkt in der ersten Hälfte des 14. Jahrhunderts. Das war die Zeit ein wenig vor und nach der Aufführung des Meisterschlosses zu Riga, wo alle bisherigen Errungenschaften zusammengefasst, zugleich aber auch eine neue Entwicklung angebahnt wurde, die sich besonders im südlichen Teil des Landes Ausdruck verschafft hat. Der einheitliche Stil ist jedoch nicht von langer Dauer gewesen: wie im allgemeinen Kunstbilde des Landes, so treten bald auch in der geschlossenen Gruppe der Konventshäuser immer bedeutendere Sonderzüge zutage. Äusserlich bleibt zwar die kubische Geschlossenheit nach wie vor erhalten, nach innen werden die Flügel aber nicht mehr alle ausgebaut. Diese Reduktionserscheinungen sind zum

---

[56] Renner 88.
[57] Gernet, Weissenstein 6.

Abb. 111. Frauenburg. Nach einer Zeichnung von Storno aus dem Jahre 1661 in Meyerbergs Reisebeschreibung.

Teil auf den Umstand zurückzuführen, dass die wichtigeren Burgen bereits ausgebaut waren und in den aufzuführenden kleineren Bauten kein Bedürfnis nach allen vier Flügeln vorlag. Bei den grösseren Burgen ist wiederum die lange Ausdehnung der Bauzeit verhängnisvoll geworden: in den veränderten Verhältnissen des 15. Jahrhunderts war das Konventshaus nicht mehr am Platze. Die Schlösser rücken immer weiter vom Boden des strengen Konventshauses ab und nähern sich den Bauten, die als freier Kastelltyp schon frühzeitig eine Parallelgruppe neben dem Haupttyp dargestellt hatten. Ein wesentlicher Zug erscheint immerhin auch in diesen späteren Beispielen als bindend, nämlich die innere Konzentration, die auch in der Gruppierung nur zweier Flügel zum Ausdruck gelangt und eine Gestaltung des Grundrisses von innen nach aussen aufweist und nicht etwa umgekehrt, wie wir das im folgenden bei der zweiten Gruppe wahrnehmen werden.

Die Spätentwicklung des Konventshauses bekundet Frauenburg (Saldus) in Kurland. Das Kirchspiel wird 1461 erwähnt, die „borchszokunge" (der Burggerichtsbezirk) und das „Gebiet" im Jahre 1506, die Burg jedoch ist merklich früher angelegt worden [58]. Wahrscheinlich ist sie bald nach Schrunden in den siebziger Jahren des 14. Jahrhunderts erbaut worden, und zwar zur Sicherung der nach Doblen führenden Strasse. Von der Burg ist heute nichts mehr erhalten, ihr Aussehen kennen wir aber aus einer Zeichnung von Storno aus dem Jahre 1661, zu welcher Zeit das Schloss noch verhältnismässig gut erhalten gewesen ist (Abb. 111). Danach ist

---

[58] Löwis of Menar, Burgenlexikon 59.

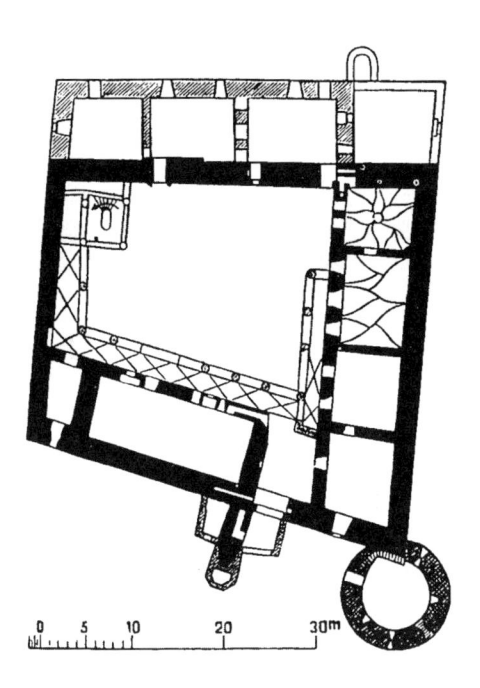

Abb. 112. Neuenburg, Grundriss.
Nach S c h m i d.

Frauenburg ein turmloser Gebäudeblock gewesen, dessen Ecken mit Giebelabschlüssen verziert waren, die gewissermassen darauf hinweisen, dass das Gebäude aus vier selbständigen Flügeln entstanden ist. Ein Zwischenraum im Dache eines Flügels könnte die innere Raumverteilung der Gebäude andeuten; wahrscheinlicher ist es jedoch, dass wir es hier mit einem schadhaften Dachteil zu tun haben. Bleiben wir bei unserer Vermutung, dass die Ordensburg zu Pernau in ihrer ursprünglichen Gestalt einige kleine Mauertürme aufgewiesen habe, so verrät Frauenburg gerade mit ihrer Turmlosigkeit Spuren einer späteren Entwicklung, wie das aus einem Vergleich mit den preussischen Ordensburgen ersichtlich wird.

Deutlich treten die Charakterzüge des späten reduzierten Typs bei einer anderen kurländischen Burg, N e u e n b u r g (Jaunpils), zutage. Über ihre Gründung fehlen jegliche Nachrichten. Da Neuenburg ein Verwaltungszentrum auf dem Gebiet von Doblen gewesen ist, so kann diese Burg erst nach Vollendung der Hauptburg angelegt worden sein, was übrigens auch schon durch ihren Namen angedeutet wird. Nach der Bauzeit von Doblen zu urteilen, kann Neuenburg frühestens Ende des 14. Jahrhunderts gegründet worden sein. Das Gebäude dient heute in stark umgebauter Ge-

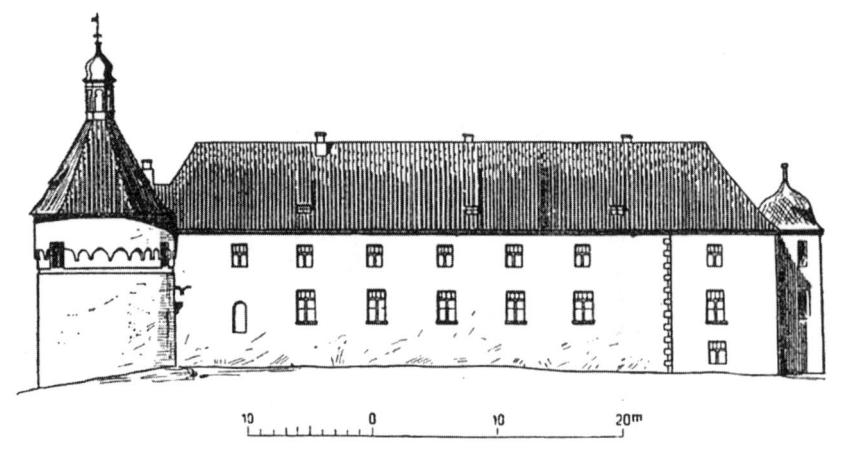

Abb. 113. Neuenburg, Südostfront der Burg. Nach Schmid.

stalt als Schulhaus. Die mittelalterliche Anlage ist jedoch bis in die Einzelheiten feststellbar, eben dank der obenerwähnten Untersuchung von Schmid (Abb. 112 und 113).

Das Schloss steht an einem Mühlenteich auf einer kleinen Halbinsel, wo zwecks Erzielung von Wasserschutz die Ostseite mittels eines Grabens abgeschnitten werden musste. Trotz des günstigen Geländes erscheint hier der Grundriss nicht in der Strenge, wie sie bei den Burgen der Hochentwicklung zu beobachten ist, was zum Teil dadurch zu erklären ist, dass im Mittelalter bloss zwei Flügel, der südwestliche und der südöstliche, ausgebaut worden sind. Urkundlich wird im Schloss eine Kapelle erwähnt [59]; diese konnte nach altem Brauch mit dem Chor nach Osten im Südflügel untergebracht sein. Der Südostflügel ist in mehrere kleinere Räume aufgeteilt, da beim Fehlen des Konvents auch kein Bedürfnis nach grossen Gemeinschaftsräumen vorlag. Im Erdgeschoss ist noch ein Teil des eigenartig geformten Gewölbes mit aus Stuck gebildeten Graten erhalten (Abb. 114). Wahrscheinlich stammen diese aus dem späteren Mittelalter oder gar aus dem 17. Jahrhundert, zu welcher Zeit gerade in Kurland mittelalterliche Architekturformen in solch entstellter Form weitergelebt haben. Späteren Ursprungs sind auch die flachbogigen Gewölbe der Hofarkaden; im Mittelalter ist das Schloss wahrscheinlich mit einer Vorlaube aus Holz versehen gewesen. Bei einer Vergegenwärtigung der äusseren Gestalt der Burg sind die Reste der Konsolen und Bogenfriese an den Ecken von wesentlicher Bedeutung, da sie beweisen, dass diese Burg mit ähnlichen dekorativen Ecktürmen wie das Hauptschloss zu Doblen

---

[59] Schmid 225.

Abb. 114. Neuenburg, Raum im Kellergeschoss.

ausgestattet gewesen ist. Das Tor wurde durch einen kleinen Vorbau geschützt, der nachmals erheblich umgestaltet worden ist. Der massive Rundturm an der Südecke ist erst im 16. Jahrhundert errichtet worden und weist die für diese Zeit typischen Formen auf. In der Zeit der Feuerwaffen bestand dessen Aufgabe in der Verteidigung des Schlosses gegen die Landseite, an der die Angriffsgefahr am grössten war. Trotz gewisser Reduktionsmerkmale weist Neuenburg noch ausgesprochene Konventshauszüge auf: hier ist nicht die Ringmauer vorherrschend, sondern betont ist das aus mehreren Bauten zusammengefügte Bauwerk als Ganzes.

Als Vogtburg hat S o n e b u r g (Maasilinn) an der Ostküste von Ösel die Konventshausüberlieferungen in bloss äusserlicher Weise befolgt. Nach dem blutigen und unglücklich verlaufenen Aufstand von 1343—1345 wurden die Öseler verpflichtet, anstatt der während des Aufstandes zerstörten Burg Peude eine neue zu erbauen, worauf auch der Name Soneburg (= Sühneburg) hinweist. Mit den Bauarbeiten wurde bereits unter Ordensmeister Burchard von Dreileben begonnen; das erschöpfte Land ermöglichte jedoch nicht die Durchführung der ausgedehnten Arbeiten, und so wurde die Burg teils aus Holz aufgeführt. Der Ausbau der Steinburg erfolgte erst unter Meister Goswin von Herike [60], der schon aus früheren Bauwerken als besonders baulustig bekannt ist; aber auch dann noch reichten die verfügbaren Mittel zur gänzlichen Durch-

---

[60] W a r t b e r g e 23.

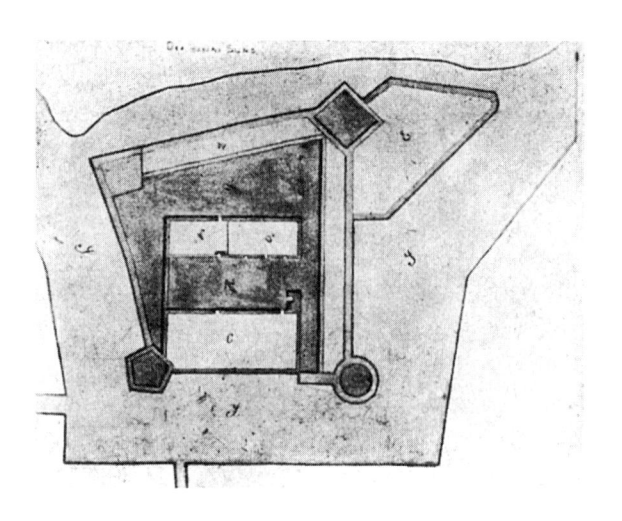

Abb. 115. Soneburg, Grundriss. Aufmessung von Wildemann.

führung des geplanten Vorhabens nicht aus, was erst im folgenden Jahrhundert geschehen konnte.

Im Vergleich zu der zerstörten Turmburg Peude wurde das neue Machtzentrum viel umfassender, da es seinen Schutz ausser dem Landgebiet auch noch auf die daneben befindliche kleine Hafenstätte ausdehnte, die noch im 16. Jahrhundert nutzbar gewesen ist [61]. Vom Bau sind bloss einige Kellerräume unter dem Nordflügel erhalten, wonach jedoch unter Hinzuziehung eines im vorigen Jahrhundert auf Grund von Grabungen angefertigten, freilich sehr ungenauen Planes die Gesamtanlage im allgemeinen festgestellt werden kann (Abb. 115 und 116). Soneburg war streng quadratisch und im Innern nur an zwei Seiten bebaut. Im Gegensatz zu älteren Überlieferungen sind diese aber nicht von gleicher Breite, vielmehr ist der südliche Hauptflügel merklich breiter als der Nordflügel. Der Bau ist auch mit einem Eckturm ausgestattet gewesen, der nach der Sprengung von 1576 erhalten geblieben ist und noch zu Beginn des 17. Jahrhunderts als Seezeichen gedient hat [62]. Da die Grundmauern der unmittelbar am Kleinen Sund gelegenen Burg von der Flut gefährdet waren, so wurden sie nach mittelalterlicher Baupraxis aus zyklopischen Quadern errichtet, deren sorgfältige Bearbeitung die Güte des am Orte gebrochenen Hausteins ermöglicht hat. Grössere Umbauten am Schloss wurden im Jahre 1518 vom damaligen Vogt Tonys Ubelacker unternommen, unter dem wahrschein-

---

[61] PS, HBA, Nr. 616.
[62] A. Neumann, Lossid 80 (TrtÜR); Körber, Oesel III, 50.

Abb. 116. Soneburg, Kellerraum.

lich auch ein Teil der Vorburg erbaut worden ist [63]. Die an deren Ecken befindlichen Basteitürme und Geschützkammern sind aber noch späteren Ursprungs (Abb. 117), wie aus den Formen und den dortselbst vorgefundenen bildhauerischen Details mit Stilmerkmalen der Renaissancezeit ersichtlich ist, wonach man die letzten Ergänzungsbauten Mitte des 16. Jahrhunderts ansetzen könnte [64].

Ausser den Mauerresten lässt sich noch das einstige Gräbensystem feststellen, in welchem Zusammenhang an der Südseite drei grosse viereckige Fischteiche angelegt worden waren, wie sie in der gleichen Form auch bei anderen am Wasser gelegenen Burgen vorkommen. Besonders aber war, wie weiter unten erhellt, die Fischzucht in den Zisterzienserklöstern verbreitet.

Auch in Soneburg war die Reduktion in erster Linie dadurch bedingt, dass die Bauten nicht für einen Konvent bestimmt waren, und dass man daher nicht so viel Räume brauchte, um alle Burgseiten auszubauen. Daneben kommen aber auch noch andere Ursachen in Betracht, die zum Teil schon oben angedeutet worden sind und die auch in grossen Burgen Erscheinungen gezeigt ha-

---

[63] PS, OBA, 1518: Tonys Ubelacker Vogt zu Soneburg an HM, Juli 14.
[64] Die in Soneburg ausgegrabenen äusserst rustikalen Hermen befinden sich gegenwärtig im Museum zu Arensburg; sie mögen in den sechziger Jahren des 16. Jahrhunderts angefertigt worden sein. Aus der nachmaligen wechselvollen Geschichte des Schlosses sind die schwedischerseits im Jahre 1568 vorgenommenen Ergänzungen und Reparaturen erwähnenswert (Buxhöwden 25).

Abb. 117. Soneburg, Schiessscharten an der Südfront.

ben, wie sie dem strengen Stil der ersten Jahrhunderthälfte völlig unbekannt gewesen sind. Neue Elemente werden in reichem Masse von der Burg W e n d e n (Cēsis) in ihrer umgebauten Gestalt aufgewiesen; diese Burg erscheint auch zugleich als letzte Kundgebung der Konventshausüberlieferungen der Ordensarchitektur. Denn die um 1400 stattgehabten Wandlungen in der inneren Organisation und in den Kampfmethoden des Ordens schrieben eine ganz andere Lebens- und Wehrpraxis vor, die mit dem in der Frühzeit des Ordens entstandenen Konventshaustyp nicht mehr vereinbar war.

Hatte Wenden bereits in den ersten Jahren des Ordens eine entscheidende Rolle in der Geschichte des Landes gespielt, so wuchs seine Bedeutung noch im 14. Jahrhundert: hier wurden jetzt die Ordenskonvente abgehalten, und der Ordensmeister wohnte zwar anfangs nicht stetig, weilte aber gern und oft in dieser Burg, die somit neben Riga zu einem Mittelpunkte der Ordensmacht wurde. Obschon zu verschiedenen Zeiten wiederholt ergänzt, erwies sich der Bau in den neuen Verhältnissen als zu eng und musste gründlich erweitert werden. Die Belebung der Bautätigkeit wurde durch mancherlei Umstände begünstigt. Einer der wesentlichsten war das grosse Anwachsen der Ordensmacht am Ende des 14. Jahrhunderts trotz kleinerer Reibereien: der Inkorporationsstreit hatte mit dem völligen Siege des Ordens geendet; die Erzbischöfe, die gefährlichsten einheimischen Feinde des Ordens, lebten im Auslande, ihre Schlösser bekam der Orden in seinen Besitz, und 1405 verpachtet

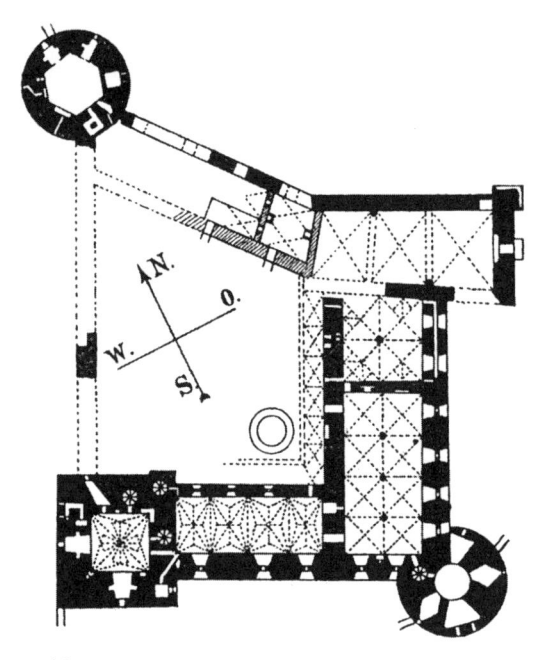

Abb. 118. Wenden, Grundriss des Hauptgeschosses. Nach Löwis of Menar.

Wallenrode gar das ganze Erzbistum dem Orden [65]. Anderswo hatte der Orden damals keine grösseren Bauarbeiten vor, die Rigaer Burg war im letzten Viertel des 14. Jahrhunderts in ihrer vorläufigen Gestalt gänzlich vollendet, und somit konnte der Orden alle Kräfte für den Umbau des zweiten südlichen Hauptschlosses verwenden, um hier der Ordensmacht einen würdigen Mittelpunkt zu schaffen und sich zur Abwehr neuer drohender Schläge zu rüsten.

Vom alten Schloss blieb nur die Kapelle in der Ostecke bestehen nebst dem anschliessenden längeren Raume, der wohl als Kapitelsaal gedient haben wird, und an dessen Ostseite (bzw. an der Westseite der Kapelle) im Jahre 1577 die berühmte Sprengung stattfand. Alles übrige hat dem grossen Konventshause Raum geben müssen, von dem aber bloss zwei Flügel haben angelegt werden können (Abb. 118). Dass ein Weiterbau beabsichtigt war, beweisen die Mauerenden und die Verzahnungen. Den letzten grossen Umbau erlebte das Schloss unter Plettenberg, wobei dem Hauptgebäude wie in Riga zwei diagonal gelegene Rundtürme angeschlossen und auch in den Innenräumen Änderungen vorgenommen wor-

---

[65] Arbusow, Grundriss 63—65; Girgensohn 19 ff.

Abb. 119. Wenden, die Burg von Süden gesehen. Nach einer Zeichnung von Ungern-Sternberg aus dem Jahre 1825 (ELG).

den sind. Beide Bauperioden können bis in die Einzelheiten deutlich unterschieden werden. Der Grundriss des Konventshauses hat sich auch später in der Gestalt erhalten, wie er Ende des 14. Jahrhunderts und Anfang des folgenden, also unter den Meistern Wennemar von Brüggenei (1389—1401) und Konrad von Vietinghof (1401—1413), angelegt worden war. Alte Überlieferungen aufgreifend, hat man an der Westecke der Anlage einen mächtigen viereckigen Turm aufgeführt, deren Gratgewölbe im Kellergeschoss noch gegenwärtig in ihrer ursprünglichen Gestalt erhalten sind. Die im unteren Stock befindliche, mit reichen Sterngewölben gedeckte sog. Meisterkammer ist unter Plettenberg fertiggestellt worden (Abb. 233). Somit verraten schon die Mauerteile des Hauptturmes das Schicksal des umfassenden Brüggenei-Vietinghofschen Neubaues: sein Ausbau ist unterblieben. Besonders deutlich tritt das am äusseren Mauerwerk des Turmes zutage, wo man sehen kann, dass der Turm nachmals rund weitergebaut worden ist, wobei der untere viereckige Teil nicht organisch abgeschlossen worden war, wie sein unregelmässiger Oberrand beweist, dessen gegenwärtige Gestalt jedenfalls nicht nur durch Verwitterungen verursacht ist (Abb. 119).

Einen ähnlichen Bauverlauf bestätigen die Innenräume, vor allem der neben dem Turme gelegene grosse Saal, der wohl für festliche Gelegenheiten bestimmt gewesen sein wird. Die Gewölbeschildbogen an seiner Südwand deuten an, dass es ursprünglich beabsichtigt gewesen ist, den Raum mit drei Jochen zu überdecken; dementsprechen sind auch die aus Haustein hergestellten Fensterbogen angelegt. All das ist jedoch in einer späteren Bauperiode verändert worden, als dem Zeitstil gemäss Backstein als Baumaterial bevorzugt wurde. Es wird durch die Spuren der alten unberührten Schildbogen bestätigt, dass dieser Raum wie auch die Turmkammer fürs erste ungewölbt geblieben und mit einer Holzdecke überdeckt worden ist. Neben dem Festsaal befand sich der zweischiffige grösste und würdigste Raum des Ostflügels, der als Remter gedient hat und als einziger in der Brüggenei-Vietinghofschen Bauperiode mit Gewölben versehen worden war. In den schlichten Kreuzrippengewölben herrschten Hausteinformen als letzter Widerhall der Entwicklung aus dem 14. Jahrhundert, vor dem endgültigen Siege des Backsteins. Von den Konsolen ist besonders eine über dem Kamin an der Südwand gut erhalten und weist Formen auf, die für das Ende des 14. und den Anfang des 15. Jahrhunderts typisch sind, zu welcher Zeit im Gegensatz zu der plastischen Formensprache des Frühstils platte, flächige Formen zur Geltung gelangten. Dem Typ nach handelt es sich hier um eine reduzierte Faltenkonsole.

Der grosse Saal war hauptsächlich für festliche Zusammenkünfte bestimmt, auch konnte man dort Sitzungen abhalten in Fällen, wo der alte Kapitelsaal zu eng sein mochte. Gewöhnlich benutzte der Konvent den nebenan befindlichen kleinen Speisesaal, der bereits im Jahre 1392 erwähnt wird [66], als die Haupträume offenbar zum Teil schon vollendet waren. Besonders an den Wänden dieses Raumes kann man die für das Mittelalter typischen Planänderungen und die verschiedenen sich überkreuzenden Perioden deutlich verfolgen. Anfänglich hatte man beabsichtigt, auch diesen Raum mit einem schlichten Kreuzgewölbe zu überdecken, das sich auf eine Mittelsäule stützen sollte. Aber schon bei der Ausführung des zweiten Stockes wurde von der Wölbung Abstand genommen, wie es die Fenster und die Aufstellung der Konsolen beweisen. Die letzteren sind in ihrer schlichten kantigen Form ebenfalls für die Zeit um 1400 typisch; die nächsten Seitenstücke dazu finden sich in der zu Beginn des 15. Jahrhunderts umgebauten Johanniskirche zu Wenden. Wie der Festsaal, so ist auch der kleine Remter erst unter Plettenberg gewölbt worden, und zwar dann schon mit Sterngewölben aus Backstein, wie man mit aller Sicherheit auf Grund der Gewölbeansätze und der neu eingehauenen Schildbogen annehmen kann. Da der kleine Remter niedriger war als der anschliessende Festremter, so wurden im ersteren die Fenster durch zwei

---

[66] UB III, Reg. 1601.

Abb. 120. Wenden, Südostfront mit dem „Langen Hermann".

Stockwerke geführt, um an der Aussenseite eine gleichmässige wirkungsvolle Fensterfront zu erzielen (Abb. 120). Abgesehen von der Anordnung der Innenräume verrät schon diese Einzelheit ein neues Stilgefühl: man erstrebte Geräumigkeit und Festlichkeit, wie sie den schlichten, ernsten Konventshäusern der Frühzeit fremd waren.

Gleichzeitig mit der Aufführung des Hauptgebäudes wurden auch Ergänzungen im Wehrgürtel ausgeführt, indem das System der Vorburgen und der Parchame in den Grundzügen ausgebaut wurde, das in etwas ergänzter Gestalt bis zum Ende der Ordenszeit bestanden und im Verein mit einer günstigen Naturlage Wenden zu einer der festesten Burgen gemacht hat (Abb. 16). Die Stadt hat dann ihrerseits ihren Wehrgürtel der Burg angeschlossen, dessen umfassender Ausbau durch den wirtschaftlichen Aufschwung infolge der guten Lage an einer wichtigen hanseatischen Handelsstrasse ermöglicht wurde. Auf dieselbe Weise ist auch der Umbau der alten Kirche zu einer Basilika zu erklären, welche Baurichtung in Alt-Livland unmittelbar aus dem Selbstbewusstsein des wohlhabenden Bürgertums erwachsen ist. Ein zweiter Sakralraum wurde vom Orden ausserhalb des Wehrgürtels angelegt und diente hier wie auch in Fellin als Begräbniskapelle der Ordensbrüder; sie war übrigens auch derselben heiligen Katharina geweiht. Als unter Plettenberg im Schloss Ergänzungen vorgenommen wurden, ist auch die Kapelle teilweise umgebaut worden.

Was hat nun den jähen Abbruch der Bauarbeiten am Schloss verursacht, so dass ein Teil der Räume mit Holzdecken überdeckt werden musste und der grosse Eckturm unvollendet blieb? Die Ursachen sind hier hauptsächlich in den politischen Verhältnissen zu suchen, von denen auch die wirtschaftlichen Voraussetzungen für die Durchführung der Bauarbeiten abhingen. Obgleich die Niederlage des Preussischen Ordens unter Tannenberg im Jahre 1410 im Entwicklungsgang des livländischen Bauwesens nicht so umwälzend gewirkt hat wie im südlichen Ordenslande, so hat sie sich doch mittelbar auch hier fühlbar gemacht. Das Ansehen des Ordens hatte einen schweren Schlag erlitten, und alle seine bisherigen Gegner waren sofort dabei, sich diesen Umstand zunutze zu machen. Im Jahre 1418 entbrannte der Streit zwischen der weltlichen und der geistlichen Gewalt um die Oberherrschaft aufs neue, infolgedessen alle Bauarbeiten an den Schlössern zugunsten der Befestigung ihrer Wehrgürtel eingestellt werden mussten. So verhielt es sich auch in Wenden, und daher ist denn auch der erhebliche Ausbau des Vorwerksystems zu erklären, das im letzten Stadium der Bauarbeiten die Hauptaufmerksamkeit beansprucht zu haben scheint.

b. Bischofsburgen.

Das Kastell ist in den bischöflichen Wehrbauten schon frühzeitig beliebt gewesen, dagegen ist hier dessen Spielart, das Konventshaus, schon wegen der abweichenden Innenorganisation in der aus den Ordensburgen bekannten spezifischen Gestaltung unentwickelt geblieben. Im bischöflichen Wehrsystem fehlte das Rückgrat der Entwicklung in der Gestalt der Konvente, die in den meisten Ordensbauten eine einheitliche Anlage vorzuschreiben

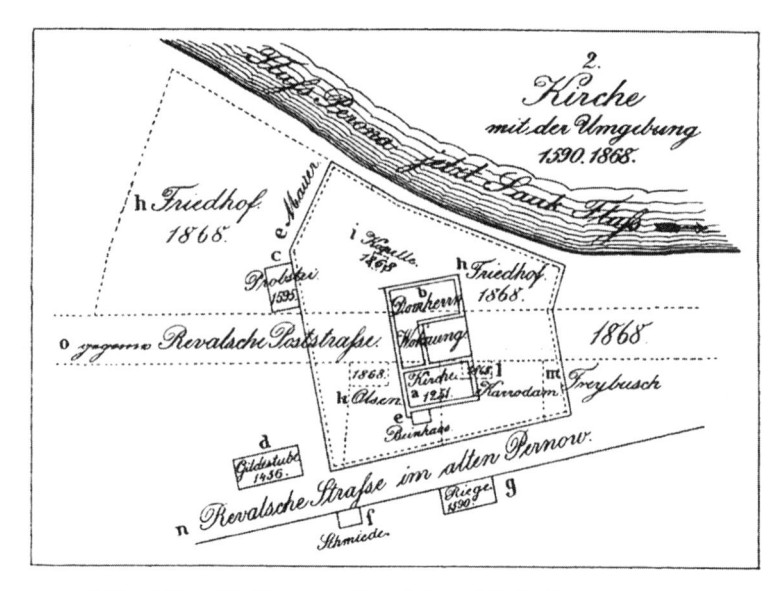

Abb. 121. Alt-Pernau, Grundriss. Nach Russwurm.

pflegten. In den Bischofsschlössern walteten bloss Beamte nebst mehr oder minder zahlreichen Besatzungen zur Verteidigung des Landes, die nicht an solch strenge Ordensregeln gebunden waren, wie das auf dem Gebiete der weltlichen Macht der Fall war. Stärker ähnelten den Ordensburgen in ihrer inneren Verfassung die grösseren Wehrzentren, vor allem die erzbischöflichen und bischöflichen Residenzburgen, wo die Geistlichen zu ihrem Gemeinschaftsleben ebenfalls grössere Saalbauten benötigten. Gerade bei diesen Burgen können wir Verwandtschaft mit der Baukunst des Ordens, zugleich aber auch Verschiedenheit von ihr feststellen.

Ein beachtenswerter Punkt in der Entwicklungsgeschichte der Bischofsburgenarchitektur ist Alt - Pernau (Vana-Pärnu). Alt-Pernau, das vor Hapsal die Residenz des Bischofs von Ösel-Wiek war, ist aller Wahrscheinlichkeit nach burgartig ausgebaut gewesen. Der Bau der Kirche mag bald nach 1234 ausgeführt worden sein, in welchem Jahre der Bischof die Genehmigung dazu gegeben hat [67]. Zur Erhaltung des Gebäudes wurden dem Bischof nachmals die Einkünfte von einem Landstück zugewiesen, aus dessen Mitteln auch der Bau der Burg Leal seit 1238 bewerkstelligt worden ist. Jedenfalls war das Gotteshaus 1251 vollendet, als es zur Domkirche erhoben wurde und die Festsetzung der Rechte der Domherren erfolgte. In der Gründungsurkunde sind die Regeln

---

[67] Russwurm, Alt-Pernau 8 ff.

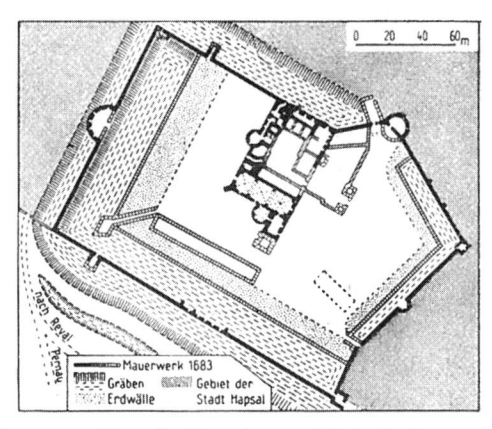

Abb. 122. Hapsal, Grundriss. Nach Johansen.

des Gemeinschaftslebens genau festgelegt: die zwölf Domherren sollen ein klösterliches Leben führen, in einem gemeinsamen Schlafsaal schlafen, bei festlichen Anlässen in einem gemeinsamen Speisesaal essen usw. Aus alledem darf geschlossen werden, dass auch der Bau der übrigen nötigen Räumlichkeiten gleichzeitig mit der Kirche begonnen worden ist bzw. dass er jedenfalls sofort nach 1251 in Angriff genommen worden sein muss.

Alt-Pernau wurde von den Litauern im Jahre 1263 zerstört, wonach der Bischofssitz nach Hapsal verlegt wurde. An Ort und Stelle sind bloss unterirdische Mauerreste erhalten, auf Grund deren Russwurm unter Zuhilfenahme alter Beschreibungen den Grundriss von Alt-Pernau wiederherzustellen versucht hat (Abb. 121). Obschon diese Rekonstruktion zu einem Teile ziemlich unwahrscheinlich sein mag, hat man doch Grund anzunehmen, dass sie im allgemeinen dem tatsächlichen Grundriss entspricht. Die streng kastellartige Anlage ist an drei Seiten ausgebaut gewesen. Von diesen Bauten ist die Kirche an den Ecken in gehauenen Quadern ausgeführt gewesen, die nachmals beim Bau der benachbarten Häuser Verwendung gefunden haben. Bei der Anlage der Gemeinschaftsräume haben ohne Zweifel Klostertraditionen als Vorbild gedient, nur haben die hiesigen Verhältnisse grössere Anforderungen an deren Wehrfestigkeit gestellt. Als unmittelbares Vorbild konnte die zu gleicher Zeit im Bau befindlich gewesene Klausur dienen, die der Rigaer Domkirche angeschlossen und ebenfalls als Wohnung für die Domherren gedacht war. Zur Erhöhung ihrer Wehrfestigkeit wurde die Anlage von Alt-Pernau noch mit einer Ringmauer umgeben, die an einer Seite rechteckig war, an der Flussseite aber den Formen des Geländes folgte. Diesem frühen Beispiel des Kastelltyps kommt eine wesentliche Bedeutung in der Geschichte des

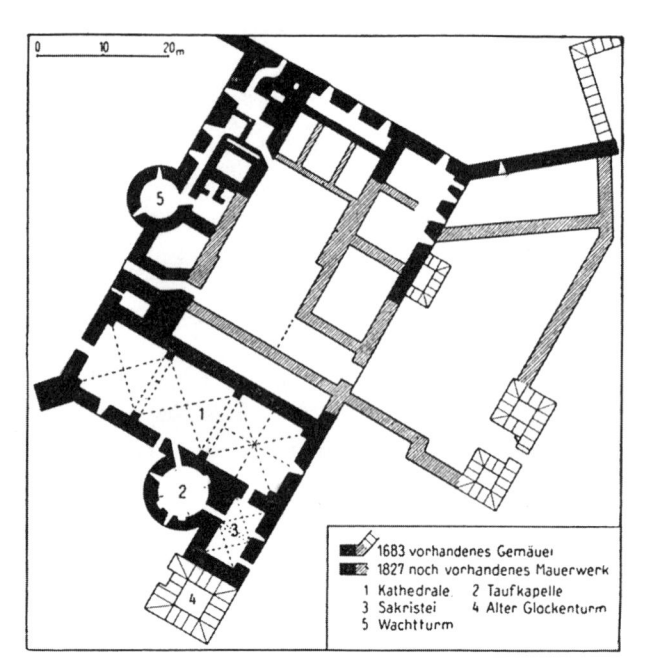

Abb. 123. Hapsal, Grundriss des Haupthauses.
Nach Johansen.

Bauwesen des Landes zu, und es darf ein stimulierender Einfluss der Bischofsburgen auch auf die Entwicklung der Konventshäuser angenommen werden, obschon bloss in der ersten Zeit und unter Anlehnung an die Überlieferungen der Klosterarchitektur.

Die Frühentwicklung der bischöflichen Burgenarchitektur kann man verhältnismässig gut in Hapsal (Haapsalu) kennenlernen, wo noch erhebliche Reste vom Schloss erhalten sind; die einstige Schlosskirche ist durch die im vorigen Jahrhundert durchgeführten Restaurationen nur zum Teil verändert. Als der Bischof von Ösel-Wiek nach der Zerstörung von Alt-Pernau sich Hapsal als neuen Sitz ausersehen hatte, begann er vor allem mit dem Bau einer Kathedrale. Urkundlich ist bekannt, dass die Kirche im Jahre 1279 fertig war [68], welcher Zeitansatz auch durch den Stilbefund bestätigt wird (Abb. 124). Die Schlosskirche zu Hapsal stimmt mit den frühzeitlichen Bautraditionen des Bistums von Ösel-Wiek überein, wo derartige dreijochige kapellenartige Gotteshäuser besonders verbreitet sind. Als Sonderzug erscheint bloss das an der Südseite angelegte runde Baptisterium, das den kathedralmässigen Charakter des Gebäudes als eines Mittelpunktes der Ausbreitung des

---

[68] Russwurm, Alt-Pernau 11.

Abb. 124. Hapsal, das Innere der Schlosskirche von Osten gesehen.

Christentums betonen sollte. Obwohl anfänglich bloss die Kirche fertiggestellt wurde, hat man schon damals einen sich an der Nordseite anschliessenden klausuralen Gebäudeblock mit in Betracht gezogen, was durch das Fehlen von Fenstern in der Nordwand der Kirche bewiesen wird. Die Kirche hat somit anfänglich auch eine Rolle in der Verteidigung übernehmen müssen, wonach vermutet

197

Abb. 125. Hapsal, die Schlossruine von Südwesten gesehen.

werden darf, dass sie in derselben Weise ausgebaut gewesen ist, wie die Wehrkirchen von Ösel, besonders die älteste von ihnen, die gleichzeitig mit der Kirche zu Hapsal vollendete Kirche zu Waljal [69]. Wie in Waljal, so konnte auch in Hapsal der Raum über den Gewölben als Zufluchtsort benutzt werden, worauf gewisse

---

[69] Tuulse, Wehrkirchen 142.

Abb. 126. Hapsal, die Burgruine von Norden gesehen. Nach einer Zeichnung von U n g e r n - S t e r n b e r g aus dem Jahre 1825 (ELG).

Details an der zu dem Dachboden führenden Treppe hinzuweisen scheinen, die nachmals in anderen Bauperioden verändert worden sind [70].

Die Innenarchitektur der Kirche weist deutliche Stilelemente der Frühgotik auf, ebenfalls in Übereinstimmung mit den übrigen Kirchen von Ösel-Wiek. Erwähnt seien die Domikalgewölbe nebst dem achtteiligen Joch an der Ostseite, das grosse Rundfenster an der Westseite und die für die Übergangszeit bezeichnende, reich stilisierte Rankenornamentik in den Kapitellen, die mit den an dem Taufstein und den Kapitellen zu Waljal befindlichen bildhauerischen Details nahe verwandt sind. Einen Vergleich mit derselben Kirche gestattet auch der bei der Restauration beseitigte Wimperg am Hapsaler Kirchenportal. Das Baptisterium ist mit einem kuppelartigen Gewölbe überdeckt, dessen Rippen sich auf lange, in geometrische Formen auslaufende Hängekolonnetten stützen.

Unmittelbar nach der Vollendung der Kirche ist der Bau des Schlosses daneben in Angriff genommen worden, wo den geläufigen Wehrgrundsätzen gemäss vor allem der runde Turm an der

---

[70] Auch noch später ist die Kirche zu Wehrzwecken benutzt worden, wie die Schiessscharten in der neben dem Baptisterium angelegten Sakristei beweisen (Vgl. R u s s w u r m, Hapsal 8).

Abb. 127. Hapsal, das Haupttor der Burg.

Westmauer angelegt worden sein dürfte, der sich mit einigen Veränderungen bis heute erhalten hat (Abb. 125). Das Mauerwerk der Burg wurde viereckig geschlossen, jedoch nicht streng quadratisch wie bei den Konventshäusern des Ordens, sondern ein wenig langgestreckt (Abb. 122 und 123). Zunächst hat man sich hiermit begnügt, und auch die Zeit der Ordensherrschaft 1297—1302 wird kaum etwas Neues gebracht haben. Wahrscheinlich haben sich im Hof einige Steinbauten befunden, und auch ein Teil des Kreuzganges ist bereits im Anfang erbaut worden, denn das verlangte die innere Ordnung, die hier in höherem Masse als in den Konventshäusern klösterlich war. Diesem *castrum minus* schloss sich als Vorburg ein *castrum maius* an, das schon im Jahre 1314 erwähnt

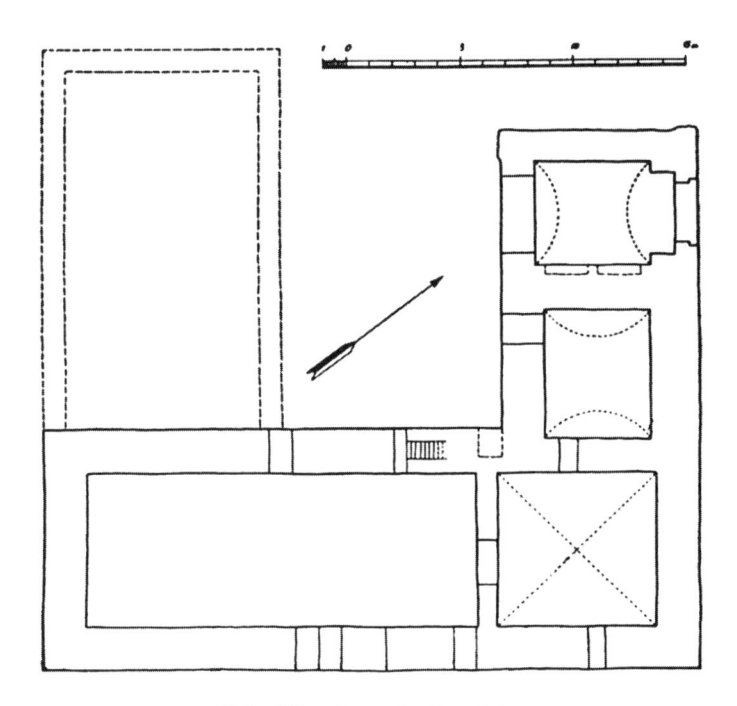

Abb. 128. Lemsal, Grundriss.

wird [71]; es war zum grössten Teil aus Holz erbaut und wurde im Jahre 1383 von den Ordensleuten unter der Führung von D. Üxküll und J. Scherenbeke niedergebrannt [72]. Das war ein Warnungszeichen und am Ende des Jahrhunderts wurden in der Burg umfassende Bauarbeiten begonnen, die sowohl das *castrum minus* als auch das diesem angeschlossene Vorwerk verändert haben. Jetzt wird die Hauptburg mit den grossen Gebäudeflügeln endgültig ausgebaut; die grösseren Gemeinschaftsräume wurden in dem der Kirche parallel gelegenen Nordflügel untergebracht, dessen segmentbogige grosse Fenster offenkundig in dieselbe Zeit weisen, in der das Schloss Wenden erweitert worden ist (Abb. 126) [73]. Um alle Bauten auf die gleiche Höhenlinie zu bringen, wird auch das Mauerwerk der Kirche erhöht, wie das am Ostgiebel deutlich wahrzunehmen ist. So ist der zum Teil an die Konventshäuser erinnernde, mit Giebelabschlüssen versehene Gebäudeblock entstanden, wo als

---

[71] UB III, Reg. 1499.
[72] A. Neumann, Lossid 44 (TrtÜR); UB III, 1197, Reg. 1411.
[73] Dass der Bau des Konventshauses um 1400 erfolgt ist, darauf weisen auch die wenigen bildhauerischen Beigaben hin, vor allem die männliche Maske an einem Fensterrahmenwerk. Diese Maske vertritt den für jene Zeit typischen rustizierten, flachen Stil, wie wir ihn auch in Padis, Weissenstein und anderswo antreffen.

Abb. 129. Lemsal, die Burg von Süden gesehen.

Sondermerkmal der Bischofsburgen der früher aufgeführte Turm inmitten der Westfront erscheint, welche Anordnung nie in den streng nach der Regel angelegten Ordensburgen begegnet. Auch in den Innenräumen treten Sonderzüge bischöflicher Architektur zutage, die zum Teil durch die Verwendung früherer Gebäudeteile bedingt sind. Obgleich jetzt alle Seiten ausgebaut worden waren, ergab sich daraus doch kein so streng disponierter Häuserblock wie bei den Konventshäusern; desgleichen fällt hier das Vorherrschen der Kirche im Verhältnis zu den übrigen Flügeln als unterscheidendes Merkmal in die Augen.

Anstelle der bisherigen schwachen Vorburg erhielt das Schloss jetzt einen mit starken Mauern und Türmen ausgestatteten regelmässigen Vorhof, der sich im Westen an das Hauptgebäude anschloss und ostwärts bis zur Linie der Ostwand des *castrum minus* reichte, wie das noch heute an den Mauerfugen festgestellt werden kann. Die nach innen offenen, vorspringenden viereckigen Türme dieses Vorhofs beweisen, dass die Bauarbeiten an diesem Teil bereits ins 15. Jahrhundert hineingereicht haben. Nachmals ist bei der Burg noch ein kleiner Vorhof an der Ostseite angelegt worden, dessen Mauern und Torreste bei den Ausgrabungen von 1939 zum Vorschein gekommen sind. Der jetzt noch erhaltene östliche Teil der Vorburg ist erst im späten Mittelalter angelegt worden, als die innen- und aussenpolitische Spannung ein Verstärken der Burgen sowohl auf bischöflichen als auch auf Ordensgebieten erheischte. Zur selben Zeit wurde auch das bis heute erhaltene Haupttor erbaut, dessen pechnasenartig hervortretende Erker ausser als Schiessplatz auch noch zur Unterbringung der Hebevorrichtungen für die Fallgatter der Tore bestimmt waren. Das untere Mauerwerk des Tores ist im 18. Jahrhundert stark verändert worden, als die Ruine praktischen Zwecken dienstbar gemacht wurde (Abb. 127) [74]. Aus später Feuerwaffenzeit stammt der grosse Basteiturm neben dem Tor und ein zweiter gleicher Art im westlichen Mauerwerk der älteren Vorburg [75].

Die in mehreren Bauperioden stark ausgebaute Burg hat noch am Ende des Mittelalters eine bedeutende Rolle gespielt; in den Jahren 1559—1563 gehörte sie Herzog Magnus, unter dem wahrscheinlich das System der Gräben und Wälle in der Vorburg angelegt worden ist. Noch zu Beginn des 17. Jahrhunderts war das Schloss bewohnbar und wurde unter Jakob de la Gardie teilweise umgebaut, zu dessen Zeit hauptsächlich der Nordflügel mit dem grossen „Königssaal" benutzt worden ist [76].

In der Zeit der Hochentwicklung des Konventshauses hat diese Bauweise immer mehr in den Bischofsschlössern Anwendung gefunden, besonders im südlichen Teil des Landes, wo in der ersten Hälfte des 14. Jahrhunderts der Gebäudetyp mit dem massiven Eckturm ausgebildet worden ist. Verhältnismässig genau sind die Bauüberlieferungen des Ordens in L e m s a l (Limbaži), der Residenz des Erzbischofs von Riga für den sog. livischen Teil des Erzbistums, befolgt worden. Die Burg war bereits im Jahre 1318 vorhanden [77], und ist wahrscheinlich in demselben Zeitraum erbaut worden, als von den Ordensburgen Windau, Neuermühlen, Adsel und andere ihnen nahestehende Festungen angelegt worden sind. Auch Lemsal weist noch die Schwere einer Frühburg in ihren breiten Gebäudeflügeln auf, von denen bloss zwei bis heute erhalten sind (Abb. 128 und 129). An der Nordecke war das Gebäude mit einem massiven viereckigen Turme ausgestattet, der bloss ein wenig aus der Mauerlinie hervortrat. Besonders gut ist das neben dem einstigen Turme befindliche Haupttor erhalten, das mit einem Fallgatter in dem aus sorgfältig behauenen Quadern gebauten Profil ausgestattet war. Von der Schlosskapelle im Nordflügel sind schlichte Gratgewölbe erhalten, desgleichen in der viereckigen Kam-

---

[74] R u s s w u r m, Hapsal 12.
[75] Vermutlich stammen die spätmittelalterlichen Ergänzungen aus den Tagen des Bischofs Joh. Kyvel, unter dem am Schloss Bauarbeiten vorgenommen sind, wie das aus dem Jahre 1515 stammende Wappen am Haupttore des Schlosses beweist (T u u l s e, Reynken 131).
[76] K a r l i n g, Matthias Holl 45.
[77] L ö w i s o f M e n a r, Bemerkungen 78.

mer daneben mit dem Fenster von einer für die frühen Bauten typischen Form (Abb. 130). Die unter diesen Räumen befindlichen Keller sind mit einfachen Tonnen- und Gratgewölben versehen. Der ähnliche Gewölbe aufweisende grosse Saal im Hauptgeschoss des Ostflügels mag als Kapitelsaal gedient haben; der Südflügel ist im 18. Jahrhundert durch einen Magazinbau ersetzt worden, ohne dass dabei der Grundriss des ehemaligen Mauerwerks eingehalten worden wäre. Wie der als Baumaterial verwendete Feldstein der Aussenseite des Gebäudes das strenge Gepräge eines Nutzbaues aufgedrückt hat, so ist auch an der Hofseite wie in den Innenräumen keinerlei schmückendes Beiwerk erhalten. Auf Grund alter Beschreibungen aus dem 17. Jahrhundert ist bekannt, dass die Burg hölzerne Vorlauben aufgewiesen hat, desgleichen soll eine Holzpalisade das Gebäude umgeben haben [78]. Wenn die ersteren ins Mittelalter zurückreichen mögen, wie es bereits durch das behandelte Material bestätigt wird, so wird die Palisade wohl späteren Ursprungs gewesen sein; die wenigen Mauerreste bekunden, dass auch Lemsal wie die meisten Konventshäuser durch eine steinerne Parchammauer geschützt gewesen ist, bei deren Anlage ebenfalls Ordensburgen als Vorbild gedient haben.

Abb. 130. Lemsal, Fensternische im oberen Stockwerk.

Zur selben Zeit oder ein wenig später wurde im sog. lettischen Teil des Erzbistums die Burg S e s s w e g e n (Cesvaine) erbaut, bei der die Bauüberlieferungen des Ordens ebenfalls ziemlich genau befolgt worden sind. Die Burg gehörte nicht zu den Residenzen, doch hat ihre zentrale Lage in einem dichtbesiedelten Gebiete ihre Wehrfestigkeit und Ausdehnung bedingt; letztere konnte aber auch ohne entsprechende Innenordnung zu einer Nachahmung der Konventshausformen führen, wie das auch die Vogtburgen des Ordensgebiets bewiesen haben. Sesswegen gehört zu den zerstörten Burgen, ihre Gestalt kann aber auf Grund von Zeichnungen und Plänen aus dem 17. Jahrhundert wiederhergestellt werden (Abb. 131). Nach den im Stockholmer Kriegsarchiv befindlichen Materia-

---

[78] L ö w i s o f M e n a r, Bemerkungen 79.

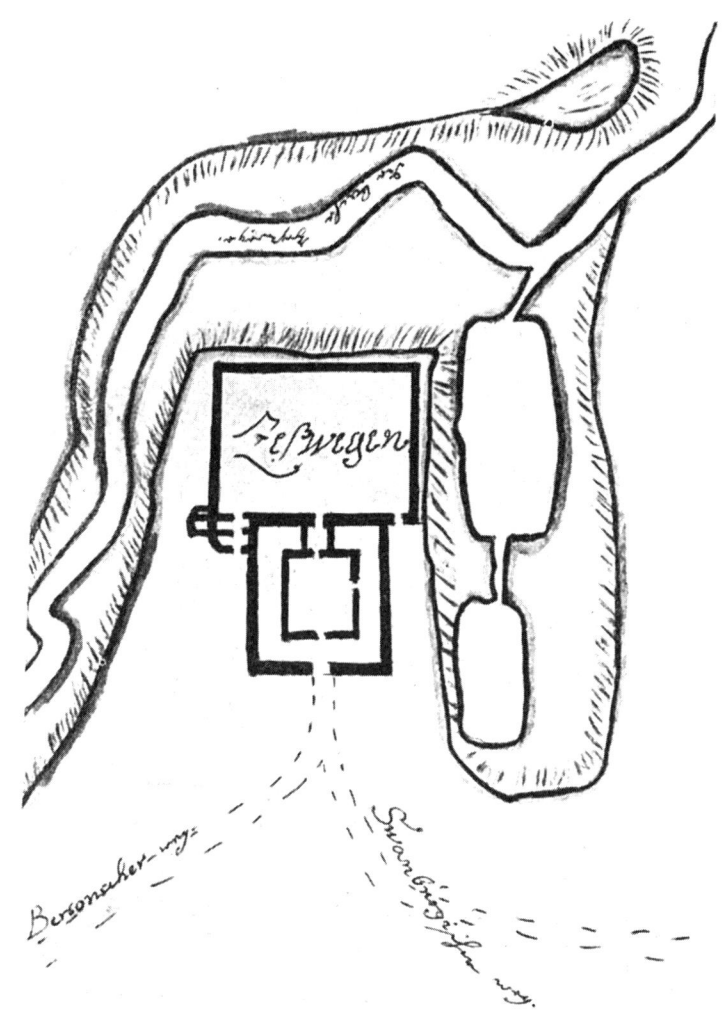

Abb. 131. Sesswegen, Plan der Burg aus dem
17. Jahrhundert (KA).

lien war die Burg ein streng geschlossenes Quadrat, woran sich ein ebenfalls regelrechter Vorhof anschloss. Anfänglich gab es nur an der Seite der Vorburg einen Eingang in die Burg, die andere auf dem Plan vermerkte Maueröffnung ist sekundär, und zwar erst im Zusammenhang mit der Anlage einer Strasse durch das Burggebiet durchgebrochen worden. Über die Raumverteilung bietet der Plan keinerlei Aufschlüsse. An Einzelheiten ist bloss ein Turm über dem Haupteingang vermerkt, was als ein Merkmal bischöflicher Baukunst erscheint. Dieser Turm ist ein Gegenstück zu dem in der

Abb. 132. Sesswegen, die Burg von Nordwesten gesehen. Nach einer Zeichnung von Storno aus dem Jahre 1661 in Meyerbergs Reisebeschreibung.

Mitte der Westseite des Schlosses zu Hapsal angelegten Turme und bekundet eine gründliche Abweichung von den ausgebildeten Bauüberlieferungen des Ordens. Die mit einem mehrfach verschliessbaren Tor ausgestattete viereckige Vorburg ist ungefähr gleichzeitig mit dem Hauptgebäude erbaut, nachmals aber zur Zeit der Feuerwaffen an den Ecken durch niedrige Basteitürme ergänzt worden, wie aus einer Zeichnung von Storno erschlossen werden kann (Abb. 132). Abgesehen von dem Mauerschutz bot der an der Burg vorüberfliessende Bach auch noch Wasserschutz und die Möglichkeit, neben dem Gebäude ein System von sowohl bei den bischöflichen als auch bei den Ordensburgen beliebten Fischteichen anzulegen.

Das festeste erzbischöfliche Schloss im sog. lettischen Teil war R o n n e b u r g (Rauna), das dort ebenso wie Lemsal auf livischem Gebiet als Residenz gedient hat. Die Burg befindet sich auf einem hohem Bergrücken und verdankt ihre endgültige Gestalt mehreren Bauperioden (Abb. 133). Nach einer ersten provisorischen Festung ist zunächst mit dem Bau eines konventshausartigen Hauptschlosses begonnen worden, von dem sich wie auch von dem mehrfachen Vorwerk ausgedehnte Ruinen bis heute erhalten haben. Urkundlich wird das Schloss erstmalig im Jahre 1381 erwähnt[79], erbaut ist es aber schon früher, und zwar wird das Hauptgebäude schon vor dem Beginn des Inkorporationsstreites im letzten Viertel des 14. Jahrhunderts in der Hauptsache fertig gewesen sein. Seiner Gestalt nach befolgt Ronneburg bloss zum Teil den Ordensstil: der

---

[79] L ö w i s o f M e n a r, Burgenlexikon 104.

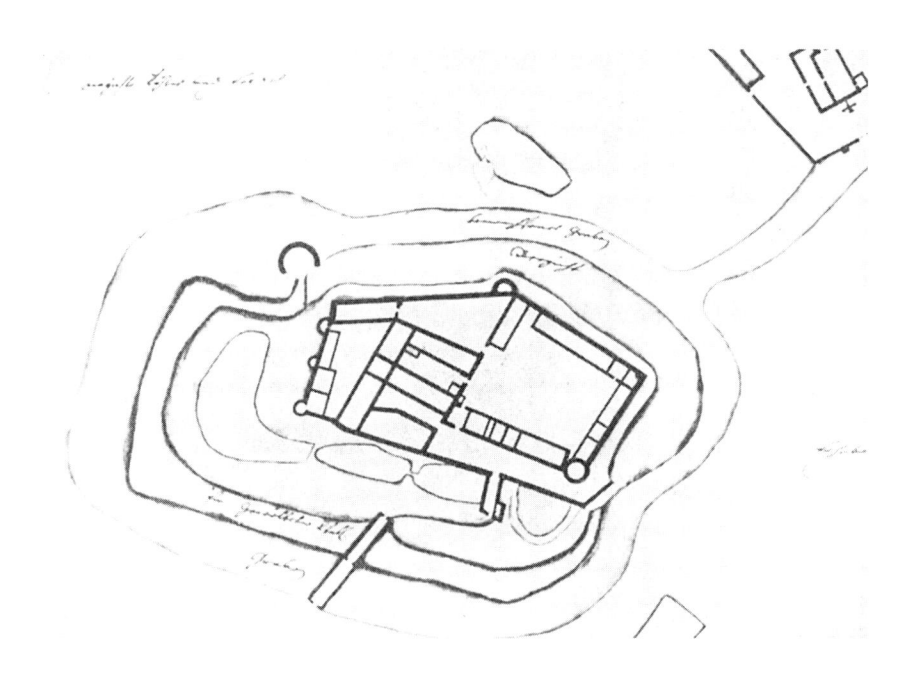

Abb. 133. Ronneburg, Plan der Burg aus dem 17. Jahrhundert (KA).

Gebäudekomplex bildet ein langes Viereck, dessen Ostseite unausgebaut geblieben ist (Abb. 134). Auch in der Anordnung der Innenräume ist freier verfahren worden. Am Ostende des Südflügels befand sich die zweijochige Kapelle; das gehauene Rahmenwerk ihrer Fenster war noch vor einigen Jahrzehnten gut erhalten (Abb. 135). Dessen Formen weisen unmittelbar auf die Sakralarchitektur des Kalksteingebiets hin; dasselbe tun auch die Wülste der einstigen Gewölbe, zu denen sich Gegenstücke in der unweit des Schlosses gelegenen Ronneburger Kirche finden, deren Bauzeit in die Mitte des 14. Jahrhunderts fällt. Zu jener Zeit ist dann eben mit dem Bau des Konventshauses begonnen worden, und zwar wurde, wie das besonders die Ordnung eines Bischofsschlosses verlangte, als erster der Innenräume die Kapelle fertiggestellt. Der neben dieser befindliche grössere Raum mag als Kapitelsaal gedient haben, im Westflügel befanden sich zwei Remter und im Nordflügel das Dormitorium. Alle diese Räume sind in jener Bauperiode ungewölbt geblieben, und erst nachmals unter Erzbischof Jaspar Linde zu Beginn des 16. Jahrhunderts sind auf den schlichtförmigen Konsolen reich profilierte Gewölberippen aus Backstein angelegt worden (Abb. 136), die im Kapitelsaal Sterngebilde darstellten. Unter demselben baulustigen Erzbischof ist auch die bis dahin

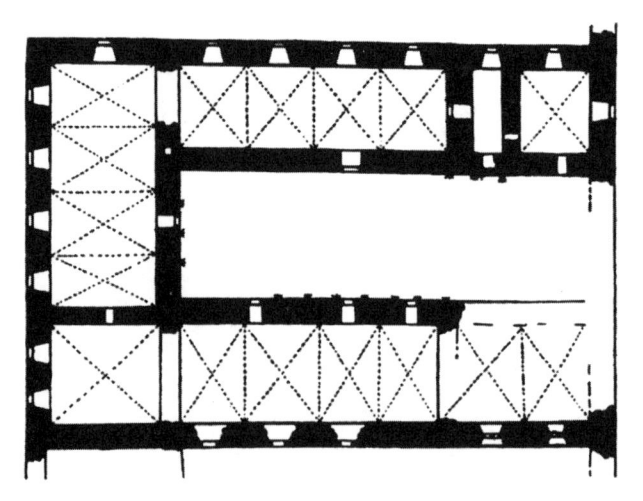

Abb. 134. Ronneburg, Grundriss des Hauptgebäudes der Burg. Nach Seuberlich.

hölzerne Vorlaube durch eine steingewölbte ersetzt worden [80]. In diesem Teil wie auch in den späteren Mauererhöhungen ist der damaligen Zeitrichtung gemäss Backstein verwendet worden. Von den älteren Mauerteilen bekundet besonders die Westseite die Eigenart des in der Mitte des 14. Jahrhunderts erbauten Schlosses, in welchem Zusammenhang den weiten segmentbogigen Fenstern eine wesentliche Bedeutung zukommt, die zwar noch nicht denselben schwungvollen Rhythmus aufweisen wie in Wenden, aber doch bereits die Spätentwicklung bezeugen, die die strenge Geschlossenheit der Frühburgen beseitigt hat (Abb. 137). Grosse Änderungen hat die Anlage von Ronneburg in der Zeit nach 1418 erfahren, als die Erzbischöfe die mittlerweile vernachlässigten Schlösser zurückerhalten hatten und nun bei der Verschärfung der inneren Beziehungen ein Ausbau des Wehrsystems in die Wege geleitet wurde. Zu dieser Zeit ist denn auch in Ronneburg als einer der wichtigsten Landburgen des Erzbischofs ein mehrfacher Vorburgengürtel angelegt worden, von dem vorher bloss ein Teil bestanden hatte. Aus dem 15. Jahrhundert und zum Teil auch aus dem Beginn des 16. Jahrhunderts stammen die grossen, für Feuerwaffen bestimmten Rundtürme, die in besonderem Masse zur Wehrfestigkeit des Schlosses während der nachmaligen Belagerungen beigetragen haben.

Zu den beiden erzbischöflichen Residenzen gesellt sich als grösster Wehrbau des südlichen Gebietes P i l t e n (Piltene), das Hauptschloss des Bischofs von Kurland. In den ersten Zeiten des

---

[80] Ebendort.

Abb. 135. Ronneburg, Kapellenfenster.
Nach einer alten Aufnahme.

Bistums hatten die Bischöfe in Memel residiert, während im nördlichen Landesteil Amboten als Bischofsburg gedient hatte. Als diese im Jahre 1290 in den Besitz des Ordens übergegangen war, scheint man bald die Anlage einer neuen Burg auf dem linken Ufer der Windau begonnen zu haben, wo dann die Bischöfe seit Bischof Burchards Tagen (1300—1311) residiert haben [81]. Damals kann Pilten nur zum Teil vollendet gewesen sein, und jedes der folgenden Jahrhunderte hat an seinem Teil zur Ergänzung der ursprünglichen Anlage beigetragen (Abb. 138). Als ältester Gebäudeteil erscheint das Konventshaus, dessen Grundriss von Schmid nach den Ruinen festgestellt worden ist. Alte Beschreibungen geben einige Aufschlüsse über die einstige Anordnung der Räume. Danach ist der Gebäudeblock streng geschlossen gewesen, die Haupträume haben sich im Nord- und im Westflügel befunden. Die Anordnung der Räume war in der für die Bischofsburgen eigentümlichen Weise frei, ohne vier streng zu unterscheidende Flügel zu bilden.

---

[81] Schmid 226.

Abb. 136. Ronneburg, Westwand des grossen Remters.

Im Hof war die Burg mit einer Vorlaube ausgestattet, die nach schriftlichen Überlieferungen aus Stein gewesen ist [82].

Die sich an das Konventshaus anschliessende grosse Vorburg ist zu derselben Zeit angelegt, aber nachmals stark verändert worden. Im 14. Jahrhundert wurde an der Südostecke ein Rundturm errichtet, der im Durchmesser 8,6 m betragende, im Untergeschoss mit einem tiefen Burgverliese ausgestattete sog. „Schmachturm" (Abb. 139). Als Baumaterial ist bei den Grundmauern Feldstein, im oberen Teil Ziegel verwendet worden. Dieser stark flankierende Turm wird erst Mitte des 14. Jahrhunderts erbaut worden sein, seine Vorgänger waren die bloss urkundlich bezeugten viereckigen Türme innerhalb der Mauerlinie. In der Zeit der Feuerwaffen ist zu den bisherigen Türmen auf der Mauerlinie der Ostseite ein im Durchmesser 14,2 m betragendes grosses Rondell angelegt worden. In dessen Bautechnik verdient die schichtenweise ausgeführte Lagerung von Feld- und Backstein erwähnt zu werden, welche Bauart ein neues dekoratives Element gezeitigt und auch bei den um dieselbe Zeit erbauten Türmen anderer Schlösser Verwendung gefunden hat.

---

[82] S c h m i d 227—228; über den weitberühmten Öselschen Dolomit bietet die Baugeschichte von Pilten eine interessante Bemerkung: im Jahre 1547 berichtet Kanzler Sturtz an Herzog Albrecht, dass der „Bischof zu Curland einen schönen Steinbruch auf Ösell haben sol aus welchem er auch viel Zierliche fenster zu Pilten gebauet..." (PS, HBA, Abt. D, Nr. 606).

Im Bistum Ösel-Wiek hat die Endperiode der Konventshausentwicklung das Schloss A r e n s b u r g (Kuressaare) geliefert, das bei späteren Restaurierungen bloss in Einzelheiten verändert worden ist und somit als einzigartiges Beispiel mittelalterlicher Burgenarchitektur im ganzen Baltikum dasteht. Die Aufführung der Burg steht in unmittelbarem Zusammenhang mit dem grossen Freiheitskampf der Esten in den Jahren 1343—1345. Wenn die Öseler bis dahin noch ein grosses Mass politischer Selbständigkeit behauptet hatten, so dass es der bischöflichen Macht versagt war, auf der Insel Burgen anzulegen [83], so änderte sich jetzt die Lage von Grund aus. Im Gefolge des unglücklich verlaufenen Aufstandes verlor das Volk seine Rechte, und die Rolle, welche die Wehrkirchen bisher in der Verteidigung des Landes gespielt hatten, wurde nunmehr vom Schloss übernommen, dessen Stärke die Macht der Kirchengewalt versinnbildlichen und die Unterdrückung jeglicher Befreiungsversuche in der Zukunft ermöglichen sollte. Wie bei dem Bau der Soneburg auf dem Ordensgebiet, so wurde auch bei der Gründung des Schlosses Arensburg auf bischöflichem Gebiet die ganze Inselbevölkerung zwangsweise zu den Arbeiten herangezogen, wohl unter Einschluss auch des festländischen Teiles des bischöflichen Gebietes. Ungeachtet aller Anstrengungen hat sich die Vollendung des Schlosses gleichwohl verzögert, da das Land infolge der blutigen Ereignisse erschöpft war.

Abb. 137. Ronneburg, Westansicht des Hauptgebäudes der Burg.

Das erhaltene Mauerwerk und die Innenräume ermöglichen eine verhältnismässig genaue Feststellung der Baugeschichte des Schlosses, von deren Nuancenreichtum hier nur die Hauptsachen angeführt sein mögen, während eine eingehendere Behandlung des interessanten und stilgeschichtlich bedeutsamen Baues einer Sonderuntersuchung vorbehalten bleiben muss. Äusserlich bildet das Gebäude einen streng geschlossenen Block, der von zwei, ein wenig aus der Mauerlinie hervortretenden Ecktürmen belebt wird (Abb.

---

[83] T u u l s e, Wehrkirchen 179—180.

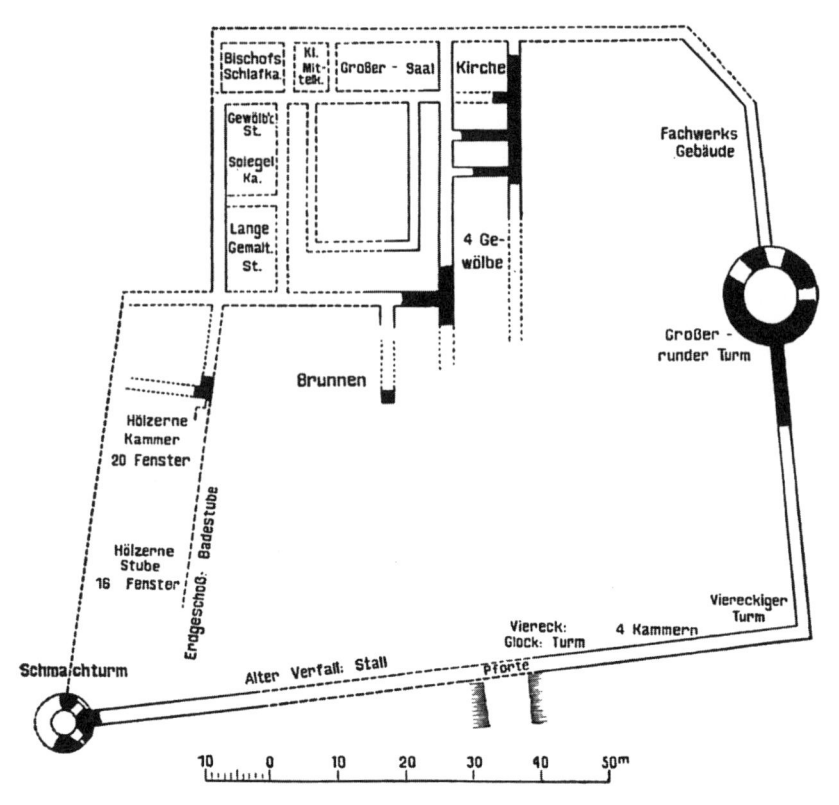

Abb. 138. Pilten, Grundriss. Nach S c h m i d.

140). Der Bau ist in solider Quadertechnik ausgeführt, eben dank dem am Ort in Fülle zur Verfügung stehenden berühmten Öselschen Kalkstein, wodurch die Bautraditionen der Frühzeit zu neuem Leben erweckt wurden. Schon eine Betrachtung des äusseren Mauerwerks ermöglicht die Feststellung mehrerer Bauperioden. Es lässt sich nachweisen, dass zunächst zur Erlangung eines festen Wehrpunktes an der Nordwestecke der grosse Stubenturm aufgeführt worden ist, der laut urkundlichen Angaben den Namen „Sturvolt" getragen hat und im Innern Wohn- und Wehrzwecken angepasst war (Abb. 141). Von den sechs Stockwerken des Turmes sind die zwei untersten gewölbt und durch Mauertreppen miteinander verbunden, die in einer gewissen Höhe über der Fussbodenfläche beginnen, um auf diese Weise im Falle der Gefahr dem Feinde leichter den Zugang abzuschneiden. Die oberen Stockwerke waren für die Besatzung bestimmt und mit einem Kamin versehen; hier sind bei Restaurierungen zum Teil Änderungen vorgenommen, u. a. in einer Fensterbank ein aus der Burgkapelle stammendes Lavatorium eingemauert worden, dessen Formen einem ähn-

Abb. 139. Pilten, der „Schmachturm".

lichen, aus dem 15. Jahrhundert stammenden Detail in der Sakristei der Klosterkirche zu Brigitten (Pirita) bei Reval nahestehen und somit Anhaltspunkte für die Bestimmung der Bauzeit bieten (Abb. 142) [84].

Schon zur Zeit der Erbauung des Turmes hat es einen fest bestimmten Plan für die Fortsetzung des Baues gegeben, wie die Verzahnungen an den Turmecken beweisen, von wo aus dann die Bauarbeiten ihren Fortgang genommen haben. Gemäss den ausgebildeten Traditionen wurde zunächst die Aussenmauer aufgeführt nebst einem zweiten Turm, der den populären Namen „Langer Hermann" trug [85]. Dieser schlanke viereckige Turm war im Untergeschoss mit einem tiefen Verliese ausgestattet, dessen die inmitten

---

[84] Tuulse, Pirita, Abb. 5.
[85] Seuberlich 87.

Abb. 140. Arensburg, Aussenansicht des Schlosses von Nordwesten.

einer unbeugsamen Bevölkerung gelegene bischöfliche Zwingburg schon frühzeitig bedurft haben muss. Erst nach Vollendung der Türme wurde mit der Anlage der Innenräume begonnen, wobei man sich ebenfalls an die für die Innenordnung ausgebildeten Traditionen gehalten hat. An der Südseite der quadratischen Anlage von 42,5 m im Geviert wurden die Haupträume, die Kapelle und der Festremter, aufgeführt (Abb. 144). Der Sakralraum stellt im Grundriss ein Quadrat dar, in dessen Mitte ein achtkantiger Pfeiler steht, auf den sich die Kreuzrippengewölbe stützen (Abb. 145). In den Profilen der stark hervortretenden Rippen und im Pfeilerkapitell herrscht ein streng geometrischer Stil, der mit seinem ikonoklastischen Gepräge in völligem Gegensatze zu der plastischen, schmuckliebenden Richtung steht, die vor dem Freiheitskampfe in den Kirchen von Ösel geherrscht hatte. Das ist die erste Manifestation des Ordensstils im nördlichen Gebiete des Landes, und zwar mit einer Sonderfärbung, die von anderen Beziehungen in der bischöflichen Baukunst vorgeschrieben wurden. Spätestens im letzten Viertel des 14. Jahrhunderts ist die Kapelle fertig gewesen, ebenso auch der gleichzeitig erbaute und dieselben Formen aufweisende zweischiffige Festremter (Abb. 146). Dieser war anfänglich vierjochig geplant, nachmals ist ihm der einjochige Raum im Westen ange-

Abb. 141. Arensburg, Ansicht des Schlosses von Norden durch das Bastionstor.

schlossen worden, wie das bei der Restaurierung auch mit der Kapelle geschehen ist.

Den Haupträumen schlossen sich im Westflügel die Wohnräume des Bischofs an, die mittels an den Türen angebrachter Ver-

Abb. 142. Arensburg, das Lavatorium.

schlussbalken vom übrigen Schloss völlig abgesondert werden konnten. Der südlichste der drei gratgewölbten Räume war mit einem kleinen Danskererker ausgestattet, der sich in restaurierter Gestalt noch bis heute erhalten hat (Abb. 147). In einer Ecke des mittleren Raumes befindet sich ein Steinalkoven mit starken Mauern, und zwar auch dieser fest verschliessbar, um den Schlossherrn bei Meinungsverschiedenheiten vor dem Domkapitel zu schützen.

Nach den Baudetails zu urteilen, sind auch die Gemeinschaftsräume des Ost- und Nordflügels annähernd zur selben Zeit ausgebaut worden. Eigenartig ist dabei die Raumanordnung in der Nordostecke, wo um den „Langen Hermann" herum ein durch alle Stockwerke gehender schmaler Isolationsraum freigelassen worden ist. Infolgedessen konnte die Ecke der beiden Flügel besser zusammengefügt werden, da widrigenfalls der Turm hier störend in die Räume hineingeragt hätte. Dieser eigenartige Zwischenraum ist als Abtritt benutzt worden, wie das die von zwei Seiten hineinragenden Erker beweisen. Auch urkundlich wird dieser Teil des Schlosses erwähnt; vor allem bedeutsam ist eine Notiz aus dem Jahre 1381, derzufolge der vom Kapitel verhaftete Bischof Heinrich III. damals hier tot aufgefunden worden sei [86]. Somit müssen damals die Räume des Ost- und des Nordflügels wenigstens teilweise fer-

---

[86] Ebendort 88.

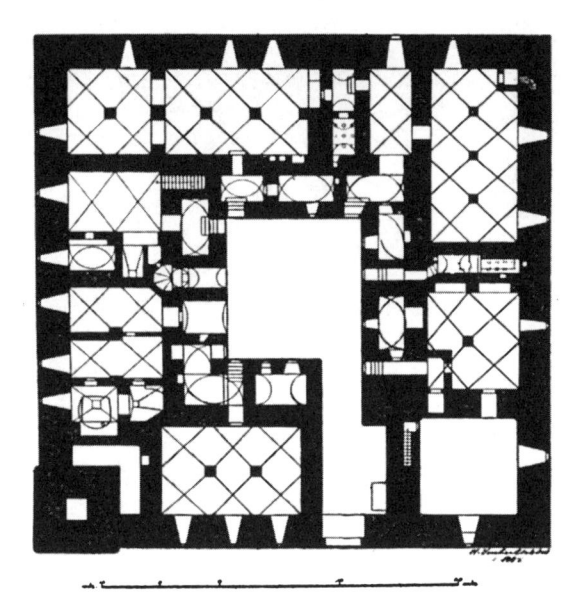

Abb. 143. Arensburg, Grundriss des Kellergeschosses. Nach Seuberlich.

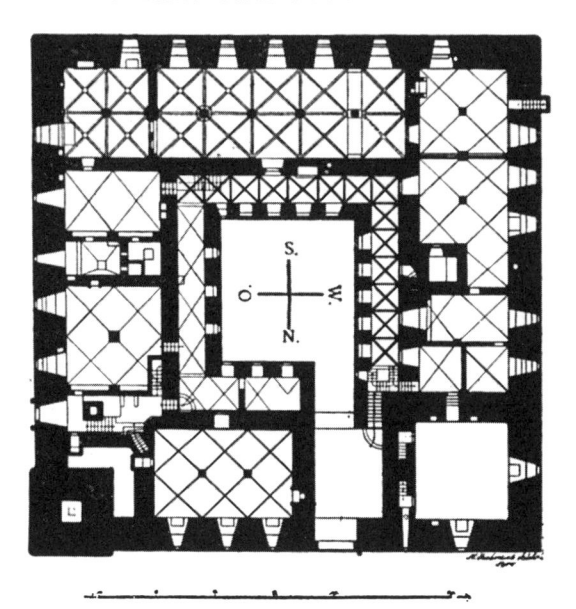

Abb. 144. Arensburg, Grundriss des Hauptgeschosses. Nach Seuberlich.

tig gewesen sein. Von ihnen diente der zweischiffige gratgewölbte Raum im Nordflügel als Schlafsaal der Brüder (Abb. 148), und im Ostflügel befand sich der kleine Remter nebst einem weiteren klei-

Abb. 145. Arensburg, die Schlosskapelle. Nach Gulcke.

nen Nebenraum. Unter demselben Flügel befanden sich zwei Küchenräume mit Mantelschornsteinen, eine Brunnenkammer und ein mit einem Becken versehener Raum, in dem man einen Baderaum vermutet (Abb. 143). Trotz späterer Umbauten ist hier überall die ursprüngliche Gestalt noch gut erkennbar. In gutem Zustande sind die unter den anderen Flügeln befindlichen Keller erhalten, die als Magazine gedient haben, und in denen zwei Heizkammern eingebaut sind, nämlich zum Erwärmen der über ihnen befindlichen Räume, und zwar die eine für die Wohnung des Bischofs, die andere für den Festremter. Es handelte sich hier um die in den Ordensländern verbreitet gewesene Warmluftheizung, bei der nach der Schliessung des Rauchschiebers die Bolzen der über dem Ofen befindlichen Wärmröhren geöffnet wurden, bis in den Räumen die nötige Wärme erreicht war [87].

[87] Fusch 94 ff.

Abb. 146. Arensburg, der Festremter gegen Westen gesehen. Nach Guleke.

Zuallerletzt ist das Schloss im Hof mit einer massiven, streng abschliessenden Vorlaube versehen worden, deren Hauptgeschoss an der den Festräumen und den bischöflichen Wohnräumen zugewandten Seite mit Rippengewölben bedeckt ist (Abb. 149). Ihr Profil unterscheidet sich von den Profilen der Gewölberippen der Kapelle und des Festremters und weist auf eine spätere Bauzeit hin; ein noch stärkerer Beweis für die spätere Bauzeit der Vorlaube ist das Fehlen der Gewölbekonsolen: die Gewölberippen wachsen unmittelbar aus der Wand hervor. Diese Gewölbeform ist überall bei den nordischen Baudenkmälern auf den Anfang des 15. Jahrhunderts anzusetzen, zu welcher Zeit auch das Schloss Arensburg

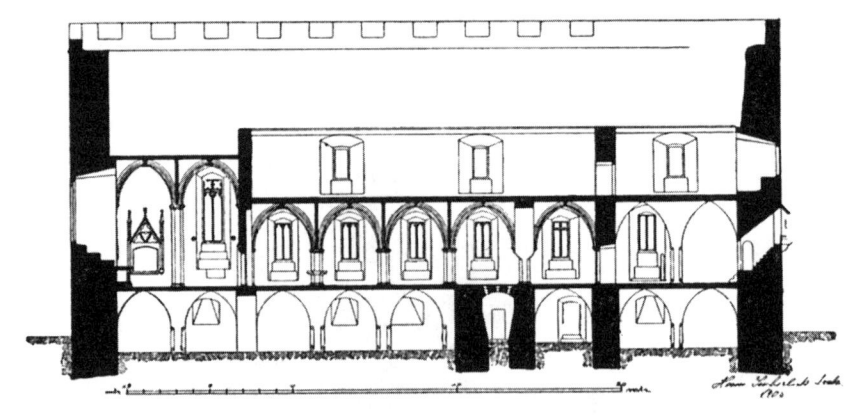

Abb. 147. Arensburg, Längsschnitt durch den Südflügel.
Nach Seuberlich.

vollendet worden sein mag. Die für dieselbe Zeit charakteristischen Elemente weist auch das Profil der Tür des Festremters auf, bei der das Fehlen der Kapitelle ebenfalls beweist, dass sie erst im 15. Jahrhundert ihre endgültige Gestalt erhalten hat. In einer Nische rechts von der Tür befindet sich ein Wasserbecken, in dem man die Hände vor der Mahlzeit zu waschen pflegte; wie man aus den noch erhaltenen Bruchstücken des ursprünglichen Beckens im Schlosskeller ersehen kann, ist es in seinen alten Formen restauriert worden.

Von den über den Haupträumen des Schlosses befindlichen Magazinräumen und Wehrstockwerken ist wenig in ursprünglicher Gestalt erhalten, da sie teilweise der am Anfang des 18. Jahrhunderts vollzogenen Sprengung zum Opfer gefallen sind. Aus gewissen Spuren an den Türmen kann man schliessen, dass das Gebäude mit einem Pultdach überdeckt gewesen ist; von den Türmen jedoch wurde der „Lange Hermann" noch unter dem letzten Bischof Johann von Monikhusen mit einem spitzen Helm überdeckt, wie er noch auf Zeichnungen des 17. Jahrhunderts zu sehen ist [88]. Aus diesen Planzeichnungen im Schwedischen Kriegsarchiv geht hervor, dass das Schloss von einer viereckig angelegten Mauer umgeben war. Die noch jetzt zum Teil wahrnehmbare grössere Ringmauer mitsamt den für die Feuerwaffen bestimmten Türmen ist erst nach der bischöflichen Zeit im 16. Jahrhundert angelegt worden [89]; ein Teil dieser Mauer ist in der schwedischen Zeit in mächtige Bastionen eingebaut worden.

Wie das Konventshaus zu Wenden auf dem Ordensgebiet, so ist das Schloss zu Arensburg auf bischöflichem Gebiet der Schluss-

---

[88] Körber, Oesel I, 7.
[89] Körber, Bausteine 234.

punkt der langen Entwicklungsgeschichte des Konventshauses. Obschon die Bauarbeiten bereits im dritten Viertel des 14. Jahrhunderts in Angriff genommen worden sind, wird man die Endgestaltung auch in Arensburg auf die Zeit um 1400 ansetzen müssen, wo das Land sich bereits von den blutigen Ereignissen erholt hatte. Es wird also Bischof Winrich von Kniprode (1383—1419) gewesen sein, der das Hauptgebäude der Burg zu Arensburg vollendet hat; unter ihm sind auch in Hapsal und Lode (Koluvere) erhebliche Umbauten vorgenommen worden. Während man sich einesteils stark an die Überlieferungen der Baukunst des Ordens angeschlossen hatte, sind daselbst aber auch Unterschiede wahrzunehmen, die sich vornehmlich in einer freieren Anordnung der Innenräume bekunden, als sie in den Konventshäusern des Ordens üblich gewesen ist. Klarheit über die Herkunft der Stilformen der Innenräume bringt ein Vergleich mit zeitgenössischen Baudenkmälern anderer Länder. In der Aussenarchitektur tritt der Unterschied von den Ordensburgen in der Vernachlässigung des Flankierungsprinzips bei den Türmen zutage, während die Baumeister des Ordens bereits seit der Mitte des 14. Jahrhunderts die Türme fast immer stark hervortreten liessen, damit die Mauerlinie besser unter Seitenfeuer genommen werden konnte. Aber trotz alledem wird das Gesamtbild vom Stilgefühl des Ordens beherrscht, aus welchem Grunde eben allein solch ein streng geschlossener Gebäudewürfel entstehen konnte, der unter alleiniger Berücksichtigung der sachlichen Formen der Wehrarchitektur in sorgfältiger Hausteintechnik ausgeführt worden ist.

Abb. 148. Arensburg, das Dormitorium im Nordflügel.

C. Der freie Kastelltyp. Das Lagerkastell.

a. Ordensburgen.

Als höchste Entwicklungsstufe des Kastelltyps war das Konventshaus in seiner Struktur streng gebunden; es wird nicht nur durch die äussere Mauerlinie geformt, sondern die ganze Anlage

Abb. 149. Arensburg, die Vorlaube im Südflügel. Nach einer alten Aufnahme.

wird durch die innere Spannung der einzelnen Flügel zusammengehalten, die die Form des Gebäudes unmittelbar vorschreibt. In den ordenszeitlichen Urkunden wird dieses Gebäude auch „4 huser" genannt [1], was sowohl deutlich auf die Herkunft des Typs hinweist als auch zugleich die Grenzen seiner Verbreitung bestimmt, wie aus dem vorigen Abschnitt erhellt: die strenge Form des Konventshauses war vor allem dort heimisch, wo man zahlreicher grosser Räume fürs Gemeinschaftsleben bedurfte; fehlte diese Voraussetzung, so reduzierte sich auch der Typ.

---

[1] Clasen, Entwicklung 30.

Man kann jedoch auch im letzteren Falle noch bedingungsweise von einem Konventshause sprechen, wenn auch zwei oder drei eingebaute Gebäudeflügel noch über einen Teil der ursprünglichen formbestimmenden, zusammenhaltenden Kraft verfügten, wodurch dem Gebäude immer noch äusserlich ein einheitliches Gepräge verliehen wurde. So verhielt es sich z. B. in Neuenburg in Kurland.

Die Entwicklung verlief anders, wenn man nicht von den Räumen ausging, sondern wenn nur die Ringmauer massgebend war. Im Gegensatz zum Konventshause vollzog sich die Formgebung in diesem Fall von aussen nach innen: nicht die Räume waren wichtig, sondern der Schutzmantel, an den sie sich lehnten. Bei solchen Gebäuden können zwar ein oder zwei Flügel an die Konventshäuser gemahnen, die übrige Mauerlinie bildet aber nicht mehr mit ihnen zusammen eine einheitliche, geschlossene Masse, sondern es fehlt die dem Konventshaus eigene innere Konzentration.

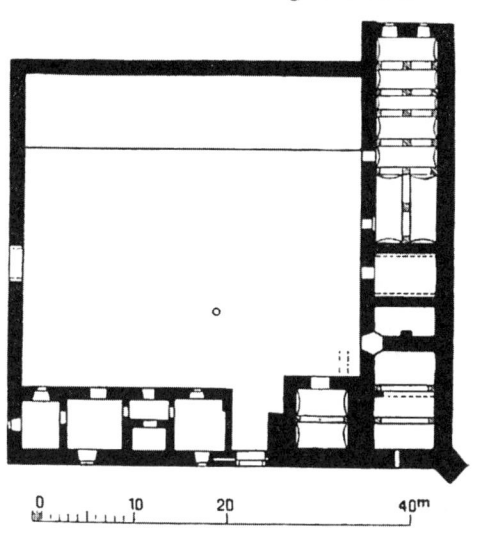

Abb. 150. Hasenpoth, Grundriss. Nach S c h m i d.

In der vielgestaltigen Entwicklung der altlivländischen Architektur spielt gerade dieser freie Kastelltyp eine wichtige Rolle, indem er je nach den örtlichen Bedingungen und der Bauzeit mehrfachen Veränderungen unterliegt und sich bald mehr, bald weniger dem strengen Konventshaustyp nähert. Es sind dies vor allem die kleineren Burgen, bei denen sich freie Plangestaltung bereits früh durchgesetzt hat. Ein solcher Plantyp tritt schon vor dem Konventshause auf und wird auch in die spätere Zeit übertragen, als das durch die Ordensregeln streng gebundene Konventshaus nicht mehr annehmbar war. Bei diesen Burgen war abgesehen von kleineren Räumen für die Besatzung ein grosser Hof von wesentlicher Bedeutung, der im Falle von Gefahr grösseren Menschenmengen Schutz bieten konnte, worauf die in den Urkunden vorkommende Bezeichnung „Vleyslott" (= Fliehschloss) hinweist[2]. Diese Burgen lagen meistens in der Nähe von Wegen,

---

[2] L ö w i s o f M e n a r, Tuckum 71.

Abb. 151. Hasenpoth, Schnitt durch den Ostflügel. Nach S c h m i d.

in dicht besiedelten Gegenden, wo es sonst keine grössere Schutz bietende Burg gab; oftmals wurden aber Festungen mit solchem Grundriss ganz in der Nähe von grossen Burgen als Hilfspunkte zur Erleichterung der Einsammlung, des Transports und der Aufbewahrung des Getreidezehnten angelegt. Am meisten bedurfte der Orden solcher Bauten zur Verwaltung seiner weitausgedehnten Ländereien und zur Organisierung des Wehrwesens und des wirtschaftlichen Lebens. Diesen Zwecken dienten bereits die obenbehandelten Burgen im mittleren Teil des Landes, die jedoch in ihrer Form noch naturgebunden waren. Es kommt aber nun eine Reihe solcher hinzu, für deren Grundriss der Kastelltyp massgebend ist, besonders im südlichen Teil des Landes, wo sich bereits frühzeitig bei der Entwicklung des Konventshauses eine stärkere Regelmässigkeit bemerkbar gemacht hatte.

Die kurländischen Wegekastelle.

Abgesehen von der Anlage grosser Burgen war der Orden schon zeitig genötigt, den wichtigen Verbindungsweg zwischen Riga und Preussen zu sichern, wo denn auch eine Reihe von Festungen entsteht, die alle dem Kastelltyp angehören. Anfangs gab es an dieser wichtigen Heer- und Handelsstrasse bloss eine einzige Burg, Goldingen. Die Strecke von dort nach Süden und nach Norden war aber lang und bedurfte befestigter Punkte, wo Kriegs- und Handelsfuhren haltmachen, Reisende eine Herberge und die Bevölkerung der Umgegend Schutz und Hilfe gegen Plünderungszüge finden konnten. Als ein solcher Punkt entsteht wohl

Abb. 152. Hasenpoth, Ansicht von Westen.

schon im letzten Viertel des 13. Jahrhunderts die Burg H a s e n -
p o t h (Aizpute), die auch als Grenzburg zwischen Ordens- und
Bischofsgebiet von Bedeutung gewesen ist [3]. Aus denselben
Gründen hat auch der Bischof hier einen eigenen Wehrbau neben
der Ordensburg errichtet, der aber gänzlich vernichtet worden
ist [4]. Von der Ordensburg dagegen haben sich beträchtliche Reste
erhalten, mit deren Hilfe der kurländische Burgtyp festgestellt werden kann (Abb. 150—152). Im Grundriss bildet die Burg ein Viereck, dessen zwei Seiten ausgebaut sind oder genauer eine dichte
Reihe von Gebäuden aufweisen, die im Vergleich zum Burghof
schmal sind und nicht über die konzentrierende Kraft verfügen,
wie sie den Konventshäusern eignet. Den Unterschied heben ein
aus der Ringmauer hervortretender Flügel und ein rechts vom
Eingang unorganisch in die Mauerlinie eingebauter Turm noch
mehr hervor. Die kleinen Räume waren hauptsächlich als Unter-
kunft für die Wache und als Lagerräume gedacht, der grosse weite
Hof diente aber als Lagerplatz für die hier haltenden Fuhren.
Was die Innenräume der Burg betrifft, so hat sich im Kellergeschoss das Tonnengewölbe teilweise erhalten; ein Teil der
Räume ist zu der Zeit der Herzöge umgebaut worden, als auch

---
[3] S c h m i d 219.
[4] L ö w i s o f M e n a r, Burgenlexikon 63.

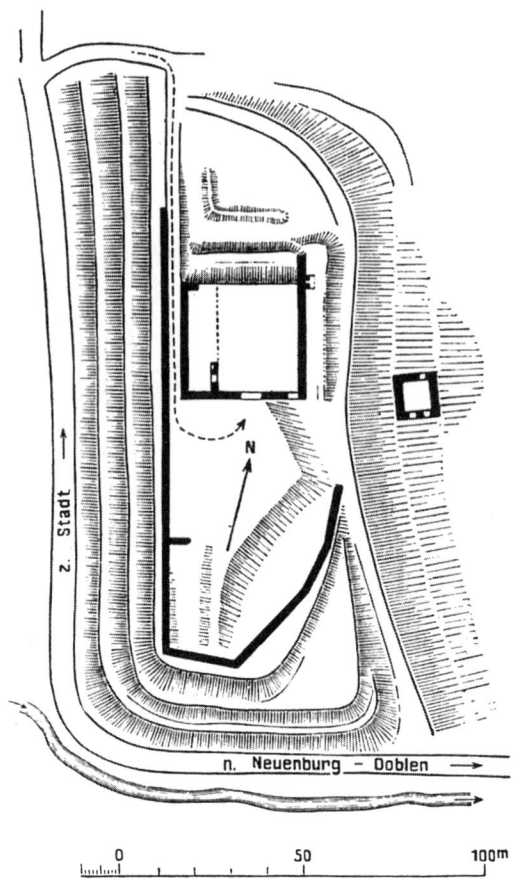

Abb. 153. Kandau, Grundriss. Nach Schmid.

die mit Pseudoquadern geschmückte Ziermauer an der Hofseite des Schlosses angelegt wurde.

Durch die Gründung von Hasenpoth war der südliche Teil der Heerstrasse zum Teil gesichert, im weiteren mussten jedoch auch auf der langen Strecke zwischen Riga und Goldingen Schutzpunkte angelegt werden. Zu den ersten hier errichteten Burgen gehört Kandau (Kandava), das seine Entstehung ebenfalls der Intensivierung der Bautätigkeit des Ordens um 1300 verdankt; für das Jahr 1318 ist die Burg Kandau bereits bezeugt, da sich damals der Ordensmeister Gerhard Jorke dort aufgehalten hat [5]. Bei der Ortswahl war der Höhenschutz massgebend, den der am Wege befindliche Berg bot, von wo aus sich die weitere Um-

---

[5] Schmid 221.

gebung überblicken liess (Abb. 153). Das auf der höchsten Spitze des Berges errichtete Hauptgebäude mit einer Seitenlänge von etwas über 30 m ist regelmässig angelegt. Das eigentliche Haus war an der Westmauer gebaut, der übrige Teil hat wie bei der vorigen Burg als Hof gedient. Nördlich vom Hause befand sich ein breiter Parcham, südlich eine grössere Vorburg, deren Form zum Teil der Bodengestalt folgt.

Beachtung verdient ein am östlichen Bergabhang befindliches turmähnliches Gebäude, das umgebaut heute als Wohnhaus dient. Die Aufführung eines Turmes an niedriger Stelle lässt sich von strategischen Gesichtspunkten aus nicht erklären; auch ist die Errichtung eines Danskers ausserhalb des Schlossgebietes, wie dies bei einigen grossen Ordensburgen in Preussen der Fall ist, bei solchen Burgen nicht denkbar. Es bleibt daher bloss die Vermutung, dass wir es hier mit einem Brunnenhause zu tun haben, weil das Grundwasser am Abhang des Berges leichter erreichbar war als auf der Höhe.

Zu diesen Befestigungspunkten haben sich mit der Zeit neue gesellt, bis der Weg mit einer dichten Burgenkette versehen war. Zu den älteren Anlagen gehört G r o b i n (Grobina) auf der Strecke zwischen Goldingen und Memel. Als Memel im Jahre 1328 Preussen zufiel, fehlte auf livländischem Gebiet ein südlicherer Stützpunkt, was vermuten

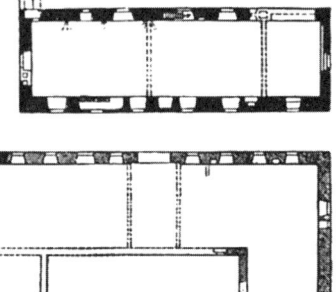

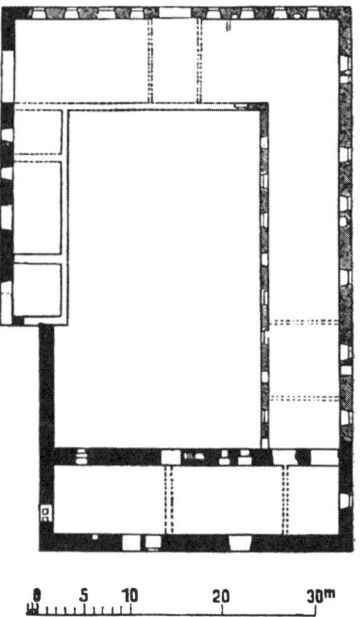

Abb. 154. Grobin, Grundplan der Burg und erstes Stockwerk des Hauptgebäudes.
Nach S c h m i d.

lässt, dass man bald danach mit dem Bau einer neuen Burg in zehn Meilen Entfernung von der Grenze begonnen habe [6]. Wartberge zufolge sind an der Burg unter Goswin von Herike Neuerungen vorgenommen worden [7], die wohl darin bestanden haben, dass die da-

---

[6] S c h m i d 217. An derselben Stelle lag schon im 13. Jahrhundert eine Burg, die aber als provisorische Festung aus Holz war und 1263 verbrannt wurde (Baltische Lande 270).
[7] W a r t b e r g e 24.

Abb. 155. Grobin, Nach einer Zeichnung von Storno aus dem Jahre 1661 in Meyerbergs Reisebeschreibung.

maligen Holzteile der Befestigung durch Steinmauern ersetzt worden sind.

In späterer Zeit ist die Burg Grobin durch Neubauten stark verändert worden; die alten Mauerlinien jedoch lassen sich darunter immer noch deutlich erkennen (Abb. 154 und 155). Die Burg liegt auf einer Anhöhe am Ufer eines Sees, der guten Wasserschutz bot. Die Ringmauern bilden ein längliches Viereck, von dessen südlichem Flügel, dem eigentlichen Hause, vier Stockwerke sich noch bis auf den heutigen Tag erhalten haben. Die Innenräume sind zwar verändert worden, doch sind noch einige ursprüngliche Details erkennbar. So zeigt die dem Hof zugewandte Mauer, dass anfangs die Absicht bestanden hat, die Räume zu überwölben, wovon man aber wie auch sonst bei einem grossen Teil der kleinen Burgen Abstand genommen hat. Das Gebäude wird wohl anfänglich folgende Dreiteilung gehabt haben: am östlichen Ende die Kapelle, in der Mitte der Remter und zugleich die Vorhalle, im westlichen Teil der Wohnraum, worauf Spuren einer ehemaligen Abortanlage in der Aussenmauer hinweisen [8]. Die Gebäude an den übrigen Seiten sind nachmals durch Neubauten ersetzt worden; im Mittelalter werden sich da zum Teil hölzerne Lagerräume befunden haben. Auch die Vorburg wird anfangs ein Bau aus Erde und Holz gewesen sein und ist erst unter Herike in Stein ausgeführt worden. Wenngleich dieser Burg zur Zeit ihrer Entstehung eine wesentliche Bedeutung zugefallen ist, so hat sie

---

[8] Schmid 217.

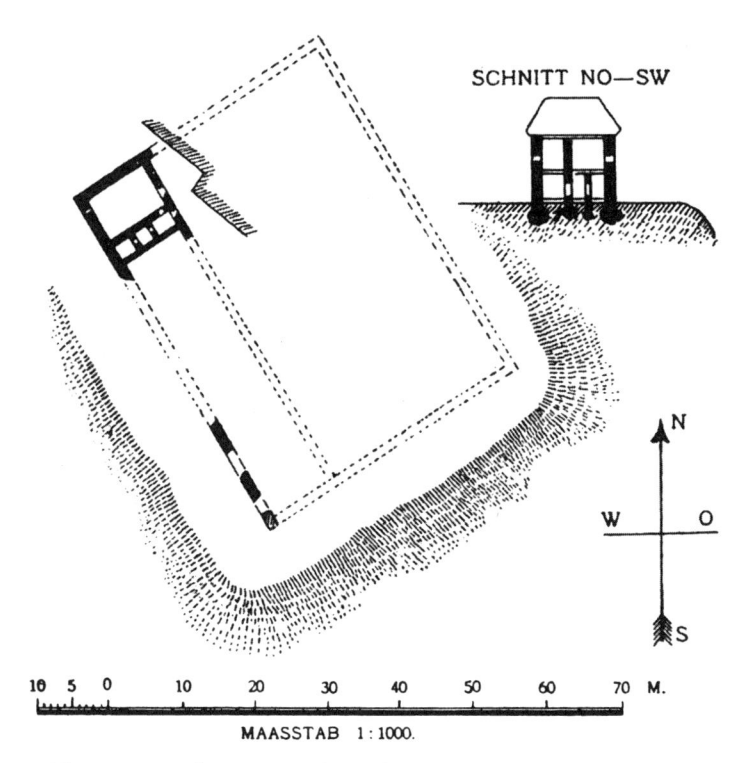

Abb. 156. Tuckum, Grundriss der Burg und Schnitt durch das Hauptgebäude. Nach Löwis of Menar.

doch später keine Markgenossenschaft um sich zu konzentrieren vermocht, weil unter den veränderten Verhältnissen der nahe Hafen von Libau (Liepaja) die Siedelung anzog.

Ein typisches Beispiel der Burgen an der kurländischen Heerstrasse bietet Tuckum (Tukums) auf der Strecke zwischen Kandau und Riga. Die Burg bestand bereits im Jahre 1381, da der Ordensmeister Wilhelm von Vriemersheim dort eine Urkunde veröffentlicht hat [9]. Tuckum war unmittelbar Riga unterstellt; am Ort walteten Landsknechte. Soweit die spärlichen Mauerreste schliessen lassen, war die Anlage von gleicher Art, wie die der älteren obenbeschriebenen Burgen (Abb. 156 und 157). Den grossen viereckigen Hof schloss bloss an der einen Seite ein Gebäudeflügel ab, der mit einem niedrigen Eckturm versehen war; letzterer wird noch heute als Speicher benutzt. Auch im Mittelalter dienten die Gebäude hauptsächlich als Speicher, der grosse Hof aber als Lagerplatz für Kriegs- und Warenfuhren. Innerhalb

---

[9] Löwis of Menar, Tuckum 70.

Abb. 157. Tuckum, von Nordosten gesehen. Nach einem Aquarell von H. F. W ä b e r aus dem Jahre 1795 (PV).

des gesamten Wehrbautennetzes des Landes spielt dieser „Legher-Hof" nur eine kleine Rolle und verschwindet bereits zu Ende der Ordenszeit aus dem Verzeichnis der befestigten Punkte [10].

Gemäss dem vom Orden angewandten konzentrischen Organisationssystem der Landesverteidigung sind mit der Zeit in der Nähe der älteren befestigten Punkte neue, sog. Hilfsburgen angelegt worden, ein Grundsatz, der auch bei den Lagerkastellen Kurlands befolgt worden ist. An dicht besiedelten Punkten reichte eine einzelne Burg nicht aus, die ausser zu Kommunikationszwecken auch noch als Verwaltungszentrum, als Getreidespeicher usw. dienen musste; daher sind in belebteren Zentren bald Zwischenburgen errichtet worden. Eine solche war S c h l o c k e n b e c k (Slokumberga), einige Kilometer von Tuckum in der Richtung nach Riga; die Anlage bestand aus einer viereckigen Ringmauer, die bloss Holzgebäude umschlossen haben wird [11]. Ungeachtet ihrer schwachen Konstruktion, war die Burg recht widerstandsfähig, denn im Jahre 1544 hat sie einer regelrechten Belagerung standgehalten.

Ein Speicherplatz gleicher Art war auch die Burg Z a b e l n (Sabile), die als Hilfsburg von Kandau gedient hat und schon recht früh, vielleicht gleichzeitig mit dieser erbaut worden ist, da

---

10 Ebendort.
11 L ö w i s o f M e n a r, Burgenlexikon 110.

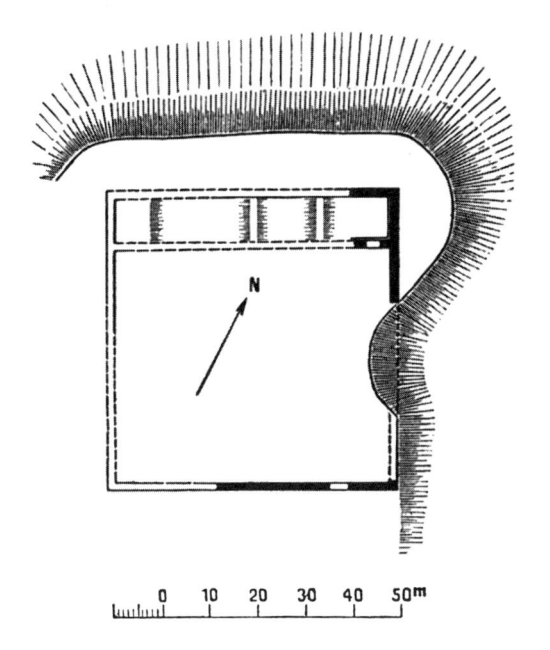

Abb. 158. Durben, Grundriss. Nach Schmid.

bereits aus dem 13. Jahrhundert Vögte von Zabeln bekannt sind [12]. Es ist bezeichnend, dass Zabeln, wie auch viele andere kurländische Burgen, in der Nähe eines vorgeschichtlichen Burgberges liegt, also an einem dicht besiedelten Ort, wo es aber gleich zu Anfang noch nicht möglich gewesen war, die Befestigung der einheimischen Bevölkerung zu benutzen. Zu Beginn der deutschen Kolonisierung haben beide Burgen nebeneinander bestanden und in Fällen der Gefahr, welche sich bei den Plünderungszügen der Litauer öfter darboten, sowohl den Deutschen als den Einheimischen Schutz gewährt. Dadurch ist es bedingt, dass auch noch später, als der Orden steinerne Burgen zu bauen begonnen hatte, ein Teil der vorgeschichtlichen Burgberge den Einheimischen zur Benutzung überlassen blieb, und zwar ebenfalls als „Fliehstätten für Vieh und Habe", wie eine solche Burg in der Nähe von Goldingen urkundlich bezeugt ist [13]. Von Zabeln ist nichts erhalten, über seine ursprüngliche Gestalt sind wir aber durch eine Zeichnung von Brotze unterrichtet, wonach es eine ebensolche viereckige Mauer-

---

[12] Ebendort 127.
[13] Arbusow, Frühgeschichte 18; auch anderswo findet man ähnliche Beispiele, — so ist urkundlich belegt, dass in der Nähe von Ronneburg ein vorgeschichtlicher Burgberg noch im 14. Jahrhundert bewohnt gewesen ist (VA, Mscr. Nr. 1435). Vgl. auch Baltische Lande 218 ff.

linie aufweist wie alle anderen oben betrachteten kurländischen Burgen [14].

Nach Süden hin entstand in der Nähe von Grobin und Hasenpoth die Zwischenburg D u r b e n (Durbe). Als das Ordensheer bei Durben im Jahre 1260 eine entscheidende Schlacht verlor, gab es dort noch keine Burg; nach den erhaltenen Mauerresten zu urteilen, muss sie im 14. Jh. erbaut worden sein. Die aus Feldstein und Ziegeln errichteten Mauern bilden einen viereckigen Grundriss, dessen eine Seite ein Steingebäude aufwies (Abb. 158), das als Wohnraum für die Besatzung sowie als Speicherraum gedient hat und mit einer Holzdecke versehen gewesen ist [15]. An die übrigen Mauern haben sich Holzgebäude angelehnt, worauf Balkenspuren an der Mauerfläche hinweisen.

Gleichzeitig mit der Befestigung der Hauptstrasse wurden Stützpunkte an der zweiten wichtigen Verkehrsader, der Strasse zwischen Hasenpoth und Mitau, angelegt. Nächst dem Ausgangspunkt entstand die Burg N e u h a u s e n (Valtaiki), über deren Bauzeit wir aus Urkunden Aufschlüsse erhalten; so wird im Jahre 1338 der Getreidezins *de nova domo* erwähnt und ungefähr zu derselben Zeit die *castellatura novae domus, praesens Curonum* genannt [16]. Die Burg muss also vor 1338 vom Orden erbaut worden sein, und zwar als Pflegeramt der Komturei Goldingen. Auch Neuhausen erscheint wie Durben als ein für Kurland typisches Lagerkastell von 61 m im Geviert (Abb. 159). Im Hof vor der Südostmauer, wo sich die Wohnräume befunden haben, sind Reste einer Hofmauer und Kellersenkungen erhalten. Im 16. Jahrhundert werden eine Stube, eine Kammer und eine Hauskammer erwähnt. An die Nordostmauer haben sich vier kleine Holzhäuser angelehnt, die Tagelöhnern als Wohnung dienten [17]. Wie alle kurländischen Lagerkastelle, so war auch Neuhausen ein einfacher, hauptsächlich in Feldstein ausgeführter Zweckbau.

Der nächste befestigte Punkt an derselben Strasse war S c h r u n d e n (Skrunda), das den Übergang über die Windau beherrschte. Der Orden wird die Befestigung dieses wichtigen strategischen Punktes gleich nach 1253 begonnen haben, als er über dieses Gebiet Herr geworden war. Der Bau einer steinernen Burg statt der provisorischen Anlage erfolgte jedoch erst ziemlich spät, im Jahre 1368. Im späten Mittelalter hat die Burg nach Ausweis von Urkunden aus dem Jahre 1465 eine Besatzung von Landsknech-

---

[14] B r o t z e VI, 89 (RPCB).
[15] S c h m i d 213.
[16] S c h m i d 225.
[17] S c h m i d 226.

ten gehabt [18]. Von Schrunden ist nichts erhalten geblieben, alten Beschreibungen zufolge ist es aber ein kastellartiges Gebäude gewesen, um dessen Hof sich mit hölzernen Vorlauben versehene Gebäude gruppiert haben [19]. Dass diese Bauweise aber nicht zu einer Geschlossenheit von der Art der Konventshäuser geführt hat, ersieht man aus einer Ansicht von Storno aus dem Jahre 1661, wo sich die Gebäude des vielfach umgebauten Schlosses in malerisch freier Weise, aber auch hier nach einem viereckigen Grundriss gruppieren [20]. In dieser Burg, die im 17. Jahrhundert mit einem ausgedehnten System von Bastionen versehen wurde, hat sich im Jahre 1701 Karl XII. aufgehalten.

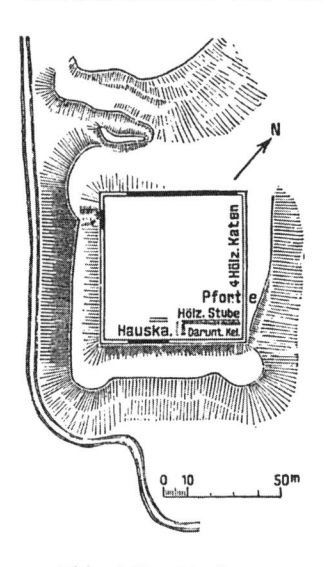

Abb. 159. Neuhausen, Grundriss. Nach Schmid.

Abgesehen von der Sicherung der Heerstrasse musste beizeiten auch an die Anlage von besonders in administrativer Hinsicht wichtigen festen Punkten zum Schutze abseits gelegener Ortschaften gedacht werden. So entstand im 14. Jahrhundert im westlichen Teil Kurlands Alschwangen (Alsunga). Diese Burg wird urkundlich zum ersten Mal im Jahre 1341 erwähnt; nachmals haben dort nicht Ordensgebietiger, sondern landwirtschaftliche Verwalter gelebt [21]. Das aus einem Mauerviereck von 65 zu 60 m bestehende Schloss liegt auf einem kleinen Hügel am Ufer eines Baches; dem Hauptgebäude ist eine Mühle angeschlossen, damit der Getreidezehnte sogleich an Ort und Stelle vermahlen werden konnte (Abb. 160). Innerhalb des grossen Mauerquadrats war im Mittelalter bloss ein einziger Flügel ausgebaut, der die mit Tonnengewölben gedeckten Besatzungsräume und Speicher enthielt. An den übrigen Seiten des Hofes können im Mittelalter bloss Wirtschaftsgebäude aus Holz gestanden haben; erst in neuerer Zeit ist an der Südseite ein Steingebäude angelegt worden. Alschwangen hat noch im späten Mittelalter eine wichtige Rolle gespielt und ist dann den neuen Anforderungen gemäss befestigt worden: in zwei einander diagonal gegenüberliegenden Ecken wurden jetzt mächtige Kanonentürme

---

[18] Löwis of Menar, Burgenlexikon 111.
[19] Mirbach 180.
[20] Löwis of Menar, Burgenlexikon, Abb. 61.
[21] Schmid 204.

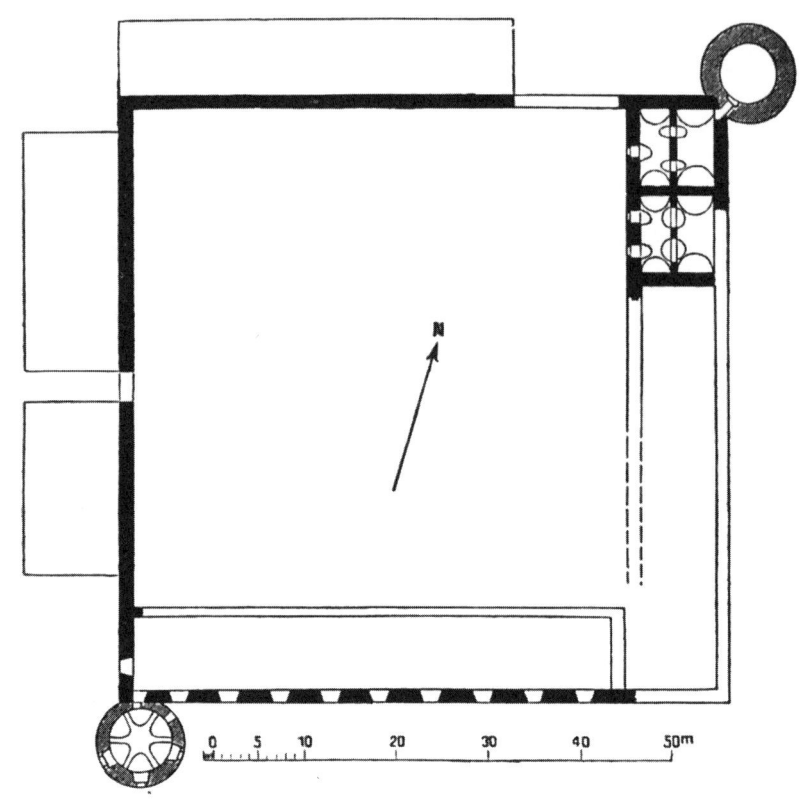

Abb. 160. Alschwangen, Grundriss. Nach S c h m i d.

errichtet, deren unverändert erhaltenes Mauerwerk die Entwicklung der Details an den Befestigungsbauten des 15. und 16. Jahrhunderts gut beleuchtet (Abb. 227).

Zu den kleinen Ordensburgen hat auch T a l s e n (Talsi) gehört, das zusammen mit seinem Hakelwerk bereits im 13. Jahrhundert in der Reimchronik erwähnt wird [22]. Wie eine Reihe der übrigen obengenannten kurländischen Burgen war auch Talsen in dichtbesiedelter Gegend in der Nähe eines Burgberges angelegt worden. Es ist nicht bekannt, wann die Burg in Stein aufgeführt worden ist; sicherlich muss dies aber schon längst vor dem 1553 erfolgten Bau der steinernen Kirche geschehen sein, denn bereits 1437 wird das Schloss als Wehrbau neben anderen Befestigungen erwähnt [23]. Von dem Gebäude ist heute nichts mehr übrig, aber nach dem allgemeinen Bilde der kurländischen Burgenarchitektur

---

[22] Reimchronik 11816—11827.
[23] PS, Folianten und Quartanten (archivalischen Charakters) aus der Ordenszeit, Ordensfoliant 131; RA, Livonica I, 1: Heinrich von Galen an Komtur von Goldingen, 6. Sept. 1553.

zu urteilen, wird man auch hier ein Lagerkastell der sehr verbreiteten Art voraussetzen dürfen, das hier im nördlichen Teil Kurlands als Wirtschaftsburg gedient und zugleich in Fällen von Gefahr den nötigen Schutz gewährt hat.

Mit den bisher betrachteten Burgen hatte der Orden in seinem kurländischen Besitztum ein bedeutsames Wehrsystem geschaffen, dessen Achse die wichtige Verbindungsstrasse zwischen Riga und Preussen bildete. Die gleichartigen Verteidigungsbedingungen, die grosse Bedeutung dieses Gebietes und das Bestreben des Ordens, die Verbindung zwischen dem Marien- und dem Petriland möglichst gut und gleichmässig zu sichern, hatten zur Folge, dass die Wehrbauten mehr oder weniger in der gleichen Periode entstanden, was seinerseits zur Festigung des Bautyps beigetragen hat: die kurländischen Wegekastelle bilden die einheitlichste und grösste auf regionaler Grundlage entstandene Wehrbautengruppe in ganz Alt-Livland. Auch hinsichtlich ihrer Wehrkraft standen diese Festungen auf ziemlich gleicher Stufe, wie dies abgesehen von den baugeschichtlichen Untersuchungen auch durch eine urkundliche Bemerkung vom Jahre 1555 bezeugt wird: „Durben, Hasenpoth, Alschwangen, Schrunden, Goldingen, Zabell — dise häuser alle, ohne Goldingen, sind nicht feste, werden nicht bewonet, sind kornhäuser" [24].

Die Dünalinie und das Mittelgebiet.

In geringerem Masse war der freie Kastelltyp auch in anderen Ordensgebieten verbreitet, wo die Voraussetzungen für seine Entstehung günstig waren. Eine kastellartige Gestalt erhielten vor allem die kleineren Burgen, die neben den früheren Festungen jetzt zum Schutz der Wasserstrasse der Düna errichtet wurden. Von diesen ist der Riga am nächsten gelegene Punkt, Neu-Kirchholm (Salaspils), vor 1380 am rechten hohen Ufer der Düna erbaut worden [25]. Der Name ist gewählt mit Rücksicht auf die zerstörte Meinhardsche Burg Holme bzw. Kirchholm, die auf der gegenüberliegenden Dünainsel gestanden hat. In einer dichtbesiedelten, strategisch wichtigen Gegend gelegen, hatte Neu-Kirchholm auch in der politischen Geschichte Alt-Livlands eine ziemlich grosse Bedeutung; am 30. November 1452 kam dort der wichtige Vertrag zwischen Orden und Erzbischof zustande, die sich in die Herrschaft über Riga teilten.

Das Hauptgebäude der Burg bildete ein Viereck von 40 zu 30 m; ein Teil der Mauern hat sich bis heute erhalten. Zum Bau wurde

---

[24] PS, HBA, Nr. 616 (Verhandlungen wegen der Koadjutorei und des livl. Landmarschalls).
[25] Löwis of Menar, Burgenlexikon 70.

aus der Düna gebrochener Kalkstein benutzt, der gleich dicke quaderähnliche Stücke lieferte. Im Vergleich zu der alten Meinhardschen Burg mangelt es jedoch der Mauertechnik an Regelmässigkeit, da abwechselnd mit grösseren Stücken auch kleine verwendet worden sind; das Mauergewebe erinnert mehr an die aus dem gleichen Material erbauten Mauern von Selburg und Loxten. Den Schutz der Burg nach aussen hin hat hier ein an der dem Fluss zugekehrten Ecke hervorstehender grosser Turm übernommen, der der zeitgenössischen Konventshaustradition folgt. In der Innenarchitektur fehlen jedoch die quadratbildenden Flügel, und an die Mauer haben sich vornehmlich Holzgebäude angelehnt, die von den Rigensern aus Furcht vor den Russen im Jahre 1577 niedergebrannt worden sind [26]. Somit stellt auch Neu-Kirchholm ein den vorigen ähnliches Lagerkastell dar, dem in Anbetracht der Wichtigkeit dieses Befestigungspunktes noch eine grosse Vorburg angeschlossen gewesen ist, deren Grundriss jedoch nicht leicht festgestellt werden kann.

Im 14. Jahrhundert wurden auch an der bereits zur Zeit des Schwertbrüderordens gegründeten Burg A s c h e r a d e n (Aizkraukle), die bis 1480 als Komturei gedient hat [27], Ergänzungsbauten vorgenommen. Unter Ausnutzung alter Teile ist hier kein Konventshaus strengen Stils entstanden, sondern der Grundriss nähert sich dem freien Kastelltyp (Abb. 18). Ein längliches Viereck ist an den Seiten mit kleinen schmalen Räumen versehen, die jedoch den Burghof nicht gleichmässig umschliessen. Vermutlich im 14. Jahrhundert ist in der Südecke ein flankierender viereckiger Turm erbaut worden, ferner in der Nordecke zur Zeit der Feuerwaffen ein grosser Rundturm, der sich in seiner Form den Kanonentürmen des 15. Jahrhunderts nähert. Auch in der Vorburg sind in späterer Zeit Veränderungen vorgenommen worden, doch hat sich der Charakter eines Teiles der frühen Burg mit dem typischen Abschnittgraben immerhin erhalten.

Den kurländischen Lagerkastellen sehr ähnlich ist die am Südufer der Düna gegenüber Kokenhusen erbaute Burg A l t o n a (Alteni). Urkundlich ist sie zum ersten Mal im Jahre 1416 bezeugt [28], doch dürfte ihre Entstehung in dieselbe Zeit zurückreichen, in der die Kastelle an der Hauptstrasse zwischen Livland und Preussen erbaut worden sind. Das wird ausser dem Charakter der erhaltenen Mauern auch noch durch die Ortslage der Burg bewiesen, bei deren Wahl die günstige Bodenform den Ausschlag gegeben hat, ohne dass man die benachbarten Anhöhen beachtet hatte, die zur

---

[26] L ö w i s   o f   M e n a r, Düna 66.
[27] H i l d e b r a n d, Nr. 48.
[28] L ö w i s   o f   M e n a r, Kokenhusen 44.

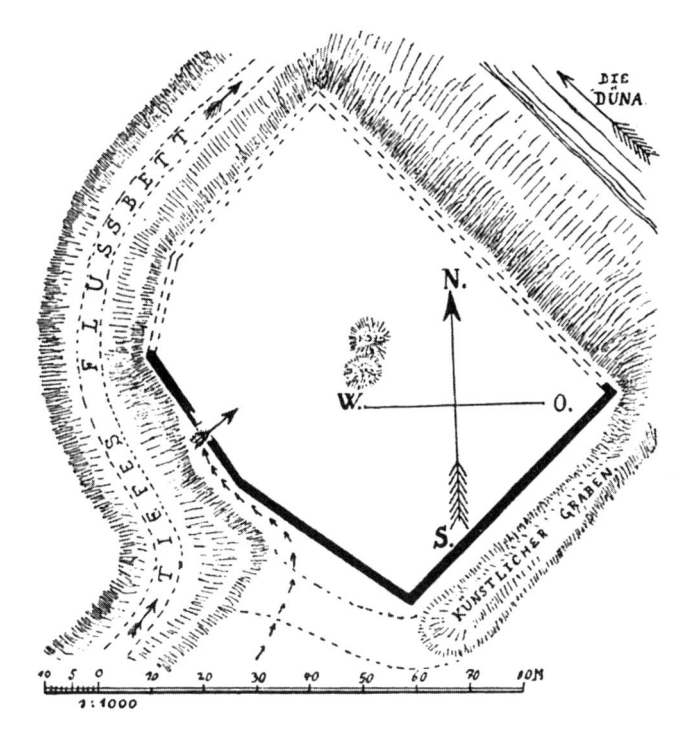

Abb. 161. Altona, Grundriss. Nach Löwis of Menar.

Zeit der Feuerwaffen für die Burg verhängnisvoll geworden sind (Abb. 161 und 162). Die in zwei Bauperioden entstandene hohe Mantelmauer ist im allgemeinen regelmässig angelegt, mit Ausnahme der westlichen Seite, wo das Steilufer des Flusses eine konsequente Ausnutzung des durch die Natur gebotenen Schutzes veranlasst hat. An derselben Seite befand sich auch der Eingang, der ja hier am besten verteidigt werden konnte. Einen besonderen Torbau gibt es hier nicht; zur Sicherung des Tores diente ein gewöhnlicher Schliessbalken, dessen Löcher in der Mauer noch zum Teil erhalten sind. Über dem Tor befindet sich eine Nische, in der ehemals nach zeitgenössischem Brauch eine Skulptur gestanden hat. Im übrigen war die Burg ein strenger Zweckbau ohne jegliche dekorative Beigaben.

Die Burg Altona stellt ein Lagerkastell reinsten Typs dar: im Hof gab es kein einziges grösseres Steingebäude, sondern hauptsächlich provisorische Schutzräume. Die Mauer entlang zog sich ein hölzerner Wehrgang, dessen Balkenspuren noch zu sehen sind; die ebenfalls recht gut erhaltene Brustwehr an der Südostseite zeigt, dass man beim Bau der Burg noch nicht mit Feuerwaffen zu rechnen gewusst hat.

Abb. 162. Altona, Ansicht von Süden.

Nach der endgültigen Vollendung von Dünaburg ist als östlicher Befestigungspunkt an der Düna die Burg K r e s l a w k a (Kraslava) angelegt worden, die bloss die Rolle eines befestigten Lagerplatzes gespielt hat, da ihre Verteidigung bei grösseren feindlichen Angriffen nicht in Frage kommen konnte. Am hohen Flussufer ist noch heute einiges Mauerwerk aus Ziegel- und Feldsteinen mit dem Grundriss eines länglichen Vierecks erhalten. Wie in Altona, so hat es auch hier innerhalb der Mauer keine Steingebäude gegeben, vielmehr könnten dort wohl nur kleinere Holzbauten gewesen sein, die nötigenfalls Menschen und Gütern einigen Schutz zu bieten vermochten.

Ausser den Kastellen an der Düna weist Ostlettland noch eine eigenartige Burg auf, W o l k e n b u r g (Valkenberga), die sich von den übrigen durch ihre Geschichte und Bauart unterscheidet, dabei aber Verwandtschaft mit dem freien Kastelltyp zeigt. Diese Burg gehört zu den frühesten Bauten des Ordens und war laut urkundlichen Angaben, wonach dort bereits in den 60er Jahren des 13. Jahrhunderts ein Komtur gewohnt hat, als Komturei die Vorgängerin von Dünaburg [29]. Schon die Ortslage ist für die frühen Burgen typisch: ein hoher Berg mit steilen Abhängen nach drei

---

[29] N e u m a n n, Ordensburgen 300 ff.

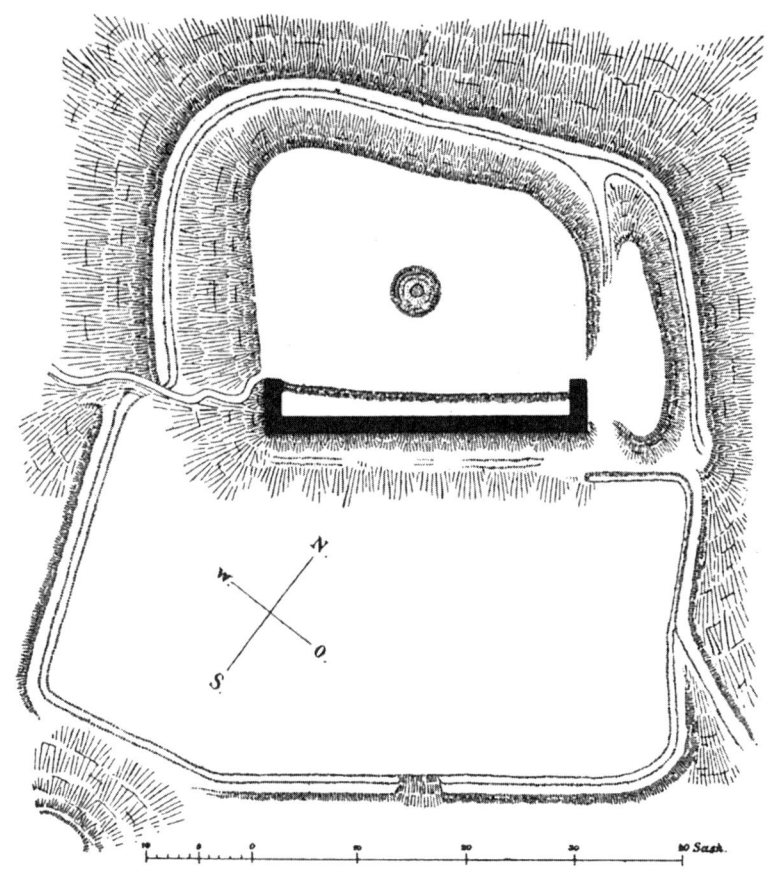

Abb. 163. Wolkenburg, Grundriss. Nach Neumann.

Seiten, der vor der Ordensburg eine vorgeschichtliche Festung getragen haben mag (Abb. 163). An der von Natur weniger geschützten Südostseite des Berges ist eine über 3 m starke Schildmauer mit gleichmässig einwärts gebogenen Enden errichtet worden. Wie die von Neumann veranstalteten Grabungen erwiesen haben, ist die übrige Wehrlinie in Holz ausgeführt gewesen, die aber zusammen mit der Schildmauer ein streng geschlossenes Quadrat gebildet hat. Innerhalb desselben hat es ebenfalls nur Holzgebäude gegeben, von denen sich noch verkohlte Reste erhalten haben. Der bloss mit einer Palisade und einem Erdwall versehen gewesenen Vorburg ist man ebenfalls bemüht gewesen einen regelmässigen Grundriss zu verleihen. Auffallend ist die Bauart der erhaltenen Mauer aus Feldstein, deren Schichten durch Ziegelstreifen getrennt sind, was an römische Mauertechnik erinnert [30]. Dieser Umstand seinerseits dürfte

---

30 Löwis of Menar, Wolkenburg 576.

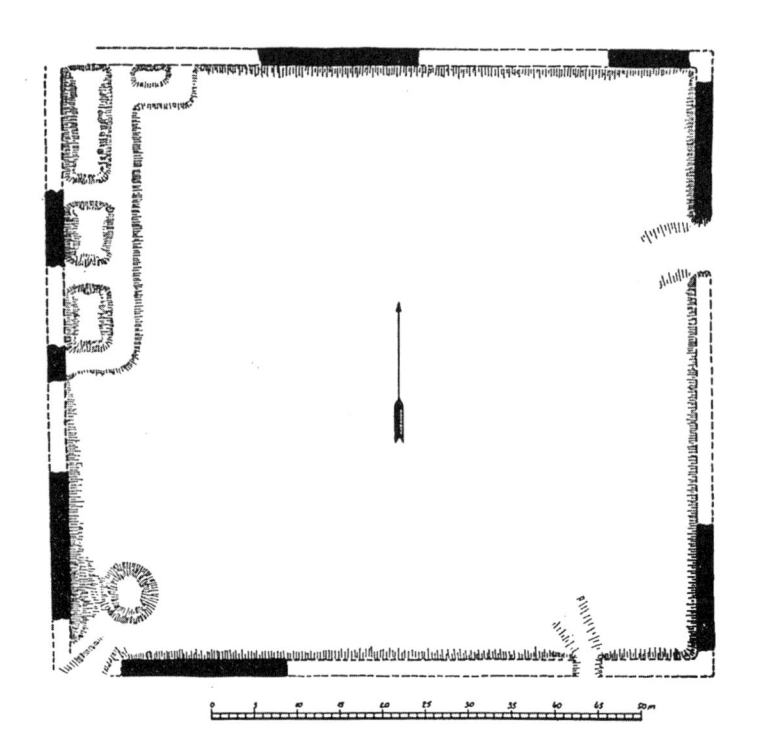

Abb. 164. Arrasch, Grundriss.

auf ein hohes Alter der Burgreste weisen. Wolkenburg ist somit für die Erforschung der typologischen Entwicklung der altlivländischen Burgen von wesentlicher Bedeutung; denn es beweist das ununterbrochene Fortleben des Kastelltyps von den ersten Schritten Meinhards bis in die Zeit der Schwertbrüder und weiter bis in die des Deutschen Ordens.

Auch im schmalen Ordensgebiet zwischen Riga und Wolmar entsteht eine Reihe von Burgen des freien Kastelltyps, die auch dort hauptsächlich als Wirtschaftsburgen und Hilfspunkte der grösseren Zentren gedacht waren. Ausser der Bevölkerungsdichte ist die grosse Anzahl der Burgen durch die gespannten Beziehungen zwischen der weltlichen und der geistlichen Macht bedingt gewesen, wodurch die Anlage von befestigten Punkten gerade in diesem Gebiet veranlasst worden ist, wo einerseits der Orden den wichtigen Durchgang nach Norden sichern musste, andererseits aber die erzbischöflichen Gebiete diesen Durchgang immer mehr von beiden Seiten her zusammenzuschnüren bemüht waren (vgl. die Burgenkarte).

Als Beispiel eines vorzüglich erhaltenen Lagerkastells kann in diesem Gebiet A r r a s c h (Araiši) genannt werden. Ältere Forscher haben diese Burg für das bei Heinrich von Lettland erwähnte Alt-Wenden gehalten; diese Ansicht ist aber längst in überzeugender Weise widerlegt, so dass die umfangreiche Diskussion darüber nur noch geschichtlichen Wert besitzt [31]. Der bisher unerklärlich gewesene geringe Abstand zwischen Arrasch und Wenden ist jetzt auf Grund des obenbetrachteten Materials ganz verständlich: es handelt sich auch hier um eine zur Entlastung der grossen Hauptburg von den übermässigen Aufgaben eines Lagerplatzes angelegte Nebenburg. Ihrem Zweck gemäss bildet die Burg Arrasch eine grosse regelmässige Anlage, die bloss durch eine starke Feldsteinmauer geschützt ist (Abb. 164). Die Mauertechnik mit ihrer spärlichen Kalkverwendung an der Aussenseite (Abb. 165) sowie auch die geschützte Lage der Burg zwischen Seen beweisen mit Sicherheit, dass die Festung bereits recht früh, wohl gegen Ende des 13., spätestens aber zu Beginn des 14. Jahrhunderts erbaut worden ist. Steingebäude hat die Burg nur an der Nordwestecke gehabt, die übrigen Flügel sind in Holz ausgeführt gewesen, worauf geringe, kaum wahrnehmbare Spuren von schwächeren Grundmauern unter dem Rasen hinweisen. In der Verteidigung des Landes hat Arrasch keine bedeutende Rolle gespielt, doch ist die Burg noch bis 1577 wehrfähig gewesen, in welchem Jahr sie von den Moskowitern erobert wurde [32].

Abb. 165. Arrasch, Westmauer.

Auf Grund des hauptsächlich aus dem 17. Jahrhundert stammenden Planmaterials ist es u. a. auch möglich, die ehemalige Gestalt der Burg L e m b u r g (Mālpils) festzustellen (Abb. 166). Auch hier handelt es sich um eine kleinere Wirtschaftsburg, die aus zwei ummauerten viereckigen Höfen besteht. Diese sind mit je einem viereckigen Turm innerhalb der Mauerlinie versehen ge-

---

31 Vgl. S. 46, Anm. 41.
32 R u s s o w 104 b.

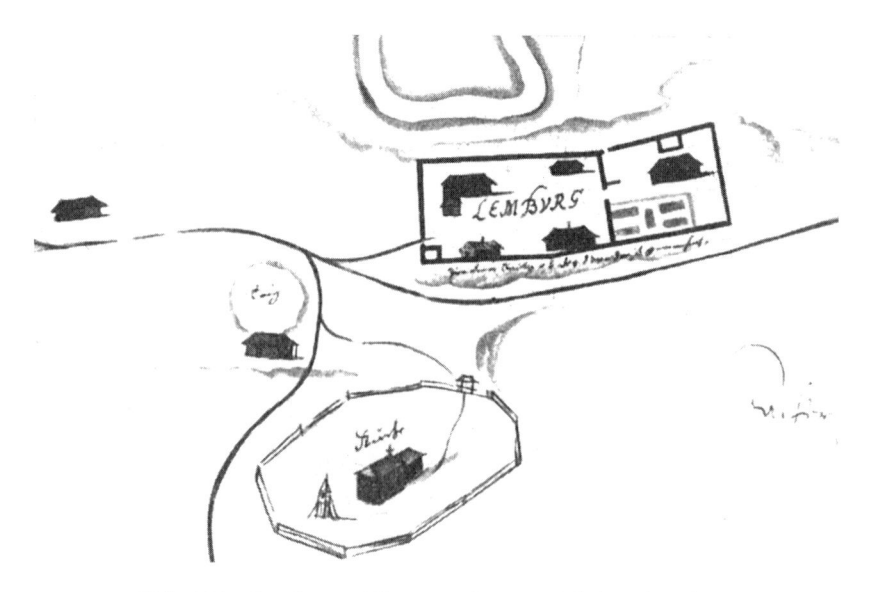

Abb. 166. Lemburg. Plan aus dem 17. Jahrhundert (KA).

wesen, wonach die Entstehung der Burg schon auf eine frühe Zeit, etwa die erste Hälfte des 14. Jahrhunderts, angesetzt werden darf. Die an der Mauerlinie gelegenen Gebäude werden auch im Mittelalter aus Holz gewesen sein. Die auf dem Plan verzeichneten Häuser und die in der Nähe der Burg befindliche Kirche mit ihrem typischen Glockenturm stammen erst aus der schwedischen Zeit.

Eine grosse Anzahl von Burgen des mittleren Gebietes ist dem Erdboden gleichgemacht worden, so dass ihr Grundriss bloss in allgemeinen Zügen festgestellt werden kann. Von diesen Burgen lassen die an der Stelle von R o d e n p o i s (Ropaži) befindlichen geringen Überreste eine viereckige Anlage annehmen. Die Burg befand sich auf einer Anhöhe am rechten Ufer der Grossen Jägel und wird bereits im 14. Jahrhundert als in der Nähe von Riga gelegenes Wirtschaftszentrum gedient haben. Auch hier haben innerhalb einer schützenden Steinmauer Holzgebäude gestanden, die von den Russen im Winter 1558/59 niedergebrannt worden sind [33]. Ebenso mangelhaft sind unsere Kenntnisse über die ursprüngliche Gestalt und die Baugeschichte von S c h u j e n (Skujene). Dass sich auch hier innerhalb der Mauer bloss Holzgebäude befunden haben, beweisen die Ereignisse des Jahres 1559, wo die Burg eingeäschert wurde [34]. Die Erbauung der Schujen benachbarten Burg N i t a u (Nitaure) fällt in die erste Hälfte des 14. Jahrhunderts [35]. Die Burg

---

[33] L ö w i s o f M e n a r, Burgenlexikon 103.
[34] R e n n e r 150, Anm. 8.
[35] L ö w i s o f M e n a r, Burgenlexikon 88.

hat sich 1559 mit Erfolg gegen eine russische Belagerung verteidigt und muss demnach recht stark ausgebaut gewesen sein. An der Stelle der erst im 17. Jahrhundert zerfallenen Aussenmauer ist im 18. Jahrhundert die Parochialkirche erbaut worden. Nach einer Zeichnung von Brotze hat auch die Mauerlinie von Nitau einen kastellartigen Grundriss ergeben [36].

Eine einheitliche Gruppe mit den beiden vorigen Burgen bildete die etwas südlicher gelegene J ü r g e n s b u r g (Jaunpils). In den Urkunden wird sie erstmalig im Jahre 1437 erwähnt [37], womit aber nicht das Baudatum angegeben ist, da diese kleine Wirtschaftsburg mit der Geschichte des Landes wenig in Berührung gekommen ist. Die einzige Auskunft über ihre einstige Gestalt bietet eine Zeichnung von Brotze aus dem Jahre 1796, zu welcher Zeit noch einige Mauerreste erhalten waren; nach dieser Zeichnung zu urteilen hat es sich hier um eine gleiche Anlage gehandelt, wie sie sich ganz allgemein bei den kleineren Burgen ausgestaltet hatte [38].

Die teils naturgebundene Mittelgruppe.

Die Hauptgebiete der Verbreitung des Lagerkastells waren im 14. Jahrhundert Kurland und der mittlere Teil des Ordenslandes. Je nördlicher, desto deutlicher treten die alten Traditionen der naturgebundenen Anlage zutage, die ihren reinsten Ausdruck in den Burgen Rujen und Helmet gefunden haben. Auch Trikaten hat zu derselben Gruppe gehört, und so sehen wir, dass die im selben Gebiet gelegene Burg B u r t n e c k (Burtnieki) einen Mischtyp darstellt, bei dem das Kastell den Bodenformen folgt (Abb. 167). Diese Burg ist zwischen 1305 und 1366 errichtet worden [39]. Nach der Art seiner Räumlichkeiten ähnelt Burtneck den Wirtschaftsburgen und wird denn wohl auch in diesem fruchtbaren Gebiet als solche gedient haben. Anfangs hatte man bloss den westlichen Flügel mit schmalen Steingebäuden ausgebaut, die zur Aufnahme einer kleineren Besatzung und als Speicher für den Getreidezins bestimmt waren. An den anderen Seiten befanden sich weniger feste Holz- oder Fachwerkbauten, wie letztere in mittelalterlichen livländischen Burgen auch urkundlich bezeugt sind [40]. Charakteristisch für das 14. Jahrhundert ist der durch mehrere Türme geschützte Eingang, der somit eine kleine Turmburg bildete und in dieser Hinsicht an ähnliche Wehrteile von Stadtmauern gemahnt.

---

[36] B r o t z e IV, 15 (RPCB).
[37] UB IX, 215.
[38] B r o t z e VI, 208 (RPCB).
[39] L ö w i s of M e n a r, Burtneck 206.
[40] VA, Livl. Ritterschaftsarchiv, Nr. 10 (Ronneburg, Pebalg).

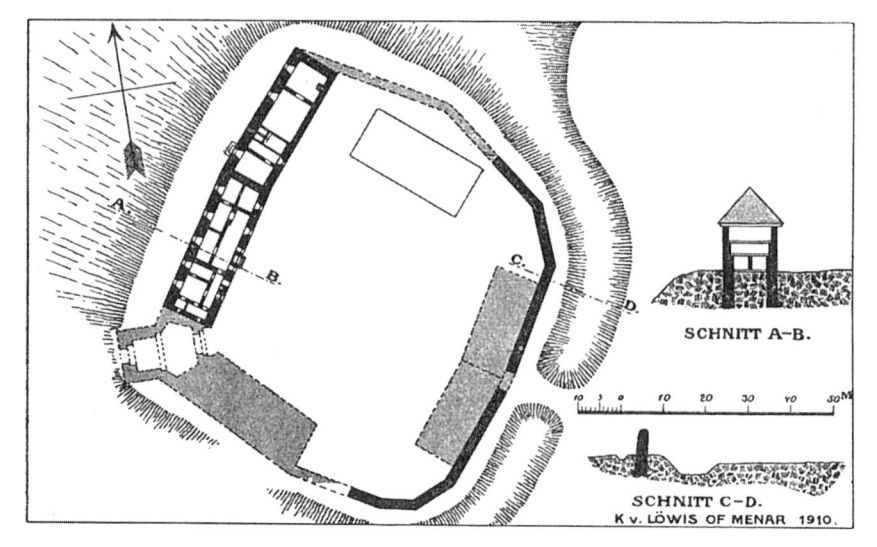

Abb. 167. Burtneck, Grundriss der Burg und Schnitt durch den Hauptflügel.
Nach Löwis of Menar.

Die Naturgebundenheit und das Kastellprinzip treten nebeneinander auch bei der Burg Karkus (Karksi) auf, die bereits recht früh als Nebenburg von Fellin erbaut worden ist; Vögte von Karkus werden seit 1248 bis ins späte Mittelalter erwähnt [41]. Wie zu dieser frühen Zeit üblich, war auch Karkus anfangs ein Holzbau und wurde im Jahre 1297 anlässlich des Streites zwischen der Stadt Riga und dem Orden von den Litauern niedergebrannt. Erst danach hat man mit dem Bau einer steinernen Burg begonnen, wobei ein Teil der Anlage auch jetzt noch in Holz ausgeführt wurde [42]. Die Burg verschaffte sich einen vortrefflichen natürlichen Schutz in Gestalt eines Berges, dessen steile Abhänge bereits zur Zeit der hier früher vorhanden gewesenen vorgeschichtlichen Burg durch menschliche Arbeit noch unzugänglicher gemacht worden waren [43]. Noch nicht ganz fertig, wurde die Burg im Jahre 1366 zum zweiten Mal von den Litauern erobert: „ein hus genant Karcus si gewunnen mit gemmerlichin iretnisse und vorwusten ist mit deme..." [44]. Wie die noch heute erhaltenen ziemlich beträchtlichen Mauerreste beweisen, stammt ein Teil davon aus recht früher Zeit, so dass die Anga-

---

[41] A. Neumann, Lossid 22 ff (TrtÜR); UB II, 859, 861, 608.
[42] Die im Sommer 1939 durchgeführten Probeausgrabungen haben in der Hauptburg eine guterhaltene Balkendiele und Teile von Holzkonstruktionen ans Tageslicht gebracht; diese lagen ca. 1,5 m unterhalb des mittelalterlichen Pflasters und mögen aus der Zeit der Holzburg stammen.
[43] Vgl. Laid, Uusi andmeid 16.
[44] UB II, 1036.

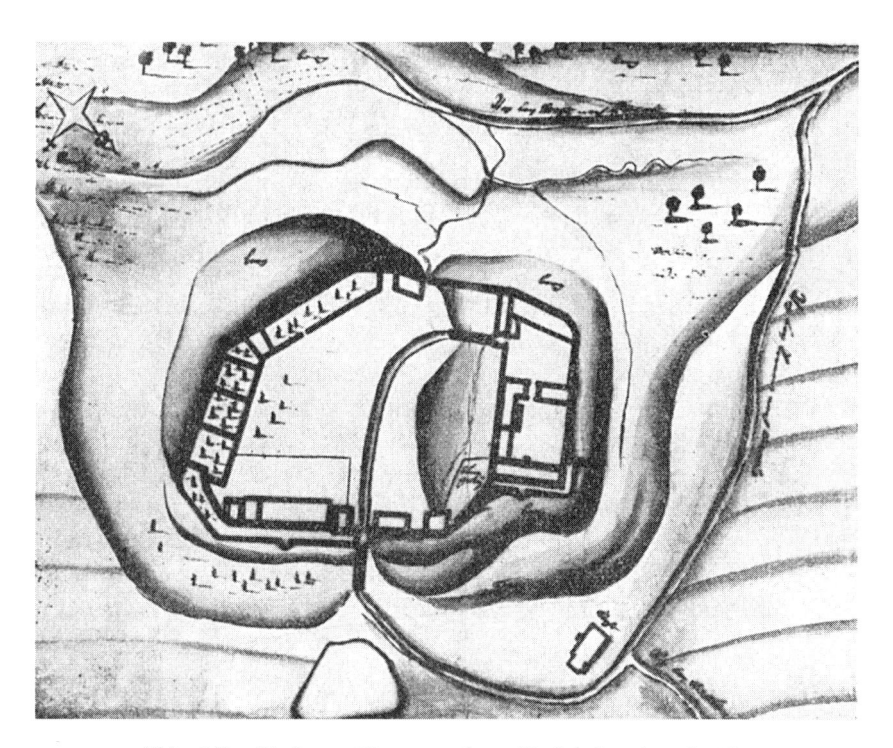

Abb. 168. Karkus. Plan aus dem 17. Jahrhundert (KA).

ben über die Zerstörung der Burg, wie in den meisten derartigen Fällen, übertrieben sind. Typisch für den Stil dieser frühen Zeit sind die Formen der Vorburg, wodurch Karkus in einen Zusammenhang mit den im vorigen Kapitel beschriebenen naturgebundenen Burgen gestellt wird (Abb. 33). Zum Schutz der Mauer sind hier grosse Stubentürme erbaut worden, die aber noch nicht flankieren; auch die in der Vorburg zum Teil erhaltene Brustwehr weist Formen der ersten Hälfte des 14. Jahrhunderts auf. In der durch einen Abschnittgraben getrennten Hauptburg macht sich aber bereits der Kastelltyp bemerkbar, wobei die zu Beginn desselben Jahrhunderts im Bau befindliche Hauptburg Fellin von Einfluss gewesen sein mag (Abb. 168). Karkus bedurfte als Vogtburg keiner grossen Räume, weshalb man sich hier auf den freien, bloss von drei Seiten ausgebauten Kastelltyp hat beschränken können. Die betreffenden Gebäude vermögen die Burgflügel nicht fest abzuschliessen, sondern lassen in ihrer Mitte ähnlich wie bei den Lagerkastellen einen geräumigen Hof frei. Westlich vom Hauptgebäude befand sich ein kleinerer Vorhof, der mit dem grossen Wirtschaftshof durch eine auf Steinmauern ruhende Brücke verbunden war. Von der letzteren haben sich erhebliche Reste erhalten.

In Karkus sind im 15. Jahrhundert grosse Umbauten vorgenommen worden, und zwar wohl erst nach 1470, als der Ordensmeister Wolthus von Herse seine Residenz aus Riga nach Fellin verlegt und den dortigen Komtur nach Karkus versetzt hatte [45]. Aus den erhaltenen Mauern der Vorburg erhellt, dass man damals die Brustwehr teils erhöht hat, wie das im 15. Jahrhundert auch bei vielen anderen Burgen geschehen ist. Zum Schutz der Burg von Osten gegen Kanonenkugeln hat man sowohl in der Vorburg als in der Hauptburg an dieser Seite ein mit halbrunden Kanonentürmen versehenes parchamartiges Vorwerk angelegt. Von dieser Mauer ist heute bloss ein kleiner Ansatz an der Nordseite der Hauptburg zu sehen. Wie ein aus dem 17. Jahrhundert stammender Plan bezeugt, ist wahrscheinlich bereits im 14. Jahrhundert gleichzeitig mit dem Hauptgebäude nördlich von der Burg eine kleine Kapelle errichtet worden, und zwar an derselben Stelle, wo heute die zur schwedischen Zeit erbaute Kapelle steht. Wie in Fellin und Wenden, so mochte auch hier die Kapelle als Bestattungsort für die Ordensbrüder dienen. In der zweiten Hälfte des 18. Jahrhunderts hat man an den südlichen Teil des Mauerwerks der Vorburg die Parochialkirche von Karkus angebaut, wozu Steine aus den Schlossmauern verwendet worden sind.

Die Burg Karkus weist in ihrem Grundriss und in ihrer äusseren Gestalt verwandte Züge mit den Burgen des Feldsteingebiets auf: die aus grossen Findlingen errichteten Mauern sind massiv und schlicht; bloss an den Ecken hat man in geringem Masse Ziegel verwendet und noch etwas mehr an der Aussenseite des neben dem Haupttor befindlichen Turmes, was zur Annahme nötigt, dass der Turm später als die übrigen Mauerteile erbaut worden ist. Letzteres beweisen auch die Mauerfugen.

Auch die zweite Fellin untergeordnete Burg T a r w a s t (Tarvastu) zeigt eine Kreuzung verschiedener Typen (Abb. 169). Bei der Ortswahl hat man sich vor allem von dem natürlichen Schutz bestimmen lassen, der durch einen von allen Seiten mit Wasser umgebenen Berg, der wohl einst als Burgberg gedient hatte, geboten war [46]. Das Entstehungsdatum der Burg ist unbekannt; nach Ausweis der erhaltenen Mauern ist sie im 14. Jahrhundert in Stein ausgeführt worden. Bei ihrem Bau hat man einerseits den strengen Kastelltyp im Auge gehabt, was in der rechtwinkligen Anlage der schmalen Gebäudeflügel zum Ausdruck kommt, andererseits ist man aber an der Nordseite der Linie des steilen Bergabhangs gefolgt, um der Burg grössere Festigkeit zu verleihen.

---

[45] L ö w i s of M e n a r, Burgenlexikon 68
[46] L a i d, Uusi andmcid 22.

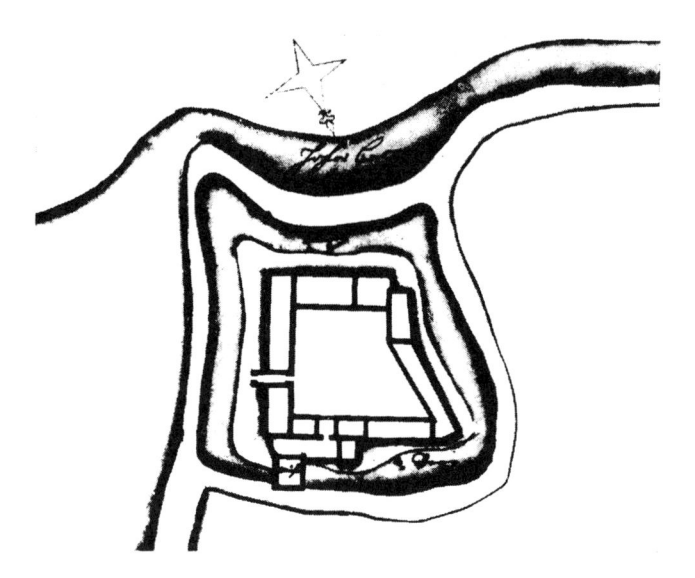

Abb. 169. Tarwast. Plan aus dem 17. Jahrhundert (KA).

Auf die Bestimmung des Baues als Wirtschaftsburg deutet eine grosse Mühle an der Nordseite, von der aus wie von dem daneben gelegenen Dansker aus man den anstürmenden Feind unter Seitenfeuer nehmen konnte. Die Bedeutung der Burg stieg besonders im späten Mittelalter, wo sie seit 1410 oft als Aufenthaltsort des Meisters erwähnt wird [47]. Zu diesem Zweck sind Ergänzungen am Bau vorgenommen worden; so wurden die bisher holzgedeckten Räume mit Ziegelgewölben versehen, von denen kleine Reste noch zu sehen sind. Auch die Seitenmauern sind z. T. erhöht worden, worauf im Gegensatz zu den älteren reinen Feldsteinmauern die reichliche Verwendung von Ziegeln hinweist. Nach alten Abbildungen zu urteilen, ist gleichzeitig auch die Kirche von Tarwast mit ihrem hohen Turm und einem grossen breiten Fenster in der Westwand, das bei den Umbauten im vergangenen Jahrhundert umgestaltet worden ist, gebaut worden [48].

b. Bischofsburgen.

Die Ursachen, die eine Verbreitung des Konventshauses auf bischöflichem Gebiet verhinderten, haben hier andererseits die Entwicklung des freien Kastelltyps und des Lagerkastells gefördert: wie der Orden, so brauchte auch der Bischof Wirtschafts-

---

[47] Löwis of Menar, Burgenlexikon 116.
[48] Brotze V, 231 (RPCB).

burgen, wobei das Lagerkastell neben der Turmburg die beste Lösung der Aufgabe des Grenz- und Strassenschutzes darstellte.

Die Entwicklung der freien Bischofskastelle in Kurland schliesst sich der der gleichartigen Ordensbauten an. Eine zentrale Stelle nimmt hier die Burg Dondangen (Dundaga) ein, die bereits im 13. Jahrhundert bestanden hat, wie das aus einem Vertrage zwischen Orden und Bischof wom Jahre 1290 hervorgeht [49]. Auf ein frühes Datum weist auch die Ortswahl für die Burg hin: der Burghügel liegt auf einer Halbinsel, so dass bloss die Südwestseite durch einen Abschnittgraben gesichert werden musste. Der in unserem Jahrhundert stark veränderte Bau bildet ein längliches Viereck von 48 zu 69 m (Abb. 170). Die mittelalterliche Ziegelmauer ist z. T. noch sichtbar, auch ist ein Teil des Wehrganges erhalten, bei dem die türartigen Öffnungen, vielleicht Austritte nach vorgestreckten Holzerkern, auffallen. Nach den Mauern der Innenräume zu urteilen, ist anfangs der südliche Teil erbaut worden, den man dann später noch erweitert hat. Die im Hof errichteten Gebäude sind schmal und bieten in ihrer Mitte einen genügend grossen Lagerplatz. Von Türmen haben sich keine Spuren erhalten; wahrscheinlich haben sie überhaupt gefehlt, so dass die Burg bloss auf Mauerschutz angewiesen war.

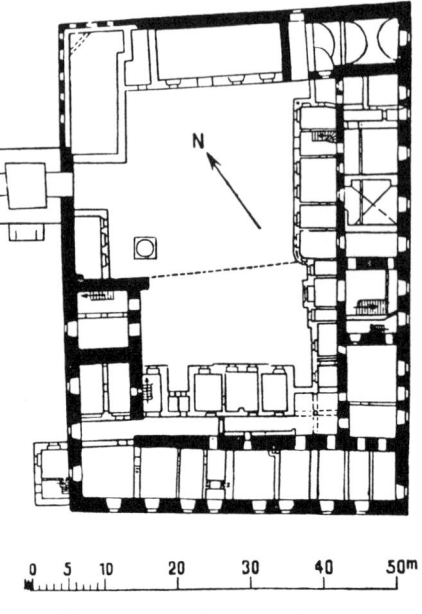

Abb. 170. Dondangen, Grundriss. Nach Schmid.

Wohl als Nebenburg von Dondangen ist bereits ziemlich früh die zu den kleineren Befestigungen gehörende Burg Angermünde (Rinda) entstanden. Von diesem „Heuszlein", wie Angermünde im Jahre 1581 bezeichnet wird [50], haben sich spärliche Mauerreste erhalten, aus denen ein länglich viereckiger Grundriss erschlossen werden kann. Nach den Kellergewölben zu urteilen, haben sich innerhalb der Ringmauer auch Steingebäude befunden, die das Burgareal mit zwei Flügeln abschlossen. Über die

---

[49] Schmid 211.
[50] Döring, Angermünde 59.

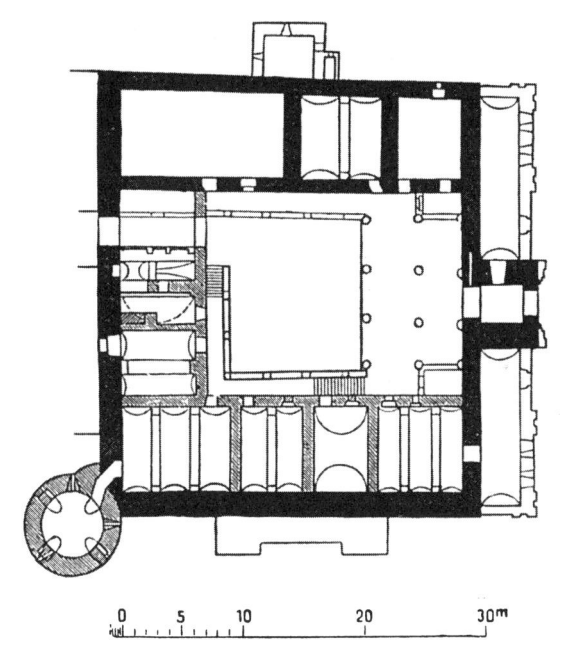

Abb. 171. Edwahlen, Grundriss. Nach Schmid.

Gestalt der zweiten Nebenburg, Erwahlen (Arlava), ist nichts bekannt. Die Burg wird in einem Verzeichnis vom Jahre 1555 erwähnt [51], und auf das Vorhandensein einer Befestigungsanlage an diesem Ort weist auch eine von Bischof Hermann Ronneberg im Jahre 1537 „in unserm Hause tho Arwalenn" ausgestellte Urkunde hin [52]. Wie Erwahlen ist auch die südlichste Burg des Bistums, Hasenpoth (Aizpute), beinahe spurlos verschwunden; sie war als Grenzburg unmittelbar neben der gleichnamigen Ordensburg angelegt.

In umgebauter Gestalt hat sich die Burg Edwahlen (Ēdole) erhalten, die den Charakter einer Wirtschaftsburg trug und bereits für das Jahr 1338 bezeugt wird [53]. Diese Burg hat einen durchaus regelmässigen Grundriss von 31,5 zu 34,5 m (Abb. 171). Ursprünglich war bloss der nördliche Flügel mit kleinen Räumen für die bischöflichen Beamten ausgebaut. Erst im 16. Jahrhundert sind der West- und der Südflügel sowie ein Verbindungsgang zur Westseite erbaut worden; zu gleicher Zeit ist auch an der Südwestecke ein runder Batterieturm entstanden, während alle übrigen Anbauten erst aus dem 19. Jahrhundert stammen. Nach

---

[51] Bunge, Archiv VI, 141.
[52] UB III, 1248.
[53] Schmid 213.

dem Ausbau im späten Mittelalter erinnert Edwahlen zwar stark an die Konventshäuser, ursprünglich hat man jedoch nicht an eine Anlage dieser Art gedacht, vielmehr folgte auch diese Burg den Traditionen der kurländischen freien Kastelle mit bloss an einer Seite eingebautem Gebäude. Die übrigen Mauern waren nicht wie bei den Konventshäusern als Gebäudemauern gedacht, worauf auch ein zum Schutz des Haupteingangs an der Ostseite errichteter Torturm deutet, wie ein solcher im geschlossenen Block des Konventshauses unbekannt ist.

Auf der sog. l e t t i s c h e n   S e i t e des erzbischöflichen Gebietes war schon früh ein Netz von Burgen entstanden, erstens schon wegen der dichten Bevölkerung, mehr aber doch, wie oben angedeutet, wegen des gespannten Verhältnisses zum Orden, wodurch gerade in der kritischen Zeit des 14. Jahrhunderts beide Teile zu einer Sicherung ihrer Lage genötigt wurden.

Neben den Vasallenburgen und den wirtschaftlichen Zentren war im nördlichen Teil von besonderer Bedeutung die Burg S m i l t e n (Smiltene), die an der Stelle der Gabelung der grossen Heerstrasse nach Dorpat und Pleskau lag. Die Burg wird zum ersten Mal 1359 erwähnt [54], ihre Gründung dürfte jedoch in eine weit frühere Zeit verlegt werden, wenn man die strategische Bedeutung des Ortes in Betracht zieht. Ihrem Zweck gemäss ist Smilten ähnlich den südlichen Wegekastellen angelegt (Abb. 172): auch diese Burg bestand aus einem grossen viereckigen, mit einer Mauer umgebenen Hof, der bloss an der einen Seite kleine Steingebäude aufwies. An der Nordecke war die Mauer mit einem flankierenden viereckigen Turm versehen, und ein anderer von gleicher Art schützte den Eingang. Aus dem Standriss ist zu ersehen, dass die Burg ausser diesen beiden Türmen an einer Ecke noch einen kleinen Scharwachturm gehabt hat, wie solche seit Ende des 14. Jahrhunderts bei den altlivländischen Burgen besonders beliebt gewesen sind. Nach diesem und den flankierenden Türmen zu urteilen, hat man in der Burg, nachdem sie aufgebaut war, Ergänzungen vorgenommen, und es ist sogar möglich, dass die anfangs bloss aus Holz erbaute Festung erst nach und nach Steinmauern erhalten hat.

Bereits im Mittelalter ist neben der Burg ein kleiner Flecken entstanden, den auch der aus dem 17. Jahrhundert stammende Plan einigermassen darstellt. Nordwärts von der Burg ist ein grosser viereckiger Platz als „Hoff Lager" bezeichnet. Der Platz und der in der Nähe gelegene Garten sind mit einer hölzernen

---

[54] UB II, 968.

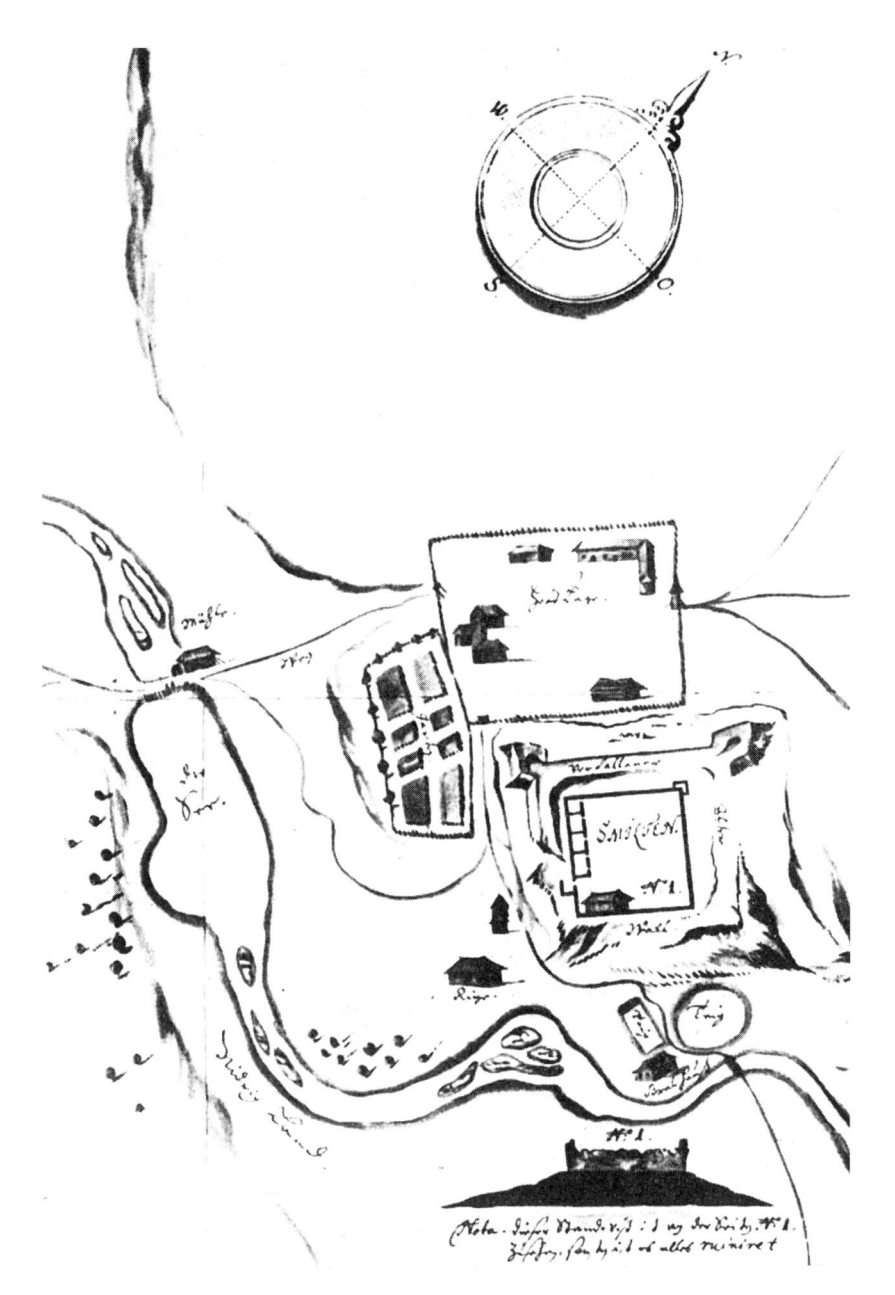

Abb. 172. Smilten. Situationsplan und Standriss aus dem 17. Jahrhundert (KA).

Palisade umgeben; diese mögen in gleicher Gestalt schon im Mittelalter bestanden haben, und zwar als geschützter Ort für die zahlreichen Nebengebäude, Vieh- und Pferdeställe. Es waren

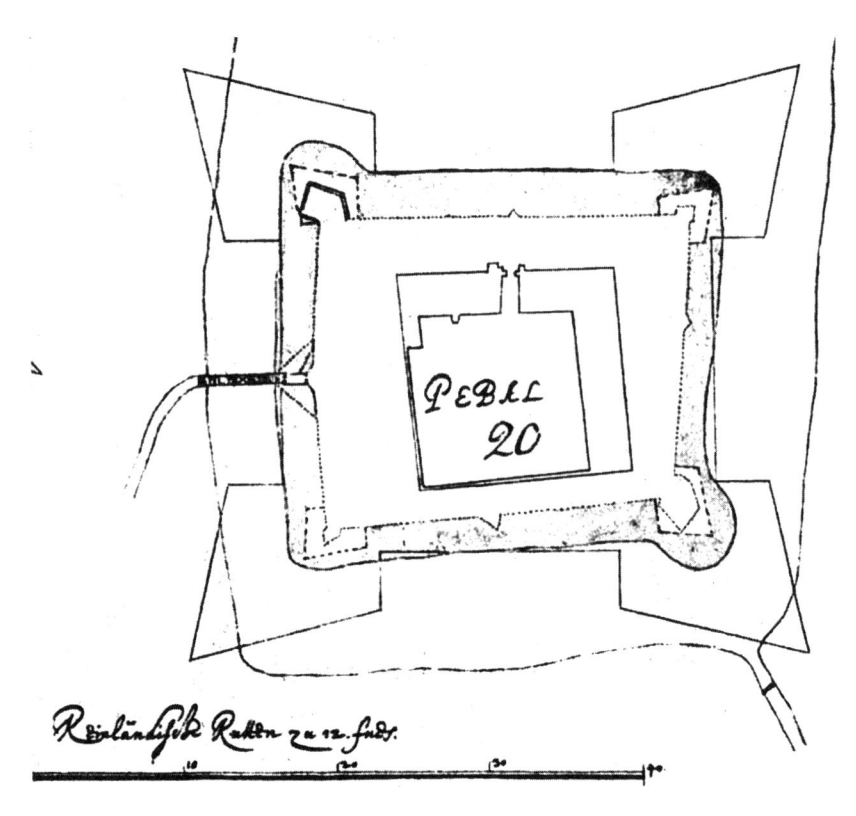

Abb. 173. Pebalg. Plan aus dem 17. Jahrhundert (KA).

hauptsächlich die Holzgebäude, die unter den Einfällen der Russen im 16. Jahrhundert litten, wobei die Burg zu wiederholten Malen niedergebrannt wurde [55]; das Mauerwerk des Hauptgebäudes hielt den Belagerungen stand, und es haben sich einige von den aus Feldsteinen erbauten Teilen desselben bis auf den heutigen Tag erhalten.

Den freien Kastelltyp stellte auch die Burg P e b a l g (Vec-Piebalga) dar, die als erzbischöfliche Wirtschaftsburg bereits zu Beginn des 14. Jahrhunderts vollendet worden ist [56]. In der viereckigen Anlage waren bloss zwei Seiten ausgebaut, und zwar teilweise mit Fachwerkbauten (Abb. 173) [57]. Der Haupteingang war durch ein turmartiges Gebilde geschützt, welcher Umstand wie der geräumige Hof und die freie Anordnung der Gebäude diese

---

[55] Renner 155, 230, 277, 279.
[56] Löwis of Menar, Burgenlexikon 90.
[57] VA, Livl. Ritterschaftsarchiv, Inventarium des Alten Schlosses Pebalg, 29. Okt. 1688.

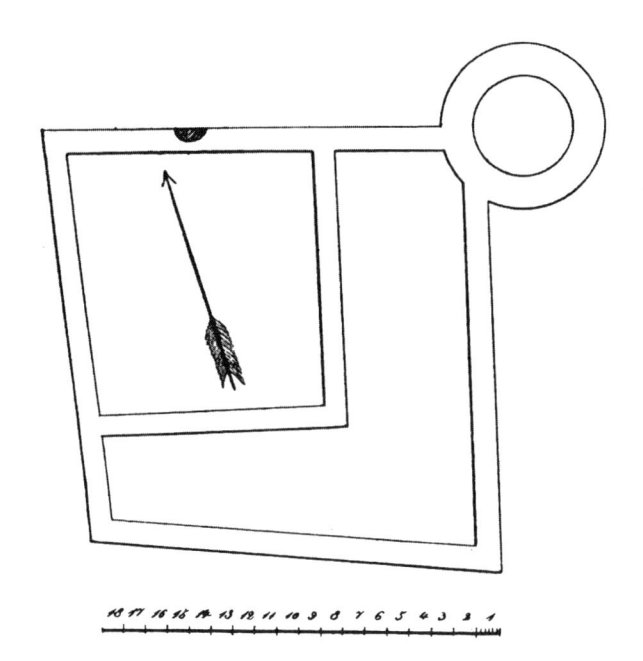

Abb. 174. Schwanenburg, Grundriss. Nach Mitt. I.

Burg der Gruppe der obenbehandelten Lagerkastelle und Wirtschaftsburgen einzuordnen gestattet. Pebalg hat über einen recht hohen Grad von Wehrfestigkeit verfügt, die sich in erfolgreichem Widerstand gegen verschiedentliche Angriffe während der Verfallsperiode des Ordens bekundet hat [58]. Die Burg ist noch im 17. Jahrhundert, aus welcher Zeit das auf dem Plan dargestellte Bastionensystem stammt, in Benutzung gewesen: damals hatte sie sich von ihren ursprünglichen Aufgaben die wichtigste erhalten, indem sie als „Hoflager" diente, wie in einem Inventarium der schwedischen Zeit vermerkt ist.

Der Form nach mit Pebalg sehr nahe verwandt ist die Burg Schwanenburg (Gulbene), die abgesehen von dem fernen Vorposten Villack den Schutz der Ostgrenze übernahm. In den Urkunden tritt Schwanenburg zum ersten Mal 1416 auf [59], was jedoch nichts für die Entstehungszeit besagt. Der Grundriss der Burg ist nach den in der ersten Hälfte des vergangenen Jahrhunderts bei Planierungsarbeiten aufgedeckten Grundmauern festgestellt worden (Abb. 174) [60]. Danach hat Schwanenburg eine viereckige Anlage mit zwei ausgebauten Flügeln gebildet. Als der östliche

---

[58] Löwis of Menar, Burgenlexikon 90.
[59] UB V, 2090.
[60] Mitt. I, 311 ff.

Nachbar im späten Mittelalter an Stärke immer mehr zunahm, musste man auch hier darauf bedacht sein, die Burg den Ansprüchen der Feuerwaffen anzupassen, zu welchem Zweck an einer Ecke ein grosser Kanonenturm errichtet wurde. Der schematisch angefertigte Plan gibt keinerlei Auskunft über die Einzelheiten des Baues. Dass die Burg recht widerstandsfähig war, wird durch die Kriegsereignisse des 16. Jahrhunderts erwiesen, wo Schwanenburg oftmals als Operationszentrum gedient hat [61].

Von einer grossen Anzahl zerstörter Burgen dieses Gebietes gibt es kein Planmaterial, und da auch die Mauerreste keine genügenden Aufschlüsse über den Grundriss bieten, so kann man hier bloss mit Vermutungen arbeiten. Hierher gehört die von Wartberge bereits 1375 erwähnte Burg B a l t o w (Baltava) [62]; die geringen Mauerreste lassen eine viereckige Anlage vermuten. Infolge ihres schwachen Baues ist diese Burg nur von lokaler Bedeutung gewesen und hat in der Geschichte des Landes keine hervorragende Rolle gespielt. Spurlos verschwunden ist die Burg S u n z e l (Suntaži), die 1318 als vom Orden besetztes Tafelgut des Erzbischofs von Riga erwähnt wird [63]. Ungefähr um dieselbe Zeit mag dort auch eine Wirtschaftsburg entstanden sein, die im späten Mittelalter stark ausgebaut worden ist, wie die Kriegsereignisse des 16. Jahrhunderts beweisen [64]; Sunzel ist noch im 17. Jahrhundert wehrfähig gewesen und erst im 18. Jahrhundert verfallen. Verhältnismässig spät ist die Burg L a u d o n (Laudona) angelegt worden, die von Wartberge anlässlich des bis in dieses Gebiet reichenden Angriffs der Litauer im Jahre 1375 noch nicht erwähnt wird [65]. Später hat diese Burg als eine der östlichsten innerhalb des erzbischöflichen Gebiets im Wehrsystem des Landes eine wichtige Rolle gespielt und oftmals den Erzbischöfen als Residenz gedient [66]. Wie die meisten Burgen dieses Gebiets wurde auch Laudon im 16. Jahrhundert von den Russen erobert und schied danach ebenfalls aus dem Wehrsystem aus. Von dem Bau haben sich fast keinerlei Spuren erhalten.

Auf der sog. l i v i s c h e n S e i t e des Erzstifts findet man nur spärliche Spuren von dem Entwicklungsgang des Lagerkastells; auch war die Bautätigkeit dort nicht so rege, wie auf der östlichen, sog. lettischen Seite. In der Nähe von Lemsal entstanden als Hilfsburgen Wainsel und Nabben. Das zu der Gruppe der gegen die

---

[61] R e n n e r 212, 229, 378.
[62] W a r t b e r g e 49.
[63] UB II, 661.
[64] R e n n e r 327.
[65] W a r t b e r g e 107.
[66] R u s s o w 104 a; R e n n e r 378.

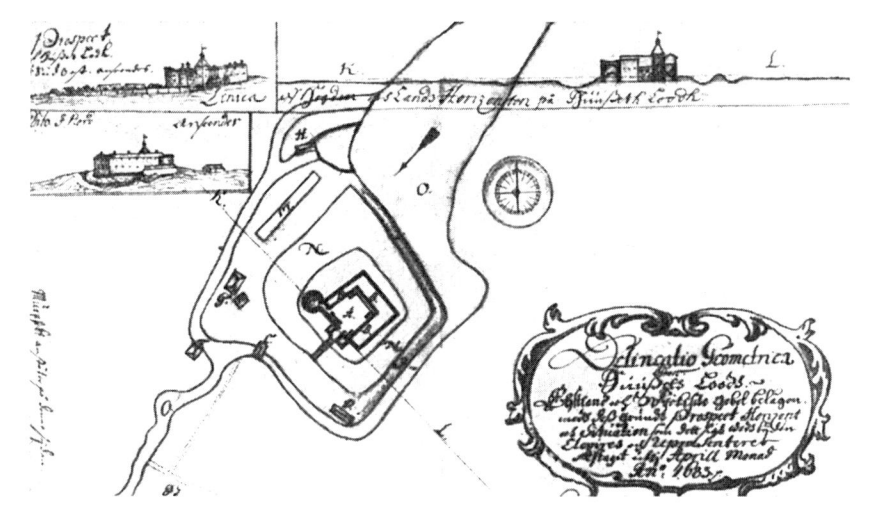

Abb. 175. Lode. Situationsplan, Schnitt und Prospekte aus dem 17. Jahrhundert (KA).

Ordensgrenze gerichteten Burgen gehörende W a i n s e l (Vainiži) wird zum ersten Mal 1359 erwähnt; im Jahre 1471 sass dort ein gewisser Ladewich Kalne als Landsknecht des Erzbischofs [67]. Die spärlich erhaltenen Ruinen zeigen, dass der Bau ein dem freien Kastelltyp nahestehendes Viereck gebildet hat, wo es neben Holzbauten auch solche aus Stein gegeben hat. Etwa 10 km südlich von Lemsal befand sich die kleine Hilfsburg N a b b e n (Nabe), die bereits 1318 erwähnt wird [68]. Wie die wenigen erhaltenen Mauer- und Gebäudereste zeigen, ist der Bau zu der Zeit der Feuerwaffen ergänzt worden [69].

In den n ö r d l i c h e n Kirchenländereien gibt es wenig Beispiele des freien Kastelltyps aus der Zeit vor 1400, auch hatte sich wegen der Lage dieser Gebiete dort kein so dichtes Burgennetz gebildet wie in dem erzbischöflichen Gebiet. Gewisse Formen des Lagerkastelltyps finden sich zwar in der zum Bistum Dorpat gehörende Burg Kirrumpäh, doch handelte es sich dort bis zum grossen Umbau im 15. Jahrhundert um eine alte Turmburg. Im Bistum Ösel-Wiek entstand jedoch eine wichtige Burg, die die im südlichen Landesteil ausgebildeten Formen widerspiegelt: L o d e (Koluvere). Das alte „castrum Goldenbeke" lag wahrscheinlich dicht bei der Kirche zu Goldenbeck (Kullamaa) auf dem Burgberge

---

[67] UB II, 968; Brieflade I, 289.
[68] UB II, 661; BB 427.
[69] L ö w i s o f M e n a r, Burgenlexikon 84.

Abb. 176. Lode, Ansicht gegen Nordosten.

Rohumägi und wurde von den Schwertbrüdern zerstört. Zwischen 1234 und 1237 ist aber die Burg von Angehörigen der Familie Lode wieder erbaut worden, vielleicht an der Stelle des jetzigen Schlosses, wie Johansen vermutet [70]. Von diesem älteren Gebäude sind keine Spuren erhalten, das heutige Schloss zeigt in seinen Hauptzügen deutlich spätmittelalterliche Stilmerkmale. Die Baugeschichte dieser Burg ist mit der Herrschaft des baufreudigen Bischofs Winrich von Kniprode (1383—1419) eng verknüpft, da damals eine längere Friedenszeit ausgedehnte Bauunternehmen in allen bischöflichen Zentren ermöglichte.

Das niedrig gelegene Schloss gründete sich auf Wasserschutz und war von einem mehrfachen System von Gräben und Wällen umgeben, wovon ein Teil in die Zeit der älteren Burg zurückreichen mag (Abb. 175). Das unter Kniprode erbaute Steingebäude folgt dem Stil der Zeit: der Grundriss ist viereckig, der Hof an drei Seiten von schmalen Gebäuden umgeben, die das Viereck aber nicht in der Art des Konventshauses abschliessen. Das an der Südwestseite befindliche Tor wurde durch einen viereckigen Turm geschützt, der noch jetzt erhalten ist (Abb. 176) und in seinen Innenräumen in restaurierter Gestalt ein Gewölbe mit Wulstrippen aufweist. Da die Wulstrippen zu der Entwicklung der Architekturformen in Alt-Livland um 1400 nicht mehr passen, so könnte man vermuten, dass der Turm aus einer früheren Bauperiode stamme. Mit der allgemei-

---

[70] Johansen, Estlandliste 820.

Abb. 177. Lode, Kellerraum unter dem Südostflügel.

nen Richtung in Nordestland würde das sehr gut übereinstimmen; man könnte sogar annehmen, das Lode eine der ältesten Turmburgen in der Wiek gewesen sei und schon am Anfang des 14. Jahrhunderts in solcher Gestalt existiert habe [71].

Die Bedeutung des Schlosses stieg besonders seit der ersten Hälfte des 15. Jahrhunderts, da dort seit 1439 öfters Bischöfe residiert haben [72]. Zu dieser Zeit sind Ergänzungen der Kniprodischen Anlage vorgenommen worden: der Südostflügel erhielt eine grosse Schlosskapelle und einen Festremter, deren weite hohe Fenster noch zu Anfang unseres Jahrhunderts zu sehen waren [73]. Zur Beheizung des Festremters und der im Nordflügel gelegenen Wohnräume haben damals in die Keller eingebaute Warmluftanlagen gedient, die wie die mit Stichkappen versehenen Tonnengewölbe des Kellers den entsprechenden Bauteilen des Schlosses von Arensburg ähnlich sind (Abb. 177). Das Aufkommen der Feuerwaffen bot den Anlass, die

---

[71] Vgl. R u s s o w 14 a; wie im allgemeinen bei den mittelalterlichen Wehrbauten, muss man auch in Lode die Baugeschichte der nahe liegenden Kirche berücksichtigen. Die in der Nachbarschaft gelegene Kirche zu Goldenbeck ist am Ende des 13. Jahrhunderts erbaut worden, wie es die teilweise fast kopierhaft ähnlichen Formen der Schlosskapelle zu Hapsal bezeugen. Wie die meisten frühen Gotteshäuser Alt-Livlands war auch Goldenbeck eine Wehrkirche und man könnte annehmen, dass damals auch das schon längst bischöfliche Lode seine ersten Steinbauten erhielt.
[72] T o l l 53.
[73] B o d i s c o 1088.

257

Bauweise des Schlosses auch von diesem Standpunkt aus einer Revision zu unterziehen, die jedoch erst verhältnismässig spät, nämlich in der ersten Hälfte des 16. Jahrhunderts, erfolgt ist. Zu dieser Zeit ist an der Westecke ein grosser runder Kanonenturm gebaut worden, dessen untere Schiesskammern und ein Teil der Gewölbe der oberen Stockwerke trotz mehrmaliger Brände und Umbauten unverändert erhalten sind. Der Turm, der zu den mächtigsten Ergänzungsbauten dieser Art in Alt-Livland gehört, ist vermutlich unter Bischof Reinhold von Buxhoevden bald nach 1541 erbaut worden, wie das eine ehemals im Schlosshof befindlich gewesene Tafel bezeugt [74].

c. Vasallenburgen.

Schon infolge der Verschiedenheit der Innenordnung konnte das Konventshaus als spezifische Erscheinung der Ordenskunst nicht bei den Vasallen heimisch werden; es fehlte vom Standpunkt der Typenentwicklung aus gesehen das wichtige Moment des Gemeinschaftslebens, wodurch das Bedürfnis nach grossen Saalbauten wegfiel. Im Vordergrunde stand dagegen die wirtschaftliche Seite, die grosse Höfe für Nebenräume erforderte und die wichtigeren Wehrbauten der Grossvasallen den von Orden und Bischof errichteten Wirtschaftsburgen nahegerückt hat: schon früh sind von den Vasallen neben Turm- und Hausburgen auch Schlösser vom Kastelltyp gebaut worden, die mit den oben betrachteten eine gemeinsame Gruppe bilden.

Wie schon oben bemerkt, spielten die Vasallenburgen eine wichtige Rolle in der Landesverteidigung vor allem auf erzbischöflichem Gebiet, wo im Gegensatz zu den früher betrachteten Kleinburgen von Nordestland gerade im 14. Jahrhundert Burgen entstanden sind, die an Wehrstärke mit denen der Landesherren wetteifern konnten. Die Ursachen sind dieselben, die überhaupt im mittleren Landesteil zur Entstehung eines dichten Burgennetzes geführt haben: das zugespitzte Verhältnis zwischen der weltlichen und der geistlichen Gewalt, wobei sich der Bischof zur Erlangung kriegerischer Macht auf die Vasallen stützen musste. Indem die Vasallenburgen sich auf die Hauptfestungen stützten, gewährten sie einen erheblichen Zusatz bei der Organisierung der Landesverteidigung, wobei bei der Ortswahl auch die Eignung des Geländes für Ackerbau zu berücksichtigen war. Aus letzterem Grunde entstanden fast gar keine Vasallenburgen an der Ostgrenze des Landes, wo die Abwehr des starken Feindes lediglich den Hauptburgen zufiel;

---

[74] Toll 55.

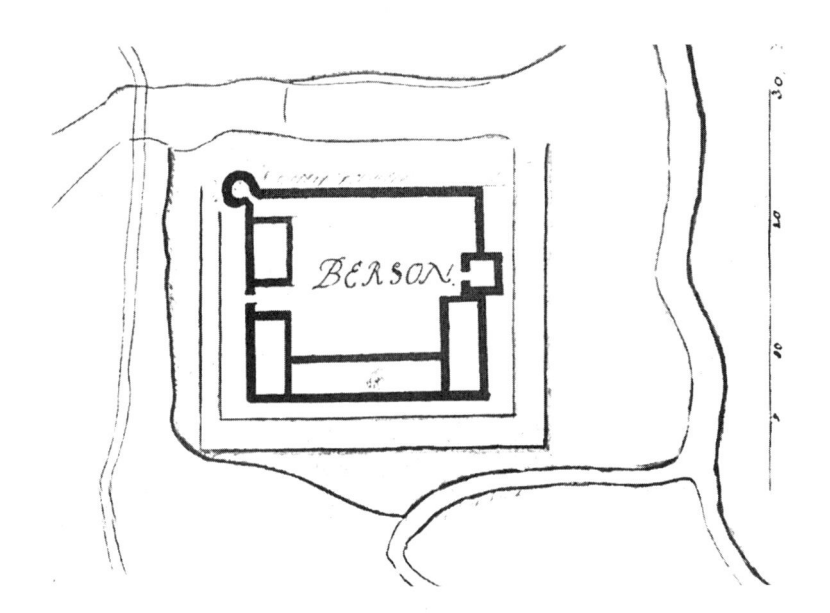

Abb. 178. Bersohn. Plan aus dem 17. Jahrhundert (KA).

auch waren die dort fortwährend drohenden Einfälle der Russen nicht mit den inneren Reibungen zu vergleichen und veranlassten die Adelsansiedlungen, sich tiefer ins Land zurückzuziehen. Das war schon bei den kleineren Turmburgen festzustellen; noch mehr klärt sich das Bild, wenn man den grösseren Gebäudetyp berücksichtigt.

An einer Stelle jedoch ist die Gründung von Vasallenburgen neben allem anderen auch durch die von aussen her drohende Gefahr bedingt gewesen, nämlich in der Südostecke des erzbischöflichen Gebiets auf der lettischen Seite, wo zur Abwehr der von Süden her drohenden Einfälle der Litauer eine ganze Gruppe von Vasallenburgen errichtet wurde, die einen Riegel vor dem mittleren Teil des Landes bilden sollten (vgl. die Burgenkarte). Dominierend in dieser Gruppe ist eines der mächtigsten Geschlechter in Alt-Livland, das der Tiesenhausen. Etwa gleichzeitig mit der oben besprochenen Burg Erlaa begann der Bau der Burg B e r s o h n (Berzaune), die erstmalig im Jahre 1382 erwähnt wird [75]. Ihrem Grundriss nach ist die an drei Flügeln mit Steingebäuden versehene Anlage streng regelmässig (Abb. 178). Für den freien Kastelltyp charakteristisch ist der in die Gründungszeit zurückreichende viereckige Turm in der Mitte der Westfront, dessen Flankierungsgrad beweist, dass die Burg als Steinbau in der zweiten Hälfte des 14.

---

[75] UB III, 1182, Reg. 1503; T i e s e n h a u s e n 10, Anm. 29.

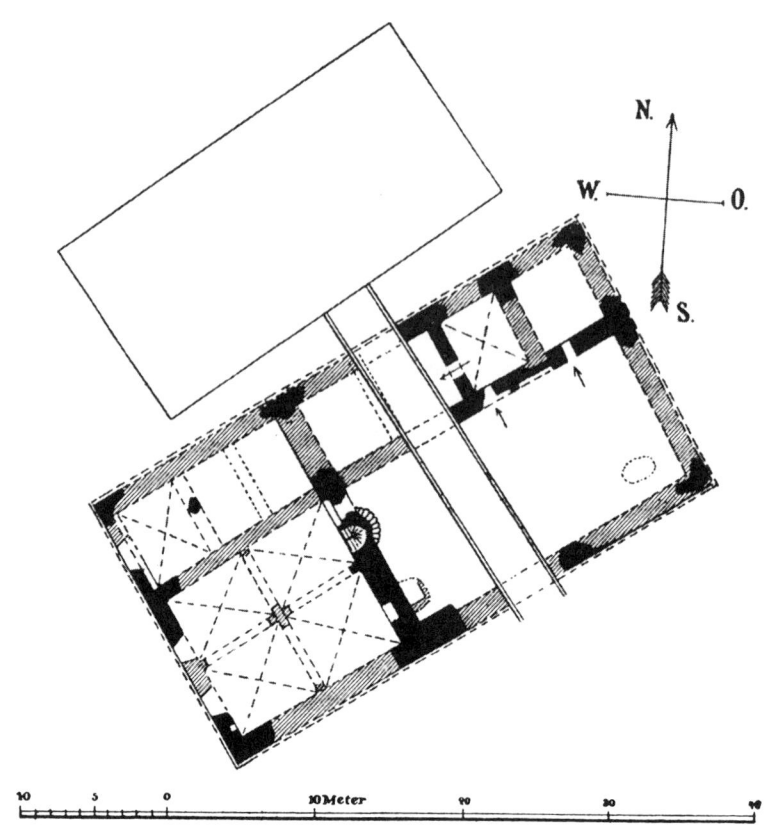

Abb. 179. Kalzenau, Grundriss. Nach Löwis of Menar.

Jahrhunderts errichtet worden ist. In der Zeit der Feuerwaffen wurde die Burg an der Südostecke mit einem grossen Kanonenturm versehen, von dem ebenso wie von der Ringmauer aus Feldstein noch beträchtliche Reste erhalten sind.

Als Nebenburg für Bersohn haben dieselben Tiesenhausen Kalzenau (Kalsnava) gegründet. Die Bauzeit ist nicht näher bekannt, aber wie bei den Ausgrabungen freigelegte Details beweisen, ist diese kleine Burg erst zu Beginn des 15. Jahrhunderts entstanden [76]. Die ein längliches Viereck von 37,4 zu 20 m bildende Anlage nähert sich teilweise den Hausburgen (Abb. 179). Der grössere Raum in der Ostecke wird ein Hof und nicht etwa eine Halle gewesen sein, wie Löwis of Menar vermutet hat. Von den sich gegen die übrigen Seiten anlehnenden Räumen ist der an der Südwestecke grösser, wo sich die Gewölbe auf einen Mittelpfeiler

---

[76] Löwis of Menar, Kalzenau 133 ff.

stützen, welche Raumgestaltung schon früher in der Burgenarchitektur beliebt gewesen ist. Die Rippenprofile der Ziegelgewölbe weisen Formen auf, die um 1400 geläufig waren. Bis zu einem gewissen Grad bestimmbar ist das architektonische Gepräge der im Nordwestflügel befindlichen kleineren Räume; ein Teil von ihnen ist gewölbt, der andere mit Balken gedeckt. Dieser kleinen Hauptburg hat sich sicherlich ein grosses Vorwerk angeschlossen, in dem die Wirtschaftsgebäude untergebracht waren, von denen aber keine Ruinen erhalten sind.

Die südlichste Burg derselben Gruppe, R u s c h e n d o r f (Krievciems), ist in der zweiten Hälfte des 14. Jahrhunderts entstanden [77]. Von dem Gebäude waren nach Ausweis einer Abbildung von Brotze noch am Ende des 18. Jahrhunderts erhebliche Mauerteile erhalten [78]; danach ist Ruschendorf als ein gewöhnliches, auf Mauerschutz basierendes Kastell anzusehen. Nichts ist von der nördlichen, den Tiesenhausen gehörenden Burg T i r s e n (Tirza) erhalten, die zu den weniger festen Wehrbauten zählte; es war eben bloss ein „befestigter Hof", wie im 17. Jahrhundert bemerkt wird [79]. Dass Tirsen immerhin burgartig ausgebaut war, verrät das noch teilweise nachweisbare Gräbensystem.

Im livischen Teil des Erzbistums war schon frühzeitig eine gegen den Orden gerichtete Burgengruppe angelegt worden (Hochrosen, die beiden Roop), wo erst die Zeit der Feuerwaffen zu gewissen Ergänzungen führte. Im nördlichen Teil entstand im 14. Jahrhundert nur eine einzige Vasallenburg, das im Jahre 1326 als *arx* erwähnte P ü r k e l n (Ungurpils) [80]. Von dieser Burg ist die ungefähr 35 m lange Nordmauer und ein Teil der eine regelmässige Anlage bildenden Gräben erhalten. Zur Zeit der Feuerwaffen hat auch Pürkeln einen typischen Eckturm erhalten.

Für das Bistum Kurland weiss man nur von einer einzigen im 14. Jahrhundert entstandenen Vasallenburg, namens S a c k e n h a u s e n (Saka). Diese 4 km vom Strande entfernte Burg sollte den dort befindlichen guten Hafen schützen. Die Steinmauern sind bald nach 1386 gebaut worden, als Arnold Lyndalis mit Sackenhausen belehnt wurde, mit dem Recht, es „mit muren, na sinem wolgefallen" zu befestigen [81]. Von dem Gebäude ist nichts erhalten, selbst Pläne fehlen.

Von den im südlichen und mittleren Teil des Landes liegenden V a s a l l e n b u r g e n d e s O r d e n s gibt es genauere Angaben

---

[77] UB III, 1182; BB 78.
[78] B r o t z e V, 54 (RPCB).
[79] L ö w i s o f M e n a r, Burgenlexikon 117.
[80] Ebendort 94.
[81] Ebendort 109.

nur über zwei, die zur betrachteten Gruppe gehören könnten: Nurmhusen und Eichenangern. Davon lag N u r m h u s e n (Nurmuiža) in Kurland, östlich von der Ordensburg Talsen. Die Burg ist zerstört, aber ihre Formen haben in dem an derselben Stelle erbauten Gutshause weitergelebt, das ebenso wie die Kastelle viereckig angelegt ist. E i c h e n a n g e r n (Stakenbergi) lag nordwestlich von·Burtneck, in der Nähe der Grenze des erzbischöflichen Gebiets und war unmittelbar gegen die Bischofsvasallenburg Pürkeln gerichtet. Da diese zu Beginn des 14. Jahrhunderts gegründet worden ist, könnte auch die Entstehung von Eichenangern noch in das 14. Jahrhundert fallen. Auch von dieser Burg ist nichts erhalten.

Eine verhältnismässig geschlossene Gruppe bilden die Vasallenburgen des D o r p a t e r B i s t u m s, wobei hier von einzelnen Geschlechtern die Tiesenhausen, Üxküll und Dolen dominieren [82]. Wenn auf Grund der geringen Mauerreste der Bauten stilgeschichtlich nur annähernde Schlüsse gezogen werden können, so zeigt die Lage der Burgen dieses Landesteils um so deutlicher, was für eine Rolle sie bei inneren Streitigkeiten zwischen den Mächten spielen mochten. Ähnlich der Gruppe der livischen Seite des Erzstifts (die beiden Roop, Hochrosen, die später gebauten Mojahn und Rosenbeck) und ähnlich der Front von Vasallenburgen im östlichen Teil des Bistums Ösel-Wiek (Fickel, Felx und Kasty) waren auch die Vasallenburgen des Dorpater Bistums unmittelbar gegen den Orden gerichtet (vgl. die Burgenkarte). Noch mehr als in den früher betrachteten Gebieten hat hier die konsequente ordensfeindliche Stellung mitgesprochen, die sich schon früh bei den Vasallen äussert. Die eine geschlossene Gruppe bildenden Burgen Kawelecht, Randen, Kongota und Ringen sollten die Westgrenze des Bistums schützen. Im Süden bildeten Sommerpahlen, Ülzen und Anzen einen festen Riegel, zu denen sich hier wie auch anderswo weniger befestigte Orte gesellten. Die Anfänge dieser Burgen reichen zweifellos noch ins 14. Jahrhundert zurück. Anfänglich handelte es sich jedoch bei der Mehrzahl von ihnen bloss um Holzbauten und erst am Ende des Jahrhunderts und zu Anfang des folgenden begann man mit der Errichtung von Steingebäuden und -mauern. Die Veranlassung dazu boten neben allem anderen die inneren politischen Verhältnisse: eine besonders wichtige Rolle in der Opposition gegen den Orden spielte am Ende des 14. Jahrhunderts der energische und unternehmungslustige Bischof Dietrich III. Damerow (1379—

---

[82] G e r n e t, Verfassungsgeschichte 149.

1400) [83], zu dessen Zeit vermutlich bald nach dem Brüggeneischen Eroberungszuge vom Jahre 1396 ausgedehnte Befestigungsarbeiten einsetzten, die auch noch im folgenden Jahrhundert fortgeführt wurden, und zwar besonders eifrig nach dem Jahre 1413, als Bischof Resler die ordensfeindliche Politik des Kapitels und der Vasallen unter einen Hut gebracht hatte.

Hauptsächlich in dieser Zeit ist R i n g e n (Rõngu), die wichtigste Burg im westlichen Teil des Bistums, ausgebaut worden. Seit Ende des 15. Jahrhunderts werden dort die Tödwen als Besitzer erwähnt [84]. Die Lage der Burg auf einem Berge beweist, dass die Festung in ihrer ursprünglichen Form schon im 14. Jahrhundert errichtet worden ist, zu welcher Zeit man eben derartigen Naturschutz zu bevorzugen pflegte. Ihre Lage an der nach Dorpat führenden wichtigen Verbindungsstrasse nötigte, sobald die Verhältnisse gegen Ende des Jahrhunderts kritisch geworden waren, zur Vornahme umfangreicher Ergänzungen, wobei deren die Dimensionen der durchschnittlichen Vasallenburgen überschreitende Wehrteile anzunehmen erlauben, dass die Befestigungsarbeiten mit direkter Unterstützung des Bischofs erfolgt sind. Bis jetzt sind von der ganzen Anlage nur Teile der Ostmauer und der mit dieser verbundenen Wände der Innenräume erhalten (Abb. 180). Bei der Typenbestimmung der Anlage leistet ein zu Anfang des vorigen Jahrhunderts gezeichneter Plan gute Dienste [85]; danach kann unter Mitberücksichtigung der an Ort und Stelle festzustellenden Tatsachen diese Burg dem Kastelltyp eingereiht werden. Ein grosser Teil der Innenräume war aus Stein erbaut. Die Haupteinfahrt war mit einem grossen Torgebäude versehen, über dem sich ein hoher gewölbter Raum befunden hat. Da bei den anderen Burgen der über dem Eingang befindliche Raum fast immer als Kapelle gedient hat, so wird

Abb. 180. Ringen, Haupteingang der Burg mit der ehemaligen Torkapelle.

---
[83] Eesti ajalugu II, 160 ff; G i r g e n s o h n 65 ff.
[84] L ö w i s of M e n a r, Burgenlexikon 103; R e b a n e 10.
[85] MP I, 27 (RPCB)

das auch in Ringen der Fall gewesen sein. Die Ziegelmauertechnik, die Gewölbeansätze und die Formen der Nischen und der Mauertreppe zeigen, dass das Schloss zu Beginn des 15. Jahrhunderts vollendet worden ist. Aus geschichtlichen Angaben ist bekannt, dass der Papst im Jahre 1413 denjenigen einen Ablass bewilligt habe, die die Heiligenkreuzkapelle (*Capella St. Crucis*) dieses Schlosses besuchten und unterstützten [86], woraus nach anderen analogen Vorfällen zu urteilen ungefähr die Zeit der Vollendung ihres Baus zu erschliessen sein dürfte. Nach Ausweis der erhaltenen Wehrdetails und des Grundrisses hat man in diesem Schloss noch nicht mit Feuerwaffen gerechnet, die sich in dieser Zeit erst zu verbreiten anfingen und vor allem den grösseren Wehrbauten des Ordens neue Formen vorschrieben. Der Hauptburg schloss sich an der Ostseite ein schwächer ausgebauter grosser Wirtschaftshof an, dessen Fundament nur teilweise bestimmt werden kann.

Bloss geringe Reste der Grundmauern sind von den drei nördlich gelegenen Burgen, Kongota, Randen und Kawelecht, erhalten [87]. Das Fundament der den Dolen gehörenden Burg R a n d e n (Rannu) gestattet die Rekonstruktion einer kastellartigen Burg, wo innerhalb der Feldstein- und Ziegelringmauer nur ein einziges massives Steingebäude errichtet worden war [88]; die Gewölbefragmente aus Ziegelstein und die Mauertechnik weisen in eine verhältnismässig späte Zeit [89]. Fast spurlos ist die den Tiesenhausen gehörende und in einem Vertrage vom Jahre 1417 erwähnte Burg K o n g o t a (Konguta) verschwunden; in einer Erbschichtung vom Jahre 1486 werden alle Räume, wie Kapelle, Turm, „hangelkamer" und „schornstenherberge" (Mantelschornstein), einzeln aufgezählt [90]. Danach war die Burg recht umfangreich, was auch Huhn auf Grund der zu Anfang des vorigen Jahrhunderts noch erhaltenen Ruinen bestätigt [91]. Wie Randen gründete sich auch Kongota auf Wasserschutz. Den Grundriss der anderen Tiesenhausenschen Burg K a w e l e c h t (Kavilda) kann man auf Grund des Fundaments ver-

---

[86] R e b a n e 8.
[87] Schon im 16. Jahrhundert war von diesen Bauten wenig erhalten, wie durch die polnische Revision vom Jahre 1582 bestätigt wird, wonach Kongota, Randen und Kawelecht als in den Grund hinein zerstört erscheinen (Inventar in GEG, Seite 31, 36, 48). Dass man es auch hier, wie oft in damaligen Urkunden, mit Übertreibung zu tun hat, beweist die nähere Betrachtung der genannten Burgen.
[88] A. N e u m a n n, Bischofs- und Vasallburgen 43 (KAI).
[89] Es ist möglich, dass auch in Randen die Erbauung des Schlosses und der Kirche in eine und dieselbe Zeit fällt. Falls es so ist, hat die Burg ihre endgültige Ausdehnung erst um 1500 erhalten; dass die Kirche zu Randen an diesem Zeitpunkt erbaut worden ist, bezeugen die dekorativen Gewölbeansätze und Konsolen (G u l e k e, F. III, Taf. XXII).
[90] L ö w i s o f M e n a r, Burgenlexikon 73.
[91] H u h n IV, 86 (VA).

hältnismässig genau bestimmen. Das Schloss befand sich auf einem hohen Bergabhang an der Stelle eines ehemaligen Burgberges, namens Siidre [92]. Im Jahre 1495 wird in Kawelecht neben dem Hof auch ein „Stenwerk" erwähnt, das Bartholomäus Tiesenhausen an Fromhold Tiesenhausen verkauft [93]. Diese Bemerkung liefert einen interessanten Beitrag zu der Charakterbestimmung der Kleinburgen. Das Steinwerk hatte damals gerade den Gipfelpunkt seiner Entwicklung in der Stadtarchitektur erreicht, wo es turmartige Gebäude mit stark gewölbten Stockwerken zeitigte, die den Besitz vor Feuergefahr schützen, aber auch Menschen Schutz bieten sollten. Besonders betont wurde gerade die letztere Seite dann, wenn derselbe Typ auf dem Lande Verwendung fand [94]. So scheint es auch in Kawelecht der Fall gewesen zu sein, wo in der Kastellmauer neben den Wirtschaftsgebäuden ein zum Wohnen bestimmtes turmartiges Wohnhaus errichtet war, wie Gebäude dieser Art besonders in der Vasallenburgengruppe von Nordestland aufgetreten sind. Die Zeit des Ausbaus der Burg in Stein ist nicht näher bekannt; es ist aber nicht unmöglich, dass das endgültig zu dem gleichen Zeitpunkt geschehen ist, als der Verkauf der Burg erfolgte. Nach Beendigung der Bauarbeiten sind die gleichen Baumeister bei dem Bau der in der Nähe befindlichen Kirche von Kawelecht (Puhja) eingestellt worden, von der man weiss, dass sie in der Zeit von 1495 bis 1499 errichtet worden ist [95]. Für die Glaubwürdigkeit der urkundlichen Angaben sprechen auch die Architekturformen der Kirche, das Blendnischensystem an der Westfront und die Sterngewölbe des Chors [96].

Von der südlichen Burgengruppe ist das uralte Üxküllsche A n - z e n (Antsla) beachtenswert. Von der auf einem an drei Seiten von Wasser umgebenen Hügel befindlichen Burg ist im Park noch ein Teil des Kellers erhalten, der mit einem Tonnengewölbe aus Ziegeln gedeckt ist. Die Spuren der Wallgräben verraten eine viereckige Anlage, innerhalb deren später die Gutsgebäude untergebracht worden sind. Nach Hagemeister hat der Dörptsche Ökonomus Schenking im Jahre 1588 dort ein schlossartiges Gebäude mit Mauer und Wall errichtet [97]. Sicherlich handelt es sich nur um eine Ergänzung, während die weitreichende Anlage in ihren Grundzügen aus der Zeit Üxkülls stammen dürfte. Vielleicht hat der endgültige

---
[92] A. N e u m a n n, Bischofs- und Vasallburgen 48 (KAI).
[93] L ö w i s o f M e n a r, Burgenlexikon 69; im Jahre 1591 war das Steinwerk von Kawelecht noch vorhanden, wie aus dem Testament von Heinrich Tiesenhausen erhellt (T i e s e n h a u s e n 180).
[94] E i c k e 41 ff.
[95] VA, Mnsc. 97: Alte Gebäude in Livland. Bericht an den Livl. Ziviel-Gouverneur v. J. 1843.
[96] G u l e k e, F. III, Taf. XXI, XXIa.
[97] H a g e m e i s t e r, Materialien II, 81.

Ausbau unter dem letzten Spross des sog. „ältesten" Hauses Anzen, Peter Üxküll (gest. vor 1484), stattgefunden [98]; seine Unterstützung zum Ausbau der Domkirche zu Dorpat ist urkundlich belegt. In derselben Zeit wurde auch die unweit Anzen gelegene Kirche zu Urwast (Urvaste) als Basilika erweitert, vielleicht ebenfalls mittels einer Unterstützung von Peter Üxküll [99].

Von der einige Kilometer östlich von Anzen liegenden Burg Ü l z e n (Vaabina) sind nur spärliche Mauerreste erhalten. Im Jahre 1555 wird Ülzen als den Tiesenhausen gehörig erwähnt (*Ultzen Thiesenhausiorum*) [100], die nähere Gründungsgeschichte ist jedoch nicht zu ermitteln. Ebenso schwer zu bestimmen ist der nähere Charakter von S o m m e r p a h l e n (Sõmerpalu) unweit des rechten Ufers des Püha-Baches. Renner zählt Sommerpahlen zu den Burgen der Edelleute des Dorpater Stifts, ebenso das Verzeichnis von 1555, wo als Erbauer einer namens Kursel erwähnt wird [101]. Von den Hauptgebäuden sind noch einige Feldsteinreste erhalten; das Burggebiet bildet eine regelmässige Anlage.

Diesen Vasallenburgen schloss sich im Westen S a g n i t z (Sangaste) an, das zwar nicht burgartig ausgebaut war, aber als altes bischöfliches Tafelgut zweifellos wie die Mehrzahl der mittelalterlichen Landsiedlungen den Charakter eines befestigten Punktes getragen hat. Noch im 18. Jahrhundert habe man alte Ziegel auf einem Berge unweit des Gutes Sagnitz gefunden, an welcher Stelle Hupel das mittelalterliche Bischofsschloss vermutet hat [102]. Wie Sagnitz sind auch die zahlreichen, meist nur durch Holzpalisaden geschützten Güter der Kleinvasallen fast spurlos verschwunden.

Die kastellartigen Vasallenburgen haben auch die spätere Entwicklung der Architektur des Landes stark beeinflusst, besonders in den nachmittelalterlichen Jahrhunderten, als die immer noch wenig stabilen Verhältnisse im Lande die Befestigung der Siedlungen nahelegten. Die im 17. Jahrhundert gebauten Gutsgebäude gruppieren sich genau so wie beim Lagerkastell; es fehlen selbst nicht die turmartigen Torgebäude, die noch im folgenden Jahrhundert weiterleben. Zahlreiche Beispiele bietet hierfür Kurland, wo die Verbreitung des Kastells schon zur Ordenszeit grösser war als in den nördlichen Gebieten [103]. Aber den anregenden Einfluss der kastell-

---

[98] T a u b e II, 64 ff.
[99] S t r y k I, 189.
[100] B u n g e, Archiv VI, 140.
[101] R e n n e r 7; C e u m e r n 13.
[102] H u p e l III, 290.
[103] P i r a n g I, 37. Als eins der besten Vorbilder für die befestigten Höfe Kurlands könnte das schon oben beschriebene Schlockenbeck dienen; dieses wurde ebenfalls im 17. Jahrhundert in erheblichem Masse ergänzt und steht noch jetzt ziemlich unverändert da. In Südestland erscheint als Anlage dieser Art Rogosinski (Rogosi).

artigen mittelalterlichen Wehrbauten kann man noch weiter verfolgen, da sie sich auch in den estnischen und lettischen Bauernhöfen widergespiegelt haben. Natürlich sind hier auch noch andere Einflüsse für die Entwicklung massgebend gewesen, die aber direkt oder indirekt dennoch auf dieselben Quellen zurückzuführen sind, aus denen auch die Burgenarchitektur geschöpft hat.

D. Klosterburgen.

Die besonderen Verhältnisse des Landes und die schon frühzeitig von Orden und Bischof befolgten Bautraditionen drückten auch den Klöstern ihren Stempel auf, die ausserhalb der Stadtmauern tief im Lande gelegen, in erster Linie an ihre Verteidigung denken mussten. Gründer dieser Klöster waren die Zisterzienser, deren Regeln besonders die Abgeschiedenheit von der Umgebung verlangten, um weit von den Lebenszentren nach der Losung *ora et labora* Ackerbau, Viehzucht und Fischzucht zu treiben. Zu Beginn des 13. Jahrhunderts hatte dieser Mönchsorden in der Eroberungsgeschichte des Landes eine wichtige Rolle gespielt, da er in dem deutschen Ostunternehmen einen bedeutsamen Platz innehatte und beim Fehlen anderer Kongregationen sogar von seinen ursprünglichen strengen Ordensregeln abwich [1]. Theodorich, der Gehilfe des ersten Bischofs Meinhard, ein aktiver Teilnehmer an der Missionsarbeit, war Zisterzienser; zu demselben Mönchsorden gehörte auch der kriegslustige Bischof Berthold, desgleichen der Leiter von Alberts kriegerischen Unternehmungen, Bernhard von der Lippe, und Hermann, der Bischof von Dorpat. Später übernahmen die Bettelmönche die Missionsarbeit von den Zisterziensern, und so sehen wir diese von neuem nach den alten Regeln in der Einsamkeit des Landes leben. Aber ganz ausgeschaltet waren sie aus der politischen und wirtschaftlichen Geschichte des Landes trotzdem nicht, da schon die Sicherheit der Klosterorganisation neben dem Ackerbau die Betonung der Wehrseite des Gebäudes verlangte, wodurch die Klöster in das allgemeine Netz der Landesverteidigung einbezogen wurden und mit all jenen Faktoren rechnen mussten, die auch bei den Burgen die Entstehung und Entwicklung der Bauformen diktiert haben. Die klösterliche Innenordnung näherte sie den Konventsburgen, der grosse Haushalt und der Landbesitz wiederum verlieh ihnen ähnliche Züge, wie sie für die Wirtschaftsburgen sowohl der Ordensgebiete als auch der bischöflichen Territorien bezeichnend waren. Je nach ihrer jeweiligen Ortslage waren die Zisterzienser genötigt, auch mit den Wechselbezie-

---

[1] Winter 89.

hungen der Mächte zu rechnen; ihre Klosterburgen wurden zu Stützpunkten entweder für die bischöfliche Macht oder für die des Ordens.

Schon zu Anfang des 13. Jahrhunderts wurde als erstes Kloster des Baltikums D ü n a m ü n d e (Daugavgrīva) gegründet, dessen Organisator der schon früher erwähnte Theodorich war. Als Mutterkloster galt wahrscheinlich anfangs Marienfeld bei Münster, später Pforta in der Nähe von Naumburg [2]. Das Kloster wurde an der Mündung der Düna angelegt, wo die Nähe des Wassers den Mönchen Fischzucht ermöglichte; jedoch von besonderer Bedeutung war der Umstand, dass von dort aus die wichtige Wasserstrasse überwacht werden konnte: aus dem Kloster sollte ein Stützpunkt für die Macht der Kirche werden. Vermutlich ist schon um 1205 mit den Bauarbeiten begonnen worden, die freilich im folgenden Jahr zeitweilig unterbrochen wurden [3]. Nach den Annalen wurde das Kloster im Jahre 1208/09, als die Bauarbeiten vorläufig beendet waren, vom Konvent bezogen. Zweifellos werden die ersten Bauten grossenteils provisorischer Art gewesen sein, aber daneben wird es auch schon Steingebäude gegeben haben, bei deren Errichtung man mit Erfolg die Hilfe von Pilgern in Anspruch nehmen konnte, die sich zu jener Zeit mit besonderer Aktivität an den Bauarbeiten des Landes beteiligt haben. Im 13. Jahrhundert hatte das Kloster zwei grössere Angriffe zu bestehen: einmal im Jahre 1228 von den Kuren und Semgallen, wobei man annimmt, dass das Kloster bei dieser Gelegenheit zerstört worden sei, und ein zweites Mal im Jahre 1263, als auch die Holzkirche verbrannt wurde [4]. Im Zusammenhang mit diesen Vorfällen hat sich auch die Bautätigkeit entwickelt; in beiden Fällen war dennoch der mittlere Wehrpunkt, die vermutlich schon gleich bei der Gründung des Klosters errichtete viereckige Turmfestung, erhalten geblieben. Da vom Klostergebäude nichts erhalten ist, so wird eine baugeschichtliche Analyse nur durch einen aus dem 17. Jahrhundert stammenden Grundriss ermöglicht, der nach Ausgrabungen von Löwis of Menar vervollständigt worden ist (Abb. 181). Die dort vermerkte weitere Anlage stammt hauptsächlich aus der Zeit nach 1305, als der Orden das Kloster als Burg ausbaute; in der neuen Anlage sind aber auch deutlich erkennbare Teile aus der älteren Bauperiode erhalten. Von diesen letzteren ist besonders wichtig

---

[2] K e u s s l e r, Genealogie 111 ff.
[3] K e u s s l e r, Gründung 3 ff.
[4] W a r t b e r g e 4; B u n g e, Archiv IV, 271.

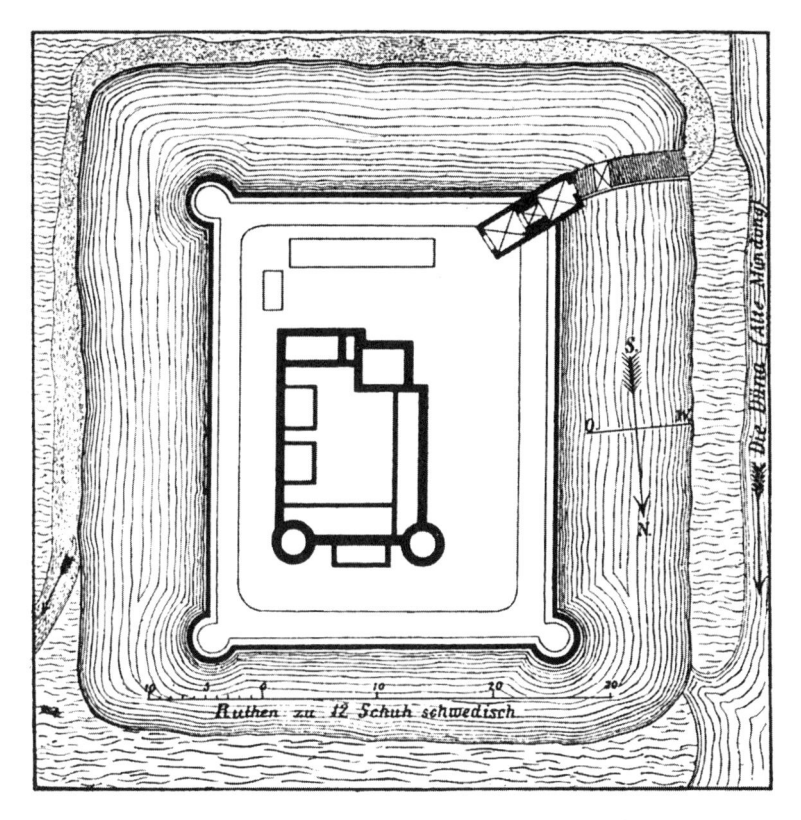

Abb. 181. Dünamünde, Grundriss. Nach Löwis of Menar.

der in der Südwestecke der Hauptanlage stehende grosse quadratische Stubenturm, der den übrigen Bauten nicht organisch angeschlossen ist und offenbar aus einer früheren Zeit stammt. Der Turm ist inmitten eines viereckigen Platzes errichtet worden, der schon frühzeitig von einem Graben nebst Palisade umgeben war. Dieser Turm war als Hauptwehrpunkt gedacht, dort befanden sich vermutlich in den oberen Stockwerken Räume, in denen man im Falle einer Umzingelung Schutz suchen konnte, in dem unteren Stockwerk dagegen wird eine kleine Kapelle gewesen sein, wie das auch später in Ordensburgen üblich war. Natürlich ermöglichte es der enge Turm nicht, das Leben den Klosterregeln entsprechend zu gestalten, und deshalb sind schon von vornherein um den festen Wehrpunkt provisorische Wohnräume errichtet worden, die ebenso wie die dort angelegte grössere Kapelle bei den Plünderungszügen zu leiden hatte. Seit den letzten Jahrzehnten des 13. Jahrhunderts sind die Steingebäude entstanden, die nach den Angaben der Übergabeakte 1305 recht umfangreich waren [5]. Vermutlich ist zuerst die östlich vom Turm gelegene Kapelle mit dem kleinen Vorraum an der Westseite errichtet worden. In dem Nord- und Westflügel der länglichen Klausur lagen grosse Gemeinschaftsräume; an die Ostmauer lehnten sich zwei getrennte Gebäude an, im Gegensatz zu den an der Westseite gelegenen Wirtschafts- und Laienbrüderräumen vermutlich für die Mönche bestimmt; solche Raumverteilung war in den Zisterzienserklöstern allgemein üblich. Die zwei grossen Rundtürme an der Nordseite und das umfangreiche Vorwerksystem sind erst zur Zeit des Ordens ausgebaut worden; die von innen offenen Basteitürme der Vorburg hat erst Ordensmeister Plettenberg bauen lassen [6]. Für die Anlage des Klosters ist eine ausgesprochene Neigung zum streng geschlossenen Komplex kennzeichnend, den das Wehrbedürfnis vorschrieb und wofür die Wehrbauten der geistlichen und weltlichen Herren des Landes als Beispiel dienten. Aber gerade im Vergleich zu den Konventshäusern ist der Gebäudeblock doch nicht so streng geschlossen, vielmehr treten Elemente einer freien und malerischen Anordnung der Gebäude auf, was bei dem alten Hauptturm in besonders ausgeprägter Weise zutage tritt. Das Herausragen der Gebäudeflügel aus der Mauerlinie des alten Turmes ist teilweise durch das Bestreben zu erklären, die Klausur möglichst in der Mitte des von einem Graben begrenzten Platzes zu errichten, woraus sich diese eigenartige Anlage ergeben hat, durchaus verständlich für eine Zeit, die den Flankierungsgrundsatz noch nicht kannte.

Auf estländischem Gebiet war F a l k e n a u (Kärkna) das älteste Zisterzienserkloster, eine Stiftung von dem Dorpater Bischof Hermann aus der Zeit vor 1234, in welchem Jahre die Pleskauer die Gebäude des kürzlich erbauten Klosters zerstörten. Seit 1245 verbrachte der erblindete Bischof von Dorpat seine letzten Tage in Falkenau, wo also damals schon ein neuer Gebäudekomplex vorhanden gewesen sein muss [7]. Die Lage des Klosters ist typisch zisterziensisch, weit ab vom Hauptzentrum und den Hauptstrassen, am kleinen Amme- oder Vasula-Fluss, der die bei den Brüdern beliebte Fischzucht ermöglichte und der Anlage Wasserschutz bot. Bis heute ist stellenweise in einer Höhe von zwei Metern das Fun-

---

[5] UB III, 614a: *possidebimus enim in primis capellam b. virginis consecratam, capellam etiam b. Katerinae et totum cimiterium consecratum; item capellam infirmorum et totum infirmitorium, cum curia et orto suo, et domo lapidea, quae est inter infirmitorium et exteriorem murum. Item hospitium abbatis et omnia aedificia, quae sunt inter domum sutoriam et domum infirmorum.*
[6] R u s s o w 33; M e t t i g 106.
[7] G a d e b u s c h I₁, 242; H i l d e b r a n d, Nr. 21; auf das Vorhandensein der Klosterkirche um 1240 weist der Umstand, dass damals Herzog Knuds Schwester in Falkenau beerdigt wurde (J o h a n s e n, Estlandliste 778).

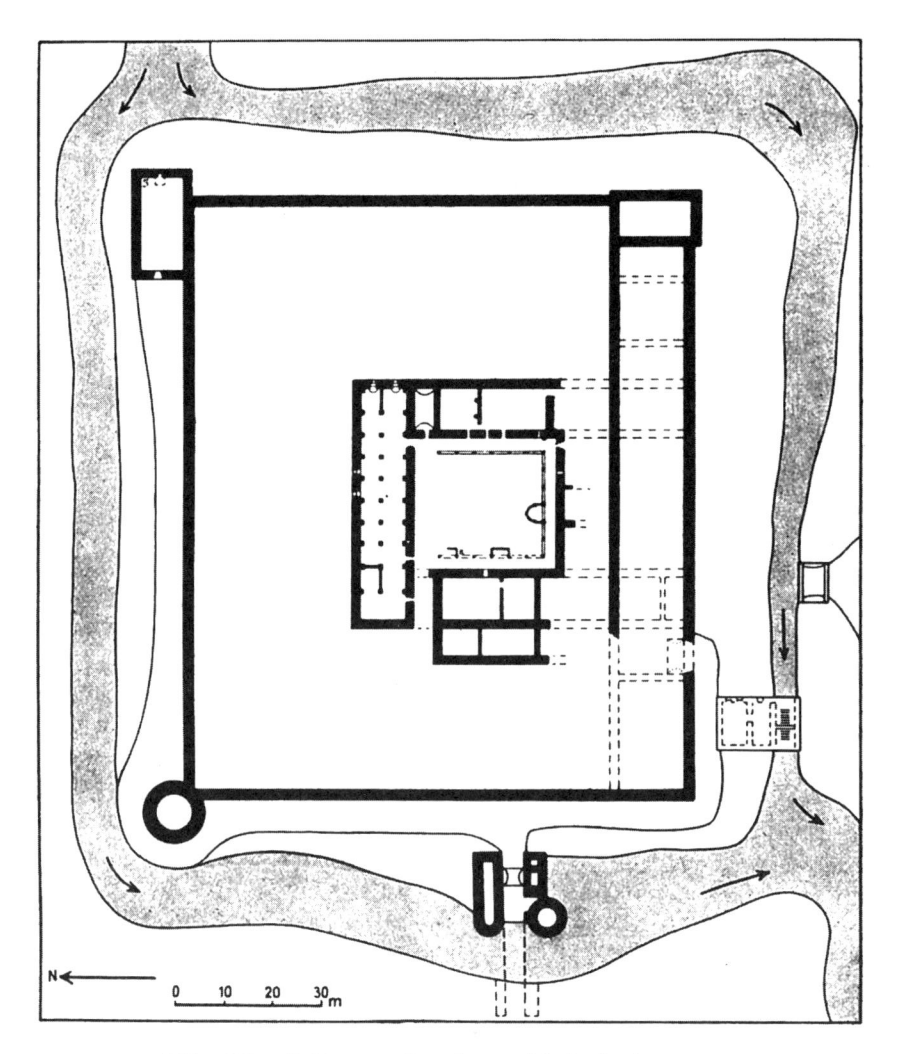

Abb. 182. Falkenau, Grundriss. Nach Johansen.

dament aus Feldstein erhalten, wogegen erst bei den späteren Ergänzungen Ziegelstein verwendet worden ist. Ein von Guleke auf Grund von Ausgrabungen angefertigter Grundriss und die aus dem 17. Jahrhundert stammenden Zeichnungen im Stockholmer Kriegsarchiv gestatten eine verhältnismässig genaue Feststellung der Lage und des Charakters der gesamten Klosterräume (Abb. 182).

Die Baugeschichte von Falkenau ist eng mit den wirtschaftlichen und politischen Verhältnissen des Bistums Dorpat verknüpft. Der schon früh geschaffene feste Kontakt mit dem Bischof hat auch später fortbestanden, und das Kloster hat neben seinen nächsten Aufgaben in grossem Masse den Interessen des Landesherrn gedient. Schon früh war es für das Bistum von Interesse, am Oberlauf des Embachs einen festen Wehrpunkt anzulegen, der den östlichen Ordensfestungen die Waage hielte und die der Ordensgrenze anliegenden Gebiete unter seinen Schutz nähme. Bei dem später noch mehr zugespitzten Verhältnis reagierte auch der Orden darauf, indem er als Gegenpunkt von Falkenau die Burg Talkhof anlegte. Das geschah im 14. Jahrhundert, als Falkenau schon so weit ausgebaut gewesen sein wird, dass mit seiner militärischen Bedeutung gerechnet werden musste. Die bis heute am besten erhaltene zyklopische Ringmauer aus Feldstein mit geringem Kalkzusatz an der Südseite der grossen Anlage weist auf eine Bauzeit um 1300 hin, als offenbar grössere Umbauten im Kloster durchgeführt wurden und der gesamte Gebäudekomplex mit einer regelmässigen viereckigen Mauer umgeben wurde. Den frühen Traditionen gemäss erscheint die Turmverteidigung noch nicht betont; das einzige turmartige Gebäude an der Südostecke flankiert nicht und kommt daher für Wehrzwecke nicht in Frage. Das Mauerwerk mit den gegen die Südseite angelehnten engen Räumen bildet eine den Lagerkastellen ähnliche Gestaltungsform, die besonders die damalige Entwicklung der Plantypen im südlichen Teil des Landes widerspiegelt.

Die mit dem 14. Jahrhundert im ganzen Lande aufgelebte Bautätigkeit ergriff auch das Kloster Falkenau, wo um diese Zeit die noch aus dem 13. Jahrhundert stammenden alten Gebäude durch eine den neuen Ansprüchen entsprechende Klausur ersetzt worden sind. In dem streng geschlossenen Gebäudeblock spiegeln sich unmittelbar die Traditionen des Konventshauses wider; ganz vernachlässigt geblieben ist die für die westlichen Klöster bezeichnende malerische Gruppierung der Anlage um den zusammenhaltenden Kreuzgang, hier haben vielmehr die Saalgebäude dem Bau den Grundplan gegeben und diesen sowohl nach aussen als nach innen abgeschlossen. Den Nordflügel in seiner ganzen Ausdehnung hat die Kirche eingenommen, deren ungewöhnliche Länge durch die Seitenlänge des Gebäudeblockes bedingt war: im Gegensatz zu den Ordensburgen musste den Klosterregeln gemäss die Kirche allein einen ganzen Flügel einnehmen. Aber daneben hat zweifellos auch die Kunstrichtung der Zeit mitgesprochen, die auch anderswo ähnliche Kirchenhallen gezeigt hat, und zwar besonders bei den von den Zisterziensern beeinflussten Bettelmönchen [8]. Die Kirche

---

[8] Als ein gutes Beispiel aus späterer Zeit kann die Dominikanerklosterkirche zu Reval dienen; diese wurde erst im Spätmittelalter beendet, die Plangestaltung weist aber auf ältere Traditionen zurück (K ü h n e r t, Abb. 23).

ist einschiffig gewesen; der im Grundplan als zweischiffig dargestellte Kellerstock hat als Krypta gedient [9]. Auch hierin liegt ein grosser Unterschied im Vergleich zu den reinen Wehrbauten. Recht ansprechend ist die Annahme von Villem Raam, dass das damals im allgemeinen schon veraltete Kryptamotiv hier aus dem Grunde zu neuem Leben erweckt worden sei, um für die zahlreichen Nebenaltäre Raum zu schaffen, deren Verbindung mit der Oberkirche die streng geschlossene Aussenmauer nicht ermöglichte [10]. Bei den Ausgrabungen sind im Ostteil auch die für die Zisterzienser so typischen Nebenchöre aufgedeckt worden. Aber darüber hinaus hatte die Krypta auch noch einen anderen Zweck von wesentlicher Bedeutung: sie diente als Beisetzungsstätte. Durch Urkunden ist bekannt, dass ausser den Geistlichen auch noch diejenigen Adligen, die sich um das Kloster verdient gemacht hatten, das Recht besassen, hier bestattet zu werden [11]. In den Ordensschlössern löste man das Beisetzungsproblem durch ausserhalb des Wehrgürtels angelegte Kapellen; diese Art war aber für die Klöster wegen ihrer Regeln nicht annehmbar.

Von der Verteilung der Haupträume der übrigen Flügel gibt der Grundplan keine vollständige Übersicht. Nach der allgemeinen Organisation der Klöster zu schliessen, werden sich die Räume für die Brüder im Ostflügel befunden haben, der Remter mag im Südflügel untergebracht gewesen sein, auf welcher Seite vor dem Kreuzgang auch das Tonsorium gewesen sein wird. Die Räume an der Westseite waren für die Laienbrüder bestimmt, für die eine besondere Tür von Südwesten her in die Kirche führte. Die ausserhalb des Gebäudeblocks befindlichen Bauten des Westflügels stammen vermutlich aus dem späten Mittelalter, zu welcher Zeit auch in Ordensschlössern die ehemaligen regelmässigen Anlagen in dieser Weise ergänzt worden sind. Das Mittelgebäude war mit einer Parchammauer umgeben, von der noch deutliche Spuren vorhanden sind. Diese Mauer ist freilich auf dem teilweise sehr unzuverlässigen Plan von Guleke nicht angegeben.

Von der umfangreichen Klosteranlage war im 14. Jahrhundert nur ein Teil vollendet, als sich die Verhältnisse zwischen Orden und Kirche besonders scharf zugespitzt hatten und der Dorpater Bischof Damerow anfing, einen Widerstand gegen die Machtgelüste des Ordens zu organisieren. Das Domkapitel und die Vasallen unterstützten die Aktion, die, wie schon oben bemerkt worden ist, um 1400 zu einer schwungvollen Bautätigkeit in den Vasallen-

---

9 Hasselblatt 151.
10 Raam 145 ff (PB).
11 UB VI, 2941.

burgen führte. In der gegebenen Situation kam Falkenau eine wichtige Rolle zu und an der Hebung der Wehrfestigkeit dieses Klosters waren sowohl Bischof als auch Lehensleute interessiert. Das spiegelt sich auch in den Urkunden wider. Im Jahre 1397 vermacht Bartholomäus Tiesenhausen in seinem Testament Falkenau eine Unterstützung, 1417 macht Otto von Üxküll ebenfalls grössere Schenkungen [12]. Auf Grund der allgemeinen Sachlage kann als wahrscheinlich angenommen werden, dass die umfangreiche Anlage des Klosters Falkenau damals ihre endgültige Gestalt erhielt, wobei besonderer Nachdruck auf die Vervollkommnung der Wehrseite gelegt worden sein mag. Zwar ist der auf dem Plan vermerkte, für Feuerwaffen berechnete Turm zu jener Zeit noch nicht errichtet worden, doch wird man die alte Ringmauer erhöht haben, welches Bestreben für jenen Zeitpunkt auch an der Baugeschichte der Burgen wahrgenommen werden kann. Bei der Verstärkung der Ringmauer ist auch an ihrer Nordostecke eine kleine dreischiffige Kapelle angebaut worden, was ebenfalls typisch für die Zisterzienserklöster ist, die damit dem Volk ausserhalb des Klosters haben dienen wollen. Wahrscheinlich konnte auch diese Kapelle in das Wehrsystem einbezogen werden. Die Kapelle war dem heiligen Michael geweiht, und ihr wurde im Jahre 1420 „die ewige Lampe" gestiftet, was das Ende der grossen Bauarbeiten bezeichnen dürfte [13].

Im letzten Viertel des 15. Jahrhunderts, für welche Zeit wiederum im Zusammenhang mit der Verschlechterung der innen- und aussenpolitischen Verhältnisse ein Aufschwung in der Bautätigkeit zu verzeichnen ist, wurde das Kloster Falkenau nochmals vervollständigt. An der Nordwestecke wurde zum Schutz der Aussenseite ein für die damalige Zeit typischer Rundturm errichtet und der an der Westseite befindliche Haupteingang mit ebenfalls charakteristischen, für Feuerwaffen berechneten Gebäuden versehen. Von diesen Gebäuden sind umfangreiche Mauern erhalten, teilweise zu Wirtschaftsräumen umgebaut. An derselben Stelle wie im Mittelalter arbeitet auch jetzt noch eine Mühle, der Wallgraben ist aber zum grossen Teil zugewachsen, ebenso die Fischteiche der Mönche.

Der wichtigste Bau der Zisterzienser befand sich in Nordestland, in P a d i s (Padise). Schon frühzeitig, im 13. Jahrhundert,

---

[12] Ebendort; R a a m 19 (PB). Im Zusammenhang mit den erwähnten Stiftungen ist auch die Überlassung eines Dorfes durch Ritter Brakel dem Kloster Falkenau im Jahre 1426 erwähnenswert (J o h a n s e n 502).
[13] L ö w i s of M e n a r, Falkenau 83. In Sb. GEG 1888, S. 151 (H a s s e l b l a t t) wird diese Kapelle als „Tiesenhausen-Kapelle" bezeichnet, ohne Angabe darüber, ob dort in der Tat Begräbnisse von Gliedern dieser Familie nachgewiesen worden sind.

haben die Mönche von Dünamünde dort Land besessen, und im Jahre 1281 wird sogar eine Kapelle erwähnt [14]; die Gründung des Klosters erfolgte jedoch erst nach dem Verkauf von Dünamünde an den Orden im Jahre 1305. Die Ortslage ist typisch für die Zisterzienser: der Fluss mit den hohen Ufern ermöglichte die Fischzucht, der ringsum befindliche Wald bot Gelegenheit zu Rodungsarbeiten. Bald nach 1310 beginnt an dieser Stelle die Errichtung befestigter Gebäude, wozu man sich wie gewöhnlich im Mittelalter die Erlaubnis des Landesherrn, im vorliegenden Fall des dänischen Königs, verschaffen musste. Im Jahre 1317 trifft von Erik Menved eine zusagende Antwort ein, in der sogar die Dicke der Mauer bestimmt wird [15], wiederum bezeichnend für eine Zeit, wo man die Klöster schon vor ihrer Gründung in das allgemeine Wehrnetz des Landes einzuschalten pflegte.

Die beträchtlichen Ruinen von Padis zeigen mehrere Bauperioden, die auch durch geschichtliche Nachrichten bestätigt werden. Der von den Zisterziensern in der ihnen eigenen sorgfältigen Bauweise aus Kalkstein errichtete Häuserblock bildet ein Glied der vom Orden beeinflussten Baukunst; auch hier haben wir es mit einer Kastellform zu tun, die sich jedoch erst nach einer langen Bauzeit ergeben hat. Bei der Suche nach Spuren der alten Anlage im Gemäuer bietet der Vergleich mit dem Mutterkloster Dünamünde einige Hilfe, wo als ursprüngliches Gebäude die in Livland populäre Turmburg erscheint. Genau solch ein Gebäude wurde in der ersten Hälfte des 14. Jahrhunderts in Padis errichtet, wie das Mauerwerk der Südecke beweist (Abb. 183). Der untere Kellerstock des Turmes ist erhalten, der massive Mittelpfeiler trägt die einfachen Gratgewölbe. Der Raum weist die Strenge und Geschlossenheit der Frühperiode auf. Die Konsolen an den Wänden beweisen, dass der Turm nicht von vornherein gewölbt gewesen ist, sondern um mit der Arbeit an der Aussenseite des Gebäudes schneller vorwärtszukommen, sind die Räume anfangs bloss mit Holzdecken gedeckt worden; jedoch bald nach der Vollendung des gesamten Mauerwerks ist man auch zum Wölben fortgeschritten. Diesem Mittelpunkt ist eine Ringmauer angeschlossen, von der im Westen noch einige Spuren vorhanden sind, wo spätere Generationen die alte niedrige Mauer erhöht haben. Die innerhalb der Ringmauer liegenden Gebäude waren wahrscheinlich aus Holz, ausser der im Jahre 1332 urkundlich erwähnten Kapelle [16]. Das ganze Kloster trug das Gepräge der Frühbauten mit schwa-

---

[14] Löwis of Menar, Estlands Burgen 153; UB III, 475a.
[15] Johansen, Estlandliste 774.
[16] Raam 20.

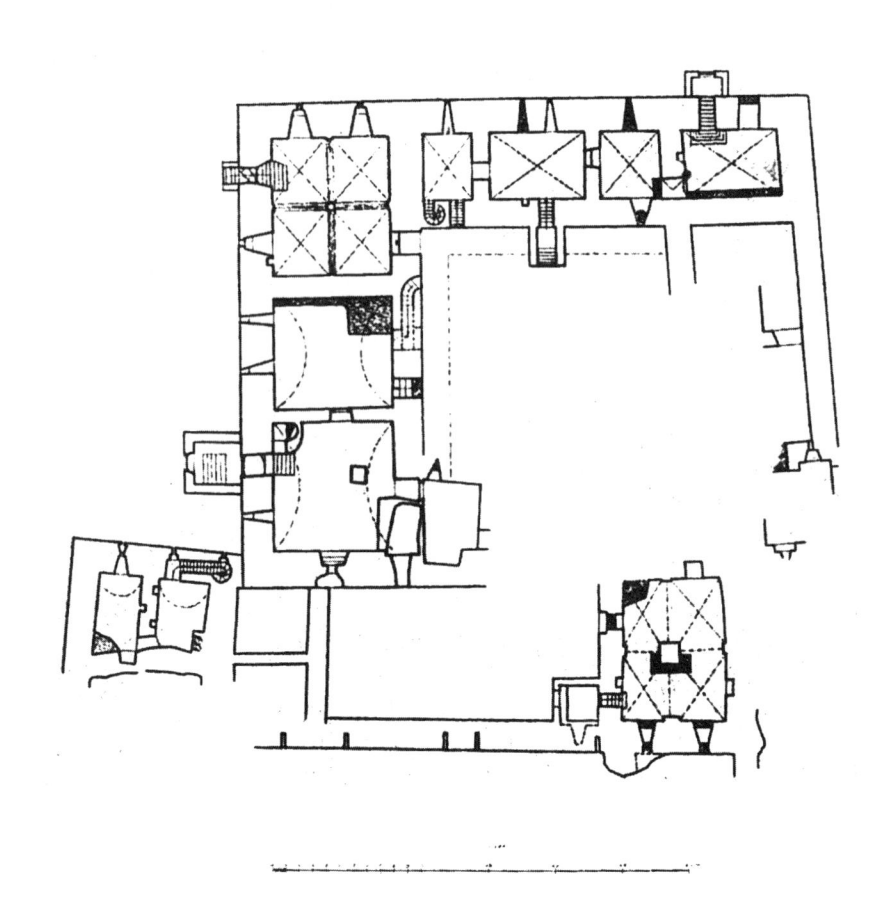

Abb. 183. Padis, Grundriss des Kellergeschosses.

chen, verhältnismässig niedrigen Mauern, die den Mönchen im grossen Freiheitskampf der Esten im Jahre 1343 keinen sicheren Schutz zu bieten vermochten, da das Kloster damals verbrannt und diejenigen, die im Hauptturm keinen Schutz fanden, getötet wurden [17]. Damit schliesst die erste Periode der Geschichte des Klosters Padis.

Nach dem Kaufhandel von 1346 geriet Padis in die Einflusssphäre des Ordens, der sofort mit der Einschaltung dieser an einer wichtigen Verbindungsstrasse liegenden Klosterburg in die Organisation der Landesverteidigung rechnete. Schon in der zweiten Hälfte des 14. Jahrhunderts vergrössert sich der Bestand des Klosterlandes infolge der wohlwollenden Haltung des Ordens. Der

[17] Renner 86.

Abb. 184. Padis, Krypta.

Wiederaufbau wurde wahrscheinlich von dem Abte Nikolaus Risebiter (1346—1376?) in die Wege geleitet [18], vielleicht war aber auch hier der sehr baulustige Ordensmeister Goswin von Herike die treibende Kraft, von dessen Initiative bei der Gründung und Vervollkommnung von Burgen Nachrichten aus dem nördlichen und südlichen Teil des Landes vorliegen. Teilweise konnte man neben den Laienbrüdern auch die Baumeister verwenden, die bei der Erweiterung des Revaler Schlosses gearbeitet hatten, denen sich dann auch noch Mauermeister aus dem Süden hinzugesellten, wo gerade damals der Ausbau der Burgen beendet war, so dass man jetzt diese Kräfte bei den schwungvollen Bauarbeiten in den neuerworbenen nördlichen Gebieten verwenden konnte. Mehr als die geschichtlichen Beziehungen beweisen die erhaltenen Baudetails selber, dass bei der Errichtung des Neubaus von Padis in der Zusammenarbeit zweier Willen die weltlichen Landesherren das ausschlaggebende Wort zu sagen hatten.

Unter dem Schutz der alten Turmburg begann man mit der Gründung eines neuen grossen Klosterkomplexes, dessen Ausdehnung sowie auch die schwere Lage des Landes eine grosse Verzö-

---

[18] Ebenderselbe Abt hat auch den Landbesitz des Klosters in der Nachbarschaft abgerundet und vervollständigt; sogar in Finnland wurde 1351 Gutsbesitz erworben (J o h a n s e n, Estlandliste 774).

gerung der Bauarbeiten bewirkten. Im Nordwestflügel des konventshausartigen Häuserblocks wurde zuerst eine Kirche errichtet, die den Klosterregeln gemäss die ganze Seitenlänge einnahm. Die schon in Falkenau bewährte Krypta wurde beibehalten; sie füllte hier jedoch nicht das gesamte untere Stockwerk aus, sondern wurde räumlich beschränkt, indem sie nur den östlichen Teil des Kellers einnimmt; in ihrem Grundriss bildet die Krypta ein Quadrat, wobei in der Mitte ein achtkantiger Pfeiler das Gewölbe trägt (Abb. 184). Die architektonischen Details des stilreinen Raumes befolgen die Traditionen der Ordenskunst: beim Kapitell treffen wir dieselben einfachen geometrischen Formen an, wie wir sie in den Kapellen von Arensburg und Riga kennen gelernt haben. Bezeichnend für die Bautraditionen des nördlichen Gebiets sind die ein wenig gestochenen Gratgewölbe mit einer kaum bemerkbaren Kehlung. Bei den Gurtbogen lebt der schon früher beliebt gewesene Doppelwulst fort, der später in der Kalksteinarchitektur Nordestlands eine eigenartige Entwicklung durchgemacht hat; hier steht er seinen Frühformen noch nahe und gestattet im Verein mit den Kapitellformen die Annahme, dass neben den Mauerarbeiten auch schon mit dem Wölben noch vor dem letzten Viertel des Jahrhunderts begonnen worden ist. So ist neben der Schlosskapelle von Arensburg die Krypta von Padis eines der frühesten erhaltenen Beispiele der Ordenskunst in Nordestland. Es vergingen einige Jahre, ehe man dazu kam, auch die Oberkirche zu wölben. Da vor allem die Wehrfestigkeit der Klosterburg gesichert werden sollte, so stellte man zuerst das äussere Mauerwerk der Anlage fertig, wobei man in allen Räumen an den Wänden Schildbogen für die Gewölbe beliess.

Im Nordostflügel befanden sich die Räume für die Brüder, vermutlich das Dormitorium, von dem aus man schnell zu den nächtlichen Gottesdiensten gelangen konnte, ferner der Kapitelsaal und vielleicht auch das Parlatorium [19]. Der Remter wurde in den Südostflügel verlegt; die Räume an der Südwestseite waren für die Laienbrüder bestimmt, und mit den Wirtschaftsräumen war der ehemalige Hauptturm verbunden. Der Eingang in diese streng geschlossene Anlage lag neben der Kirche im Südwestflügel, wo noch die Laufbahn des einstigen Fallgatters in der Wandnische zu sehen ist (Abb. 185). Der den Hof umgebende Kreuzgang mag anfangs wie auch in den meisten Ordensburgen aus Holz und ungewölbt gewesen sein. Aus der Bauzeit des äusseren Mauerwerks stammt eine an der Nordecke der Kirche angebrachte Echauguette, die dem „Pilstiker" des Revaler Schlosses nachgebildet ist und die

---

[19] R a a m 60 (PB).

Abb. 185. Padis, Südansicht des Kirchenflügels mit dem älteren Haupteingang.

Bauarbeiten an der Mauerkrone von Padis auf das Ende des 14. Jahrhunderts anzusetzen gestattet (Abb. 186, links).

Zu dieser Zeit wurde auch mit den Wölbungsarbeiten begonnen, und zwar zunächst in der Kirche. Dem Charakter des

Abb. 186. Links: Padis, Echauguette an der Nordecke des Kirchenflügels. Rechts: Padis, Konsole in der Kirche.

Hauptraumes entsprechend sind die Gewölbe mehr gestochen als in der Krypta, auch die Formen der Kappen zeigen, dass beide Räume verschiedenen Zeiten angehören (Abb. 188—189). Noch massgebender für die Datierung sind die Gurtbogen und Konsolen. Im Profil der ersteren ist eine stark ausgeprägte Hohlkehlung zu beobachten, wie sie seit Ende des 14. Jahrhunderts für Nordestland bezeichnend war. Auch die Weiterentwicklung des Doppelwulstmotivs ist für diese Periode typisch; wir treffen solche sowohl in den Landkirchen wie auch in den Revaler Gebäuden an. Einen interessanten Beitrag zu der mittelalterlichen Kunst Estlands liefert die Verzierung der Konsolen (Abb. 187). Ihren für das Mittelalter charakteristischen bildschriftlichen Inhalt hat Raam treffend gedeutet [20]; hinsichtlich der Formenentwicklung beachte man das Flachrelief im sog. Herbariumstil, ebenso die rustikale, auf die Nachblüte der gotländischen Kunst hinweisende Bearbeitung, deren Spuren sich um 1400 von der Kirche zu Wenden bis Reval verfolgen lassen (die Basenreliefs des Mittelpfeilers der Kirche zu Karmel-Kaarma, die Kapitele der Grossen Gilde zu

---

[20] Ebendort 99 ff.

Abb. 187. Padis, Konsolen in der Kirche.

282

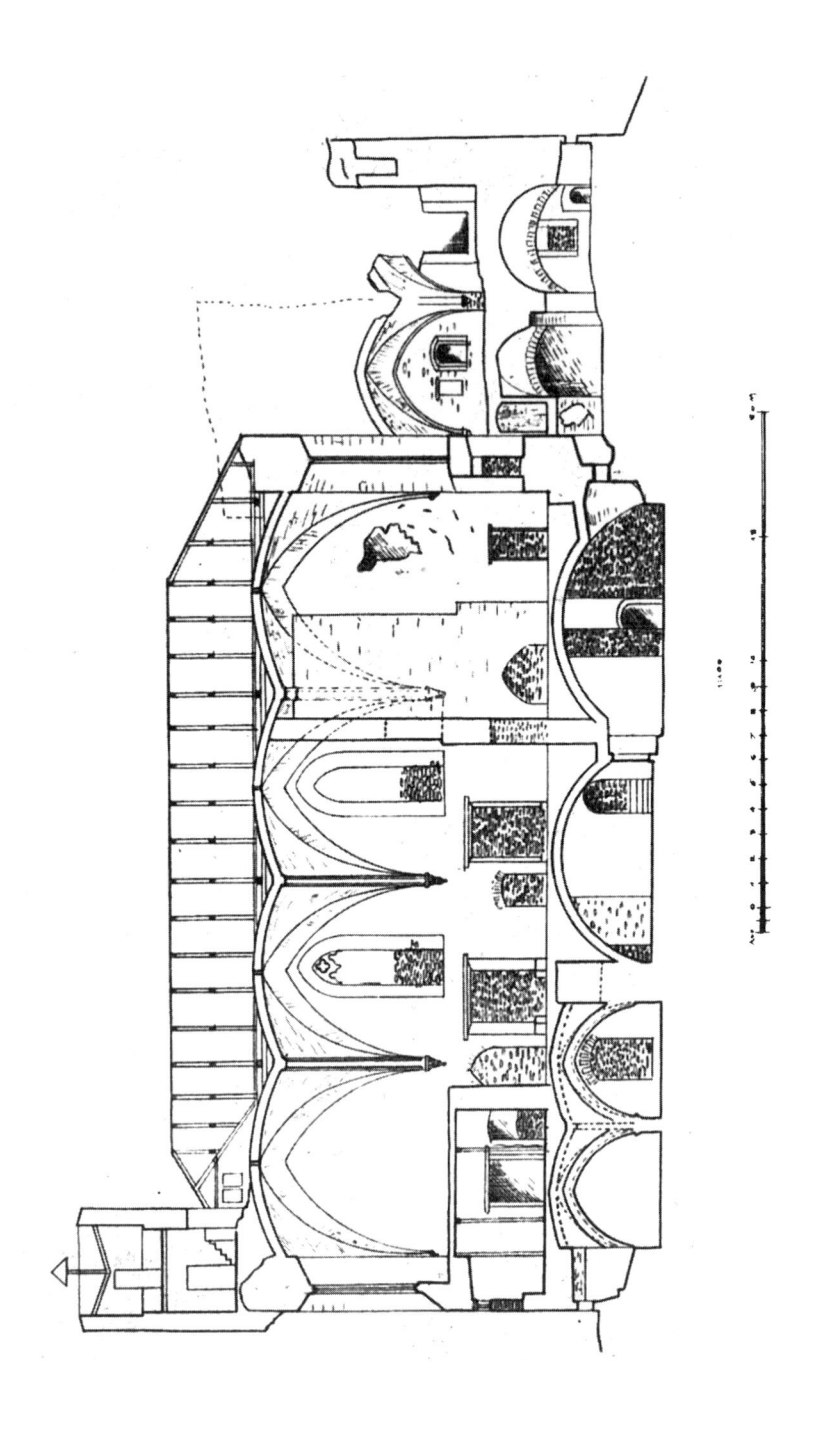

Abb. 189. Padis, Ansicht der Kirche gegen Nordosten.

Reval, die Portalverzierungen in derselben Stadt usw.) [21]. Auf die Portalkunst Revals weisen auch die Profile der beiden aus dem Kreuzgang in die Kirche führenden Türen hin (Abb. 190). Dass der Bildhauer vor allem in den Architekturformen erfahren gewesen ist, bestätigt eine der westlichen Konsolen der Kirche, wo ein spätmittelalterliches Rahmenwerk dargestellt ist (Abb. 186, rechts).

Eine ausführliche Analyse der Baugeschichte des Klosters Padis ist andernorts geboten worden [22], hier sei nur noch die Wölbung der anderen Räume erwähnt, ferner der Ausbau des Kreuzganges in Stein und die typische Warmluftheizkammer unter dem Westteil der Kirche, die ebenso wie auch die Baudetails auf Beziehungen zu der zeitgenössischen Burgenarchitektur hinweisen.

---

[21] T u u l s e, Kapiteelid 765. Die Konsolen in Padis sind ein wichtiger Beleg für die eine Sonderbehandlung verdienende Spätentwicklung der Bauplastik in Estland. Hier soll bloss bemerkt werden, dass eine Hauptquelle dieses bäuerlich rustikalen Stils in den gotländischen Taufsteinen, besonders denen der sog. Fröjel-Gruppe, zu suchen ist, die sich im 14. Jahrhundert sowohl in den Ordensländern als auch in Norddeutschland verbreitet haben (R o o s v a l, Steinmeister 199, 205; T y n e l l 13; K j e l l i n, Fabeldjursfunt 15).

[22] In der Untersuchung von Villem R a a m über die Zisterzienserbaukunst findet man eine Reihe von bedeutenden Feststellungen über die Entwicklung der Klosterarchitektur in Estland; die Handschrift hat der Verfasser mir freundlichst zur Verfügung gestellt.

Abb. 190. Padis, Tür der Laienbrüder an der Südostseite der Kirche.

So ausgebaut war das Kloster zu Beginn des 15. Jahrhunderts, dann aber schrieb die inzwischen veränderte Lage einen höheren Grad von Wehrfestigkeit vor, daher wurde unmittelbar nach Beendigung der Bauarbeiten am Hauptkomplex an der Westecke der Kirche ein grosser Torturm gebaut, der zugleich den alten Baukörper mit dem neuen verband (Abb. 191). Über der Einfahrt befand sich eine Kapelle wie bei den meisten Burgen, da man diesen Raum wegen seiner gefährlichen Lage zu keinem anderen Zweck benutzen mochte; dazu gesellte sich der Glaube, dass die Kapelle helfen würde, das Tor vor feindlichen Angriffen zu schützen [23]. Zu den zwei Türöffnungen an der Hauptfront kam an der Nordostseite des Torbaus eine dritte hinzu, alle waren mit Göpelbalken für die Hängebrücken versehen, deren Konstruktion auf der Mauer-

---

[23] Arntz 187. Gewöhnlich waren die Torkapellen dem hl. Michael geweiht, — ob das auch in Padis der Fall war, ist unbekannt; dass man die kleinen Nebenkapellen dem hl. Michael zu weihen pflegte, bestätigt die oben besprochene Baugeschichte des Klosters zu Falkenau.

Abb. 191. Padis, Ansicht von Westen. Nach S t a v e n h a g e n.

fläche gut verfolgbar ist. Als man im ersten Jahrzehnt des 15. Jahrhunderts mit den Bauarbeiten begann, hatten die Feuerwaffen im nördlichen Teil des Landes noch nicht die alten Bautraditionen umzugestalten vermocht, so dass die ursprünglichen Schiessluken erst nach der Vollendung des Tores auf die Hakenbüchsen eingestellt wurden: man baute in sie runde Schiessscharten ein, die als Schlüssellochscharten von reduzierter Form erscheinen [24]. Das Kloster wurde im Jahre 1448 endgültig fertig und ebendamals auch eingeweiht [25]. Aber damit ist die komplizierte Baugeschichte von Padis noch nicht abgeschlossen, da auch die folgenden Jahrhunderte Zusätze gebracht haben, allerdings nicht mehr in dem Masse, dass eine Betrachtung derselben vom Standpunkt der allgemeinen Bauformen des Landes wichtig wäre.

Im Gegensatz zu den Mönchsklöstern befanden sich die Nonnenklöster entweder in den Städten oder in der Nähe befestigter Orte und hatten keine Bedeutung als selbständige Wehrpunkte. Dass damit zugleich auch der Bautyp andere Wege eingeschlagen hat, beweist deutlich das einige hundert Meter südlich von der

---

[24] P o e s c h e l 137.
[25] A r n d t 136; T a u b e II, 75.

Abb. 192. Kolk. Nach einer Zeichnung von G o e t e e r i s aus dem Jahre 1615.

gleichnamigen Burg gelegene Zisterzienserinnenkloster L e a l (Lihula), wo sich die Nonnen bald nach der Gründung der Burg angesiedelt haben (Abb. 26) [26]. Auch der Bau dieses Klosters hängt mit der Entstehung der Burg eng zusammen, wobei angenommen werden darf, dass man mit dem Ausbau des Klosters in Stein erst dann beginnen konnte, als die Burg schon eine genügende Wehrfestigkeit erhalten hatte. In Fällen grösserer Gefahr bot das Schloss genügenden Schutz; deshalb brauchte man den Klosterkomplex nur zur Überstehung kleinerer Überraschungen zu befestigen: das Kloster wird daher wie auch die daneben liegende Parochialkirche von einer den Kastelltyp kennzeichnenden regelmässigen Ringmauer umgeben, wie ein Plan von Waxelberg aus dem 17. Jahrhundert zeigt. Die innerhalb der Wehrmauer liegenden Gebäude des Klosters sind nach den Regeln, welche für solche Gebäude in Westeuropa massgebend waren, malerisch gruppiert. Die Klosterkirche befand sich vermutlich im Südflügel, der daneben vermerkte viereckige Raum könnte eine isoliert gelegene Laienkirche gewesen sein. Will man dem Waxelbergschen Plan Glauben schenken, so war auch der Kreuzgang nicht gleichmässig um den ganzen Hof herum gebaut, sondern beschränkte sich nur auf die Nord- und die Südseite, wobei ein Flügel stark aus der ganzen Gebäudegruppe hervorragte. Bei der Gestaltung eines solchen Grundrisses hat zweifellos der unkriegerische Charakter des Klo-

---

26 L ö w i s o f M e n a r, Burgenlexikon 76.

Abb. 193. Kuimetz. Nach einem Aquarell von C. F a e h l -
m a n n aus dem 19. Jahrhundert (GEG).

sters mitgesprochen, aber man muss auch die frühe Bauzeit in Betracht ziehen, wo das Konventshaus, das später zu grossem Einfluss gelangte, noch nicht genügend entwickelt war.

Nördlich von Leal an der Bucht von Matzal besass das Kloster ein Wirtschaftsgut, das jetzt unter dem Namen K l o s t e r h o f (Kloostrimõis) bekannt ist. Dort sind architektonische Fragmente gefunden worden [27], die beweisen, dass die Steingebäude erst nach dem grossen Freiheitskampf von 1343 errichtet worden sind. Aus der gleichen Zeit stammen auch die viereckig angelegte Ringmauer und die unvermeidlichen Fischteiche, ohne welche die Zisterzienser eben nicht recht vorstellbar sind.

Wegen der unsicheren mittelalterlichen Verhältnisse haben auch die in Nordestland gelegenen Wirtschaftsgüter der Zisterzienser, Kolk und Kuimetz, obschon in bescheidenerem Masse, das Gepräge einer Festung getragen. Von ihnen gehörte K o l k (Kolga) dem Kloster Roma auf Gotland, das schon in der ersten Hälfte des 13. Jahrhunderts Ländereien in Estland und Dörfer an der Nordküste besessen hat [28]. Vermutlich hat man auch dort nach den warnenden Vorfällen des Freiheitskampfes Steingebäude zu errichten angefangen, deren Grundriss freilich an der Hand der geringen erhaltenen Ruinen nicht mehr festgestellt werden kann. Die Zeichnung von Goeteeris aus dem Anfang des 17. Jahrhunderts zeigt, dass es sich dort um eine ziemlich ansehnliche Gebäudegruppe gehandelt hat (Abb. 192). Die einstige Höhe des rechts liegenden Ge-

---

[27] R a a m 182 (PB).
[28] J o h a n s e n, Estlandliste 784.

bäudes zeigt der damals noch erhalten gewesene Schornstein, der die Annahme eines turmartigen Wohnhauses gestattet, welche Traditionen noch im 15. Jahrhundert weiterlebten. Nach dem Aufkommen der Feuerwaffen wurde die ursprüngliche Anlage an einer Ecke durch einen grossen Rundturm ergänzt. Auch das links befindliche kleine Nebengebäude kann aus dem Spätmittelalter stammen, worauf auch der kleine Danskererker zwischen den beiden später erweiterten Fenstern hinweist.

K u i m e t z (Kuimetsa) gehörte dem Revaler Zisterzienserinnenkloster St. Michael. Auch die einstige Gestalt dieses Gebäudes ist nur durch Zeichnungen bestimmbar. Auf einer aus dem 19. Jahrhundert stammenden Zeichnung von Faehlmann ist Kuimetz als Wohnturm dargestellt, dessen Ecken mit dekorativen, auf Bogenfriesen sitzenden Erkertürmen verziert sind (Abb. 193). Dieses Motiv war besonders im südlichen Teil des Landes verbreitet (Doblen, Neuenburg) und ist wie überhaupt ein grosser Teil der Formen erst mit Verspätung hierher in den Norden gelangt. Die Turmburg von Kuimetz erscheint als eine der letzten in dieser Reihe, deren wichtigste Punkte die obenbetrachteten Kleinburgen der Vasallen darstellen. Auch hier ist der Bau Wohnzwecken angepasst gewesen, wie der im unteren Stockwerk befindliche Eingang beweist. Als Bauzeit dürfte die Zeit um 1412 in Frage kommen, als das Kloster grosse Summen zu Bauarbeiten in Reval erhalten hatte, in welchem Zusammenhang dann eben auch an die Befestigung des Wirtschaftsgutes gedacht werden konnte.

III. Kapitel.

DIE SPÄTENTWICKLUNG VOM SIEGE DER FEUERWAFFEN BIS ZUR AUFLÖSUNG DES ORDENSSTAATES (1400—1562).

1. Die Weiterentwicklung des Lagerkastells.

a. Ordensburgen.

Der Anfang des 15. Jahrhunderts brachte einen Umschwung in die Entwicklung der Burgenarchitektur Alt-Livlands. Neben der politischen und wirtschaftlichen Lage war die Änderung der Formen der Kriegführung im Zusammenhang mit der Verbreitung der Feuerwaffen ein wichtiger Faktor. In Westeuropa hatten diese schon gegen Ende des 14. Jahrhunderts eine derartige Bedeutung in der Kriegführung erlangt, dass sich die Wehrarchitektur auf sie einstellen musste. Besonders früh verbreiteten sich die Feuerwaffen in West- und Nordwestdeutschland sowie in den Niederlanden, mit welchen Gebieten der Orden rege Verbindungen hatte [1]. Die neuen Waffen wurden in Alt-Livland ungefähr zur selben Zeit wie in Preussen in Gebrauch genommen. Es ist beachtenswert, dass schon im Jahre 1396 neben vielem anderen auch 5 Lotbüchsen, 2 grosse Büchsen und 4 Sack Schiesspulver aus Schwetz nach Livland geschickt wurden [2]. In der ersten Hälfte des 15. Jahrhunderts war die Feuerwaffe bereits allgemein in Gebrauch, aber gleichzeitig ist bekannt, dass daneben auch die Armbrust weiter fortgelebt hat [3]. Dieser Dualismus der Kampfmittel tritt auch in den Bauformen zutage, wo neben den neuen Plangestaltungen auch noch die alten Elemente weiterleben.

Das im vorigen betrachtete Material zeigte bereits, dass die Entwicklung des Konventshauses um 1400 abgeschnitten worden ist. Zu Beginn des 15. Jahrhunderts werden keine neuen Konvents-

---

[1] Rathgen 25.
[2] Ziesemer, Ämterbuch 615.
[3] UB IX, 834; Demmin 895 ff.

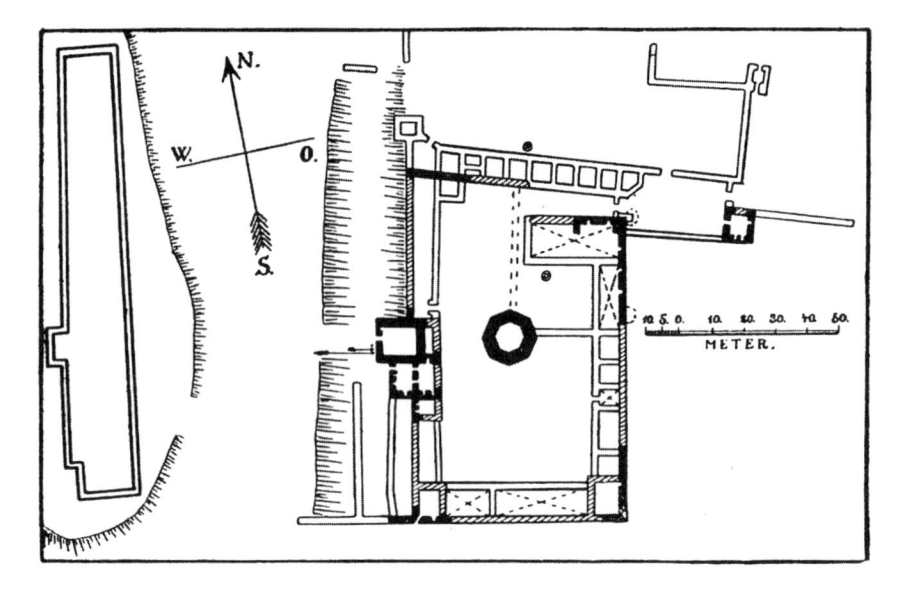

Abb. 194. Weissenstein, Grundriss. Nach L ö w i s o f M e n a r.

häuser mehr errichtet, da sie den neuen Verhältnissen nicht mehr entsprechen, in denen man neben anderen Faktoren auch mit den Feuerwaffen rechnen musste. Durch die neue Kriegführung wurde die alte Konventsregel beseitigt; das Innenleben des Ordens beginnt immer mehr zu verfallen, das man im späten Mittelalter nicht mehr mit jener klösterlichen Lebensweise vergleichen kann, die sich zur Zeit der Kreuzzüge ausgebildet hatte. Neben den Ordensbruder tritt der Söldner, und das Burgkloster wird zur Kaserne [4]. So ist es verständlich, dass das schon früher bekannte Lagerkastell in der neuen Entwicklung einen zentralen Platz einnimmt, nur wird es den neuen Anforderungen entsprechend umgestaltet und besonders seit der Mitte des Jahrhunderts mit grossen Kanonentürmen versehen.

Merkmale der Übergangszeit trägt W e i s s e n s t e i n (Paide), wo man schon Ende des 14. Jahrhunderts Erweiterungsarbeiten vorgenommen hat, als überhaupt die Vervollständigung von Burgen

---

[4] Zu den ersten Mächten, die in grösserem Masse Söldner verwandten, gehörte der Deutsche Orden in Preussen; dort wurde schon im 14. Jahrhundert eine leichte Reiterei gebildet, die sog. Turcopolen, die ausserhalb des gewöhnlichen Heerbannes standen (J ä h n s, Handbuch 911 u. 935). In Livland fand der Übergang zum Söldnerwesen etwas später statt (T r a n s e h e - R o s e n e c k, Lehnswesen 102). Obwohl erst die Schlachten des 16. Jahrhunderts von Söldnerheeren geschlagen wurden, bedeutete doch auch die Zeit um 1400 einen Wendepunkt: die Feuerwaffen erforderten Sondermannschaften, die zusammen mit den allmählich anwachsenden Söldnertruppen sich nicht mehr in den Rahmen der Konventsordnung einfügten.

im nördlichen Ordensgebiet flott betrieben wurde. Schon früher hatte Weissenstein als nördlicher Stützpunkt einen wichtigen Platz eingenommen; nach dem Jahre 1346 wuchs sogar noch seine Bedeutung in der Landesverteidigung, und der veränderten Kriegführung entsprechend legte der Orden an dieser Stelle einen stärkeren Lagerplatz an. Dem früheren kleinen Konventshof wurde jetzt ein geräumiger Hof angefügt, dessen Mauerzüge kleine schmale Gebäude besäumten (Abb. 194). Auch die alten, um die Klausur gruppierten Gebäude werden jetzt verbessert und vervollständigt, wie der noch im vorigen Jahrhundert erhaltene kleine Scharwachturm in der Ecke der Schlosskapelle beweist, der seiner Form nach an andere derartige Türme aus dem Beginn des 15. Jahrhunderts erinnerte [5]. Ecktürme wurden noch nicht errichtet; wie bisher dominierte in der Anlage der alte, schon zu Manderns Zeit gebaute „Lange Hermann". Eine Ausnahme bildet die weit vorragende Nordwestecke, die mit einem stark flankierenden viereckigen Turm versehen ist. Ferner sind auch zwei Tore, das eine im Osten, das andere im Westen, flankierend angelegt. Bei ihrer Gründung hat man Feuerwaffen bereits gekannt, wie die Schiessscharten in den erhaltenen Mauern des östlichen, beim Wassertor gelegenen sog. „Pulverturms" beweisen. Die Grundformen jedoch waren noch nicht auf die neuen Waffen eingestellt. Denselben konservativen Zug kann man auch bei dem an der Westseite befindlichen, von einem starken Turmhaus geschützten Haupttor wahrnehmen (Abb. 195). An seiner Vorderfront sind noch Spuren der ehemaligen Göpelbalken erhalten, die dieselben Formen zeigen wie bei dem Haupttor von Padis, das kurz vor der Einweihung des Klosters im Jahre 1448 fertig wurde. Wahrscheinlich besteht ein Zusammenhang zwischen der Bauarbeit hier und dort, entweder durch die Bauherren oder die Baumeister; dazu gesellt sich der Umstand, dass schon frühzeitige Beziehungen der Zisterzienser zu Weissenstein bekannt sind [6]. Ausser den architektonischen Formen weist auch eine bildhauerische Einzelheit ebenfalls auf Zusammenhänge mit den Bauarbeiten von Padis hin, nämlich eine Männermaske, die in denselben rustikalen Formen ausgeführt ist wie in Padis und in der von den Zisterziensern erbauten Kirche zu Kreuz (Risti) [7].

Da Weissenstein auf dem weiten Wege von Süden nach Norden ein wichtiger Aufenthalts- und Lagerort war, so genügte das Kastell der Hauptburg allein nicht zur Unterbringung der Be-

---

[5] Baltische Provinzen 36.
[6] Raam 176 (PB).
[7] Die Kirche zu Kreuz wird zum ersten Male 1503 als „des hilgen kruszes kappelle tho Kullenzall" erwähnt (Johansen, Estlandliste 206, Anm. 1); sie mag wohl schon in der ersten Hälfte des 15. Jahrhunderts erbaut worden sein.

Abb. 195. Weissenstein, Westansicht des Haupttors.

satzung und Fuhren, und daher sind ihm an der Nord- und Westseite umfangreiche Vorburgen angeschlossen worden, innerhalb welcher besonders der in aussergewöhnlichen Massen gebaute Stall der westlichen Vorburg in die Augen fällt. So ausgebaut hat die Burg auch noch nach der Ordenszeit eine wichtige Rolle in der Kriegsgeschichte gespielt.

Obwohl Weissenstein noch in starkem Masse die Formen des 14. Jahrhunderts aufwies, hat es doch einer neuen Entwicklung die Richtung gegeben: noch einige auf die neuen Waffen eingestellte Ergänzungen, und der Typ des erweiterten Lagerkastells war fertig. Dieser Schritt ist mit der Burg L a i s (Laiuse) gemacht worden, deren Gründung ebenfalls in engem Zusammenhang mit dem Ausbau des nördlichen Burgennetzes erfolgt ist. Bei der Wahl des Ortes war das sich zu Beginn des 15. Jahrhunderts immer mehr zuspitzende Verhältnis mit dem Bistum von Dorpat bestimmend, dessen schon betrachtete Bautätigkeit schroff gegen den Orden gerichtet war. Im Süden kann man in diesem Zusammenhange die Vervollständigung der Festung Marienburg erklären, im Nor-

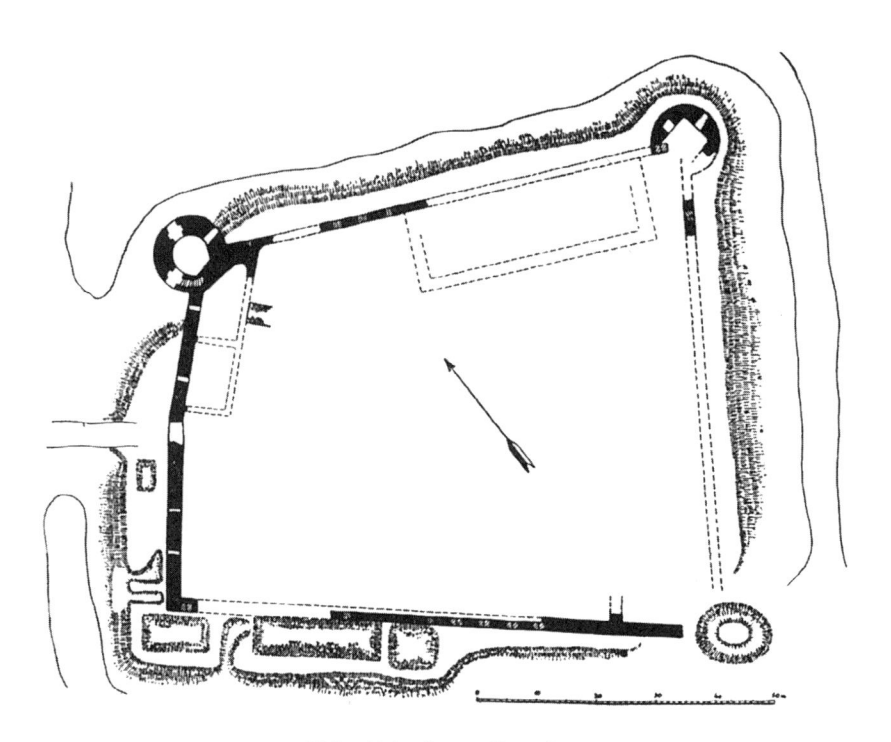

Abb. 196. Lais, Grundriss.

den fehlte aber eine genügende Operationsbasis, da die Burgen des alten Typs in Oberpahlen und Talkhof nicht genügten, ausserdem war die erstere und stärkere von ihnen verhältnismässig weit von der Grenze des Bistums entfernt. Ausser den inneren Machtstreitigkeiten hat man bei der Gründung der neuen mächtigen Burg auch die wachsende Gefahr, die von Osten her drohte, in Betracht gezogen.

Urkundlich ist nachweisbar, dass die Burg Lais schon 1406 vorhanden war, ferner wird 1416 und 1417 ein „Burggraf auf Lais" erwähnt [8]. Die Tradition, dass die Burg und die von der Festung einige Kilometer entfernte Parochialkirche von Ordensmeister S. L. von Spannheim im Jahre 1423 erbaut worden sei, beruht hauptsächlich auf Arndts unzuverlässigen Angaben. Immerhin könnte hieraus eine ergänzende Bautätigkeit für diese Zeit erschlossen werden, da auch die Kirche zu Lais deutlich auf den Anfang des 15. Jahrhunderts weist. Die Burg, deren Grundriss ein etwas unregelmässiges Viereck bildet, liegt an niedriger Stelle, am Ufer eines Wasserschutz bietenden Baches, auf einem erst künstlich erhöhten Plateau (Abb. 196). Der Bau ist in Eile ausgeführt worden, wie die erhal-

[8] Löwis of Menar, Burgenlexikon 75; vgl. auch Köpp 20—21.

Abb. 197. Lais, Südwestmauer mit Schwibbogen darunter.

tenen Mauerteile beweisen. Gleich nach der Erhöhung des Plateaus hat man mit dem Bau einer Ringmauer begonnen; um aber dem Rissigwerden der auf der frisch aufgehäuften und wenig gesunkenen Erde errichteten Mauer vorzubeugen, hat man das Gebäude anfangs auf offenen sog. Schwibbogen gegründet (Abb. 197); diese Technik ist besonders bei mittelalterlichen Stadtmauern (Köln, Bologna usw.) bekannt [9]. Durch die äusserst grosse Schnelligkeit der Bauarbeiten erklärt sich auch die geringe Dicke der Mauern; erst als der vorläufige Wehrgürtel des Lagerkastells geschaffen war, wurde unter dessen Schutz eine Verstärkung und Erhöhung der Aussenmauern vorgenommen, und auch die unteren Schwibbogen wurden vermauert.

Einen völlig neuen Zug bringt Lais mit seinen grossen Rundtürmen in die Wehrarchitektur Livlands. Zuallererst ist der nördliche Turm errichtet worden (Abb. 198); im Verein mit den danebenliegenden Haupträumen bildete er den Hauptturm der Burg als ein entfernter Nachkomme des einstigen Bergfrieds. Seine Aufgaben und sein Charakter waren aber ganz andere als die der Turmbauten des 14. Jahrhunderts. Aus den erhaltenen Maueröffnungen

---

[9] Diese sog. Schwibbogen dürfen nicht mit Arkadenbogen verwechselt werden, die nicht durch die Mauer reichen, sondern, um Material zu sparen, gewöhnlich unter den Wehrgängen angelegt wurden. Beispiele solcher Bauart bieten die meisten mittelalterlichen Wehrgürtel, so z. B., um einige zu nennen, Reval, Nürnberg, Worms und Visby.

Abb. 198. Lais, Nordansicht mit dem Hauptturm.

ist zu ersehen, dass der Turm auf schwere Feuerwaffen eingestellt war, die den Hakenbüchsen bald folgten. Die Kreuzgewölbe des Oberstocks waren aus Ziegelstein, ebenso ist die Aussenseite aus Ziegeln, im Gegensatz zu den Ringmauern, in denen Feld- und Kalkstein vorherrschten: es lebten jene bis um die Jahrhundertwende zurückreichenden Bautraditionen weiter, für die die Bevorzugung von Ziegelstein zur Hebung des dekorativen Eindrucks charakteristisch ist. Kurz nach dem Hauptturm wurde an der Ostecke ein zweiter Rundturm errichtet, der wegen seiner abseitigen Lage nur für Hakenbüchsen bestimmt war. In der Westecke stand ein kleiner Wachtturm, ebenso wie in Narwa, Weissenstein und einer Reihe anderer um 1400 erbauter Burgen. Recht spät, wahrscheinlich erst in der ersten Hälfte des 16. Jahrhunderts, wurde in der Südecke eine Bastei gebaut, von der aber keine Mauerteile erhalten sind. Ausser dem in der Nordecke befindlichen Hauptbau sind auch an der Südwestmauer Steingebäude gewesen, und zwar für die Söldner und deren Ausrüstung; die anderen Gebäude sind aus Holz gewesen, gebaut „à la Moskowie", wie der polnische Protokollführer aus dem 16. Jahrhundert bemerkt [10]. Mit seinem grossen Hofraum und den Kasernenbauten ist Lais eines der charakteristischsten erweiterten Lagerkastelle gewesen, das sich auch noch später zur Unterbringung grosser Truppen eignete, und von Dezember 1700 bis zum Sommer des folgenden Jahres als Hauptquartier Karls XII. gedient hat.

---

[10] Jakubowski-Kordzikowski 93.

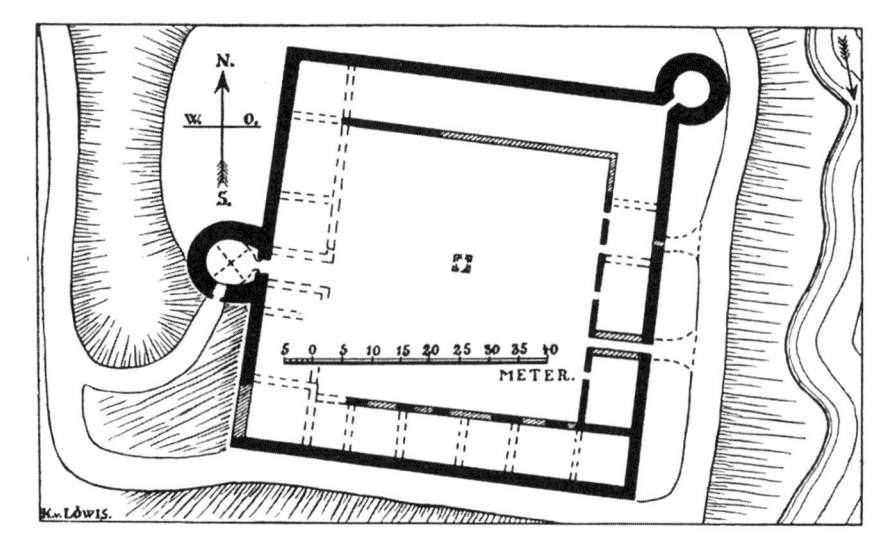

Abb. 199. Ermes, Grundriss. Nach Löwis of Menar.

Im mittleren Landesteil wurde ungefähr zur selben Zeit wie Lais die ebenfalls teilweise gegen das feindliche Bistum Dorpat gerichtete Burg E r m e s (Ergeme) ausgebaut. Aber die Stelle war auch als Strassenknotenpunkt wichtig und brauchte einen grossen Lagerraum. So ist es glaubhaft, dass dort schon früh eine Festung entstand, die urkundlich 1323 erwähnt wird [11]; ihre endgültige Gestalt erhielt Ermes jedoch erst durch die umfangreiche Erweiterung im 15. Jahrhundert. Im Grundriss ist der Kastelltyp streng eingehalten, sogar die Gebäude bilden an allen Seiten eine gleichmässige Reihe, nur ihre verhältnismässige Enge und die Weite des Hofraumes weisen auf die neue Entwicklung hin (Abb. 199). Natürlich fehlten die Gemeinschaftsräume; die Flügel sind für die Söldner in kleine Kammern aufgeteilt, die grösseren Räume sollten Lagerzwecken dienen. Wie in Lais ist auch in Ermes zuallererst die Ringmauer fertig geworden; der Scharwachturm an der Nordwestecke steht den bereits oben beschriebenen Gebäudeteilen der gleichen Art nahe (Abb. 200). Ungefähr um die Jahrhundertmitte ist auch der grosse Rundturm an der Nordostecke und der in der livländischen Wehrarchitektur bezüglich seiner Formen einzig dastehende Torturm vollendet worden. Bei beiden hat man schon mit schweren Feuerwaffen gerechnet, wie die mit Rauchröhren versehenen weiten, grossen Schiesskammern beweisen. Der Turm des Haupttors weist einen Zwischenraum für das Fallgatter auf (Abb.

---

[11] UB VI, 3071.

Abb. 200. Ermes, Ansicht von Nordosten. Nach einem Aquarell aus dem Anfang des 19. Jahrhunderts (MP).

201), und die runde Blendnische an der Aussenwand ist typisch für die Ziegelarchitektur Alt-Livlands im 15. Jahrhundert. Ein beachtenswertes Detail beim Turm an der Nordostecke ist die auf der Mauerkrone erhaltene Reihe von Werfscharten, die in dieser Form später bei den Tortürmen der Stadtmauer von Reval vorkommen (z. B. an der Süsternpforte) [12].

Von den in der ersten Hälfte des 15. Jahrhunderts errichteten Ordensburgen ist B a u s k e (Bauska) im südlichen Lettland die mächtigste; sie wurde im Jahre 1443 von Ordensmeister Vincke von Overberch auf einem zwischen zwei Flüssen liegenden Hügel gegründet und sollte den Schutz der Südgrenze übernehmen [13]. Östlich vom mittelalterlichen Gebäude haben die Herzöge im 16. Jahrhundert ein zweites Schloss gebaut, von beiden sind heute umfangreiche Ruinen erhalten (Abb. 202). Im Grundriss des mittelalterlichen Gebäudes leben noch die alten Wehrprinzipien neben den neuen weiter. In ihrem südlichen Teil ist die Burg kastellartig angelegt, im Norden aber folgt sie der Linie des hohen Ufers, wo auch in Anbetracht des Naturschutzes die Mauerstärke geringer ist als an den anderen Seiten. Grosses Gewicht ist auf den Schutz des Eingangs gelegt, welche Rolle zwei Türme übernahmen (Abb. 203—205). Der grössere von ihnen diente zugleich auch als Wohnraum für die Vögte und die Besatzung; er ist mit Kaminen und an der Südseite mit einem auf Kragbalken stehenden Abtritt versehen gewesen. Der Hauptraum war mit Sterngewölben aus Ziegelstein ge-

---

[12] N o t t b e c k - N e u m a n n, Fig. 19.
[13] S c h m i d 204 ff.

Abb. 201. Ermes, Haupteingang mit Fallgatternische.

deckt. Darüber liegen zwei Stockwerke mit Schiessscharten für Hakenbüchsen; Balkenlöcher in den Mauernischen weisen auf die Rohrgestelle hin. Unter dem Hauptstock befand sich ein Raum für die Kanonen, wie die grossen tiefen Schiesskammern im dicken Gemäuer beweisen. Dem Hauptturm schloss sich auf dem Hof ein Gebäude mit massiven Mauern an und andere für die Besatzung der Burg bestimmte Wohnräume. Die erhaltenen Mauern zeigen, dass die einzelnen Stockwerke durch Balkendecken voneinander getrennt waren.

Nördlich vom Haupteingang befand sich ein ebenfalls zum Wohnen eingerichteter kleinerer Turm, der mit den daneben befindlichen Steinkammern verbunden war, in denen sich wahrscheinlich die Wachmannschaft aufzuhalten pflegte, deren Aufgabe die Überwachung des Tores und die Meldung drohender Gefahr war. Ausser diesen Räumen für die ständige Besatzung in und neben den Türmen waren auch im Schlosshof geräumige Flügel gebaut worden, in denen im Bedarfsfall in der Burg weilende Truppen untergebracht werden konnten; auch konnten hier Nahrungsmittel aufgespeichert werden, was besonders für eine Grenzburg wichtig war, die mit langen Belagerungen zu rechnen hatte. Die Schlosskapelle lag an der Nordwestecke in einer vorspringenden turmartigen Kammer, wo das Kreuz in der Mauer auf die sakrale Bestimmung dieses Raumes hinweist. Den Schutz der Westseite übernahm

Abb. 202. Bauske, Grundriss. Nach Schmid.

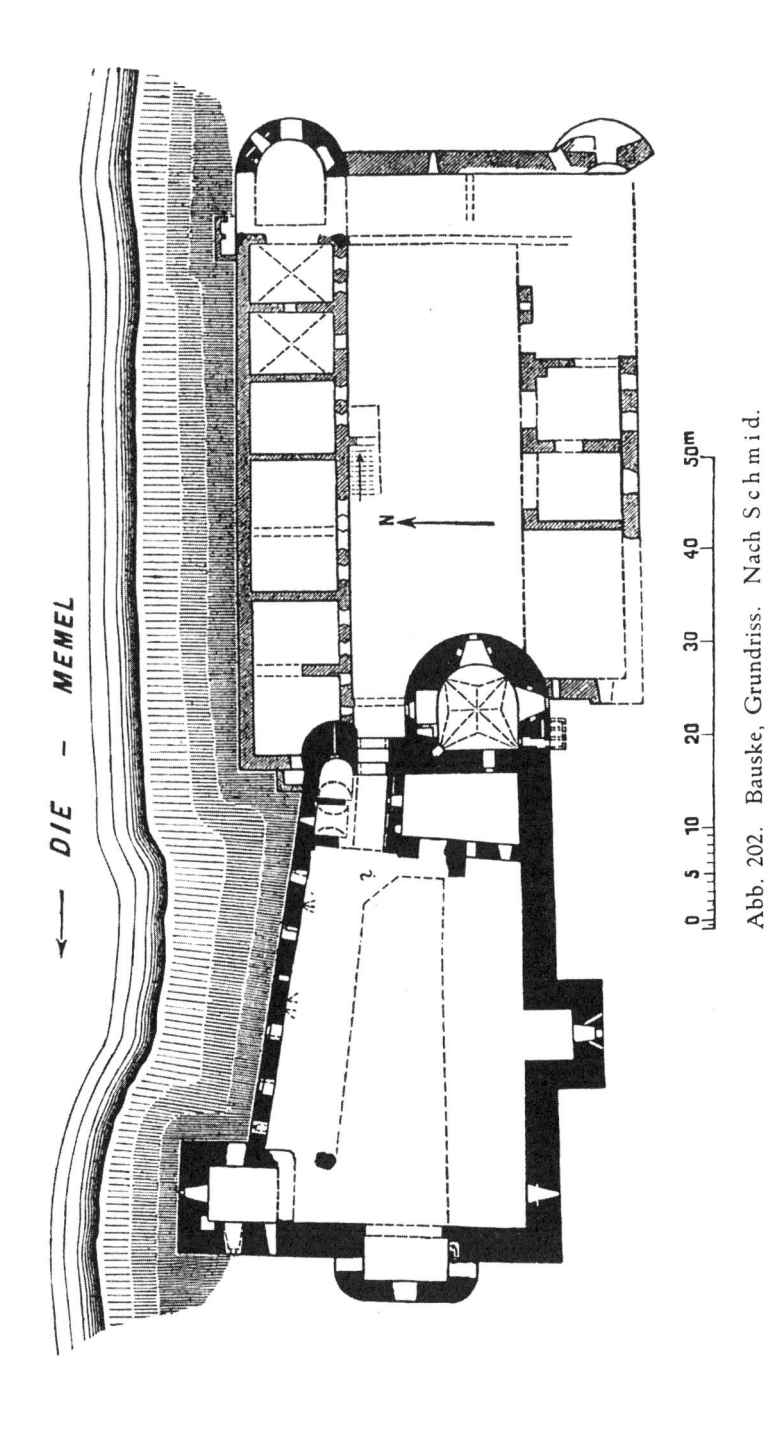

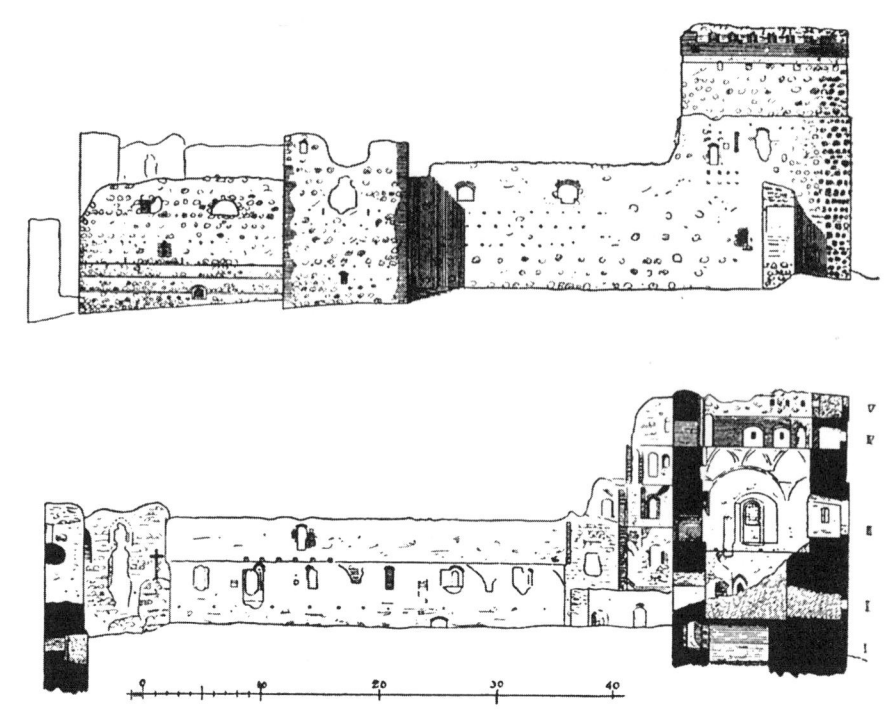

Abb. 203. Bauske, Südansicht der Burg und Schnitt durch den Hauptturm.
Nach S c h m i d.

ein breites rondellartiges Gebäude, von dem aus man durch weite Schiessscharten das Feuer der Hakenbüchsen nach drei Seiten richten konnte. Auch an der Südseite hat man den neuen Waffen Rechnung getragen, wie die Schiessscharten beweisen; die Form des dort hervorragenden Turmes erinnert aber noch an die Entwicklung des vorhergehenden Jahrhunderts. Als Baumaterial ist in Bauske neben Kalk- und Feldstein auch Ziegel verwendet worden, besonders an den Mauerecken, wo sich noch Spuren einer dekorativen Absicht finden, die man mit Hilfe von glasierten Steinen zu erreichen gesucht hat. Diese bilden aber kein regelmässiges Muster, sondern sie sind mehr oder weniger zufällig in die Mauerfläche eingesetzt. Hinsichtlich ihrer Aussenarchitektur ist die Burg von einer massiven, würdigen Schwere, die besonders durch den halbrunden Turm betont wird; Bauske ist eins der hervorragendsten Beispiele des späten Burgenbaus in Alt-Livland, wo die Hauptakzente in demonstrativer Weise an die Grenzen gesetzt wurden.

Im Gegensatz zu der stellenweise unregelmässigen Anlage des spätmittelalterlichen Gebäudes ist der spätere Bau der herzoglichen Zeit streng regelmässig; seine Flügel erinnern an die Hochentwick-

Abb. 204. Bauske, Ostansicht.

lung der Ordensburgen im 14. Jahrhundert. Hier aber ist es schon das aus dem Süden gekommene neue Kunstgefühl der Renaissance, das eine derartige Gestaltungsform diktiert hat; von einer neuen Zeit zeugt auch die mit Pseudoquadern verzierte Mauerfläche.

Abb. 205. Bauske, Südostansicht.

b. Bischofs- und Vasallenburgen.

Im allgemeinen hatte der Orden auch in der Zeit der Feuerwaffen bei der Gestaltung der Formen der Wehrarchitektur die führende Rolle inne, nachdem er schon mit den oben betrachteten Burgen in der ersten Hälfte des 15. Jahrhunderts dem Bauwesen der Folgezeit eine bestimmte Richtung gegeben hatte. Die b i s c h ö f - l i c h e   M a c h t folgte dieser ziemlich treu, setzte jedoch mit ihrer Bautätigkeit erst bedeutend später ein.

Vor allem seit den siebziger Jahren haben die sich immer mehr zuspitzenden inneren Streitigkeiten und die schwere aussenpolitische Lage ein Aufleben der Bautätigkeit im bischöflichen Machtbereich verursacht. Für die innere Lage des Landes ist der geschichtliche Hintergrund der Gründung von B o r k h o l m (Porkuni), einer Burg des Revaler Bischofs, bezeichnend. Die Burg wurde einige Dutzend Kilometer südlich von Wesenberg in einem bischöflichen Tafelgut errichtet. Die Ursachen waren rein politischer Art: im Jahre 1479 wurde Bischof Simon von der Borch als Ordenskandidat für den erzbischöflichen Stuhl zu Riga aufgestellt, was bei der Gegenpartei eine starke Opposition hervorrief und den Streit bis vor den ordensfeindlichen Papst Sixtus IV. brachte, der seinerseits Stephan Grube zum Erzbischof ernannte und den Orden mit dem

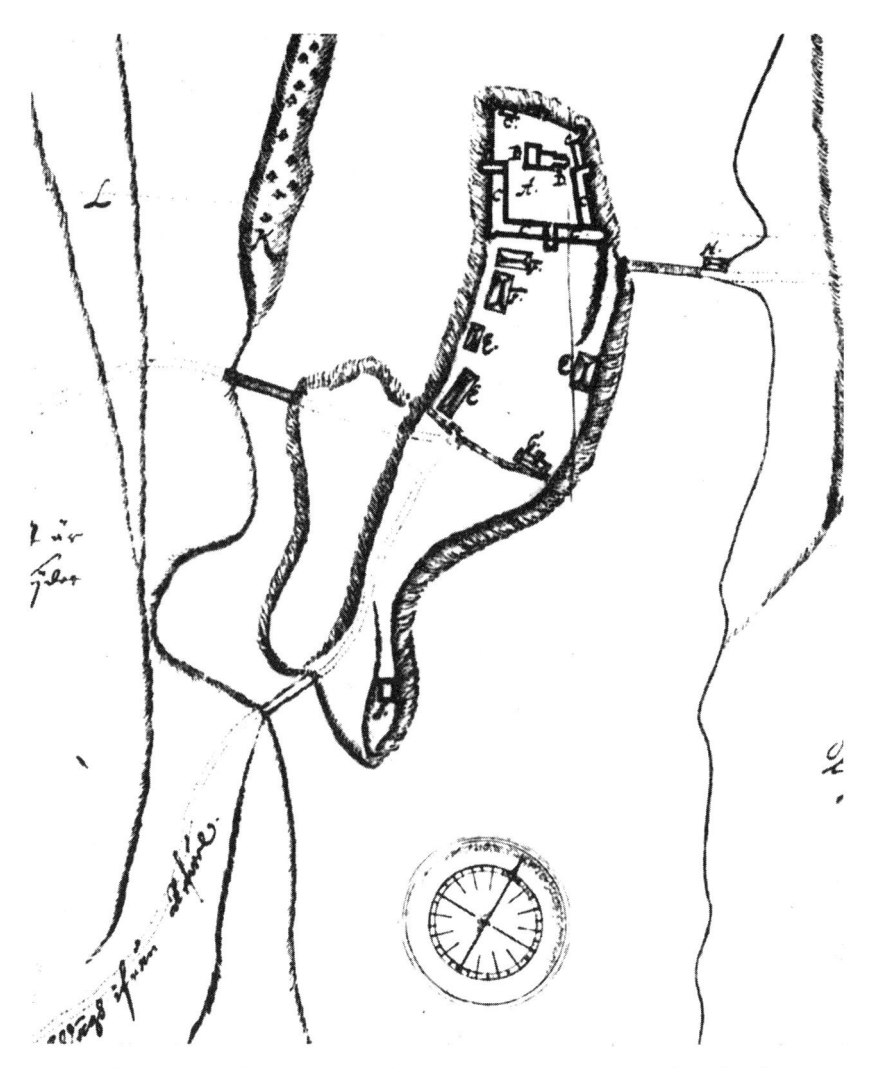

Abb. 206. Borkholm. Grundriss aus dem 17. Jahrhundert (KA).

Kirchenbann belegte [14]. Noch im selben Jahr gründete Borch die Burg Borkholm als Stützpunkt für sich, bei welchem Bau der Orden sicherlich mitgeholfen hat. Letzteres wird auch durch eine stilkritische Analyse der Burg erwiesen, wobei Zeichnungen aus dem 17. Jahrhundert und die noch erhaltenen Ruinen eine grosse Hilfe sind. Borkholm wurde auf einer verhältnismässig hohen Landzunge erbaut und erinnerte somit seiner Lage nach an die Burgen der

---

14 Eesti ajalugu II, 191; Arbusow, Grundriss 108.

Abb. 207. Borkholm, Ansicht von Nordosten. Nach einer Zeichnung von Samuel W a x e l b e r g aus dem 17. Jahrhundert (KA).

Frühzeit; es ist nicht ausgeschlossen, dass schon im 14. Jahrhundert an derselben Stelle eine schwächere Holzburg gestanden habe, die ihrerseits wiederum auf einer alten Estenburg errichtet worden ist [15]. Die neue Burg wurde in der für den Orden typischen Weise als Lagerkastell gestaltet, dessen viereckige Anlage nur wenig der Bergform gefolgt ist (Abb. 206). An den Mauerseiten und Ecken stehen starke, für Feuerwaffen bestimmte hufeisenförmige Türme, die mit entsprechenden Gebilden in der Stadtmauer von Reval verwandt sind (Abb. 207). Noch mehr aber verrät Zusammenhänge mit der Wehrarchitektur der Stadt Reval der Turm des Haupttors, der unten viereckig und oben achtkantig ist, ein Nachbild des in der Südostecke des Revaler Ordensschlosses stehenden „Stür den Kerl" (Abb. 208).

Die Innenräume sind lang und schmal, wie das Burgen eigen ist, bei denen man auf dem Hof einen grossen Lagerplatz brauchte. Dass wir es dennoch mit einer Bischofsburg zu tun haben, zeigt die mitten auf dem Hofe befindliche kleine Kirche mit einem weiten polygonalen Chor und einem starken turmartigen Vorbau im Westen. Die der Hauptburg an der Südseite angeschlossene Vorburg war nicht mit Steinmauern befestigt, und die dort befindlichen Holzgebäude schützte nur eine Palisade.

Abgesehen von der Selbstbehauptung gegenüber dem einheimischen Machtrivalen, musste man ungefähr zur selben Zeit besonders auch auf die Befestigung der Grenzen nach aussen hin bedacht sein. Im Zusammenhang mit dem Emporkommen Moskaus wurden die Beziehungen zu dem östlichen Nachbar immer schlechter. Der Verlust der Selbständigkeit Nowgorods im Jahre 1478 machte Pleskau Mut, dessen Feindseligkeiten nach dem Westen fortwährend zunahmen und schliesslich im Jahre 1480 zu offenem Kriege führ-

---

[15] Vgl. L a i d, Uusi andmeid 22.

Abb. 208. Borkholm, Haupteingang.

ten. Schon jahrelang war ein Angriff besonders auf das Bistum Dorpat zu erwarten, was neben anderen Vorbereitungen dazu führte, die Grenzburgen immer mehr zu befestigen. Die wichtigste Rolle spielte in diesem Zusammenhange das im 14. Jahrhundert als

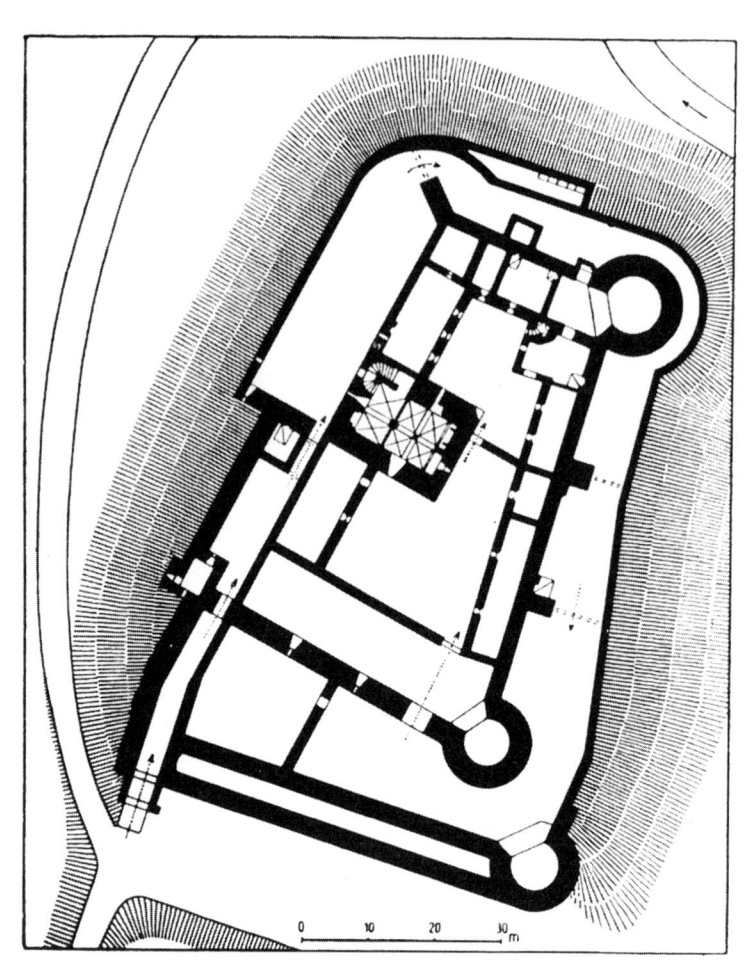

Abb. 209. Neuhausen, Grundriss. Nach Guleke.

castrum fortissimum berühmte Neuhausen (Vastseliina), das aber jetzt unter den neuen Verhältnissen vollständig unfähig war, russischen Kanonen auf den östlichen Anhöhen zu widerstehen. Alle diese Umstände veranlassten die Vornahme grosser Bauten, und Neuhausen wurde den Anforderungen der Zeit entsprechend eine der stärksten Burgen, dazu aber auch in künstlerischer Hinsicht einer der interessantesten Bauten von ganz Livland. Im Zentrum der Burg verblieb auch jetzt der alte Turmbau, um den herum aber ein grosses Lagerkastell errichtet wurde, wobei man teilweise ein dort schon vorhandenes altes Mauerwerk benutzen konnte (Abb. 209). Als wichtigste Wehrteile wurden an den östlichen Ecken zwei starke Rundtürme errichtet, die auf Hakenbüchsen und Kano-

Abb. 210. Neuhausen, Ansicht von Osten. Nach Guleke.

nen eingestellt waren (Abb. 210 und 211). Beachtenswert ist die in der Wehrarchitektur des ganzen Landes einzigartige Betonung ihrer dekorativen Seite. Besonders der nördliche Turm ist über und über mit Blendnischen verziert, deren künstlerische Wirkung durch die mehrfarbigen Ziegelsteine noch gesteigert wird. Die farbenprächtigen Nischen und das grosse lateinische Kreuz sollten die Bedeutung der Burg als eines Vorpostens abendländischer Kultur unmittelbar an der Ostgrenze herausstreichen. Die Nischenformen erinnern auffallend an die gleichen Verzierungen der Westtürme des Dorpater Domes, die ebenfalls in den siebziger Jahren des 15. Jahrhunderts vollendet wurden [16], und Neuhausen als Vorbild dienen mochten; ja noch mehr, dieselben Baumeister können an den Bauarbeiten sowohl in der Metropole des Bistums als auch in der östlichen Grenzburg beteiligt gewesen sein.

Zu derselben Zeit blieb der östliche Nachbar in bezug auf Festungsbau keineswegs zurück, vielmehr baute er die Burg Isborsk in einem Masse aus, dass sie an Stärke Neuhausen übertraf (Abb. 239); ihre mächtigen Rundtürme sind ein typisches Beispiel für den russischen Festungsbau im Spätmittelalter und haben mittelbar auch die Entwicklung der livländischen Wehrarchitektur beeinflusst [17].

---

[16] Freymuth 34.
[17] Im Zusammenhang mit der wachsenden Aggression begann die Errichtung und Vervollständigung der Grenzburgen auf russischer Seite schon in den sechziger Jahren des 15. Jahrhunderts. Eine der ersten Burgen aus dieser Periode ist Krasnyj, im Jahre 1464 an der Sinja, etwa 10 km von der livländischen Grenze erbaut (Stern 237). Von dort konnte man gut gegen das erzstiftliche Grenzland und das rositensche Ordensgebiet operieren. Bald danach wurden auch die Burgen im nördlichen Teil des Grenzgebiets vervollständigt, wo Iwangorod in Narwa den Schlusspunkt bildete.

Abb. 211. Neuhausen, der Nordostturm.

Vervollständigt werden musste auch die zweite wichtige östliche Bischofsburg K i r r u m p ä h (Kirumpää). Der Hof, der sich schon früher an die Turmburg angeschlossen hatte, wird nach der westlichen Seite erweitert; zusammen mit der Vorburg und mit den beiden seitlichen schmalen Gebäudereihen bildet er ein typisches Lagerkastell (Abb. 49). An der Südwestecke wird ein runder Kanonenturm aufgeführt, von dem jetzt nur das Fundament erhalten ist; auf einem Aquarell von Körber ist noch das Mauerwerk bis zum zweiten Stockwerk abgebildet (Abb. 212). Wie daraus zu sehen ist, hat man auch hier nach Möglichkeit versucht, die dekorative Seite herauszustreichen, indem man Ziegel und Feldstein schichtenweise abwechseln liess. Dieses Motiv ist besonders im 15. Jahrhundert sowohl in den bischöflichen als auch in den Ordensburgen

Abb. 212. Kirrumpäh, die Burgruine von Süden gesehen. Nach einem Aquarell von E. K ö r b e r aus dem Anfang des 19. Jahrhunderts (GEG).

sehr beliebt gewesen: wir finden die gleiche Mauertechnik in Pilten, Neuermühlen und, wie sich später herausstellen wird, auch in Wenden (Abb. 232).

Die Zuspitzung des Verhältnisses zwischen dem Orden und der Kirchengewalt veranlasste auch bei den erzbischöflichen und bischöflichen V a s a l l e n eine Steigerung der Bautätigkeit. Den in Rede stehenden Typ vertreten zwei mächtige Vasallenburgen auf der sog. livischen Seite des Erzbistums, wo die gegen den Orden gerichtete Wehrlinie noch verstärkt wurde. Das in der Nähe von Gross- und Klein-Roop befindliche R o s e n b e c k (Rozbeķi) wuchs im Verlauf mehrerer Bauperioden zu einem gewaltigen Stützpunkt heran. Schon am Ende des 14. Jahrhunderts war dort ein befestigter Platz [18]; unter den Üxküll, die seit dem 15. Jahrhundert (wohl mit Unterbrechungen) die Besitzer der Burg waren, erfolgten umfangreiche Erweiterungen des Baus. Seinem Grundriss nach bildet Rosenbeck ein langgestrecktes Kastell, von dem zwei Ecken mit Rundtürmen versehen sind (Abb. 213). Der grössere von ihnen an der Südwestecke ist noch erhalten und beweist mit seinen geräumigen Schiesskammern, dass die Burg im letzten Viertel des 15. Jahrhunderts endgültig fertig geworden ist (Abb. 214). Dafür spricht auch der Kaufvertrag aus dem Jahre 1477, worin zahl-

---

[18] UB III, 1083; UB IV, 1388.

Abb. 213. Rosenbeck, Grundriss und Situationsplan. Aufmessung von W. T u s c h um 1827 (MP).

reiche Gebäude innerhalb der Ringmauer verzeichnet werden, darunter Kapelle, Remter, Lagerräume usw. [19]. Wie die meisten auf Wasserschutz fussenden Vasallenburgen war auch Rosenbeck mit einer Mühle versehen, die sich an der Ostseite befand, wo man in dem schmalen Wallgraben bequem eine Stauung anlegen konnte.

Als östlichster Punkt derselben Wehrlinie wurde noch im letzten Jahrhundert des Mittelalters M o j a h n (Mujani) errichtet. Ein Gut an demselben Ort wird schon Ende des 14. Jahrhunderts erwähnt, doch soll Fabian Rosen die Burg erst im 16. Jahrhundert erbaut haben [20]. Mit ihren starken Mauern und den gut auf Feuerwaffen eingestellten Formen erwies sich diese Burg in den Tagen entscheidender Kämpfe in Livland als wichtiger Stützpunkt und war noch im 17. Jahrhundert verteidigungsfähig [21]. Ihrem Grundriss

---

[19] BB 522.
[20] S t r y k II, 235.
[21] R u s s o w 116a.

Abb. 214. Rosenbeck, Ansicht von Süden.

nach war die Burg ein typisches Lagerkastell mit zwei Kanonentürmen an der gegen das offene Land liegenden nördlichen Seite (Abb. 215). An der Südseite wurde die Burg durch einen hohen Bergabhang geschützt, unter dem sich noch jetzt ein durch alte Stauungen entstandener See befindet. Von der an dessen Ufer gelegenen, stark aus der Mauerlinie hervorragenden Mühle sind nur wenige Grundmauern erhalten. Vom Hauptmauerwerk hat sich am allerbesten der sog. Weisse Turm erhalten (Abb. 216), dessen Wehrdetails nur eine geringe Weiterentwicklung im Vergleich zu den am Ende des 15. Jahrhunderts gebauten Türmen der gleichen Art bekunden. Innerhalb der Ringmauer hat es nur wenige Steingebäude gegeben, die meisten Bauten waren entweder aus Holz oder in Fachwerktechnik ausgeführt. Um die Aussenmauer wirksamer vor Kanonenfeuer zu schützen, ist die am meisten gefährdete nördliche Front mit einem niedrigen Vorwerk in der Art des einstigen Parchamsystems versehen worden, wobei gegen die Mauer Erdwälle aufgeworfen worden sind. Sowohl dieses Vorwerk als auch die Hauptmauern und der Turm sind im Vergleich zu den Bauten der früheren Jahrhunderte niedrig: die Schlagkraft der Feuerwaffe wirkte horizontal, das alte Überhöhungsprinzip hatte schon lange seine Bedeutung verloren.

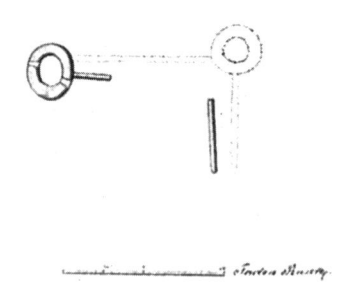

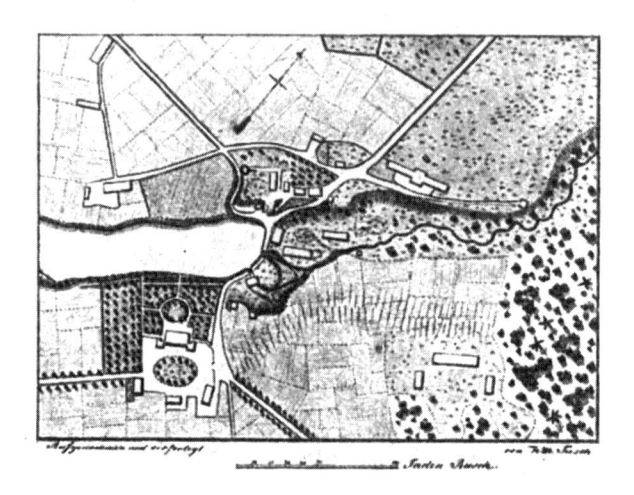

Abb. 215. Mojahn, Grundriss und Situationsplan. Aufmessung von W. T u s c h um 1827 (MP).

2. Mischtypen.

a. Neubauten.

Die Gestaltung des erweiterten Lagerkastells, des Haupttyps der im 15. Jahrhundert neuerrichteten Burgen, war an gewisse feste formbildende Faktoren gebunden. Unabhängig davon, ob die Burg einem geistlichen oder weltlichen Landesherrn gehörte, war die Notwendigkeit der Unterbringung grosser Truppenmassen die Vorbedingung für die Entstehung der erneuten Form des Lagerkastells; lag dies Bedürfnis nicht vor, so konnte man bei der Plangestaltung zu anderen Lösungen greifen, wobei die Typen der mannigfaltigen Entwicklung der vorangegangenen Jahrhunderte als Vorbild dienen konnten. So ist das denn bei einer Reihe von im 15. Jahrhundert gegründeten Burgen geschehen, bei denen häufig ganz seltene Plantypen auftreten, oder es sind die Traditionen des Turmbaus oder sogar die des Konventshauses befolgt worden. In diesen sog. Mischtypen hat die neue Waffe überall neue Wehrdetails gezeitigt, was die gesonderte Betrachtung dieser Burgen rechtfertigt, so wie man hier auch die Beschreibung der wichtigeren Umbauarbeiten eines Teils der alten Burgen einfügen muss.

Solch ein Fortleben der alten Bautraditionen in teilweise veränderter Form zeigt die am linken Ufer des Narwa-Flusses bei seinem Ausfluss aus dem Peipus-See gelegene Grenzfestung Neuschloss (Vasknarva). Die Burg war in ihrer ursprünglichen Gestalt schon im Jahre 1349 zur Zeit des baufreudigen Ordensmeisters Goswin von Herike errichtet, aber bald danach von den Russen zerstört worden. Mit dem Wiederaufbau konnte erst im Jahre 1427 begonnen werden, als aus Reval ein Baumeister bestellt wurde,

Abb. 216. Mojahn, der „Weisse Turm".

um den „nyen thorn tor Peyghbarmunde" zu errichten [1]. Offenbar war damit das noch jetzt ziemlich gut erhaltene turmartige Mittelgebäude gemeint, dessen 3,6 m dicke Mauer genau so ein zweigeteiltes Gebäude bilden wie in Angern (Abb. 217 und 218). Vermutlich war von dem im 14. Jahrhundert gebauten Turm noch das Fundament erhalten, auf dem jetzt ein neuer Turm errichtet wurde, der in seinen Einzelheiten schon stark auf die Feuerwaffen eingestellt war. Das Hauptgebäude wurde mit einer ein längliches Viereck bildenden Ringmauer umgeben, an deren Nordwestecke ein für Kanonen bestimmter Rundturm stand. Das Gebäude war in allen seinen Teilen im Jahre 1442 endgültig fertig, wo anlässlich einer Visitation neben Armbrüsten und Pfeilen auch Schiesspulver und Kanonen mit je zwei Kammern erwähnt werden [2].

Als nördlichste Ordensburg und zugleich als letzter erwähnenswerter Neubau des Ordens wird an der Nordküste Estlands im

---
[1] Löwis of Menar, Neuschloss 174—175.
[2] UB IX, 833.

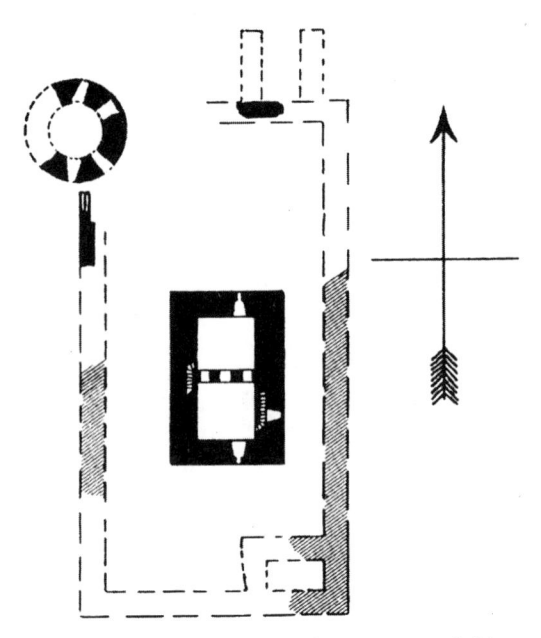

Abb. 217. Neuschloss, Grundriss. Nach L ö w i s o f M e n a r.

Jahre 1471 T o l s b u r g (Toolse) gegründet, deren Bauherr der Ordensmeister Wolthus von Herse war, der als grosser Reformator besonderen Wert auf die Verteidigung des Landes legte. Tolsburg sollte einen wichtigen Hafen der Nordküste schützen, wo sich schon in vorgeschichtlicher Zeit ein estnischer Burgberg befunden hatte [3]. Die Gründung von Tolsburg durch Herse war durch das Unwesen der Seeräuber bedingt; um eine regelmässige Verbindung zwischen Wesenberg und dem Hafen zu ermöglichen, wurde die Arbeit mit besonderem Eifer durchgeführt: zwangsweise wurden Bauern aus Karkus, Fellin, Oberpahlen, Wesenberg, Jerwen und sogar aus Marienburg zusammengetrieben [4]. Die Burg erhielt anfangs den Namen „Vredeborch", doch brachte sie keinen Frieden: die Reformen entfachten eine Opposition im Orden, Herse wurde getötet und sein Nachfolger Bernd von der Borch gab der Burg den Namen „Tolesborch", abgetitelt von dem estnischen Namen des betreffenden Küstengebiets.

Die Festung liegt auf einer schmalen Landzunge an der Meeresküste und bildet ihrem Grundriss nach ein längliches Viereck (Abb. 219). Bei der Anordnung der Räume und der Wehrteile hat man in starkem Masse die Ortslage berücksichtigt: die Front

---

[3] J o h a n s e n, Toolse 70.
[4] A. N e u m a n n, Lossid 113 ff (TrtÜR); S t a v e n h a g e n, Herse 19.

Abb. 218. Neuschloss, Ansicht von Osten.

zum Lande hin wurde durch drei flankierende Türme geschützt, die in für die Zeit der Feuerwaffen charakteristischer Weise nicht über die Mauerkrone hinausragen (Abb. 220). An der fortifikatorisch besonders wichtigen, dem Meer zugewandten Nordecke stand ein grosses Rondell, das aber wie auch der östliche Teil der Burg erst nach Herse gebaut ist. Das ursprüngliche Gebäude reichte bis zum östlichen Turm und ist an der Nordseite des Hofes mit zwei Kammern für die Besatzung versehen gewesen. Der Hof war schmal und hauptsächlich für Kanonen und Hakenbüchsen bestimmt, deren Schiesskammern an der Südwand ursprünglich durch Holzgebäude geschützt waren (Abb. 221). Um die Unterbringung einer grösseren Besatzung in der Burg zu ermöglichen, wurde später an der Ostseite ein grösserer Hof mit einem kleinen Nebenraum und einem massiven Turm angelegt, was besonders nach der Landseite die Wehrfestigkeit der Burg hob. Zu gleichem Zweck wurde die Landzunge durch zwei Gräben abgeschnitten, wozu sich noch Mauern von geringerer Stärke, eine Palisade und innerhalb des von ihnen geschützten Raumes errichtete Nebengebäude gesellten (Abb. 222). In diesem Teil sind noch zur schwedischen Zeit Ergänzungen in Gestalt kleiner Bastionen vorgenommen worden [5].

[5] Auf einer Abbildung von Goeteeris aus dem Jahre 1615 ist Tolsburg noch ziemlich wehrfest dargestellt (Johansen, Acht Bilder, Nr. 3). So muss man die Bemerkung aus dem Jahre 1600, Tolsburg sei „verstoret" (Schiemann, Kataster 34), mit der gleichen Kritik aufnehmen, wie eine Anzahl ähnlicher Notizen aus nachmittelalterlicher Zeit.

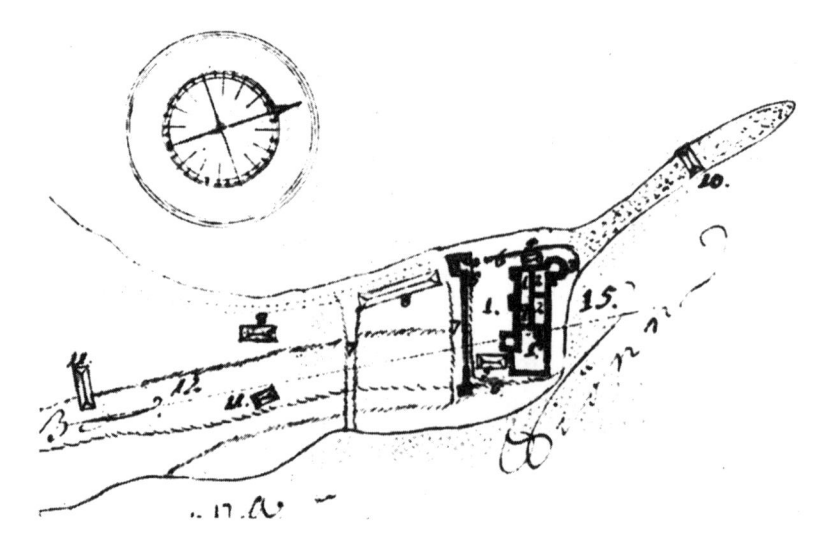

Abb. 219. Tolsburg, Grundriss aus dem 17. Jahrhundert von Samuel Waxelberg (KA).

Von den in der zweiten Hälfte des 15. Jahrhunderts gegründeten bischöflichen Burgen zeigt Fegefeuer (Kiviloo) eine für die Spätentwicklung seltene Anlage. Fegefeuer gehörte dem Bischof von Reval als Tafelgut, der Hof wird dort schon seit dem Jahre 1413, die Burg aber erst 1474 erstmalig erwähnt [6]. Die erhaltenen Mauerteile beweisen, dass man mit dem Bau des Steingebäudes in der zweiten Hälfte des 15. Jahrhunderts begonnen hat, der endgültige Ausbau erfolgte aber erst im letzten Viertel des Jahrhunderts. Das Hauptgebäude wurde aus zwei Flügeln gebildet, die unter einem rechten Winkel aneinandergefügt sind, wie das bei den Konventshäusern üblich war. Im übrigen Teil wird der Hof von Holzgebäuden umgeben gewesen sein, die im 16. Jahrhundert abgebrannt sind [7]. Von der einstigen Verteilung der Innenräume gewährt ein Plan von Faehlmann aus dem Jahre 1827 einen Überblick, wonach der Ostflügel des Schlosses am Südende einen grossen Saal, am Nordende dagegen kleinere, zum Wohnen bestimmte Räume enthielt [8]. Diesen schloss sich an der Nordecke ein grosser runder Stubenturm an, dessen unteres Stockwerk zum Unterbringen von Geschützen diente. Die dortigen, für das Ende des 15. Jahrhunderts bezeichnenden weiten Schiessscharten sind auf der Zeichnung von Ungern-Sternberg aus dem vorigen Jahrhundert

---

[6] UB VII, 39; UB VIII, 897; UB IX, 890.
[7] Renner 129.
[8] MP II, 11 (RPCB).

Abb. 220. Tolsburg, Ansicht von Südosten.

noch gut sichtbar, wo auch die Fensterreihe des grossen Saales und der hohe Mantelschornstein vermerkt sind (Abb. 223), von denen noch jetzt ein Teil erhalten ist. In diesem Schloss hat sich Bischof Simon von der Borch seit 1479 alljährlich eine Zeitlang aufgehalten; damals, gleichzeitig mit den Bauarbeiten auf dem andern bischöflichen Tafelgut, Borkholm, wird auch diese Anlage endgültig ausgebaut worden sein.

Die Spätentwicklung der livländischen Wehrarchitektur wird bestens durch die Vasallenburg W e r d e r (Virtsu) beleuchtet. Sie lag an der Küste des Grossen Sundes auf einer kleinen Halbinsel, die im Mittelalter eine vom Lande abgeschnittene Insel bildete, von der aus man die überaus wichtige Seestrasse in wirksamer Weise überwachen konnte (Abb. 224). Der Hof von Werder wird erstmalig im Jahre 1459 erwähnt, als er den Üxküll gehörte; das Schloss jedoch tritt erst im Jahre 1465 auf [9]. In diesem Zeitraum ist auch

---

[9] L ö w i s o f M e n a r, Werder 157 ff; T a u b e I, 115.

Abb. 221. Tolsburg, Innenansicht der Südmauer.

das Steingebäude entstanden, das bei den inneren Machtstreitigkeiten eine wichtige Rolle spielte. Die Kreuzung der Interessen der Landesherren brachte es schon früh zu einer Zerstörung der Burg, nämlich schon im Jahre 1533/34 anlässlich des Streites zwischen dem Koadjutor von Riga, dem Markgrafen von Brandenburg, und dem Bischof Reinhold von Buxhövden; nach dem Vertrage von Wolmar durfte die Festung nicht wieder erbaut werden.

Die von Löwis of Menar vorgenommenen Grabungen haben den Grundriss von Werder klargelegt. Danach bildete das Gebäude ein fast regelmässiges Rechteck mit einer Seitenlänge von 25 m; die Südecke ist abgerundet, an der Seeseite befindet sich ein runder Stubenturm, dessen noch erhaltenes Fundament zeigt, dass er zur selben Zeit wie die Ringmauern gebaut worden ist. Hinsichtlich der Typenentwicklung ist das wichtig, sofern hier der Schlosstyp mit einem Eckturm schon gleich am Anfang dem Plan zugrundegelegt worden ist, im Gegensatz zu den meisten früheren Burgen, die erst später durch einen runden, für Feuerwaffen berechneten Eckturm ergänzt worden sind. In der Innenarchitektur sind die Traditionen des 14. Jahrhunderts befolgt, indem der Hof von drei Seiten mit Gebäuden umgeben wurde, wobei die Haupträume im Nordwestflügel untergebracht waren. Der Bau ist in Kalkstein

Abb. 222. Tolsburg, Sürwestansicht. Nach einer Zeichnung von Samuel Waxelberg aus dem 17. Jahrhundert (KA).

ausgeführt, die erhaltenen Grundmauern weisen ebenso wie in Soneburg äusserst grosse zyklopische Quadern auf, die das Fundament vor Wasser und Eis schützen sollten. Die Verbindung mit dem Festlande erfolgte mittels eines langen Steindamms, der noch jetzt unter der Erdrinde deutlich feststellbar ist.

Als Anhang zu den betrachteten Vasallenburgen von Wierland ist das vermutlich schon im 14. Jahrhundert entstandene feste Haus A s s (Kiltsi) von Grund aus erneuert worden. Die Lage an einer wichtigen Verkehrsstrasse erforderte eine Anpassung des Baus an die Feuerwaffe, was denn auch hier in grösserem Masse als bei den übrigen Vasallenburgen dieses Gebiets erfolgt ist. An der Stelle der einstigen Burg wurde Ende des 18. Jahrhunderts das neue Herrenhaus gebaut [10], das heute als Schule verwendet wird; das verwitterte alte Gemäuer lässt noch verhältnismässig genau die Grundformen der ehemaligen Vasallenburg bestimmen. Nach Ausweis des Kellerstocks reicht der südliche von den beiden flankierenden Fassadentürmen in şeinem unteren Teil noch in das Mittelalter zurück (Abb. 225); er war für Hakenbüchsen bestimmt, wie die noch gut erhaltenen Schiesskammern beweisen (Abb. 226). Zur gleichen Zeit wie der Turm ist das längliche Gebäude entstanden; vom nördlichen seiner beiden Innenräume ist noch jetzt der Kellerstock erhalten. In den unteren Stock des südlichen Raumes mit quadratischem Grundplan gelangte man ursprünglich nur durch eine schmale viereckige Öffnung vom Gewölbe aus, was anzunehmen erlaubt, das sich dort einst das Burgverlies befand [11]. Wie

---
[10] Pirang I, 60.
[11] Als solcher ist der Raum auch in der Volkstradition bekannt, wonach dort bei den im 18. Jahrhundert vorgenommenen Umbauten Menschenknochen gefunden sein sollen (Löwis of Menar, Estlands Burgen 142).

Abb. 223. Fegefeuer, Ansicht von Norden. Nach einer Zeichnung von Ungern-Sternberg aus dem Anfang des 19. Jahrhunderts (ELG).

die Dicke der Mauer und die Schiessscharten beweisen, schloss sich dem Gebäude im Westen ein hofartiger Teil an, dessen Grundriss aber nicht mehr genau festzustellen ist. Die mittelalterliche Anlage reichte kaum bis in den Westteil des jetzigen Gebäudes, da der quellenreiche Erdboden eine tiefere Fundierung der massiven Mauern nicht gestattete. Auf Grund der wenigen Mauerreste nördlich des Schulhauses kann man annehmen, das sich der grössere Teil der Vorburg dort befunden hat, was auch durch die Gestalt des Geländes bestätigt wird, das gerade dort günstigen Wasserschutz ermöglicht. Dass Ass eine der stärksten Vasallenburgen von Wierland gewesen ist, beweist die Tatsache, dass dort einer der Stützpunkte für die Kämpfe des Jahres 1558 gelegen war [12].

Besonders gegen Ende des Mittelalters ist auch auf Ösel ein lebhafter Eifer im Aufführen von Steingebäuden wahrzunehmen, soviel das die ungünstige wirtschaftliche Lage gestattete. Auch dort folgten die Gutshäuser dem altbewährten Typ eines befestigten Hauses und waren mehr oder weniger burgartig ausgebaut. Von solch einem Bau sind in Alt-Karmel (Vana-Kaarma) Ruinen erhalten, wobei die flachen Korbbogen in den Mauern beweisen,

---

[12] Löwis of Menar, Estlands Burgen 142.

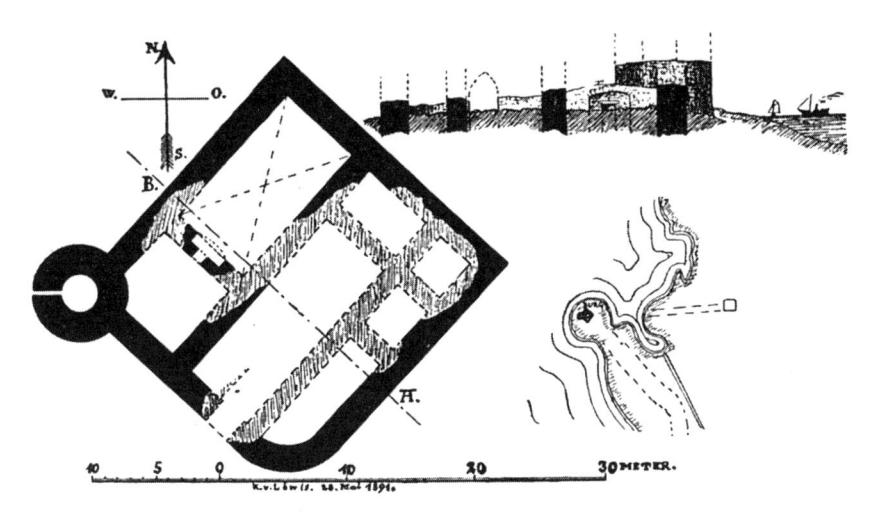

Abb. 224. Werder, Grundriss, Situationsplan und Schnitt.
Nach Löwis of Menar.

dass das Gebäude erst im 16. Jahrhundert errichtet worden ist. Ungefähr aus derselben Zeit stammen auch die Mauer- und Gewölbereste in der Siedlung Holmhof (Saare), wo sich ebenfalls ein kleines befestigtes Haus befunden hat.

Bis zum Ende des Mittelalters hat auch der Typ der Turmburg weiter bestanden, besonders bei den Kleinvasallen und selbst bei Bauern, wobei neben Stein auch Holz in gleichem Masse Verwendung gefunden hat. In dieser Hinsicht bemerkenswert ist eine Erzählung von Renner aus den Tagen des Russisch-Livländischen Krieges, derzufolge ein reicher Bauer aus der Umgebung von Rujen sich eine kleine Kammer aus Stein gebaut haben soll, deren oberer Teil und äusserer Schutzgürtel aus Holz gewesen seien [13]. Offenbar haben wir es hier mit genau solch einem „Steinwerk" zu tun, wie wir es schon früher betrachtet haben und wie es anscheinend auch noch in der Zeit der Feuerwaffen benutzt worden ist [14].

---

[13] Renner 284.
[14] Noch im 17. Jahrhundert haben derartige Turmbauten Verwendung gefunden, wie aus der bereits erwähnten Oleariusschen Abbildung von Kunda erhellt, wo das im Hof befindliche Hauptgebäude sichtlich die Traditionen der Steinwerke befolgt. Aus diesem Typ erwachsene Sonderformen hat vor allem das 16. Jahrhundert hervorgebracht, als sich auf dem Lande zu den bisher erwähnten noch weitere befestigte Gutshäuser gesellten. Ihrem Charakter nach gehören sie nur teilweise in das Gebiet der mittelalterlichen Burgen, und so muss ihre eingehendere Behandlung der Zukunft vorbehalten bleiben.

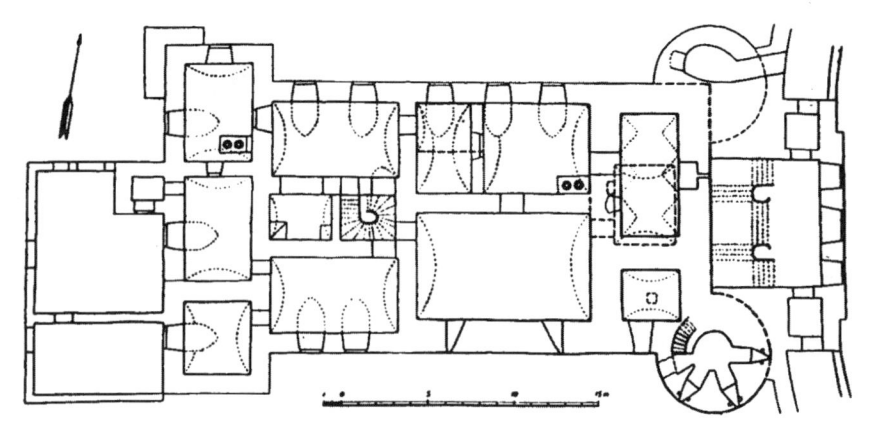

Abb. 225. Ass, Grundriss. Die mittelalterlichen Mauerteile sind fett gezeichnet.

b. Vervollständigungen und Erweiterungen.

Seit dem letzten Viertel des 15. Jahrhunderts werden neue Burgen nur noch ausnahmsweise gegründet [15]. Wohl aber erreichten damals und besonders zu Beginn des 16. Jahrhunderts die Bauarbeiten auf dem Gebiet der Vervollständigung und Erweiterung der Burgen ihren Gipfelpunkt, worauf schon früher wiederholt hingewiesen worden ist. In dieser Zeit erhalten die meisten Burgen einen oder gar mehrere runde Ecktürme; diese charakteristischen Zusätze haben der Wehrarchitektur des ganzen Landes einen eigenartigen Akzent verliehen. In den Ordensgebieten erlebte die Architektur in dieser Richtung ihre letzte grosse Blüte zur Zeit des energischen Ordensmeisters Wolter von Plettenberg (1494—1535), der in jeder Hinsicht eifrig bemüht war, den Ordensstaat besonders gegen den von Osten her drohenden Schlag zu sichern. Viele von den schon oben erwähnten Vervollständigungen sind zur Zeit Plettenbergs durchgeführt worden: damals wurde Neuermühlen mit diagonal angeordneten Türmen versehen, ferner Dünamünde zu einem mächtigen Kastell umgebaut, auch wurden zahlreiche Burgen in Kurland ergänzt, indem sie an den Ecken für die damalige Zeit typische Kanonentürme erhielten. Der fast unverändert erhaltene Turm von Alschwangen vertritt den ganzen Typ aus der Zeit um 1500 (Abb. 227). Später wurden besonders die Türme der Vorburgen niedriger und breiter, beliebt wird das Rondell und in der Folgezeit der Basteiturm. Besonders gute Beispiele dieser Entwicklung bietet der mittelalterliche Wehrgürtel von Reval.

---

[15] Als ein Sonderfall steht die im Jahre 1479 erfolgte Gründung der Ordensburg S e r b e n (Dzerbene) da; später ging Serben in erzbischöflichen Besitz über, und wurde im 16. Jahrhundert gänzlich zerstört (L ö w i s o f M e n a r, Burgenlexikon 113).

Für das Gebiet der Burgen wird der Höhepunkt der Entwicklung zur Zeit Plettenbergs durch Riga und Wenden bezeichnet, bei denen man unter dem Druck der Verhältnisse so umfangreiche Umbauten vorgenommen hat, dass dadurch abgesehen von der Wehrseite der Burgen auch die Entwicklung des Stils der Innenarchitektur in der Schlussperiode der Ordenszeit erkennbar wird. Die Neuerungen am Ordensschloss in Riga sind durch die alte Feindschaft zwischen der Stadt und dem Orden bedingt gewesen. Schon um die Mitte des 15. Jahrhunderts, als die Lage besonders kritisch wurde, war das alte Monheimsche Schloss um einen gegen die Stadt gerichteten runden Kanonenturm an der Südecke ergänzt worden [16]. Grössere Bauarbeiten veranlasste der im Jahre 1481 begonnene grosse Bürgerkrieg, aus dem die Stadt anfangs als Siegerin hervorging, so dass auf Beschluss des Rates im Jahre 1484 die Schleifung der verhassten Zwingburg vorgenommen wurde. Wie die oben angestellte Analyse des älteren Schlosses erwiesen hat, kam man mit den Zerstörungsarbeiten nicht weit, und als sich das Kriegsglück im Jahre 1491 von der Stadt wandte, wurde sie verpflichtet, das Schloss von neuem aufzubauen. Mit den Bauarbeiten sollten die Bürger im Laufe eines Jahres beginnen und das Schloss sollte in 6 Jahren fertig werden. Wirksame Schritte in dieser Richtung wurden erst im Jahre 1497 unternommen und auch diese eigentlich erst auf wiederholtes Mahnen des energischen Ordensmeisters Plettenberg [17]. Besonders gut gediehen die Mauerarbeiten in den ersten Jahren des 16. Jahrhunderts, als Meister Nyggels (Nickels) aus Reval der Leiter war; im Jahre 1515 ist das Schloss fertig, wie die datierten Skulpturen an dem Haupteingang des Schlosses beweisen, in denen Maria als Beschützerin des Ordens und Plettenberg als Bauherr des Schlosses dargestellt ist.

Abb. 226. Ass, eine Schiesskammer im Kellergeschoss des Südturmes.

---
[16] Tuulse, Riga 98.
[17] Ebendort 101 ff.

Die Plettenbergsche Bauperiode brachte erhebliche Veränderungen in der Innen- und Aussenarchitektur des Schlosses mit sich. Wie sich schon oben herausgestellt hat, bewahrte die Kapelle in den Grundzügen ihr altes Aussehen, da nur ein Teil der Gewölbe erneut werden musste; auch wurden die beschädigten Kapitelle abgeschliffen und die Fensterbogen rund gewölbt. Gänzlich veränderte sich das Aussehen des neben der Kapelle befindlichen Remters. Da die alten Gewölbe vollständig verdorben waren, musste man den ganzen Raum von neuem decken. Das geschah aber schon im Geiste des herrschenden Stils, der vielfach von dem der Zeit Monheims abwich: der Remter bekam palmartig ansteigende Sterngewölbe mit stark gebusten Kappen (Abb. 228 und 229). Das brachte im Gegensatz zu der ruhigen Architektur der Kapelle ein unruhig wogendes Element in den Raum, das andere Dimensionen erforderte als die bisherigen romanischen Verhältnisse von 1:2. Infolgedessen wurde der früher zwischen Kapelle und Remter gelegene Zwischenraum mit letzterem verbunden, so dass dieser ungefähr das Verhältnis von 3:7 erhielt. In den Grundzügen lassen sich die Gewölbe des Remters mit einem Sterngewölbe vergleichen, die Form der Gewölbekappen jedoch nähert dieses den besonders zu Beginn des 16. Jahrhunderts verbreiteten Zellengewölben. Ein Vergleich dieser beiden Haupträume zeigt dieselbe Entwick-

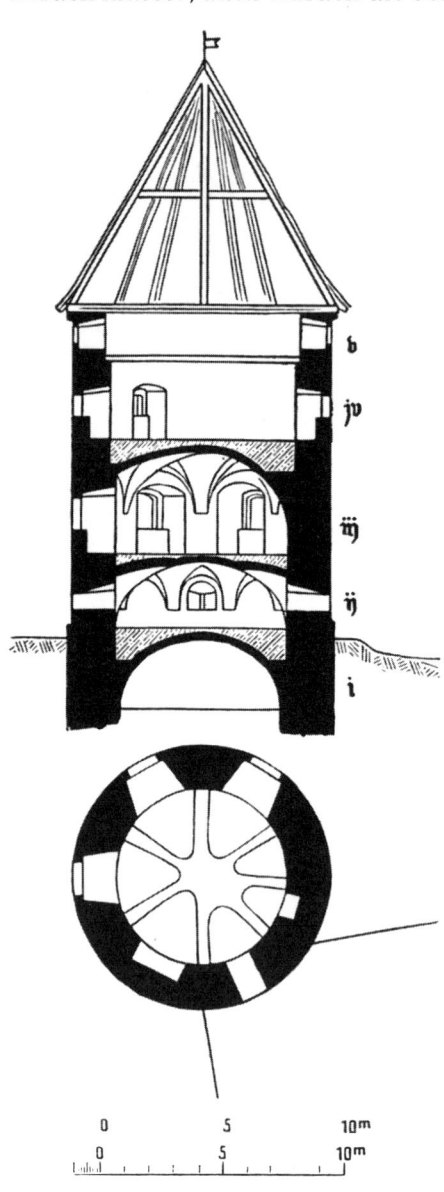

Abb. 227. Alschwangen, Plan und Schnitt des Eckturmes. Nach Schmid.

Abb. 228. Riga, Schloss. Ein Teil der Gewölbe des ehemaligen Remters.

lungstendenz, wie sie sich schon in der Aussenarchitektur der Burgen bekundete, wo seit 1400 die Hausteinformen immer mehr hinter den aus dem Ziegelsteingebiet eingedrungenen neuen Elementen zurücktreten. Sogar in dem nordestländischen Kalksteingebiet macht sich diese Entwicklung früh be-

Abb. 229. Riga, der Remter. Rekonstruktion von Guleke.

merkbar, wie das Chor der Revaler Olai-Kirche beweist [18]. Der Remter des Rigaer Schlosses ist eines der letzten Beispiele für diese Entwicklung. Der zweite Hauptraum, der Kapitelsaal, hat seine Gewölbe bei den Umbauten im 18. Jahrhundert verloren, aber wie die Zeichnungen von Brotze bestätigen, ist auch dieser Raum am Anfang des 16. Jahrhunderts umgebaut und mit kombinierten Sterngewölben gedeckt worden, wie sie noch tief im 16. Jahrhundert, ja sogar noch später, in der Baukunst von Kurland weiterlebten (Abb. 87). Die anderen Innenräume haben ihre ursprüngliche Form mehr oder weniger erhalten, obgleich der Eingangsflügel so stark zerstört war, dass man den Torbogen neu hat wölben müssen. Auch in diesem Teil wandte man die neue Sterngewölbeform an, die hier schon eine dekorative Tendenz zeigt (Abb. 230).

Wichtige Punkte bei den Erneuerungsarbeiten an der Aussenseite waren die Türme. An der Ecke zur Stadt hin wurde ein runder sog. Bleiturm gebaut, der im Hauptstock zugleich als Sakristei diente. An der diagonal gegenüberliegenden Ecke errichtete man statt des ehemaligen viereckigen Turmes einen runden Gebäude-

---

[18] Karling, Marienkapelle 98.

Abb. 230. Riga, der Haupteingang des Schlosses.

teil, der in der Geschichte als Heiliggeistturm bekannt ist (Abb. 87). Um diesen Turm unten besonders gut gegen Feuerwaffen zu sichern, wurde die Mauer in dem unteren Stockwerk um eine Stufe breiter gebaut, was schon beim Hauptturm von Bauske gemacht worden war. Ausser diesen Türmen hat der Orden von sich aus noch einen ähnlichen Turm etwas abseits von der Nordostecke des Schlosses gebaut, worauf die Stadt mit dem sog. Pulverturm in der Wehrmauer reagierte, der noch jetzt in umgebauter Gestalt dasteht.

Zur gleichen Zeit, als die Rigenser auf Grund des Vertrages von Neuermühlen das zerstörte Ordensschloss bauten, unternahm der Orden seinerseits umfassende Umbauten in W e n d e n (Cēsis), der Residenz des Ordensmeisters seit 1480. Auch in Wenden erreichten die Bauarbeiten am Anfang des 16. Jahrhunderts ihren Höhepunkt. Plettenberg war auch hier der unmittelbare Leiter des Unternehmens. Auf Grund geschichtlicher Angaben weiss man nur, dass in Wenden drei Türme von ihm gebaut worden sind [19];

---

[19] RPCB, Nr. 344: Blick auf die Ueberreste der Schlösser in Liefland.

die Analyse des Baus beweist, dass man dabei neben der Verstärkung der Wehrseite auch auf Hebung des künstlerischen Ausdrucks der Innenräume Wert gelegt hat. Von den Türmen wurden zwei ganz neu errichtet, und zwar in ähnlicher Anordnung wie beim Rigaer Schloss: dem Flankierungsprinzip der Zeit der Feuerwaffen entsprechend sind die diagonal gelegenen Ecken mit grossen runden Türmen versehen, von denen der südliche den populären Namen „Langer Hermann" erhielt und als Hauptturm des Schlosses diente (Abb. 119) [20]. Obschon dieser Turm auf Feuerwaffen eingestellt war, wie die für Kanonen bestimmten breiten Schiessscharten und die teils noch gut erhaltenen Stützbalken sowie die Kammern mit Rauchröhren für Hakenbüchsen beweisen (Abb. 231), so lebten doch auch die alten Bergfriedformen mit dem vor allem andern charakteristischen Burgverliese im Kellerstock weiter. Wie der Heiliggeistturm des Rigaer Schlosses war auch der „Lange Hermann" in seinem unteren Teil um eine Stufe breiter. Bezeichnend für die damalige Zeit ist das Äussere des Turmes, wo zur Hervorhebung des Sockelteils in abwechselnden Schichten Kalk- und Feldstein verwendet sind (Abb. 232). Die Mauerkrone schmückt ein dekorativer Bogenfries, ein zweiter in der Mitte des Turmes ist mit Werfscharten versehen (Abb. 120).

Abb. 231. Wenden, eine Schiesskammer im oberen Stockwerk des „Langen Hermann".

Der für schwere Geschütze bestimmte Turm an der Nordecke ist nur teilweise erhalten; wie die Mauern annehmen lassen, war er nur mit Balken gedeckt. Als dritter wurde zu Plettenbergs Zeit der Westturm vollendet, dessen runder oberer Teil am Anfang des 16. Jahrhunderts gebaut worden ist. Damit zugleich erfolgte aber auch die Wölbung des im Hauptstock liegenden Raumes, wobei besonders die ästhetische Seite betont wurde. Dieser Raum, wahrscheinlich der Wohnraum des Meisters, wurde mit einem höchst dekorativen, netzgewölbeartigen Sterngewölbe gedeckt (Abb. 233), bei dem auf der Grundlage des Rippendreistrahls ein für Livland ein-

---

[20] Löwis of Menar, Wenden 40.

Abb. 232. Wenden, Sockel des „Langen Hermann".

zigartig reiches System entwickelt worden ist (Abb. 234) [21]. Wie die erhaltenen Gewölbeansätze beweisen, bekam ebensolche Gewölbe auch der neben der Kammer des Meisters liegende Festsaal, den man in der vorhergehenden Bauperiode mit Balken hatte decken müssen. Um den Gewölben einen lebhafteren, festlicheren Rhythmus zu verleihen, wurde die Länge statt der zuerst geplanten drei in vier Gewölbejoche geteilt und die Profile der Fenster aus Ziegelstein gemauert. Als dritter Raum wurde der kleine Remter gewölbt, und zwar ebenfalls mit Sterngewölben. Das Verhältnis zwischen dem künstlerischen Eindruck der alten und der neuen Räume ist dasselbe wie in Riga: in Wenden als dem letzten grossen Bauunternehmen des Ordens erreichte der aus dem Ziegelgebiet eingedrungene leichte dekorative Stil seinen Höhepunkt. Charakteristisch für die Vielseitigkeit der Baukunst des Landes ist der Gegensatz zwischen dem schweren Ernst der Aussenseite und der Leichtigkeit des Interieurs, was in diesem Mass im südlichen Ordensland nicht zutage tritt.

---

[21] Die Kammer des Ordensmeisters wird schon im Jahre 1522 vollendet gewesen sein, zu welcher Zeit sie im Zusammenhange mit den in Wenden stattgehabten Verhandlungen der Stadt Reval mit der Harrisch-Wierischen Ritterschaft wiederholt erwähnt wird (Akten und Rezesse III, 121, 10, 19, 46).

Abb. 233. Wenden, Meisterkammer im Westturm. Nach Clasen.

Gleichzeitig mit den Bauarbeiten am Hauptschloss wurde auch die Vorburg vervollständigt. An ihrer Ostecke war schon in der zweiten Hälfte des 15. Jahrhunderts ein für Feuerwaffen bestimmter Turm errichtet worden, jetzt wird ein zweiter massiverer an der im Fall einer Umzingelung der Burg besonders gefährdeten Westseite aufgeführt (Abb. 16). Die Schiesskammern des Turmes und besonders die für die Spätgotik charakteristische Verzierungen tragenden Konsolen beweisen, dass man mit den Bauarbeiten noch in den dreissiger Jahren des Jahrhunderts beschäftigt gewesen ist.

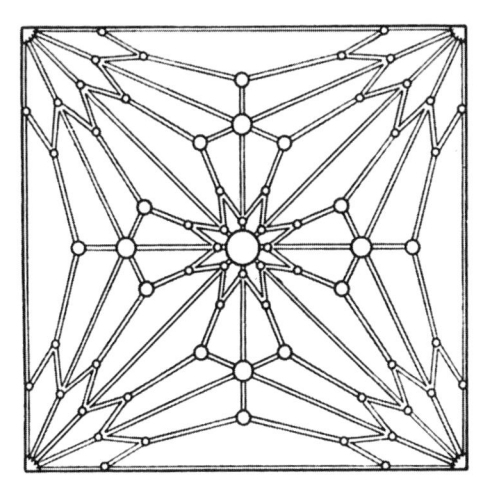

Abb. 234. Wenden, Gewölbesystem der Meisterkammer.

Im nördlichen Teil des Landes hat man zu Plettenbergs Zeit nicht so umfangreiche Umbauten vorgenommen wie im südlichen. Fast die einzige Ausnahme bildet R e v a l (Tallinn), dessen Ergänzungen aber nicht mit denen von Riga und Wenden verglichen werden können. Die Burg war, als sie um 1400 vollendet wurde, stark genug, um nur noch an einzelnen Punkten verändert zu werden. Die bis dahin turmlose Nordostecke wird um 1500 mit einem grossen runden Turm versehen, der unter dem Namen „Landskrone" bekannt ist (Abb. 103); urkundlich wird er im Jahre 1502 als der „nye torn" erwähnt [22]. Um einen besonders grossen Teil von Meer und Land unter Aufsicht nehmen zu können, wird der „Lange Hermann" zu der Höhe gebracht, die er noch jetzt hat. Der obere Rand des Turmes wird mit rein dekorativen Bogenfriesen verziert, die keine Werfscharten enthalten (Abb. 102). Hauptsächlich darauf beschränkte sich hier die Bautätigkeit, die endete, bevor Meister Nyggels von Reval nach Riga ging, um dort die Arbeiten zu leiten. Dieser Umstand erlaubt anzunehmen, dass der gesuchte Baumeister auch in Reval stark in Anspruch genommen war, wo man ausser dem Schloss auch die Stadtmauer unter seiner Leitung ausbauen liess; ein Teil der Türme der Stadtmauer zeigt eine gewisse Verwandtschaft mit der „Landskrone" und steht ebenfalls den Ecktürmen des Rigaer Schlosses der Plettenbergzeit nahe. Neben diesen charakteristischen Berührungspunkten allgemeinerer Art weisen aber die restaurierten Pfeilerformen der Rigaer Kapelle ganz deut-

---

[22] T u u l s e, Tallinn 68 ff.

lich auf die Revaler Architektur hin: demselben Übergang von Gewölbestütze zu Gewölbe begegnen wir im einstigen Saal der Olaigilde, ebenso in der am Anfang des 16. Jahrhunderts gebauten Michaelskirche.

Dieselbe führende Rolle wie Plettenberg auf dem Ordensgebiet spielte im Erzbistum Jasper Linde (1509—1524). Auf die zu seiner Zeit vorgenommenen Vervollständigungen am Schlosse Ronneburg ist schon oben hingewiesen worden; urkundlich ist bekannt, dass zur selben Zeit auch in Kokenhusen gebaut worden ist [23]. Auch dort erfuhr neben dem Ausbau der Innenräume die Hebung der Wehrfestigkeit eine starke Betonung: an der Westspitze wurden zu dem schon unter Erzbischof Henning gebauten Turm noch zwei Rundtürme errichtet, von denen aus man die gefährdete Front an der Düna und Perse erfolgreich unter Feuer nehmen konnte (Abb. 6). Heute sind von diesen Türmen nur die Fundamente erhalten, aus denen ihre Sekundarität in bezug auf die Seitenmauern zu ersehen ist; dass die Türme den obenbetrachteten massiven breiten Bauten verwandt waren, ergibt sich aus dem Grundplan; auf einer Abbildung aus dem 17. Jahrhundert ist die Höhe der Türme auf Kosten ihrer Dicke vergrössert worden (Abb. 7).

Der wichtigste Bau aus der Regierungszeit Jasper Lindes ist **Villack** (Vilaka) bzw. **Marienhausen**. Die schon im 14. Jahrhundert errichtete Turmburg wird unter Erzbischof Michael (1484—1509) vervollständigt; in Ermangelung anderer Möglichkeiten musste man sich aber hauptsächlich mit einer Anfügung von Wehrteilen aus Holz begnügen. Erst zur Zeit Jasper Lindes wird die Errichtung neuer Mauern aus Stein begonnen und trotz des Widerstandes der anderen Mächte im Jahre 1516 durchgeführt [24].

Der neue Teil der im Südwesten der Turmburg angeschlossenen Anlage ist eine Ausnahme in der gesamten Wehrarchitektur Livlands (Abb. 235). Der gebrochene unregelmässige Mauerzug folgt in vollem Masse der Bodengestalt der kleinen Insel. In die Mauerlinie sind drei starke flankierende Rundtürme eingebaut worden; Steingebäude gab es nur an der Nordseite, im übrigen Teil wies die Burg vermutlich leichtere Holzgebäude auf. Das Neuaufkommen solch einer naturgebundenen Runddeckung am Ende des Mittelalters ist nicht durch alte Traditionen zu erklären, sondern hier haben wir es mit Einflüssen ganz anderer Herkunft zu tun als bei den früher betrachteten Burgen.

---

[23] L ö w i s o f M e n a r, Kokenhusen 19 ff.
[24] PS, OBA, Schl. XVI, 41a; Schl. XLIII, 26; Schl. XXIX, 59. Vgl. auch S t e r n 232.

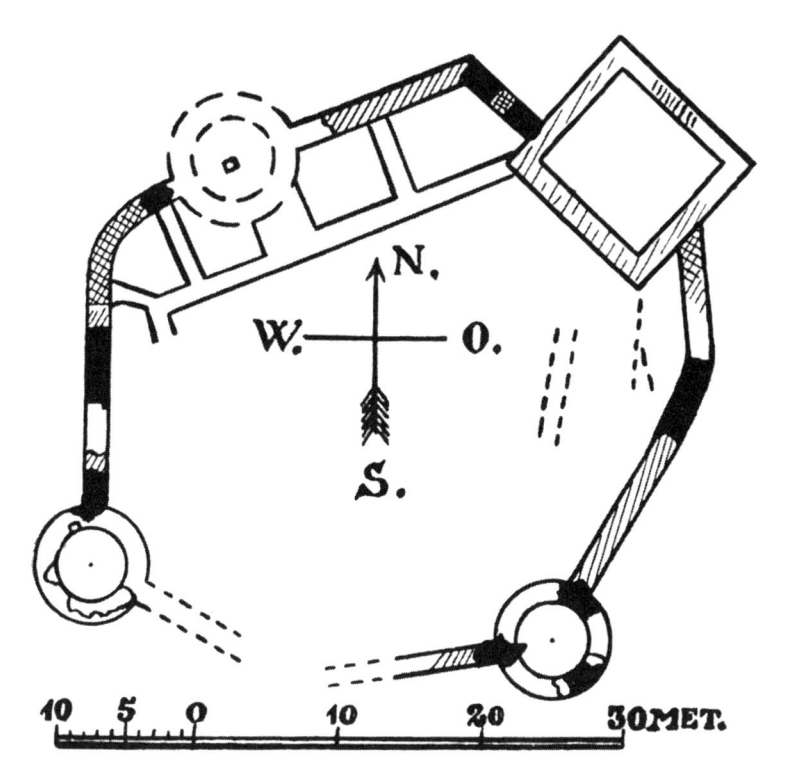

Abb. 235. Villack, Grundriss. Nach Löwis of Menar.

Mit Wolter von Plettenberg und Jasper Linde findet in den dreissiger Jahren des 16. Jahrhunderts die über dreihundertjährige Entwicklung der Wehrarchitektur Alt-Livlands ihren Abschluss. Immer mehr offenbarten sich im Reiche Kennzeichen eines inneren Verfalls, militärische Schwäche und Mangel an Eintracht, welche Umstände die Organisation einer umfassenden Landesverteidigung nicht mehr ermöglichten. Demgegenüber wurde aber die Eroberungspolitik der emporkommenden russischen Grossmacht bezüglich Livlands immer aktiver; im Jahre 1558 kam es zum Russisch-Livländischen Krieg und vier Jahre später fand der Ordensstaat sein Ende: im Jahre 1562 leistete der letzte Ordensmeister Gotthard Kettler in dem unter Plettenberg umgebauten Kapitelsaal des Rigaer Schlosses als Herzog von Kurland dem König von Polen den Treueid. Somit hatte der Bestand des letzten mittelalterlichen Ritterstaates sein Ende gefunden. Es begann ein langer erbitterter Kampf um das Erbe des Deutschen Ordens, bei dem die alten Burgen vorläufig noch eine wichtige Rolle spielten, soweit sie nicht schon durch das Kanonenfeuer der Russen zerstört worden waren.

Länger als die auf Höhenschutz fussenden Burgen widerstanden die in den Niederungen befindlichen Wehrgebäude, die man der neuen Kriegführung entsprechend gut ergänzen konnte. Wie die Pläne aus der schwedischen Zeit beweisen, rechnete man auch im 17. Jahrhundert noch mit einem Teil der Burgen bei der Landesverteidigung, indem man sie mit umfangreichen Bastionen versah. Aber schliesslich konnte auch dieses die auf veralteten Wehrprinzipien beruhenden Schlösser nicht retten: im Nordischen Kriege gingen die meisten noch erhaltenen Wehrbauten zugrunde, und seitdem hat die Natur und teils auch Menschenhand an der Zerstörung der Mauern gearbeitet.

Zweiter Teil.
Beziehungen zu der mittelalterlichen Baukunst anderer Länder.

1. Die naturgebundene Anlage.

Wenn wir nach den Einflussquellen der Burgenarchitektur Alt-Livlands suchen, muss man in erster Linie diejenigen Gebiete berücksichtigen, aus denen die Burgenbauer gekommen sind. Da der tatsächliche Führer der Landesverteidigung und der grösste Burgengründer der Deutsche Orden war, so wird allein schon durch diese Tatsache Livland eng mit Preussen verbunden; immerhin ist die Entwicklung trotz mancher gemeinsamer Züge in beiden Ländern in mehrfacher Hinsicht ihre Sonderwege gegangen. Schon oben ist teilweise auf die Gründe hingewiesen worden, die in der jeweiligen Verschiedenheit des Geschichtsverlaufs, der inneren Verhältnisse, des Personalbestandes des Ordens sowie schliesslich auch der Baustoffe bestanden. Besonders für die Entwicklung der Architektur der älteren Periode war die Tatsache von wesentlicher Bedeutung, dass die Eroberung Livlands und die Gründung von Wehrbauten hier um eine Generation früher begann als in Preussen. Obschon damals Steinburgen nicht in grosser Zahl entstanden, waren doch Beziehungen zu der Baukunst anderer Länder geknüpft worden, die auch der späteren Entwicklung die Wege gewiesen haben. Die inneren Streitigkeiten, die bei der Gestaltung des Burgennetzes eine wichtige Rolle spielten, waren in Preussen in dieser Form unbekannt, weil dort der Orden in der Regierung des Landes das gewichtigste Wort zu sagen hatte; die Bedeutung des geistlichen Landesherrn war gering, wodurch sich seinerseits das Fehlen eines Vasallenstandes wie in Livland erklärt. All das bestimmte die Entstehung und die auswärtige Beeinflussung der Burgen, wobei im letzten Punkt besonders die verschiedene Herkunft der Ordensbrüder betont werden muss: während es sich in Preussen hauptsächlich um Rheinländer handelte, so spielten in Livland daneben auch Westfalen, Niedersachsen und Thüringer eine wichtige Rolle. Hinsichtlich des Baumaterials kam zu diesen politischen und wirtschaftlichen Gründen noch die bereits erwähnte Tatsache hinzu, dass in Preussen hauptsächlich Ziegelstein verwendet wurde, in Livland dagegen zahlreiche und bedeutende Gebäude aus Kalkstein gebaut worden sind; ebenso war Feldstein während dieser ganzen Periode im mittleren Landesteil ein beliebter Baustoff.

In Westeuropa, woher beide Ordensländer die Grundelemente ihrer Architektur bezogen, hatte der Burgenbau gerade um 1200 seinen Gipfelpunkt erreicht. Bei der Ausgestaltung der Wehrarchitektur waren einerseits uralte Traditionen zugrunde gelegt worden, die bis zu den alten Römern zurückreichten und deren geläufigster Typ das streng regelmässig entworfene Kastell war, wofür als Schulbeispiel Saalburg im Rheinland zu dienen pflegt [1]. Dies war wie andere Wehranlagen gleicher Art weniger eine permanente Festung als ein befestigtes Lager. Der Form nach ist es ein Rechteck von 225:150 m mit abgerundeten Ecken; das Kastell hat vier durch turmartige Gebäude geschützte Tore. In der Mitte des Hofes befindet sich das Hauptquartier, das Prätorium, das wie die gesamte Anlage streng regelmässig entworfen ist. Neben solchen Lagerplätzen wurden besonders in den kleineren Zentren der Limes und zum Schutz der Verkehrsstrassen Wachttürme, *burgi*, errichtet, die ebenso wie auch die Kastelle in der späteren Entwicklung zu grosser Bedeutung gelangten [2]. Besonders ist diese Form in der französischen und englischen Wehrarchitektur heimisch geworden, aber auch in deutschen Kunstgebieten fehlt es nicht an Beispielen.

Mehr als die von Kastellen abgeleiteten Formen verbreitete sich jedoch in den nordischen Ländern das Prinzip der Naturgebundenheit. Besonders tritt die kurvisch angelegte Befestigung in Deutschland und seinen Einflussgebieten auf, wo sie am stärksten verwurzelt ist und Formen von einer Eigenart treibt, wie man sie in den Ländern mit hochhaltigem römischen Einfluss nicht als heimisch antrifft [3]. Wie der vorige Abschnitt zeigte, spielte die Naturgebundenheit auch in Livland eine wichtige Rolle. Diese Wehrbauten waren meistens auf Anhöhen errichtet worden, wo sich früher Burgberge befunden hatten, und daher wurden die jeweils von der alten Burg und vom Gelände dargebotenen Vorteile von der neuen Festung ausgenutzt. Aber dabei wäre es irreführend, die Festungen ihrer Lage nach etwa in Höhen- und Wasserburgen einzuteilen, da die Entwicklung der Grundgestalt nicht nur in Abhängigkeit vom Gelände erfolgt ist. Auch in Niederungen finden sich unregelmässige Anlagen und umgekehrt auf Höhen regelmässige Schlösser. Gebirge und Flachland vermögen gewisse Formen, die sich aus

---

[1] Jacobi, a. a. O; Hahr, Nordiska borgar 13 ff.
[2] Schuchhardt 155.
[3] Clasen, Burg (PB).

bestimmten, von ihnen unabhängigen Notwendigkeiten entwickelt haben, zu begünstigen, so dass man sie hier häufiger findet als dort, was aber nie ihre grundsätzliche Möglichkeit in beiden Grundformen ausser Frage stellt [4]. Dass man sich bei der Ortswahl in erster Linie für Höhen entschied, war durch die herrschenden Wehrtraditionen jener Zeit bedingt, die damals im Westen schon eine lange Entwicklung hinter sich hatten, und auf deren bekannteste Formen man in einem neueroberten und schnelle Sicherung erfordernden Lande zurückzugreifen pflegte.

Klassische Beispiele für naturgebundene Bauten bietet das Rheinland, dessen mächtige Anlagen jedoch keinen unmittelbaren Vergleich mit den livländischen Burgen zulassen. Zwar stammen einige Problemlösungen von dort her, aber die dortigen Anlagen als ganze Einheiten haben ein so starkes Sondergepräge, dass sie vor ihrer Übertragung auf die mässigen Höhen des fernen Nordens in ihrer Entwicklung Zwischenstufen durchmachen mussten. Solche finden sich in erster Linie in Thüringen, Westfalen und Hessen, in welche Gebiete auch der Personenbestand der Kolonisten weist. Besonders viele Kreuzfahrer kamen im 13. Jahrhundert gerade aus Thüringen nach Livland [5]; schon in den Jahren 1223/24 besass der Deutsche Orden dort zahlreiche Komtureien, die Verbindung mit diesem Gebiet aber verdichtete sich später noch mehr, als im Jahre 1234 der Landgraf von Thüringen dem Deutschen Orden beitrat [6]. Dass mit den Männern auch die Bautraditionen eingewandert sind, beweist ein Vergleich der Burgen beider Länder. Die thüringischen Mantelmauerburgen mit ihrer gleichmässigen Runddeckung stehen Burgen wie Rujen, Trikaten, teilweise auch Helmet, nahe, bei denen allen der Hauptnachdruck auf dem Mauerschutz liegt, ohne Zuhilfenahme eines zentralen Turmes (Abb. 28—32) [7]. Charakteristisch ist auch die Errichtung kleiner turmartiger Häuser innerhalb des Mauerschutzes, was eine ovale Mauerlinie begünstigt und keinen Anlass gibt, eine längere geradlinige Mauerfront zu ziehen. Schon in diesem frühen Typ wird der Unterschied zwischen Preussen und Livland klar. Auch dort sind die frühen Burgen unregelmässig [8], in ihrem Grundplan beginnt aber bereits von vornherein ein grosser Raum vorzuherrschen, was später bei der Gestaltung des Typs wichtig wurde.

---

[4] Ebendort.
[5] Baltische Lande 364.
[6] Krollmann 12.
[7] Ebhardt, Wehrbau 384 ff.
[8] Clasen, Burgbauten 15.

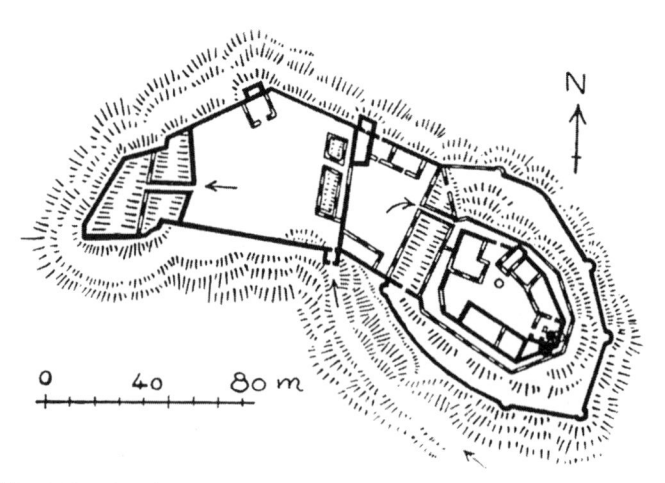

Abb. 236. Greifenstein in Thüringen, Grundriss.   Nach E b h a r d t.

In Livland machten sich ausserdem schon frühzeitig die Dimensionsunterschiede gegenüber Mittel- und Westdeutschland bemerkbar, wo die als Beispiel angeführte Burg Greifenstein in Thüringen (Abb. 236) eine charakteristische, mit mehreren Mauerzügen versehene Anlage darstellt, wie sie in Livland selten vorkommt, wo man sich meist bloss auf die Hauptmauer und eine sich ihr anschliessende Palisade beschränkte [9]. In dieser Hinsicht stehen den frühen livländischen Wehrbauten die kleinen naturgebundenen Burgen Westfalens nahe. Auch diese sind Ringmauerburgen, fussen auf Hausverteidigung, wo die Gebäude im Schlosshof sich schutzsuchend gegen die Mauer anlehnten; ein Hauptturm fehlte, die wirtschaftliche Seite der Burg betont eine grosse Vorburg, die zugleich als Schutz für die leichter zugängliche Seite der Burg diente. Ein gutes Beispiel ist Sternberg (Abb. 237), wo die malerische Anlehnung der kleinen Gebäude gegen eine halbwegs ovale Mauer sowie der der Vorburg zugewandte schildmauerartige geradlinige Mauerteil von den obenbetrachteten Frühburgen Livlands besonders an Hochrosen erinnert (Abb. 52) [10].

Das naturgebundene Treiden war in seiner ursprünglichen Gestalt lediglich als Turmburg gedacht. In grösserem Masse erinnert

---

[9] Clasen hat vermutet, die Schwäche der Vorwerke hänge damit zusammen, dass die Angriffskraft der Gegner hier viel geringer gewesen sei als im Westen (Baltische Lande 439—440). Diese Vermutung ist zutreffend, obwohl in den Frühburgen auch die wirtschaftlichen Verhältnisse zu einer Reduktion geführt haben.

[10] Viele ähnliche Planlösungen findet man auch in den westfälischen Wasserburgen, so z. B. in Vischering, die eine typische Mantelmauerburg aus dem 13. Jahrhundert darstellt (E b h a r d t, Wehrbau, Abb. 139).

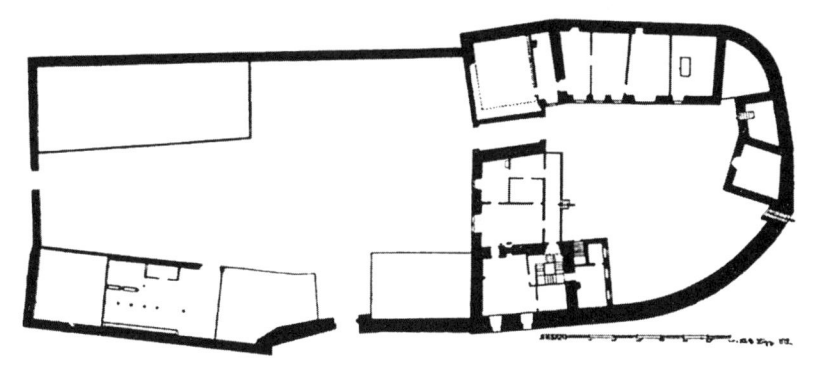

Abb. 237. Sternberg in Westfalen, Grundriss. Nach E b h a r d t.

Rositen an die auf Zentralverteidigung fussenden, naturgebundenen deutschen Burgen. Auch derartige Festungen gibt es viele im Rheinland, von wo sich aber wie schon bei den Mantelmauerburgen keine direkten Linien zu den Bauten Livlands ziehen lassen: auch in diesem Fall haben die mitteldeutschen Gebiete Vermittlerdienste geleistet. Dort treffen wir in abgeschwächter Form die typische deutsche Burg an, bei der den Mittelpunkt ein eckiger oder runder Turm — der Bergfried — bildet, der als letzter Stützpunkt in unruhigen Zeiten auch Wohnzwecken dienstbar gemacht werden mochte. Schon im 12. Jahrhundert war ein grosser Teil von ihnen ausgebaut, das folgende Jahrhundert vervollständigte nur noch zum Teil die alten Anlagen, die als allseitig bewährt auch von den Kreuzrittern bevorzugt wurden [11]. In peripherischen Gebieten dienten vor allem kleinere Schlösser als Vorbild, wofür etwa Rauschenberg in Hessen als Beispiel angeführt werden mag (Abb. 238). Dass der Orden schon ziemlich früh auch zu Hessen Beziehungen gehabt hat, davon kann man sich bei der Betrachtung der Innenräume überzeugen.

Beide Ordensländer verbindet eine Unterart naturgebundener Anlagen, die Abschnittsburg. An solchen ist Preussen ebenso reich wie Livland, und auch die meisten der dortigen Burgen der Eroberungszeit sind auf Burgbergen errichtet und in der gleichen Weise angelegt wie z. B. Fellin, Leal und eine Reihe anderer unter den behandelten Schlössern [12]. In beiden Ländern waren dabei die alten Burgberge formbestimmend, so dass deren Ausbau in Stein in Anlehnung an den bisherigen Grundriss desselben erfolgte, was aber seinerseits abgesehen von der praktischen Seite auch durch die allgemeine Stilrichtung zu erklären ist. Von den preussischen

[11] C l a s e n, Burgbauten 6.
[12] C l a s e n, Burgbauten 16 ff.

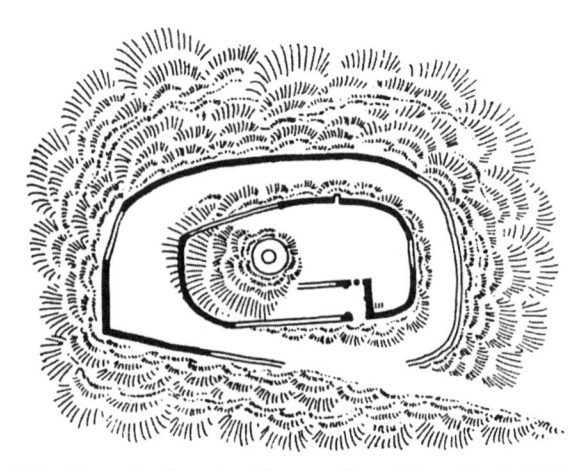

Abb. 238. Rauschenberg in Hessen, Grundriss. Nach E b h a r d t.

Abschnittsburgen dienen Althaus-Culm, Engelsburg und Balga als Belege für bekannte Befestigungsprinzipien, wo der Hauptnachdruck auf der einen Seite liegt, die von der Natur am allerwenigsten geschützt war und wo ein Mauer- und Gräbensystem als Riegel vorgeschoben zu werden pflegte. Dort wie auch in Livland war neben allem anderen der starke Wirklichkeitssinn des Deutschen Ordens in den spannungsvollen Tagen der Eroberungszeit leitend. Aber selbst in diesem Punkte ist die Verwandtschaft zwischen den beiden Ordensländern nur allgemein und tritt bloss in einer kurzen Zeitspanne zutage: im nördlichen Ordensland lebte auch in den Abschnittsburgen die runde Züge bevorzugende Schmiegsamkeit der Kegelburg fort, im Gegensatz zu der Starrheit der Ziegelarchitektur Preussens. Hier ist es wichtig, an die in gleicher Richtung erfolgende Tätigkeit der Schwertbrüder auf altlivländischem Gebiet zu erinnern, in einer Zeit als in Preussen die Eroberung durch den Deutschen Orden noch nicht begonnen hatte und erstmalig engere direkte Beziehungen zu den Hausteingebieten Westdeutschlands angeknüpft wurden. Dasselbe wird auch durch die Tatsache bestätigt, dass während man in Preussen schon nach den ersten Generationen gänzlich auf den unregelmässigen Grundplan zugunsten des Kastelltyps verzichtete, in Livland noch im 14. Jahrhundert neben der Hochentwicklung des Konventshauses der aus der Eroberungszeit stammende Grundsatz der Ausnutzung der Geländeformen weiterlebt. Es kamen sogar Fälle vor, wo eine auf ganz unberührtem Gelände errichtete Burg nach dem Abschnittsgrundsatz angelegt worden ist, was durch die Stärke alter Traditionen, aber vielleicht auch durch neue westdeutsche Impulse zu erklären ist, wo im Gegensatz zu Niedersachsen die Abschnittsburg ebenfalls sehr verbreitet war [13].

Eine Weiterentwicklung des unregelmässigen Typs zum regelmässigen, wie sie Clasen an den preussischen Burgen nachgewiesen hat [14], ist in Alt-Livland nicht wahrzunehmen. Schon von Anbeginn bestehen hier Kastell und naturgebundene Burg nebeneinander, wie sie eben den örtlichen Verhältnissen und Bedürfnissen entsprechend entstanden waren. Wie sich im Folgenden ergeben wird, ist das Kastell auf einer ganz anderen Grundlage entstanden, und als sich die inneren Verhältnisse und die Kriegführungsweisen geändert hatten, wurde der Grundsatz der Naturgebundenheit verlassen. Am ehesten kann man anlässlich dieser beiden Typen von einem Kompromiss reden, der meistens in Aussenwerken, die sich den Naturformen anschmiegen, zutage tritt, aber erst nachdem das Konventshaus seinen Gipfelpunkt erreicht hatte. Besonders für das Ende des 14. Jahrhunderts ist zu merken, dass in den Vorburgen verhältnismässig lange gerade Mauerfronten bevorzugt worden sind (Ludsen), was auch den Wehrbedürfnissen entsprach: von einem einzigen Punkt aus konnte die Verteidigung des ganzen langen Mauerteils erfolgen, während übermässig naturgebundene Burgen grössere Besatzungen zur Verteidigung ihrer Vorwerke erforderten.

Obschon die Mehrzahl der livländischen Burgformen auf abendländische Grundlagen zurückzuführen sind, gibt es dennoch Punkte, die sich als andersartig in dem allgemeinen Kunstbild des Landes ausnehmen. Eine solche Ausnahmeerscheinung bildet z. B. der durch folgerichtige Ausnutzung der Geländeformen entstandene keilförmige Grundriss, wie er am deutlichsten bei der Burg Kokenhusen vorliegt. Dort war das besonders durch die Gestalt des Berges nahegelegt, doch war selbst in solchen Fällen, wie andere naturgebundene Anlagen beweisen, auch eine andersartige Lösung möglich. Bei der Herkunftsbestimmung des Typs von Kokenhusen ist es wichtig, sich in Erinnerung zu rufen, dass dort die Burg eines slawischen Fürsten gestanden hatte, aus welcher Anlage gar manches in die Formen des vom Bischof gegründeten Schlosses übergegangen ist. In Westeuropa freilich treffen wir solche keilförmige Burgen selten an, wohl aber sind sie in slawischen Gebieten sehr verbreitet, wie das durch eine Reihe von polnischen Burgen wie Krasna, Koziana u. a. besonders anschaulich bestätigt wird, wo wir überall einem keilförmigen Grundriss begegnen, der dem von Kokenhusen äusserst ähnlich sieht [15]. Die erwähnten Burgen

---

[13] Clasen, Burg (PB).
[14] Clasen, Burgbauten 29 ff.
[15] Guerguin 303 ff.

Abb. 239. Isborsk, die Burgruine.

sind grösstenteils im 16. Jahrhundert umgebaut worden, ihr Grundriss jedoch reicht wie auch bei Kokenhusen in eine frühe Zeit zurück.

Noch deutlicher als bei Kokenhusen tritt der östliche Einfluss gegen Ende der Ordenszeit bei der Festung Villack zutage. Zwar finden wir für deren Naturgebundenheit auch Vergleichsbeispiele unter späteren unregelmässigen Burgen Westeuropas; eine derartige Anordnung von breiten Türmen im Mauerzuge kann aber im vorliegenden Fall nicht auf westdeutsche Vorbilder zurückgeführt werden. Eine ähnliche Verbindung von Mauer- und Turmschutz war besonders in den russischen Burgen verbreitet, die an der Grenze des Ordensstaates gegründet wurden, darunter als bedeutendste Beispiele das der Hermannsburg zu Narwa gegenüber liegende Iwangorod und das östlich von Neuhausen gelegene Isborsk (Abb. 107 und 239). Beide wurden erst seit Ende des 15. Jahrhunderts endgültig ausgebaut, und ihr mächtiges Turmsystem hat auf die livländische Burgenarchitektur einen stimulierenden Einfluss ausgeübt. In Iwangorod waren 1507 die Baumeister Vollendimer Torgkan und Marcus de Greke (der Grieche) tätig [16]. Dieser Umstand seinerseits weist unmittelbar auf die Einflussquellen der russi-

---

[16] UB 2. Abt. Bd. III, 169.

schen Wehrbauten des Spätmittelalters hin: massgebend waren italienische Baumeister [17], wie das besonders deutlich am Moskauer Kreml zutage tritt. Die südlichen Formen wurden aber in kurzer Zeit nach den lokalen Verhältnissen umgestaltet und verfügten über eine grosse Expansionskraft [18].

Ausser dem Grundriss gibt es wenig Angaben über das einstige Aussehen der naturgebundenen Burgen. Der im mittleren Landesteil als Baustoff verwendete Feldstein drückte der Mehrzahl von ihnen das Gepräge eines Zweckgebäudes auf, bei dem fast jegliches künstlerische Beiwerk fehlte. Aber auch die Zweckgestaltung ermangelt nicht des künstlerischen Ausdrucks, besonders wenn sie mit einer Geländeausnutzung verbunden erscheint, durch welche die Landschaft, das Gelände mitgestaltet wird. Diese Feldsteinburgen weisen eine gewisse Pflanzenhaftigkeit auf, wodurch auch die schon frühzeitig emporgekommene Ruinenromantik zu erklären ist. Auch im Kalksteingebiet war nur die Mauerfläche von Wirkung, wie Kokenhusen beweist, wo erst die spätere Zeit Bogenfrieskadenzen und Blendnischen für Mauern und Türme hervorgebracht hat. Deren Grundquelle ist die westdeutsche Burgenarchitektur gewesen, worauf noch deutlicher der Vergleich gleichartiger Details an anderen Burgen hinweist.

2. Die Turmburg.

Während die naturgebundene Anlage in der Geschichte der livländischen Burgen hauptsächlich mit der Eroberungszeit verknüpft erscheint und später nur noch vereinzelt vorkommt, so hat die Turmburg hier eine bedeutende Stellung inne seit den ersten Tagen bis zum Spätmittelalter. In dieser Beziehung weist das nördliche Ordensland im Vergleich zu Preussen eine besonders starke Sonderentwicklung auf, die hauptsächlich aus der allgemeinen Ge-

---

[17] Betreffs Isborsk ist in der älteren Literatur die Ansicht verbreitet, als ob diese Burg von deutschen Meistern erbaut sei. Man hat auf die an der Westmauer befindlichen vier Kreuze hingewiesen, die, aus kleinen Steinchen zusammengesetzt, an Männerfiguren erinnern und als Hausmarken deutscher Herkunft gedeutet worden sind (Kotljarewski 82—83). Hausmarken erscheinen aber nie in dieser Gestalt, wohl aber könnte man vermuten, dass es sich um magische Zeichen an der am meisten vom Feinde bedrohten Seite handelt. Als Gegenstück zu diesen Zeichen von Isborsk wies die Grenzfestung des westlichen Nachbars, Neuhausen, an ihrer Ostseite ein grosses lateinisches Kreuz auf, — wiederum als Warnungszeichen für den von Osten her anrückenden Feind.

[18] In Finnland wird das durch die Burg Olavilinna (Olofsborg) bezeugt, die im Jahre 1477 von Erik Axelson Tott mit Hilfe von 16 ausländischen Mauermeistern erbaut worden ist (Hahr, Nordiska borgar 135). Die Wehrdetails lassen keinen Zweifel übrig, dass unter den ausländischen Mauermeistern die über Russland gekommenen Italiener gemeint sind.

schichte der Turmburg in den nördlichen Gebieten verständlich wird.

In dem mittelalterlichen Einflussgebiet Deutschlands ist die Turmburg verhältnismässig wenig verbreitet. Aus dem römischen *burgus* entwickelten sich in Deutschland nicht monumentale Bauten, wie es die französischen Donjons und die englischen Keeps sind, die in gleichem Masse Wehr- und Wohnzwekken entsprechen [1]. Die Trennung dieser Zwecke im nordischen Wehrbau zeitigte einen zweiten Typ innerhalb dieser Entwicklungslinie, nämlich den Bergfried, der nicht für längere Bewohnung eingerichtet, sondern bloss als Verteidigungspunkt für ausserordentliche Fälle vorgesehen war. Abgesehen von der Naturgebundenheit ist eben der Bergfried ein charakteristischer Bestandteil des germanischen Schlosstyps gewesen und hat seine Hochblüte im 12. und 13. Jahrhundert als dem klassischen Zeitalter der Burgenarchitektur erlebt [2]. In reiner Gestalt hat er sich jedoch nur in grösseren Burgen behauptet, denn die durch die Lehnsordnung bedingte restlose Vereinigung von Wohn- und Wehrzweck durch Errichtung vieler kleiner Einzelbefestigungen hat auch den Charakter des Turmes verändert, und wie für die unregelmässigen Burgen so sind auch für die Turmburgen des nördlichen Gebiets die Vorbilder der zahlreichen kleineren Wehrbauten der westlichen Gebiete entscheidend geworden.

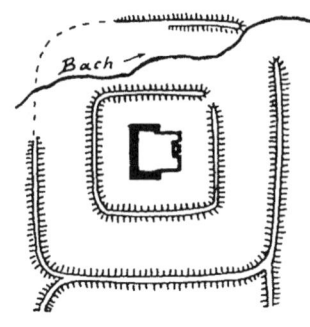

Abb. 240. „Gräfte" bei Driburg in Westfalen, Grundriss. Nach H a h r.

Auch für die Turmburgen weisen eben die geschichtlichen Beziehungen des Landes unmittelbar auf diejenigen Gebiete hin, wo wir die Vorbilder zu suchen haben. Auf westfälischem Kolonialgebiet hatte das kleine Turmhaus schon frühzeitig Boden gefunden, eignete es sich doch gut für Fälle, wo man nicht sofort ausgedehnte Wehrbauten anzulegen vermochte [3]. Als eins der frühesten Beispiele erscheint die „Gräfte" bei Driburg, die in reiner Form die aus dem römischen *burgus* erwachsene Motte-Anlage vertritt (Abb. 240). In gleicher Weise wie in Westfalen vollzieht sich die Entwicklung auch im Rheinlande, wo seit dem 12. Jahrhundert eine Reihe bedeutender Wohnturmburgen angelegt worden ist, wie Hardenberg, Hardtburg, Lechenich u. a. [4]. Aus derselben Frühzeit

---

[1] B r a u n 26.
[2] P i p e r 173 ff; S c h u c h h a r d t 224 ff.
[3] S c h u c h h a r d t 286; G l a s m e i e r 5.
[4] C l a s e n, Burg (PB).

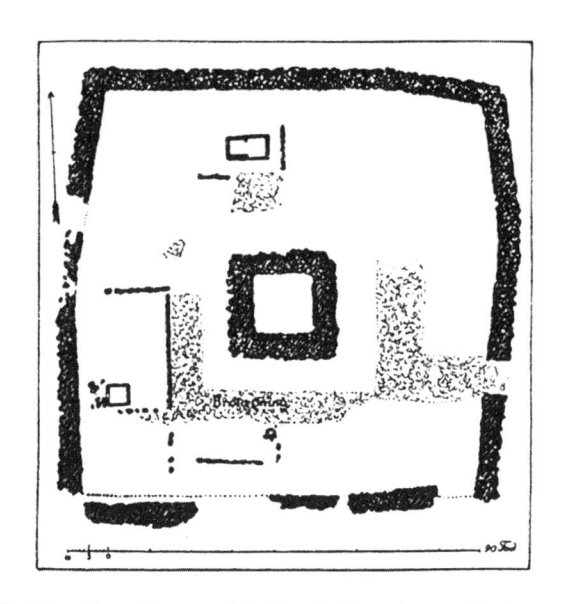

Abb. 241. Taarnborg auf Själland, Grundriss. Nach H a h r.

stammende kleine Turmburgen finden wir auch in den Küstengebieten der Ostsee, so z. B. Marodei in Mecklenburg und ähnliche Anlagen in Pommern [5]. Besonders wichtig ist jedoch, dass auch Skandinavien zur selben Zeit eine analoge Entwicklung aufweist. In Dänemark sind zahlreiche Spuren kleiner Rundtürme, sog. „Voldsteder", nachgewiesen worden, die ähnlich den Mottes anfänglich in Holz und erst später in Stein aufgeführt worden sind [6]. In der auf Själland befindlichen Taarnborg erscheint als ältester Teil ein Turm mit einer Seitenlänge von 8 m, dem vermutlich schon zu Beginn des 13. Jahrhunderts eine regelrechte Ringmauer angeschlossen worden ist (Abb. 241). Unter Waldemar I. wurde auch die bekannteste skandinavische Turmburg Hälsingborg in ihrer ursprünglichen Gestalt aufgeführt, die dann nachmals donjonartig ergänzt worden ist [7]. Die Baugeschichte dieser Burg weist auf die allgemeine Tendenz hin, derzufolge in der Absicht, die Wehrkraft zu zentralisieren, ein Wohnraum im Turm angelegt wurde, wodurch ein dem Donjon ähnelnder Wohnturm entstand.

Die Frühgeschichte der altlivländischen Turmburg weist gleichzeitig Verbindungslinien zu Skandinavien sowohl als auch zu Westdeutschland auf. In deutlicherer Weise als bei irgendeiner anderen

---

[5] S c h u c h h a r d t 287.
[6] H a h r, Nordiska borgar 31; O l s s o n, Stockholms slott 126; B e c k e t t 80.
[7] Mårtensson 18; L u n d b e r g, Byggnadskonsten 411.

Abb. 242. Lärbro auf Gotland, die Kirche und das Kastal.

Burg der Frühzeit werden wir bei der von gotländischen Maurern aufgeführten Burg Üxküll auf ihre Baugeschichte gewiesen. Auf Gotland finden wir denn auch überzeugendes Vergleichsmaterial für Meinhards Haus, das sich im vorigen als Turmburg erwiesen hat. Wie zur Verteidigung der festländischen Küste Schwedens bereits im 12. Jahrhundert eine Reihe von Turmburgen entstanden waren [8], so sind solche zu gleicher Zeit auch auf Gotland angelegt worden [9]. Diese in ihrem Grundriss runden oder viereckigen sog. Kastale wurden meistens neben den Kirchen aufgeführt, an den Versammlungsorten des Volkes, wo der Turm im Falle der Gefahr Schutz zu bieten vermochte (Abb. 242); auch Interessen des Handels und der Küstenverteidigung pflegten bei der Anlage von Kastalen berücksichtigt zu werden. Meist war ihr Obergeschoss als Wohnung für die ständige Wachtmannschaft hergerichtet, und zwecks Hebung der Wehrfestigkeit des Turmes wurde dieser manchmal mittels einer Schutzmauer mit der Kirche verbunden (Gothem, Gammelgarn) [10]. In gleicher Weise gebaut und verbunden waren Meinhards Haus und Kirche, wonach kein Zweifel be-

[8] Näheres siehe O l s s o n, Kastaler.
[9] T i d m a r k, Kastalerna 5 ff.
[10] L u n d b e r g, Byggnadskonsten 412 ff.

stehen kann, dass gotländische Baumeister die in ihrer Heimat populär gewordene Wehrbauform unverändert an das Ufer der Düna übertragen haben. Wie auf Gotland, so diente der Turm auch in Üxküll als Schutz für den Handelsplatz und war denn auch sein Bau von den Kaufleuten finanziell unterstützt worden.

Augenscheinlich hat Üxküll auch die weitere Entwicklung der Turmburgen in Livland beeinflusst, aber darüber hinaus sind wahrscheinlich auch noch später neue Anregungen von Gotland gekommen, und zwar im Zusammenhang mit der Verbreitung gotländischer Kunstformen am Schluss des 13. und zu Beginn des 14. Jahrhunderts vor allem im nördlichen Teil des Landes. So ist es möglich, dass die Turmburg Peude im 13. Jahrhundert unmittelbar nach gotländischen Vorbildern aufgeführt und in der Art der Kastale mit der nahe gelegenen Kirche verbunden worden ist. Karling versucht, den Turm zu Kyda in Nordestland mit den Kastalen in Verbindung zu setzen, indem er sich auf die Wirksamkeit der Mönche des auf Gotland befindlichen Klosters Roma beruft, die in der Nähe von Kyda grosse Ländereien besassen und ungefähr um dieselbe Zeit das Klostergut zu Kolk ausgebaut haben [11]. Der in seinen Formen einzigartige Turm zu Kyda weist aber auch Verwandtschaft mit östlichen Gebieten auf, wo die Turmburg ebenfalls schon seit dem 12. Jahrhundert verbreitet gewesen ist. Dort haben die Turmburgen schon früh eine dossierte Form, wie sie für den Turm zu Kyda und für eine Reihe von Türmen bezeichnend ist, die auf polnischem Gebiet im frühen Mittelalter angelegt worden sind. Wrangel hat aus diesem Grunde versucht, Polen in den skandinavischen Kunstkreis einzubeziehen [12], was teilweise der Wirklichkeit zu entsprechen scheint, aber richtiger wird es wohl sein, dort wie auch in Livland eine Überkreuzung verschiedener Einflüsse anzunehmen, wobei die gotländische Kunst bloss als einer der in Frage kommenden Bestandteile erscheint.

Einflüsse anderer Herkunft zeigen sich bereits in den Anfangszeiten der livländischen Burgenarchitektur. Von wesentlicher Bedeutung ist die Nachricht des Chronisten, die Burg Treiden sei vom Bischof von Ratzeburg unter Mitwirkung von Pilgern errichtet worden. Wie bei Üxküll, so weist dieser Umstand auch hier unmittelbar auf den Ursprungsort der Formen hin. Aus alten Gravüren erhellt nämlich, dass die Bischofsburg Ratzeburg einer der hervorragendsten Turmbauten Norddeutschlands gewesen ist, um die herum dann in der Folgezeit schwächere Bauten im Oval gruppiert

---

[11] Karling, Gotland 109—110.
[12] Wrangel, Beziehungen 5 ff.

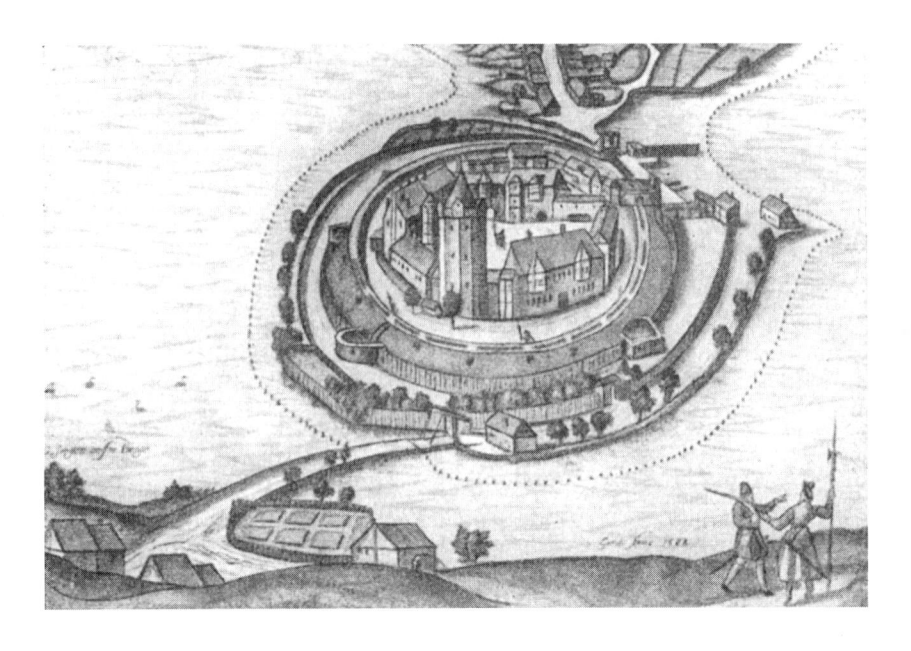

Abb. 243. Ratzeburg in Norddeutschland. Nach E b h a r d t.

worden sind (Abb. 243). Diese Runddeckung war aber bloss ein leichter Schutz und veränderte nicht den reinen Turmcharakter der Burg, wie das in der älteren Zeit auch in Treiden der Fall gewesen ist. Treiden ist eine typische Wohnturmburg, die auch die abgeschlossene Schwere der Frühzeit aufweist; das ist kein reiner Bergfried, auch kein Donjon, vielmehr haben sich hier normannische und deutsche Überlieferungen vermengt. Möglicherweise sind diese Überlieferungen auch von der Burg Rositen vertreten worden, ganz sicher aber gehört Weissenstein in diese Gruppe; letztere Burg hat neben allem andern auch die polygonale Form mit dem Turm von Ratzeburg gemeinsam, welche Form im südlichen Ordenslande erst im 14. Jahrhundert heimisch geworden ist [13].

Im allgemeinen jedoch neigt die Entwicklung zur Betonung der Wohnbarkeit, und im Zusammenhang damit wird die viereckige Turmform immer beliebter, da sie leichter Wohnbedürfnissen angepasst werden konnte und da die Anlage zunächst von Balkendecken und nachher von Gewölben leichter bei viereckigen als bei runden Türmen zu bewerkstelligen war. Solch eine Turmform ist in

---

[13] Clasen vermutet, der Turm von Weissenstein sei in engster Anlehnung an preussische Türme der ersten Hälfte des 14. Jahrhunderts (Strasburg, Rheden) erbaut worden (Baltische Lande 442). Die im ersten Teil gebrachten geschichtlichen und bautechnischen Angaben dürften jedoch die Datierung ins 13. Jahrhundert rechtfertigen.

Livland schon früh, abgesehen von Orden und Bischof, auch durch die Zisterzienser verbreitet worden, die gleichfalls zu ebendenselben Gebieten des Westens in Beziehungen gestanden haben, wo wir dem nämlichen Burgtyp begegnen. Dünamünde, Padis I, Neuhausen, Kirrumpäh, Villack, — alle diese Burgen zeigen, wie tief die Turmburgüberlieferungen in der Wehrarchitektur Livlands verwurzelt gewesen sind. Ihre breite Form nebst der Betonung der Wohnbarkeit bringt sie schon in die Nähe der aus der Turmburg entwickelten Hausburg, für die es besonders zahlreiche Beispiele in Westdeutschland gibt (vgl. etwa Balduinstein im Lahngebiet und Baldenek im Hunsrück) [14]. Hier begegnen wir schon in reicherem Masse als bei den oben behandelten Burgen Elementen aus der Entwicklung des westlichen Donjons, der Typ als solcher wechselte jedoch nach den Umständen, wie man das im Rheinland sehen kann, wo fast alle Hausburgformen vertreten sind [15]. Besonders beliebt war die Hausburg beim Adel seit dem 14. Jahrhundert, wie das auch bei der hiesigen Entwicklung der Fall gewesen ist. Für das Zeitalter bezeichnend ist bei diesen länglichen turmartigen Häusern die häufig vorkommende Zweiteilung ihres Raumes [16], wofür auf estländischem Gebiet die Burg Angern und die schon in die Zeit der Feuerwaffen gehörende Burg Neuschloss als Beispiele angeführt werden können.

Dass die Entwicklung in engem Zusammenhang mit dem niederrheinischen Kunstkreise steht, beweist schon die von Ringmauern umgebene, palasartig ausgebaute Hausburg Doblen. Für deren Schmucktürmchen und Ziegelbogenfriese finden wir ein sehr nahes Gegenstück in einem befestigten Wohnhause zu Elburg, das am Ende des 14. Jahrhunderts von Arent thoe Boecop erbaut worden ist und nachmals als Rathaus gedient hat (Abb. 244) [17]. Das ist nur e i n Punkt in der zusammenhängenden Beispielreihe aus dem Gebiete sowohl der Architektur als auch der darstellenden Kunst, die insgesamt die Verwandtschaft der livländischen Kunst mit der niederrheinischen und niederländischen bekunden. Dass diese Kunstrichtung auch im 15. Jahrhundert fortgelebt hat, zeigt die an den Ecken mehr zur Zier als zur Wehr mit Türmchen ausgestattete Turmburg Kuimetz.

Kuimetz und die kleinen turmartigen Vasallenschlösser Nordestlands haben ihre Vorbilder in denselben Gebieten, für die Entwicklung ihrer Formen muss jedoch eine neue Unterart der Turmburg, das sog. Steinwerk, namhaft gemacht werden. Dass sie im

---

[14] C l a s e n, Burg (PB).
[15] R e n a r d, Wasserburgen 13.
[16] L u n d b e r g, Bostad 139 ff.
[17] V e r m e u l e n 481.

Abb. 244. Elburg in Holland, ein befestigtes Haus. Nach Vermeulen.

ganzen Lande besonders verbreitet waren, haben die oben beigebrachten schriftlichen Belege erwiesen; der nordestländische Befund seinerseits bestätigt es, dass diese Kleinturmform sich unmittelbar nach den in der Heimat der Steinwerke, in Niedersachsen und

Abb. 245. Steinhausen in Westfalen. Nach Glasmeier.

Westfalen ausgebildeten Formen gerichtet hat [18]. In Münster, Osnabrück und deren Umgebung sind noch bis heute zahlreiche Steinwerke erhalten, die einem typischen Bau dieser Art, dem Turm zu Wack, beträchtlich nahekommen (vgl. besonders Steinhausen in Westfalen, Abb. 245). Natürlich haben die andersartigen Verhältnisse neue Elemente in der Anordnung der Innenräume und in den künstlerischen Details gezeigt, das Grundschema ist jedoch insoweit unverändert geblieben, dass man die Herkunft der Formen aus Nordwestdeutschland nachzuweisen vermag. Da die übrigen nordestländischen Vasallenburgen ihrem Grundriss nach der Burg Wack nahestehen, so ist danach auch ihre Herkunft festzustellen: in ihrer Mehrzahl haben nordwestdeutsche Bauüberlieferungen vorgeherrscht, abgesehen von vereinzelten und zum Teil fraglichen Einflüssen aus anderen Kunstprovinzen.

---

[18] Eicke 41 ff.

Schliesslich verrät noch eine weitere Unterart der Turmburg westdeutschen Einfluss, nämlich die sog. Torburg. Auf Grund des erhaltenen Bestandes könnte Klein-Roop auf lettischem Gebiet mit Sicherheit in diese Gruppe einbezogen werden; Burgen dieser Art können aber in Wirklichkeit recht zahlreich gewesen sein, besonders unter den kleineren Verteidigungspunkten. Für diese finden wir wiederum Gegenstücke unter den Burgen des Rheinlands, wo die Entwicklung der regelrechten Torburg an Beispielen wie Gudenau, Myllendonk, Heimerzheim u. a. aufgezeigt wird [19]. Als Nebenrichtung dieser Entwicklung sind auch die stark ausgebauten Tortürme der grösseren Wehrbauten (Padis, Weissenstein) anzusehen, deren Brückenhebevorrichtungen französisch-niederländischer Art vor allem den entsprechenden Teilen rheinländischer Schlösser nahestehen, wo ähnliche Formen noch bis ins 17. Jahrhundert fortgelebt haben (Leerodt) [20].

3. Das Kastell.

In drei Wellen breitet sich das an das Kastell gebundene Gestaltungsgesetz über den nordischen Boden. Die Römer trugen es in die Rheinlande und in das südliche Deutschland. Die Franken nahmen es auf und bändigten mit seiner Hilfe das Sachsenland. Hier hat es deutlich erkennbar noch lange nachgelebt, brachte es jedoch nicht zu bemerkenswerter architektonischer Gestaltung. Erst die dritte Welle, durch die Deutschordensritter und die Eroberung des Ostens hervorgerufen, führte zu ganz grossen Bauwerken [1].

Bereits die zweite Kastellwelle findet deutlich genug bestimmbare Nachklänge in Livland. Das erste von Meinhard angelegte Kastell Holme weist wie auch Üxküll auf norddeutsche und skandinavische Gebiete zurück und ist eine der frühesten und beachtenswertesten regelrechten Burgen im Norden. Vermutlich ist die Burg Holme von denselben gotländischen Baumeistern errichtet worden, die bereits bei dem Bau der Burg Üxküll tätig gewesen waren. Die Quadermauertechnik weist deutlich auf Gotland hin, wo sich eben gerade unter zisterziensischen Einflüssen eine solide Mauertechnik zu verbreiten begonnen hatte und wo sie ausser in der kirchlichen Baukunst auch in der Burgenarchitektur wahrzunehmen ist [2]. Aber auch das schwedische Festland bietet Beispiele, wie es die am Väner gelegene Burg Aranäs beweist, wo wir eine Schalenmauer von

---

[19] Wildemann 39.
[20] Wildemann, Taf. 24.
[1] Clasen, Burg (PB).
[2] Lundberg, Murningsteknik 225; Bruhns 5 ff.

derselben Art mit sorgfältig behauenen Quadern antreffen [3]. Obschon von der gotländischen Baukunst für den Grundriss keine unmittelbaren Analogien geboten werden, wird er dennoch aus der damaligen allgemeinen Baurichtung verständlich, derzufolge es ein leichtes war, eine Turmburg im Bedarfsfalle zu einem Lagerkastell zu erweitern, welches Verfahren auch anderweit angewendet worden ist. Die zweite Kastellwelle hatte im Westen die Entstehung vieler regelrechter Anlagen veranlasst. Der bereits oben besprochene Turm bei Driburg war im Vorwerk so regelrecht angelegt, dass man lange Zeit angenommen hat, er sei von den Römern errichtet worden [4]. Beispiele finden sich auch im Herzen des alten Sachsenlandes, in der Gegend der Weser, der Ems und der Lippe, woher derselbe Typ schon frühzeitig auch in den Norden verpflanzt worden ist [5]. Das beweisen die Burgen Taarnborg und Glambeck sowie die von diesen aus organisch fortgesetzte spätere Entwicklung sowohl in Schweden als auch in Dänemark [6].

Auf Grund dieser Beispiele wird das so frühzeitige Vorkommen des Kastells in Livland und sein Fortleben in der Zeit der Schwertbrüder verständlich. Obschon das Kastell durch die Umstände genötigt war, zeitweilig vor der unregelmässigen Burg zurückzuweichen, zeugen doch die frühzeitigen Anlagen von Riga, Reval, Segewold und Wolkenburg von der Permanenz der Entwicklung. Bei der Ermittelung der Herkunft dieser Formen kann der Umkreis der von Einfluss gewesenen Gebiete noch erweitert werden, namentlich auf das Rheinland, von wo aus das altlivländische Architekturbild schon frühzeitig beeinflusst worden ist. Dass Westdeutschland abgesehen von der Verbreitung des Turmes auch in der Entwicklung des Kastells eine wesentliche Rolle gespielt hat, wird vom späteren Material in überzeugender Weise dargetan.

Zu derselben Zeit, als sich im südlichen Landesteil der vielgestaltige Kastelltyp entwickelte, wurde die Entwicklung in derselben Richtung auch durch die im nördlichen Landesteil von der dänischen Macht angelegten Burgen gefördert. Das gleichartige Bild der Burgen Reval, Narwa und Wesenberg beweist, das ihr Bau nach den gleichen Vorbildern bewerkstelligt worden ist. Eine Betrachtung der zeitgenössischen dänischen und schwedischen Burgenarchitektur ergibt denn auch, dass dort eben um 1300 eine Kastellform beliebt gewesen ist, die unmittelbar an die nordestländischen

---

[3] Aranaes 30; auch in den anderen Ländern findet man genügend Beispiele stark zeitbestimmter Schalenmauertechnik; unter den Ländern um die Ostsee herum ist aber vorderhand Skandinavien als Vermittler in dieser Hinsicht anzusehen.
[4] Schuchhardt 286.
[5] Moeller 4, 24 (BS).
[6] Haupt, Dänischer Burgenbau 82.

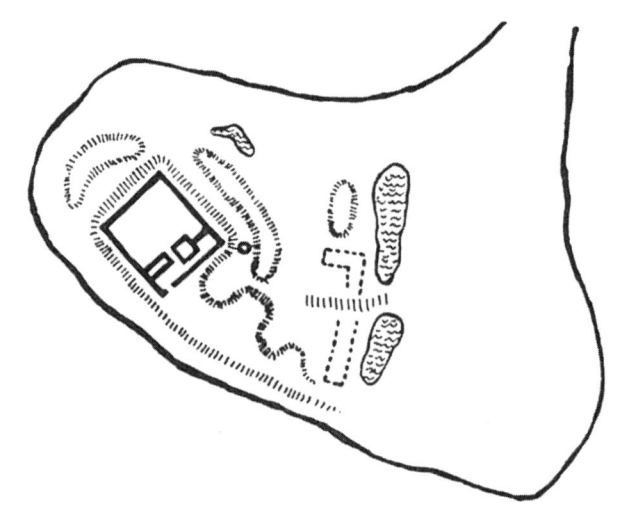

Abb. 246. Kalö auf Jütland, Situationsplan. Nach K a r l i n g.

Anlagen gemahnt [7]. Karling führt als vorzügliches Beispiel die Burg Kalö in Jütland an, die von Erik Menved (1286—1319) erbaut worden ist [8], also zu derselben Zeit, wo vermutlich auch die Burgen Narwa, Reval und Wesenberg vollendet wurden (Abb. 246). Für sie alle ist der mit einem regelrechten Viereck kombinierte Turmschutz bezeichnend, der aber noch nicht den Flankierungsgrundsatz kennt. Von schwedischen Burgen stehen den vorerwähnten nahe Nyköping und Örebro, an denen die engen Beziehungen besonders der nordestländischen Burgenarchitektur zum nordischen Kunstkreise nachgewiesen werden können [9].

Als in Nordestland die drei wichtigsten Stützpunkte der dänischen Macht entstanden, hatte im südlichen Teil des Landes und in Preussen bereits eine neue Entwicklung eingesetzt, die auf den Ordensgebieten zu einer eigentümlicheren Form des Kastelltyps, dem Konventshause, geführt hat. Die Wurzeln dieses Typs reichen ebenfalls bis zur Baukunst der alten Römer zurück, der Entwicklungsgang ist aber erheblich verwickelter als bei den oben besprochenen freien Typen. Die von den anderen nordischen Burgen stark abweichende Gestalt des Konventshauses hat bei der Aufhellung ihrer Entstehungsgeschichte mehrere Theorien veranlasst [10]. Dehio versuchte, die Entwicklung auf die Bauten Friedrichs II. in Unteritalien zurückzuführen; das ist eine Ansicht, die schon vor Dehio von

---

[7] L o r e n z e n, Studier 62; T r a p 629.
[8] K a r l i n g, Narva 62.
[9] H a h r, Nordiska borgar 51 ff.
[10] C l a s e n, Entwicklung 1.

Ehrenberg geäussert worden war und noch heute die Zustimmung eines Teiles der Forscher findet. Ein Teil der Kunsthistoriker hat versucht, die Entwicklung mit der Klosterarchitektur in Beziehung zu setzen; diese Theorie ist aber weniger begründet als die vorige. Endlich hat Clasen gezeigt, dass das Konventshaus freilich teilweise mit der allgemeinen Entwicklung des Kastells in Verbindung steht, dass aber seine endgültige Gestaltung ziemlich selbständig im preussischen Ordenslande erfolgt ist, wo sich in dem Zeitabschnitt 1260—1290 aus dem weitgespannten Lagerkastell die fest geschlossene Konventsburg konzentriert hat [11]. Wie aus der bisherigen Betrachtung des Materials erhellt, ist das Konventshaus in Livland um 1290 fertig, also zu gleicher Zeit wie in dem südlichen Ordenslande.

Vor der Analyse des Reifungsprozesses dieses Gebäudetyps im Norden werden wir von seinem stark südländischen Charakter zu einer flüchtigen Durchsicht derjenigen fremdländischen Elemente genötigt, die bei der Festsetzung der Richtlinien der Entwicklung in Betracht kommen könnten. Das führt zunächst zu der alten Streitfrage über den Einfluss der Kreuzzüge auf die europäische Baukunst im allgemeinen und auf die Burgenarchitektur des Deutschen Ordens im besonderen [12]. Die Ansichten überkreuzen sich stark, im allgemeinen jedoch ist es anerkannt, das alle Kreuzfahrer im Orient als dem Sammelbecken verschiedener Einflüsse gelernt haben. In der syrischen Baukunst hatten die alten Bauüberlieferungen der Römer in besonders kräftiger Weise fortgelebt und waren von arabischen Architekten ergänzt worden nach Grundsätzen, die bis dahin in den europäischen Burgen unbekannt gewesen oder wenig beachtet worden waren [13]. Wie der Aufstieg der französischen Wehrarchitektur seit dem 13. Jahrhundert beweist, wurde jetzt besonders das Verteidigungsprinzip des flankierenden Turmes angewendet nebst zahlreichen Werfscharten, die sich bald zum Maschikuli-Fries ausgestalteten. Für all das finden wir Gegenstücke in Syrien, ein Teil davon reicht sogar in die Römerzeit zurück. Die von den Kreuzfahrern im Jahre 1099 erstürmten Mauern Jerusalems stammten noch aus Kaiser Hadrians Tagen. Keinen geringeren Eindruck hinterliess der im 5. Jahrhundert angelegte Wehrgürtel Konstantinopels. Dazu gesellen sich noch zahlreiche Schlösser, die alle schon früh eine anregende Wirkung ausgeübt haben, wie das aus einem der mächtigsten Kreuzritterbauten, dem Crac des Chevaliers, er-

---

[11] Clasen, Burgbauten 29 ff.
[12] Becker 24; Cohausen 183; Ebhardt, Wehrbau 252; Ebhardt, Die Burgen Italiens 17.
[13] Schuchhardt 268 ff.

sichtlich ist [14]. Von Syrien und Palästina teils abhängig ist die französische Baurichtung mit Coucy und Gaillard an der Spitze [15]. Von allen Forschern einwandfrei anerkannt ist auch die morgenländische Herkunft des folgerecht ausgebildeten Parchamsystems, das nachmals besonders vom Deutschen Orden in seinen Wehrbauten angewendet worden ist.

Wesentlicher als diese Details ist aber die Entwicklung der allgemeinen Burganlage in den südlichen Gebieten. Auch in dieser Beziehung reichen die Formen bis in die Römerzeit zurück. Im Gegensatz zu den *burgi* der Nordlimes wurde in Afrika und Arabien eine Sonderform dieses Burgtyps ausgebildet, der sog. erweiterte *burgus*, der in der Mitte mit einem Hofe und um diesen herum mit schmalen Bauten ausgestattet war (vgl. den sog. Turris Maniliorum in Tripolis) [16]. In Deutschland wird dieser Typ durch Harlach bei Weissenberg in Bayern vertreten, bleibt jedoch eine Ausnahmeerscheinung in diesem Landesgebiet. Infolge römischbyzantinischen Einflusses hatten aber der erweiterte *burgus* und die ihm nahestehenden Anlagen in Vorderasien eine ausserordentliche Verbreitung erlangt. Dieser Typ wurde bald auch von den Kreuzfahrern übernommen, wie aus einer Reihe von Kastellen zu ersehen ist, die im Geiste arabischer Architekten gebaut sind, wie Château de Gilbet, Blanche-Garde, Goliat (Abb. 247) [17].

Daneben erschien aber auch Europa als gebender Teil, wofür als klassisches Beispiel die Deutschordensburg Montfort (Starkenberg) angeführt werden kann, die die Gestaltungsregeln rheinischer Burgen in reiner Form vertritt [18], so dass man aus diesem Grunde behauptet hat, dass der Einfluss des Orients in der Baukunst des Deutschen Ordens nicht sonderlich weit reiche. Es wäre aber doch einseitig zu meinen, der Deutsche Orden habe aus dem grossen Formenschatz des Orients weiter nichts als bloss einige Wehrdetails übernommen. Dass der Orden sofort nach seiner Umsiedlung aus Syrien in sein neues Betätigungsgebiet keine neuen Anlagen auszuführen vermocht hat, hat eine ähnliche Ursache, wie die Verdrängung des Kastelltyps zu der Zeit der Eroberung Livlands. Einige Jahre des Kampfes im Burzenlande ermöglichten noch nicht die Schaffung eines neuen Typs, da hier in aller Eile befestigte Punkte unter Ausnutzung des Geländeschutzes angelegt werden mussten. Daher sind die Burgen des Burzenlandes wie auch die

---

[14] Eine tiefschürfende Abhandlung über Crac des Chevaliers liegt von Deschamps vor, wo auch reichliche Vergleichsbeispiele angeführt sind.
[15] Über die Baugeschichte von Coucy siehe L e f è v r e - P o n t a l i s a. a. O.
[16] S c h u c h h a r d t 157.
[17] R e y 123.
[18] C l a s e n, Burgbauten 6.

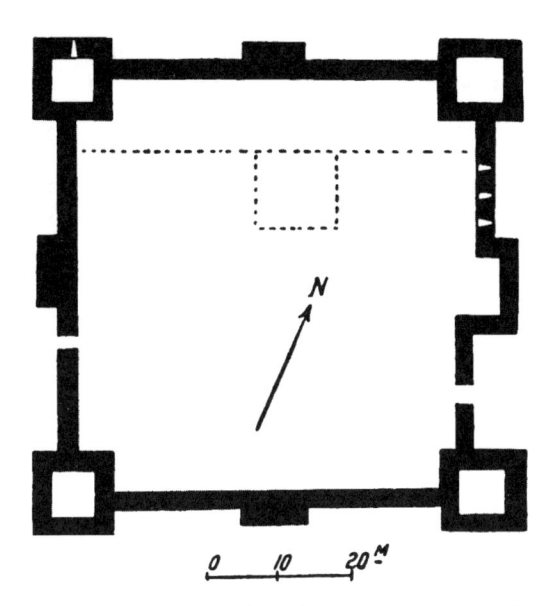

Abb. 247. Goliat in Syrien, Grundriss.   Nach Deschamps.

frühen Burgen in Preussen und Livland noch naturgebunden [19]. Die Fühlung mit dem Orient war aber nicht unterbrochen, wie das später aus den mittels farbiger Ziegel ausgeführten Inschriften arabischer Prägung an der Aussenseite preussischer Ordensburgen ersichtlich ist [20], gleichwie auch andere Details auf das ehemalige Wirksamkeitsgebiet des Ordens im Orient zurückgeführt werden können. Mit Recht hat Ehrenberg auf die Verwandtschaft der Torkonstruktionen der Ordensburgen mit denen der Burgen des Heiligen Landes aufmerksam gemacht, wofür die Untersuchungen von Deschamps noch weiteres Beweismaterial geliefert haben [21].

Abgesehen von der unmittelbaren Beeinflussung durch den Orient hat auch Italien eine wesentliche Vermittlerrolle gespielt. Die Kastelle Italiens fussten auf spätrömischen Wehrtraditionen, aber auch dort waren arabische Vorbilder von Bedeutung, wie aus einem Vergleich des Kastells Bari mit dem in der Provincia Arabia gelegenen Kasr Bchêr hervorgeht [22]. Bis zum Jahre 1309 residierte der Hochmeister des Ordens in Italien; schon aus diesem Grunde war die Fühlung zwischen dem Süden und dem Norden rege, und gar manche Direktive des höchsten Befehlshabers des Ordens

---

[19] Ebhardt, Wehrbau 479.
[20] Steinbrecht, Abb. 14; Ehrenberg 13.
[21] Deschamps, Les entrées, Pl. LXXXI.
[22] Clasen, Burgbauten 187.

mochte eine Übertragung ihm bekannter Formen in die Baukunst des Ordens veranlassen.

Das sind Tatsachen, die man bei der Analyse der Ausbildung des Konventshaustyps in Rechnung zu ziehen hat. Entsprechend der allgemeinen Entwicklung der nordischen Burgenarchitektur hatte der Orden bereits in der Mitte des 13. Jahrhunderts in Preussen neben der naturgebundenen Anlage auch das Kastell verwendet, wie es die anfängliche Gestalt der Burg Königsberg beweist [23]. Das war aber ein breites, freies Lagerkastell, wie es bereits zu Beginn des 13. Jahrhunderts einen Platz innerhalb der livländischen Entwicklung erhalten hatte. Die Unterbringung der Häuser an der Mauerlinie bedingte eine Verwandtschaft dieser Burgen mit den rheinischen Gadenkastellen, und es ist möglich, dass Westdeutschland auch auf diesem Gebiet eine stimulierende Wirkung ausgeübt hat. Dass bereits frühzeitig in beiden Ordensländern ein Umgestaltung dieses Burgentyps anhebt, das wird durch das Material aus der zweiten Hälfte des 13. Jahrhunderts, für Livland gar aus der Jahrhundertmitte erwiesen. Es beginnt ein Streben nach Konzentration, in den Bischofsburgen zum Teil unter dem Einfluss des Vorbildes der an den Sitzen der Domkapitel, vor allem an der Domkirche zu Riga befindlichen Klausur. Ein beachtenswertes Beispiel dieser Richtung ist Hapsal, zum Teil auch das unter einem Fragezeichen stehende Alt-Pernau. Der Gang der Geschichte verursachte jedoch in Livland einen Stillstand dieser Entwicklung auf halbem Wege, und die Führung in der Gestaltung des Typs wurde vom Preussischen Orden übernommen, der in administrativer Hinsicht eine höhere Stellung innehatte und über ruhigere Voraussetzungen für den von vornherein linear gerichteten Entwicklungsgang verfügte. Während Livland im Innern voller Gegensätze war und hier auch in der Baukunst mehrere Typen verbreitet waren, konzentrierte Preussen die ganze Kraft auf die Ausgestaltung eines für die Innenordnung des Ordens geeigneten Bautyps. Und dabei haben ausser den Impulsen der neuen Umgebung auch die Vorbilder aus dem ehemaligen Arbeitsgebiete des Ordens ihre Wirkung ausgeübt. Der strengen Ordnung und den Anforderungen des Ordens entsprach am besten das aus dem erweiterten *burgus* entwickelte, regelrecht geschlossene Kastell, wie es in Italien fortgebildet worden war. Die Kastellbauten Viterbos und Apuliens entstanden, als der Orden eben seine Bautätigkeit in Preussen begonnen hatte; der Bargello in Florenz und eine Reihe ähnlicher Palazzos wurden zu einer Zeit angelegt, als Salza noch in Italien war.

---

[23] Clasen, Burgbauten 43.

Alle diese Faktoren zusammengenommen haben im hohen Norden die Entstehung einer neuen Kunstrichtung bewirkt, in der jedoch die Vorbilder nicht einfach kopiert, sondern auf der Grundlage vieler Komponenten neue Formen geschaffen worden sind. Verglichen mit dem aus dem erweiterten *burgus* erwachsenen Kastell fallen die neue Züge des Konventshauses deutlich in die Augen: wird in den Kastellen des Südens die Anlage bloss von der Aussenmauer zusammengehalten, an der entlang sich die kleineren Bauten gruppieren, so werden in der Konventsburg vielmehr die Innenräume formbildend, die vier grossen Flügel, aus deren Zusammenfügung eben der sich einem Geviert nähernde kubische Block entstanden ist. Solch eine Anordnung der Saalräume war schon durch die halbgeistliche Innenordnung des Ordens geboten, die seine Anlagen teilweise auch den Klöstern genähert hat, aber wobei die Bauten schon von vornherein in einer abgeschlossenen burgartigen Hülse untergebracht waren. Dass bei der letzteren eben Überlieferungen des Südens unmittelbar beteiligt gewesen sind, das verrät deutlich die der nordischen Architektur fremde, streng organisierte Form des Konventshauses, dessen grosse schlichte Flächen nur in geringem Masse malerischen Elementen Raum zu geben pflegten.

Die Weiterentwicklung des in den letzten Jahrzehnten des 13. Jahrhunderts ausgebildeten Konventshauses zeigt, dass bei der Anlage der Burgen ein zentralisierter Wille geherrscht hat, der durch die Innenordnung des Ordens zu erklären ist, wobei in Bauangelegenheiten oft der Hochmeister selber um Rat angegangen sein wird [24]. Besonders deutlich tritt die Abhängigkeit von Preussen an den ersten Konventshäusern Livlands zutage, womit der Grund zu der weiteren Entwicklung gelegt wurde. Windau mit seinen schweren Frühformen ist ein Gegenstück zu dem annähernd gleichzeitig erbauten Lochstedt [25], jedoch schon damals mit Unterschieden in den dekorativen Details. Die im Anfang ausgebildete Anordnung der Räume herrscht lange in den livländischen Konventshäusern in kanonischer Strenge, wobei sie wie auch die allgemeine Gestalt des Baues die frühe preussische Richtung einhält. Aber schon im Anfang treten auch in der Entwicklung des Konventshauses Unterschiede zwischen den beiden Ländern zutage: während in Preussen zu Beginn des 14. Jahrhunderts die Backsteinformen immer dekorativer werden und dementsprechend auch in der allgemeinen Gestalt des Gebäudes leichtere Züge Eingang finden, bleibt Livland in konservativer Weise lange an den einmal gemachten Errungenschaften hängen. In den grossen Hauptburgen wie Fellin,

---

[24] Dewischeit 41—42.
[25] Clasen, Lochstedt 19 ff.

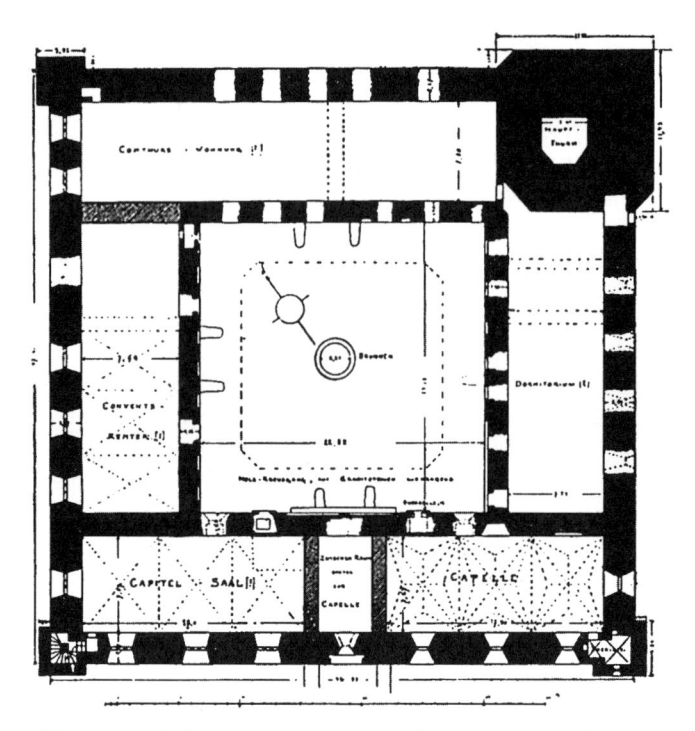

Abb. 248. Rheden in Preussen, Grundriss. Nach Clasen.

Marienburg u. a. wird der einturmige Typ von Windau weitergebildet, freilich unter Hinzutreten des Flankierungsprinzips. In Preussen wird dieser Typ nur von kleineren Schlössern wie Ortelsburg und Soldau vertreten [26]. Unter den Hauptburgen gewinnt bereits in Marienburg der mit dekorativen Ecktürmen ausgeschmückte Bau den Sieg, und dieses Motiv erreicht dann bei der Burg Mewe und der dieser nahestehenden Burg Rheden seinen Höhepunkt (Abb. 248 und 249). Von diesen Burgen wurde Mewe 1300—1310 und Rheden 1330—1340 in Stein ausgebaut [27]. Einige Jahre später spiegelt sich dieselbe Entwicklung auch in Livland wider, vor allem an der Monheimschen Burg zu Riga. Die anderen Verhältnisse und das Fehlen von Backsteinüberlieferungen ermöglichen es aber den livländischen Vierturmkastellen nicht, mit den preussischen in Wettbewerb zu treten: bloss der Grundriss wird in grossen Zügen befolgt, an den Mauern und in den Details fehlt jenes Raffinement, das die Baukunst des südlichen Ordenslandes in der Zeit ihrer Hochentwicklung im 14. Jahrhundert auszeichnet.

---

[26] Clasen, Burgbauten, Abb. 47, Pl. 21.
[27] Clasen, Entwicklung 25.

Abb. 249. Rheden in Preussen, Rekonstruktion. Nach Steinbrecht.

Vor allem bei den in der Nähe von Riga gelegenen Burgen ähnelt die livländische Entwicklung dem preussischen folgerichtigen, linearen Entwicklungsgang, im übrigen Landesteil äussert sich in immer stärkerem Masse eine gewisse Freiheit in der Anwendung von Formen fremder Herkunft. Eine derartig mathematische Entwicklung der Formen wie in Preussen lässt sich in Livland nicht beobachten. Bereits in der Frühperiode war Pernau innerhalb der Gruppe der Konventshäuser eine Ausnahmeerscheinung, für die sich unter den Frühburgen des südlichen Ordensgebietes keine Gegenstücke finden. Das spätere Material ist viel zu sporadisch, als dass man daraus Entwicklungsgesetze erschliessen könnte. Vermutlich ist die preussische Entwicklung zum Teil in Frauenburg befolgt worden, das in seiner Turmlosigkeit an Ragnit erinnert [28], das als charakteristisches Beispiel der Spätform des Konventshauses im südlichen Ordensgebiet erscheint.

Die Eigentümlichkeiten der bischöflichen Konventshäuser sind in Livland dieselben wie in Preussen: auch dort haben die bischöflichen Schlösser den gegebenen Typ nicht treu bewahrt, sondern der den Ordensburgen entlehnte Grundriss und die Wehrdetails sind in freierer Weise umgestaltet worden. Für die in Preussen

---

[28] Clasen, Burgbauten, Abb. 54.

Abb. 250. Muyden in Holland. Nach E b h a r d t.

besonders auffällige Betonung der dekorativen Seite in den Schlössern der geistlichen Landesherren finden sich Entsprechungen auch in Livland, in grösserem Masse jedoch erst innerhalb der Spätentwicklung als unter den eigentlichen Konventshäusern, wo der schlechte Zustand der Denkmäler keine weiterreichenden Schlüsse zu ziehen gestattet.

Viel selbständiger ist die Entwicklung des freien Kastelltyps verlaufen, der zugleich eine der bezeichnendsten Burgformen Livlands darstellt. Dass seine Wurzeln bis in die ersten Tage der deutschen Siedlung zurückreichen, das hat die Untersuchung des Materials in überzeugender Weise erwiesen. Somit hatte hier die Entwicklung an diesem Teil das preussische Gebiet stark überholt, wo die Kastellform als solche nicht vor der Mitte des 13. Jahrhunderts zur Geltung gelangt. Als Beispiele regelmässiger Frühburgen könnten dort Elbing und das schon obenerwähnte Königsberg dienen; diesen könnten auch einige noch nicht näher erforschte Holz-Erdeburgen zugesellt werden. Erst seit Ende des 13. Jahrhunderts entstehen in Preussen zum Schutz kleinerer Ortschaften sog. Einhauskastelle und besonders in der Nähe der litauischen Grenze sog. Fliehhäuser [29], die an ähnliche Bauten in Kurland gemahnen. Die ty-

---

[29] Ostpreussen I, 112; Ostpreussen II, 111.

Abb. 251. Moyland im Rheinland. Nach Renard.

pischsten unter diesen sind Neuburg, Pr.-Holland, Stuhm, Lamgarben und Bäslak; auch das früher erwähnte Soldau gehört hierher, obschon es seiner allgemeinen Gestalt nach dem Konventshause nahesteht. Das letzte Beispiel ist für die ganze Sonderlinie der preussischen Lagerkastelle bezeichnend: sie stehen dem Konventshaustyp näher als die livländischen. Clasen hat denn auch in ihnen eine unmittelbare Spiegelung des Konventshaustyps gefunden [30], das kann man aber von den Burgen der gleichen Art im nördlichen Gebiet nicht ohne weiteres behaupten. Hier haben die reinen Überlieferungen des freien Kastells stärker mitgeredet, und nur an vereinzelten Beispielen ist ein gewisses Streben nach Konzentration wahrzunehmen.

Die Sonderentwicklung der Burgen Livlands war durch andere Ausseneinflüsse und durch die Verschiedenheit des Baustoffs ver-

---

30 Clasen, Burgbauten 129 ff.

ursacht. So sehen wir, dass die livländische Wehrarchitektur, wie schon früher, so auch nachdem zu der Zeit der Entwicklung der Konventshäuser die Fühlung mit Preussen hergestellt worden war, Elemente aus dem westdeutschen Hausteingebiet entlehnt hat. Am Rhein war das Kastell von Holland bis zur Westschweiz heimisch, eben daher kamen die stimulierenden Einflüsse auch zur Zeit der Entstehung des Konventshauses in Alt-Livland. Bereits Ende des 13. Jahrhunderts war das mit runden Ecktürmen ausgestattete Kastell Muyden angelegt worden, im 14. Jahrhundert folgten Moyland, Cleydael und eine Reihe anderer (Abb. 250 und 251)[31]. Die Elemente dieses Kunstkreises wichen in Preussen gar bald den märkischen Backsteinüberlieferungen und die weitere Entwicklung weist nur in vereinzelten Fällen Zusammenhänge mit dem Rheingebiet auf. Solch eine Einzelerscheinung in Preussen ist Schwetz mit seinen grossen flankierenden Rundtürmen an den Ecken[32]. In Livland kommen diese Elemente viel stärker zur Geltung. Ein charakteristisches Beispiel ist die grosse Ringmauer des Schlosses zu Reval, die bald nach der Vollendung des Konventshauses gebaut wurde und in ihrer Form und mit ihren Türmen unmittelbar von den rheinischen Kastellen herzuleiten ist. Im Rheinlande bietet Kempen ein Gegenstück zum Revaler „Langen Hermann" (Abb. 252); in der Grundrissgestaltung erinnert unter vielen Beispielen besonders das im Jahre 1324 erbaute Schloss Friedewald an Reval[33]. Auch die anderen Türme des Schlosses zu Reval verraten rheinische Herkunft, vor allem die Echauguette französisch-westdeutschen Ursprungs, der sog. „Pilstiker", desgleichen der achtkantige „Stür den Kerl", der an derartige Kirch- und Mauertürme in Köln und Umgebung gemahnt. Den starken rheinischen Akzent der Architektur des nordestländischen Hausteingebiets bekunden ausser den genannten Details in noch deutlicherer Weise die anderen Baudenkmäler der Stadt Reval, vor allem das aus dem 14. Jahrhundert stammende Rathaus, das den Bauten gleicher Art in Kalkar und Rees nahesteht, und die Stadttore, für die alle sich überraschend ähnliche Gegenstücke in Köln sowohl als auch an anderen befestigten Orten desselben Gebiets finden[34].

---

[31] Ebhardt, Wehrbau 128—129; Vermeulen 464.
[32] Clasen, Entwicklung 36.
[33] Rheinprovinz 85, Abb. 71. Besonders beim „Langen Hermann" in Reval tritt die livländische Sonderentwicklung deutlich zutage, wie das auch Clasen ausdrücklich vermerkt hat (Baltische Lande 443). Mit seiner rein bergfriedartigen Form wirkt der Turm etwas altertümlich, da solche Typen auch sonst im deutschen Wehrbau damals schon seltener vorkommen.
[34] Klapheck 86 ff.

Abb. 252. Kempen im Rheinland. Nach Renard.

In geringerem Masse finden wir Einflüsse derselben Kunstprovinz an den in Ziegel- und Feldstein ausgeführten Kastellburgen der Mittelzone; an der Düna dagegen legt das neue Kalksteingebiet wiederum westdeutsche Stilmerkmale an den Tag, wie es Kokenhusen bewiesen hat. Details gleicher Art konnten dort auch in den regelrechten Anlagen vorkommen. Selbst in dem stark von der preussischen Entwicklung beeinflussten Kurland finden wir Eigentümlichkeiten, die auf westdeutsche Überlieferungen hinweisen. Der Rundturm des Schlosses Pilten ist ein erhaltenes Beispiel dieser Art, das sich nicht mit der preussischen Entwicklung verträgt, wohl aber dem Turmtyp des „Langen Hermanns" nahesteht. Dass bei der Anlage von Pilten Verbindungen mit dem nördlichen Gebiet unterhalten sind, wird durch die obenerwähnten urkundlichen Nachrichten erwiesen.

Zweifellos hat es solche für Westdeutschland bezeichnende und der preussischen Entwicklung fremde Rundtürme einst in grösserer Anzahl gegeben, als aus dem gegenwärtig vorliegenden Material erschlossen werden kann. Der Rundturm an der Südostecke der bereits zur Zeit der Schwertbrüder angelegten Burg Reval ist eins der ersten Beispiele; später schliessen sich diesem die Türme der unregelmässigen Burgen (wie Dorpat) an, und schliesslich scheint die Entwicklung im Zusammenhang mit der Verbreitung des Kastelltyps unter dem für Türme besonders eingenommenen Ordensmeister Goswin von Herike ihren Höhepunkt erreicht zu haben. All das bekundet eine erhebliche Sonderentwicklung Livlands im Vergleich mit dem südlichen Ordenslande. Dass man Einflüssen aus dem Westen zugänglich gewesen ist, tritt noch deutlicher an der Innenarchitektur zutage.

4. Die den Feuerwaffen angepasste Burg.

Beim Aufkommen der Feuerwaffen war die Baukunst beider Ordensländer noch eng verflochten. Noch wirkte sich in Preussen das Bauinteresse in altüberlieferten Formen aus, und der Austausch von Baumeistern zwischen den beiden Gebieten zeigt, dass trotz mannigfacher Nebeneinflüsse westdeutscher Herkunft neue Elemente auch von Preussen her nach Livland gekommen sind. Schon ganz früh hatte der Orden seine Burgen der neuen Waffengattung angepasst, indem er als einer der ersten die Wirksamkeit der neuen Kampfesweise in vollem Masse einzuschätzen verstand. In der auf niederfränkischem Gebiet dem Orden gehörigen Burg Prozelten wurden bereits im 14. Jahrhundert Umbauten im neuen Geiste unternommen, wobei der Westen in gleicher Richtung mit gutem Beispiel voranging [1]. Dort hatte schon die Entwicklung der letzten

---

[1] Gröber 25, Abb. 29.

Abb. 253. Bütow in Preussen. Nach C l a s e n.

Jahrhunderte Formen geschaffen, die sofort den neuen Anforderungen angepasst werden konnten, wie die rheinisch-niederländischen Kastelle mit ihren massiven Rundtürmen zeigen. Prozelten war denn auch mit derartigen Türmen ausgestattet, die aber den neuen Anforderungen gemäss niedriger gehalten wurden. Die Schlagkraft der Feuerwaffen wirkte sich in horizontaler Richtung aus, weshalb das Überhöhungsprinzip schon seit Ende des 14. Jahrhunderts seine Bedeutung einbüsste und die Entwicklung der Befestigungswerke eine neue Richtung nahm, die ihren Schlusspunkt in den modernen unterirdischen Forts erreicht hat.

Für das Verständnis der livländischen Entwicklung ist eine in Preussen völlig den neuen Anforderungen gemäss angelegte Burg, nämlich Bütow, von besonders wesentlicher Bedeutung (Abb. 253). Die Bauarbeiten waren zu Beginn des 15. Jahrhunderts im Gange, und die Burg konnte noch vor dem verhängnisvollen Jahr 1410 ihre endgültige Gestalt erhalten [2]. Seiner Anlage nach erscheint Bütow als Kastell mit runden, für Feuerwaffen berechneten Türmen an drei Ecken; an der vierten Ecke hat ein viereckiger Turm gestanden. Abgesehen von der neuen Gestalt der Türme ist von besonderer Wichtigkeit die Abwendung von dem bisher fast ausnahmslos befolgten Konventshausprinzip: in Bütow wird ein be-

---
[2] Clasen, Burgbauten 148.

trächtlicher Teil des Raumes vom grossen Hofe eingenommen, der von einer Ringmauer umschlossen wird, innerhalb deren bloss eine Seite bebaut ist. In dem allen sind die Einflüsse der neuen Kampfesweise auf die Innenordnung des Ordens und damit auf den gesamten Burgtyp deutlich wahrzunehmen. Immer deutlicher werden jetzt die bisher eng verbundenen Zwecke der Burg, der Wohnzweck und der Wehrzweck, gesondert: den Ordensbrüdern sind Söldner an die Seite getreten, die Ordensburg wird allmählich eine Kasernenburg.

Bütow blieb in Preussen der letzte grössere Neubau des Ordens: die Tannenbergschlacht vom Jahre 1410 durchschnitt die bisherige Entwicklung, seitdem entstehen in Preussen keine so stilbestimmenden Bauten mehr wie im vorherigen Jahrhundert. Anders verhielt es sich in Livland, wo es gerade im 15. Jahrhundert infolge innerer und äusserer Ereignisse zu einer Aufführung zahlreicher Neubauten und zu einer Ergänzung alter Burgen kommt. Zu Beginn dieser Tätigkeit hat die preussische Entwicklung noch sichtlich eingewirkt, und gerade Bütow ist einer der wichtigsten Formenvermittler zwischen dem Westen und dem Norden gewesen. Nicht aber in dem Masse wie beim Konventshause wurde im 15. Jahrhundert in Livland die in Preussen eröffnete Entwicklung befolgt, vielmehr wurde jetzt den Lagerkastellen durch die örtlichen Verhältnisse ein besonders starkes Sondergepräge aufgedrückt. Nur in ihrem Turmsystem weisen sie Berührungspunkte mit Bütow auf, und zwar vor allem im Anfangsstadium, in der ersten Jahrhunderthälfte (Lais). Es lässt sich für diese Zeit eine Umsiedlung von Baumeistern aus Preussen nach Livland nachweisen, was in um so grösserem Masse geschehen mochte, als dort die Bautätigkeit nach dem Jahre 1410 abflaute [3]. Zum Teil ist daraus auch die Expansion der preussischen Backsteinformen zu erklären, die sich jetzt sowohl in der Innen- als auch der Aussenarchitektur der livländischen Burgen zu bekunden beginnt. Den Höhepunkt innerhalb dieser Entwicklungsrichtung stellt Neuhausen dar, dessen Blendnischenformen mit dem Kunstdialekt des norddeutschen Backsteingebiets übereinstimmen. In Neuhausen tritt aber auch eine Eigentümlichkeit der Bischofsburgen in derselben Form wie in Preussen zutage, wo Clasen bei den Schlössern der geistlichen Landesherren eine besondere Vorliebe für derartigen Mauerschmuck festgestellt hat [4]. Die Fühlung zwischen den bischöflichen Bauten scheint noch das ganze Jahrhundert hindurch und selbst bis zum Beginn des 16. Jahrhunderts angedauert zu haben, zu welcher Zeit in Preussen die mäch-

---

[3] Ziesemer, Ausgabebuch 93; UB V, 2300.
[4] Clasen, Burgbauten 164.

Abb. 254. Heilsberg in Preussen, Eckturm an der Vorburg.

tigen, für Feuerwaffen berechneten Türme der Bischofsburgen Heilsberg, Rössel und Allenstein entstanden sind (Abb. 254). Diese sind freilich nicht mehr von so preussischem Gepräge wie die Ordensarchitektur des 14. Jahrhunderts, vielmehr ist an ihnen eine malerische Anordnung der Massen wahrzunehmen, wie sie für Westdeutschland bezeichnend ist.

Noch unmittelbarer sind die westdeutschen Vorbilder der Baukunst des livländischen Kalksteingebiets erfasst worden, wo der Orden die Führung hatte. Wieder sind es Westfalen und Rheinland, die uns Vergleichsmaterial bieten. Seit Beginn des 15. Jahrhunderts wurden dort die Burgen eifrig den neuen Anforderungen gemäss befestigt, wofür als typisches Beispiel die kleine Turmburg Heyden dienen mag (Abb. 255). Sie vertritt noch den Hochtyp mit Rundtürmen an allen Ecken; bald jedoch erfolgte eine Reduktion, und Türme wurden nur noch diagonal oder gar bloss an einer einzigen Ecke angelegt. Besonders in der Reihe der Kleinburgen des westfälischen Adels begegnen wir derartigen Anlagen in grosser Zahl; das als Beispiel angeführte Hollwinkel ist zu Beginn des 15. Jahrhunderts erbaut worden und gewährt eine Vorstellung davon, wie die livländischen Burgen dieser Art ausgesehen haben mögen (Abb. 256).

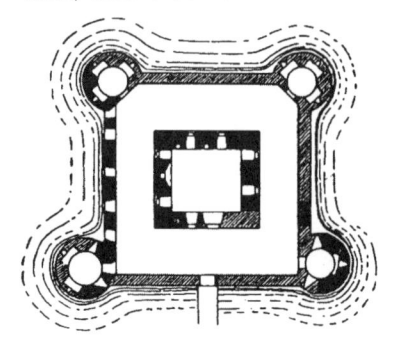

Abb. 255. Heyden im Rheinland, Grundriss. Nach Renard.

Vor allem die dem Orden gehörenden Burgen mit den diagonal angeordneten Türmen schliessen sich unmittelbar der allgemeinen Zeitrichtung in Westeuropa an. Burgen derselben Art begegnen wir ausser dem rheinisch-westfälischen Gebiet auch noch in England [5], mit denen es aber nicht sowohl unmittelbare Berührungspunkte gibt, als vielmehr eben gemeinsame Inspirationsquellen hier die gleichen Formen hervorgebracht haben. Die Auseinandersetzungen innerhalb des livländischen Ordens im 15. Jahrhundert machen es verständlich, dass das westfälische Element immer mehr zur Geltung kam, nachdem in dem Streit der Landsmannschaften die Westfalen obgesiegt hatten, die fortan als Ordensmeister eine führende Stellung behaupteten [6]. Dieser Sachverhalt spiegelt sich auch in der Kunst wider, wo seit der zweiten Hälfte des 15. Jahrhunderts eine neue Welle westfälischer Formen aufsteigt. Eine Manifestation der Formen der Feuerwaffenzeit wie das Schloss Gemen in Westfalen [7], sind in Livland die Turmbauten aus der Zeit Plettenbergs, von denen der „Lange Hermann" in Wenden mit seinem dekorativen Maschikuli-Friese besonders deutlich auf die späte dekorative Richtung der Umgebung von Münster hinweist. Von daher mögen sogar Baumeister gekommen sein, worauf die Entstehungsgeschichte der Marienkapelle der Olaikirche zu Reval mit ihren Skulpturen zu Beginn des 16. Jahrhunderts hindeutet, wo eine Reihe westfälischer Meister mit dem namhaften Bildhauer Hinrik Byl-

---

[5] Braun 57; Ebhardt, Wehrbau 238.
[6] Eesti ajalugu II, 180—181; Arbusow, Grundriss 99 ff.
[7] Glasmeier, Abb. 36.

Abb. 256. Hollwinkel in Westfalen, Rekonstruktion. Nach Bau- und Kunstdenkmäler von Westfalen.

densnyder an der Spitze gearbeitet hat. Einer seiner Mitarbeiter, Gert Koningk, hat sich nachmals auch als Festungsbaumeister betätigt [8]; der als Beispiel seiner Kunst anzuführende kleine, mit Maschikulis ausgestattete Turm an der Grossen Strandpforte zu Reval bestätigt den westfälischen Ursprung derselben allgemeinen Richtung [9].

Das unter Plettenberg befestigte Dünamünde zeigt die letzte mittelalterliche Stufe der unter dem Einfluss der Feuerwaffen erfolgten Wandlung der Burgformen: grosse Basteitürme mit der Ringmauer übernehmen gänzlich die Wehraufgabe, an die Stelle der Nahverteidigung ist die Fernverteidigung getreten; infolgedessen setzte sich die Sonderung von Wohnzweck und Wehrzweck nur noch weiter fort und die alte mittelalterliche Burg zerfiel in ein die Wohnseite betonendes Schloss einerseits und eine reinen Wehrcharakter tragende Festung andererseits. Elementen dieser Spätentwicklung begegnen wir auch in Pernau und in dem zu Beginn des 16. Jahrhunderts angelegten Wehrgürtel des Schlosses Hapsal, wo

---
[8] K a r l i n g, Marienkapelle 112.
[9] Auf dieselben Quellen könnte auch der obenerwähnte Danskerturm in Narwa zurückgeführt werden (vgl. Abb. 110).

die breiten Basteitürme sich derselben Richtung anschliessen, die in der letzten Zeit des Ordensstaates mächtige Zulagen zum Wehrgürtel von Reval veranlasst hat. Dass auch diesen die westdeutschen Befestigungen als Vorbild gedient haben, erweist ein Vergleich mit den grössten westfälischen Wehrgürteln in Münster und Osnabrück [10].

5. Die Innenarchitektur.

In grösserem Masse als sonst irgendwo haben sich in der Burgenarchitektur die innere und die äussere Gestalt in verschiedener Weise entwickelt, entsprechend der Verschiedenheit der stilformenden Faktoren auf beiden Gebieten. Äusserlich war die Wehrarchitektur vor allem von den Methoden der Kriegführung, von den Angriffs- und Schutzwaffen bestimmt, die ausser der Anlage auch die einzelnen Architekturdetails vorgeschrieben haben; somit konnten allgemeine Stilmerkmale, wie sie besonders in der Sakralarchitektur ausgestaltet worden waren, hier nur in geringem Masse in Erscheinung treten. Ganz andere Möglichkeiten gewährten die vom Wehrgürtel geschützten Innenräume, wo die allgemeingültigen Gestaltungsregeln in der Konstruktion sowohl als auch im Grundriss in grösserem oder geringerem Masse befolgt werden konnten. In ihren Grundzügen wandelten sich die mittelalterlichen Kriegführungsmethoden langsam, indem sie teilweise noch in die Zeit der alten Römer zurückreichen; dadurch erklärt sich auch das Zurückgreifen auf die alten Traditionen in der Burganlage und das Fortleben dieser Überlieferungen selbst bis zum Beginn der Neuzeit. In den von den unmittelbaren Wehraufgaben unbeschwerten Innenräumen dagegen konnten sich die Stilwandlungen annähernd in derselben Weise spiegeln wie in der kirchlichen und bürgerlichen Baukunst. Ebendieser Umstand nötigt gerade bei den Burgen zu einer Sonderbetrachtung der Innenarchitektur.

Das geringfügige Material gewährt keine zusammenhängende Übersicht über die Stilentwicklung der Innenräume der altlivländischen Wehrbauten. Gänzlich fehlt ein Bild von der Zeit vor dem Deutschen Orden und auch für diesen fliessen die Quellen des 13. Jahrhunderts äusserst spärlich. Die wenigen vorhin behandelten Beispiele gestatten aber auch hier die allgemeine Feststellung, dass der Raumstil in erheblicherem Masse als die Formen des Burgkörpers in der allgemeinen Architekturentwicklung Europas wurzelt. Noch genauer die Einflussgebiete zu umgrenzen gestattet die halb-

---

[10] Hannover X, Taf. II; R e n a r d, Stadtbefestigungen 151.

geistliche Innenordnung des Ordens: wenn sich in der äusseren Gestalt der Burgen die kriegerische Seite des Ordens offenbarte, so wurde für die Innenräume die Klösterlichkeit seiner Innenordnung bestimmend, die zur unmittelbaren Nachahmung der in den Klöstern gefundenen Lösung der Raumfrage führte. Hat es dort doch schon früher Gemeinschaftsräume gegeben, wie das Dormitorium, den Remter, den Kapitelsaal und die Kapelle, bei deren Übernahme das halbweltliche Gepräge des Ordens nur geringfügige Änderungen veranlasst hat. Ein wesentlicher Unterschied bestand darin, dass die Bedeutung des Sakralraumes in den Ordensburgen herabgemindert und er auf eine Stufe mit den übrigen Räumen gestellt wurde, ohne wie bei den Klöstern in dem Gesamtbilde der Anlage eine beherrschende Stellung einzunehmen. So liegen die Dinge in den livländischen wie in den preussischen Burgen, wo derselbe strenge, von der Innenordnung des Ordens vorgeschriebene Grundriss befolgt worden ist. Einen eigenartigen Zug haben in dieser Beziehung nur die bischöflichen Burgen Alt-Livlands eingeführt, in denen die aus den Klöstern übernommene vorherrschende Stellung der Kirche im Grundriss teils beibehalten wurde, freilich auch das nur in der früheren Zeit (Hapsal).

In der Grundgestalt der Räume stimmt die livländische Burgenarchitektur in grossem Masse mit der allgemeinen Zeitrichtung überein. Bei den Klöstern sowohl als auch bei den städtischen Profanbauten wurde in den nordischen Ländern schon frühzeitig der Saalraum beliebt, dessen Zweischiffigkeit zum Teil auf die Holzdecke einer früheren Entwicklungsstufe zurückzuführen ist, wo die Länge der Streckbalken die Aufstellung von Mittelpfosten notwendig machte. Wie in Preussen, so kamen freilich auch in Livland zweischiffige Räume nur in grösseren Burgen vor; die verbreitetste Raumgestalt war der schlichte Saal, und zwar auf früher Stufe in romanisierender Weise mit einem Längenbreitenverhältnis von 2 zu 1. Die unmittelbare Verwandtschaft der architektonischen Gestalt dieser Haupträume mit der kirchlichen Baukunst tritt in der Entwicklung der livländischen Burgen noch deutlicher zutage als auf preussischem Gebiet. Als charakteristisches Beispiel erscheint der älteste der erhaltenen Innenräume, die Schlosskirche zu Hapsal, die, wie sich vorhin erwiesen hat, unmittelbar auf dieselben Überlieferungen zurückweist, die in den Landkirchen geherrscht haben und in denen der Einfluss der Domkirche zu Riga unverkennbar ist. Doch daneben sind auch deutliche Spuren auswärtiger Einflüsse, und zwar des rheinisch-westfälischen Kunstkreises nachweisbar, dessen Gepräge auch andere zeitgenössische Gotteshäuser aufweisen [1]. Bezeichnend ist die Anordnung der Gewölbe und die wohlabgemessene Raumgestaltung, von den Details wiederum weist die Kapitellornamentik auf den Formenschatz des deutschen Übergangsstils hin. Die Formen, die dort in der ersten Hälfte des 13. Jahrhunderts herrschten, waren in Livland als einem abgelegenen Grenzgebiet noch in den letzten Jahrzehnten des Jahrhunderts lebendig. Wie bereits aus der Betrachtung der äusseren Gestalt der Burgen hervorgegangen ist, hat neben anderen Gebieten gerade das Rheinland eine wichtige Rolle in der Ausgestaltung des livländischen Kunstgepräges gespielt, und zwar besonders in der Frühzeit, wo Köln als der geistige Mittelpunkt des damaligen Deutschlands seine Strahlen bis in die ferne Ostprovinz hinausgesandt hat. Besonders eng war die Fühlung mit dieser „heiligen Stadt" bei der livländischen Geistlichkeit, was unter allem andern aus dem neben der Schlosskirche zu Hapsal befindlichen runden Baptisterium erhellt, das ohne weiteres mit in Köln beheimateten Bauteilen gleicher Art verglichen werden kann (St. Panthaleon) [2].

Abgesehen von diesen Elementen, gestattet die Kirche von Hapsal auch die Feststellung sowohl anderer Komponenten der livländischen Burgenarchitektur als überhaupt des ganzen Kunstbildes dieses Landes. Es lässt sich nämlich nachweisen, dass eine wesentliche Bedeutung in der Baukunst der Ordensländer den Zisterziensern zukommt, was übrigens bereits früher im Zusammenhang mit preussischen Bauten erwähnt worden ist, wo Ehrenberg besonders auf die Rolle der französisch-westdeutschen Zisterzienser hingewiesen hat [3]. In Hapsal gemahnen uns an die Bauüberlieferungen desselben Mönchsordens das Abkragungsmotiv in der Sakristei und die schlichten geometrischen Formen der Konsolen, im Langhause wiederum ist das Rundfenster in der Westwand einer der charakteristischen Züge, die die Zisterzienser ausser der Turmlosigkeit auch in die Architektur der Landkirchen eingeführt haben. Bereits in der westfälischen Kunst begegnen wir starken zisterziensischen Einflüssen; deren noch stärkeres Hervortreten in dem Kunstbilde Livlands ist durch die grosse Rolle zu erklären, die dieser Mönchsorden in der Geschichte dieses Landes, und zwar vor allem in den ersten Zeiten der Ansiedlung, gespielt hat. Abgesehen von

---

[1] Neulich hat Karling nachgewiesen, dass auch bei der Rigaer Domkirche rheinische Einflüsse eine grosse Rolle gespielt haben. Die sog. Hängesäulchen an den Mittelschiffspfeilern des Domes erweisen sich nach Karling als eine Entlehnung aus dem Dom zu Trier; das Nordportal und Teile der Kreuzgänge weisen gleicherweise rheinische Elemente auf (vgl. N. v. H o l s t, Riga. Revaler Zeitung, 26. April 1942).
[2] Rheinprovinz, Köln II, 155.
[3] E h r e n b e r g 13.

Hapsal, wird das Gesagte besonders durch den Materialbefund des südlichen Landesteils bestätigt: die Konsolen und Gewölbeansätze in Wenden und Segewold sind mit aller Sicherheit auf zisterziensische Bautraditionen zurückzuführen. Ausserdem weist noch die im 13. Jahrhundert umgebaute Kirche zu Üxküll ausgeprägt zisterziensische Eigentümlichkeiten in den Konsolen auf, die ein Teil der Forscher auf skandinavische Einflüsse zurückzuführen versucht hat [4].

Die Geringfügigkeit des Materials gestattet es nicht, das Problem der gotländisch-livländischen Kunstbeziehungen hinsichtlich der Innenarchitektur an den Burgen so weit zu verfolgen, wie das bei der kirchlichen Architektur Nordestlands möglich ist. Im allgemeinen scheinen im südlichen Gebiet wie im mittleren Landesteil kontinentale Kunsteinflüsse, und zwar westdeutsche, vorgeherrscht zu haben. Die Kragsteine von Windau haben nichts mit dem gotländischen Kunstkreise zu tun, wohl aber weist deren romanisierende Ornamentik auf dieselben Quellen hin, woher die bereits besprochenen Formen in Hapsal stammen. Noch deutlicher bekunden die Kapitelle in Fellin den Zusammenhang mit dem westlichen Hausteingebiet, indem sie zugleich die Grenze darstellen, wo die verspätete Formensprache der Romanik dem Naturalismus der Gotik das Feld überlässt. Die Verbindung zwischen den nordwestdeutschen und den nordischen Gebieten ist offenkundig; befolgt ist vor allem die Architektur der kirchlichen Nebenbauten, der Kapitelsäle und der Sakristeien, und zwar Vorbilder, die von den beiden wesentlichen Missionszentren der Frühzeit, Bremen und Magdeburg, geboten wurden.

Im allgemeinen sind auch in Fellin westfälische und zisterziensische Formen vorherrschend. Hinzugetreten ist nur eine reichhaltige vegetabile und figurale Ornamentik, für die, wie auch für die architektonischen Details, wir in demselben Kunstkreise Analogien finden. Ausser Westfalen sei die Elisabethkirche zu Marburg als die reiche Schatzkammer erwähnt, aus der ein grosser Teil der frühzeitlichen Architektur geschöpft hat [5]. Die grosse Verwandtschaft der Innenarchitektur von Fellin mit der Vorhalle des Mindener Rathauses ist ebenfalls auffallend und bestätigt es, dass ausser in der Sakralarchitektur auch auf dem Gebiete des zivilen Bauwesens Fühlung zwischen diesen Landgebieten bestanden hat [6].

Fellin ist ein charakteristisches Beispiel dafür, wie in den grossen Burgen zwar der von der Innenordnung des Ordens vorgezeichnete Konventshaustyp eingehalten worden ist, in der Innenarchitektur

---

[4] Tilmanis 318.
[5] Hamann u. Wilhelm-Kästner, Abb. 7.
[6] Westfalen, Minden, Taf. 58.

sich jedoch die Fühlung mit Westdeutschland erhalten hat, die bereits vor dem Auftreten des Ordens hergestellt worden war und auch noch später fortlebte. In Preussen hatte zu jener Zeit bereits die Ausgestaltung der reichen Backsteinarchitektur begonnen, welche Entwicklung sich aber in Livland erst merklich später spiegelt. Noch am Ende des 14. Jahrhunderts werden in dem Kalksteingebiet westfälische Formen nachgeahmt, wie aus einem Vergleich der Säule im Kellergeschoss des Turmes zu Wack und der Innenarchitektur der Kirche zu Klein-Marien mit dem benediktinischen Nonnenkloster Böddeken im Kreise Büren in Westfalen ersichtlich wird [7]. Wenn aber doch schon in der ersten Hälfte des 14. Jahrhunderts in der Innenarchitektur dem Ordensstil eigentümliche Elemente nachweisbar sind, so sind diese im Gegensatz zu der leichten Backsteinbauart Preussens aus dem Kalksteingebiet erwachsen. Am deutlichsten tritt der Unterschied der Entwicklung der beiden Länder an der Monheimschen Schlosskapelle in Riga zutage, einem der ältesten erhaltenen Beispiele des Ordensstils in Livland. In deren ernstem Gepräge mit den grossen Wulstrippen und stark gebusten Kappen ist der Einfluss der damals im Lande allgemein herrschenden westfälischen Kunst ganz offenkundig [8]; zugleich aber weist die Monheimsche Kapelle auch auf das hessische Gebiet hin, woher in der Frühzeit die Baumeister des Ordens schon nach Preussen gekommen waren und wo der Orden früh angefangen hatte, in der Entwicklung der Baukunst mitzureden. Es ist von Bedeutung, dass der Bau der Elisabethkirche zu Marburg, eines stilgeschichtlich wichtigen Baudenkmals, eben unter regester Mitwirkung des Ordens erfolgt ist [9], und so ist auch die Verwandtschaft des in derselben Stadt befindlichen, um 1311 vollendeten Schlosssaals mit der Monheimschen Kapelle zu erklären (Abb. 257). Auch später besteht eine Verbindung zwischen dem Orden und der rheinhessischen Kunstprovinz. Als aber die Entwicklung in Preussen stark ihre eigenen Wege zu gehen begann, verharrte Livland noch lange in Abhängigkeit vom Hausteingebiet: das in der zweiten Hälfte des 14. Jahrhunderts erbaute Ordenshaus zu Koblenz steht hinsichtlich seiner Innenarchitektur den livländischen näher als den preussischen.

Noch klarer stellt sich die Gestaltung der Innenräume des Ordens dar auf dem Hintergrunde der allgemeinen Entwicklung der europäischen Architektur. In dieser Hinsicht hat Frankreich schon früh durch die Aufführung von zweischiffigen Räumen wegweisend

---

[7] Westfalen, Büren 257.
[8] Tuulse, Riga 71 ff; Kömstedt 73.
[9] Hamann u. Wilhelm-Kästner 29.

Abb. 257. Marburg an der Lahn, Saal im Schlosse.

gewirkt, von denen einer der bekanntesten, der aus dem 13. Jahrhundert stammende Remter des Klosters Mont-St.-Michel, mit seinen palmenartig ansteigenden Gewölben und leichten, schlanken Säulen ein Vorgänger der im 14. Jahrhundert vom Orden angelegten Saalräume gewesen ist (Abb. 258). Zugleich zeigen die deutschen Zisterzienserklöster, wie die Ordensbrüder in der Stilgestaltung der Innenräume Hand in Hand mit den Mönchen gegangen sind. Beachtenswert ist die Entwicklung in dem östlichen Teil Deutschlands, in Schlesien, wo man schon in frühen Zisterzienserklöstern Formen antreffen kann, die unmittelbar an die spätere Entwicklung des Ordens gemahnen. Die Behauptung wird durch einen der angeführten Haupträume aus dem Kloster Tischnowitz bestätigt (Abb. 259), und die Reihe der Beispiele könnte noch vermehrt werden, zumal sich die schlesische Sakralarchitektur auch ausserhalb der Klöster in derselben Richtung entwickelt hat. Wie die west-, so sind auch die ostdeutschen Einflüsse vor allem durch Handelsbeziehungen zu erklären: ausser dem Seewege nach dem Westen führte eine wichtige Handelsstrasse von den Ordensländern über Thorn und Krakau nach Schlesien, wo zum Schutz der Interessen des Ordens bald sogar Burgen entstanden [10].

---
[10] Krollmann 54; Ebhardt, Wehrbau 475.

Abb. 258. Mont-St.-Michel in der Normandie, der Remter.

Die Einhaltung derselben Richtung in Livland wird ausser der Schlosskapelle zu Riga noch von Padis und Arensburg bezeugt. Vergleichsmaterial bietet vor allem das an Zisterziensern reiche sächsische Gebiet, aber auch Unterfranken. Der erste verwandte Bau aus der Frühzeit ist das Zisterzienserinnenstift St. Marienstern

Abb. 259. Tischnowitz in Schlesien, Klosterremter.

(*S. Mariae Stella*), deren strenge Innenräume mit ihrem an die Ordenskunst erinnernden Formen wie in Tischnowitz in das 13. Jahrhundert zurückreichen [11]. Besonders nahe Verwandtschaft mit der Architektur des Ordens weist Erfurt auf, wobei Einwirkungen sowohl von den Zisterziensern als auch von dem Deutschen Orden selber erfolgt sein können. Ohne von den zum Gemeingut gewordenen Ordensstildetails zu reden, mögen von den zahlreichen Baudenkmälern daselbst bloss zwei Räume hervorgehoben werden, die besonders geeignet sind, die Entwicklungsrichtung und die Beziehungen Livlands bis 1400 zu beleuchten. Der Kapitelsaal des Erfurter Augustinerklosters mit seinem achtkantigen Mittelpfeiler ist aus dem gleichen Kunstempfinden hervorgewachsen wie die Kapelle zu Arensburg (Abb. 260); dass man es hier mit gegenseitiger Beeinflussung zu tun hat, darauf weist schon der konkrete Umstand hin, dass sich neben demselben Kloster eine Klausur des Deutschen Ordens befunden hatte [12]. Der zweite Raum dieser Art gehört dem Kartäuserkloster an und stammt wie der erste aus dem 14. Jahrhundert (Abb. 261) [13]. In diesen beiden ist der schwerfällige Stil der Hausteinarchitektur ein Beweis für die unmittelbare Verwandt-

---

[11] Gurlitt 142.
[12] Sachsen I, 76.
[13] Sachsen II, 324.

Abb. 260. Erfurt, der Kapitelsaal im Augustinerkloster. Nach Bau- und Kunstdenkmäler von Sachsen.

schaft der livländischen Formen mit diesen Gebieten, bevor das Land von der Formensprache der das Dekorative liebenden Backsteinarchitektur erobert wurde. Wie die ungefähr aus denselben Quellen genährte Entwicklung in Preussen ein besonderes Gepräge angenommen hat, zeigen die Innenräume in Lochstedt [14], wo zwar in den Kapitellen und Konsolen die der Hausteinarchitektur eigentümliche Formensprache zur Geltung kommt, aber die ganze Stoffbehandlung immerhin eine gewisse Leichtigkeit und Schlankheit erstrebt, was zur gleichen Zeit in Livland nur an vereinzelten Beispielen wahrzunehmen ist [15].

Noch viel überzeugender als die vorigen Beispiele beweist endlich die sog. Gruft des unterfränkischen Zisterzienserinnenklosters Mariaburghausen (Abb. 262) [16], dass die livländische Kunst zu der Zeit der Aufführung des Schlosses Arensburg mehr den Vorbildern des west- und mitteldeutschen Hausteingebiets als denen des preussischen Ordenslandes gefolgt ist, obschon aus letzterem die Vorschriften und die Erfahrungen betreffs der allgemeinen Gestaltung des Burgkörpers kamen. Es ist auch wichtig zu bemerken, dass der im fränkischen Gebiet reichlich verwendete Juradolomit dort schon früh die Ausbildung einer ebenso sorgfältigen Quadertechnik wie in Arensburg begünstigt hat, und dass auch der Orden zu diesem Gebiet Beziehungen gehabt hat, wie es die dort errichteten Burgen erweisen [17].

Abb. 261. Erfurt, die Salvatorkapelle der Kartause. Nach Bau- und Kunstdenkmäler von Sachsen.

Bei der Ermittelung der Ursprünge der Ordenskunst in der Gestaltung der Innenräume muss man auch die Profanarchitektur Italiens in Betracht ziehen, die schon bei der allgemeinen Grundrissgestaltung einen stimulierenden Einfluss ausgeübt hat. Besonders erinnert die Hofarchitektur des Ordenskastells an die südländische Sitte, den Hof mit Arkaden zu umgeben. Obschon dieser südliche Gebäudeteil besonders in Livland den klimatischen Ver-

---

[14] Clasen, Lochstedt 34 ff.
[15] Von schlanken preussischen Pfeilerformen bietet die Grosse Gilde in Riga Beispiele, deren zweischiffiger Saal mit seinen kraftvollen Kreuzrippengewölben wohl bald nach 1353 fertiggestellt worden ist (Neumann, Riga 52).
[16] Bayern 108.
[17] Ebhardt, Wehrbau 420 ff; Gröber 24.

Abb. 262. Mariaburghausen in Franken, die „Gruft" der Klosterkirche.

hältnissen gemäss in einen geschlossenen Flurbau umgewandelt worden ist, so bezeugen doch die Arkadenformen italienischer Bauten rege Beziehungen der Ordensarchitektur zu diesem Lande. In den Hofpfeilern des im 13. Jahrhundert erbauten Bargello zu Florenz begegnen wir derselben Stilrichtung, die bereits in den besprochenen Klöstern zutage trat und hier eine der Quellen für die Ausbildung der Innenarchitektur des Ordens zu suchen gestattet (Abb. 263). Beispiele finden sich auch in anderen Städten Italiens, vor allem in Siena mit seinen zahlreichen Palästen aus dem 13. und 14. Jahrhundert.

Gleichzeitig mit dem Konventshause schwand auch der strenge Hausteinstil in der Innenarchitektur der livländischen Burgen und an die Stelle trat eine Neigung zum Dekorativen und Leichten. Dadurch wurde auch eine Wandlung hinsichtlich des Baumaterials herbeigeführt: statt Kalkstein wird jetzt Ziegel bevorzugt. Die Entwicklung hatte somit eine volle Wendung gemacht im Vergleich zu der früheren Stufe, denn noch um 1300 war für den Bau von Räumen ins Backsteingebiet Öselscher Kalkstein eingeführt worden. Während im nördlichen Teile des Landes die alten Überlie-

Abb. 263. Florenz, der Hof des Bargello.

ferungen fortleben und der strenge Ordensstil fast die gesamte Profan- und Sakralarchitektur erobert, brechen sich jetzt im mittleren und südlichen Landesteil immer mehr Formen aus den Backsteingebieten Bahn, vor allem aus dem südlichen Ordenslande Preussen. Erst jetzt kommt in Livland das Sterngewölbe zur Geltung, freilich zunächst noch nicht in der komplizierten Gestalt, wie sie in Preussen um 1400 ausgebildet war [18], vielmehr lag in der ersten Zeit der Entwicklung eine schlichte, auf der Grundlage eines Rippendreistrahls gebildete Sterngestalt zugrunde. Somit befand sich die livländische Entwicklung in dieser Hinsicht im Vergleich zu Preussen um hundert Jahre im Rückstande, was durch das starke Vorherrschen der Hausteinformen im 14. Jahrhundert zu erklären ist. Das bruchstückhaft erhaltene Material bezüglich der Innenräume der Burgen ermöglicht es nicht, die Entwicklung der Backsteingewölbe von Anbeginn in ununterbrochenem Zusammenhang zu verfolgen, aber auch hier wird das Bild durch die Kirchen vervollständigt, wo die aus der ersten Hälfte des 15. Jahrhunderts stammenden schlichten Sterngestalten der Kapellenschiffe der Kathedrale zu Riga von Bedeutung sind. Bereits in fortgeschrittener Gestalt trat derselbe Stil zu Beginn desselben Jahrhunderts in dem Chor und in den

---

[18] Clasen, Gewölbebau 174.

Abb. 264. Marienburg in Preussen, der Grosse Remter des Hochmeisterpalastes.

dreissiger Jahren des Jahrhunderts in dem Langhause der Olaikirche zu Reval in Erscheinung [19].

Ungefähr in gleicher Weise verlief die Entwicklung der Gewölbe im 15. Jahrhundert auch in den Burgen, wo die unmittelbar auf preussische Vorbilder zurückführenden Sternformen noch lange geherrscht haben. Auch für diese Formenexpansion kann man die Ursachen aus dem Gang der Geschichte ablesen. Wenn in früherer Zeit in der Grundrissgestaltung preussische Vorbilder befolgt wurden, so geschah das wegen der vorgeschriebenen Ordensregeln, die ausführenden Baumeister aber stammten meist aus dem Hausteingebiet und pflegten auf Grund ihrer bisherigen Erfahrungen zu bauen; seit dem Anfang des 15. Jahrhunderts jedoch geschieht es immer öfter, dass die Baumeister unmittelbar aus Preussen kommen, worauf schon vorhin hingewiesen worden ist.

Die neue Baurichtung erreichte um 1500 ihren Höhepunkt, wie die Besprechung der Bautätigkeit in Riga und in Wenden ergeben hat. In Riga ist für die Ermittelung der auswärtigen Beziehungen der neugewölbte Remter von Bedeutung, der im Gegensatz zu der

---

[19] Karling, Marienkapelle 98; daneben aber blieben im nördlichen Teil des Landes die schlichten Sterngewölbe noch immer populär, wie es die Neuwölbung der Nikolaikirche zu Pernau am Anfang des 16. Jahrhunderts trefflich bezeugt.

Abb. 265. Danzig, der Artushof.

Monheimschen Kapelle zum Dekorativen neigende Formen aufweist, wie sie schon früher in den preussischen Ordensburgen zuhause waren. Reichlich anderthalb Jahrhunderte vor dem Rigaer Remter war der Grosse Remter zu Marienburg angelegt worden, einer der charakteristischsten Vertreter der Ordenskunst in der Hochperiode des 14. Jahrhunderts (Abb. 264). Dass dieser Raum die Baumeister in Riga inspiriert hat, beweist die spezifische Ähnlichkeit der beiden Räume, obschon alle Nuancen der Backsteinarchitektur in Riga nicht restlos befolgt sind. An die Stelle des in Preussen geläufigen Rippengewölbes ist hier das Gratgewölbe getreten, zugleich sind gemäss der spätmittelalterlichen Entwicklungsrichtung einzelne Kappen zellengewölbenartig gestaltet. Aber auch dieses Element kann unmittelbar auf die preussische Spätentwicklung zurückgeführt werden, wo gerade seit den letzten Jahrzehnten des 15. Jahrhunderts das Zellengewölbe Verbreitung gefunden hatte (Allenstein) [20].

Noch deutlichere Spiegelungen des aus Preussen hervorgegangenen Gewölbesystems weist Wenden auf. Die Gewölbe der erhaltenen Meisterkammer schliessen sich der Entwicklung an, die in Preussen und den davon beeinflussten Gebieten bereits im 15. Jahrhundert eingesetzt hatte und in der das konstruktive Sterngewölbe der Frühzeit immer mehr vor dem dekorativen Rippensystem zurückgewichen war, was schliesslich zu einem Netzgewölbe hinausgeführt hat. In Wenden ist die Entwicklung noch nicht bis zu den letzten Konsequenzen gediehen, im Rippensystem scheint noch die aus dem Rippendreistrahl hervorgegangene Anordnung durch, aber die neue dekorative Richtung tritt immerhin offen zutage. Unter den in Preussen und in Norddeutschland dem System von Wenden nahestehenden Beispielen fällt die Rippenanordnung im Artushof zu Danzig auf, wo ebenso wie in Livland alte preussische Wölbungsüberlieferungen eingewirkt haben (Abb. 265).

Dass diese Entwicklung besonders in dem südlichen Teil des Landes einen günstigen Boden gefunden hat, das wird abgesehen von den Burgen auch von der Kirchenarchitektur bezeugt. Erwähnt sei das beachtenswerte Netzgewölbe der Johanniskirche zu Riga, das wie auch der Westgiebel derselben Kirche von unmittelbarem preussischem Einfluss zeugt. Auch in Kurland haben sich diese Formen verbreitet und noch bis ins 17. Jahrhundert fortgelebt. Der nördliche Landesteil bietet nicht viel Beispiele an späten Innenräumen von Burgen. Wie jedoch die Kirchenarchitektur und die bürgerliche Baukunst in Reval beweist, ist die Invasion des preussischen Netzgewölbes hier bloss eine sporadische Erscheinung gewesen.

6. Die Einwirkung der Ordenskunst auf die Nachbargebiete.

Die Ordenskunst ist durch ihren einheitlichen Charakter in den nordischen Ländern eine Sondererscheinung, wie es auch die ganze Entstehungsgeschichte des Ordensstaates und seine politische und wirtschaftliche Entwicklung war. Die fast dreihundert Jahre andauernde intensive Bautätigkeit hatte im Ostbaltikum ein Burgennetz geschaffen, das sich nicht nur in stilistischer, sondern auch in quantitativer Hinsicht neben den gleichzeitigen Bauten anderer Länder hervortut. Wie die Untersuchung des Materials ergeben

---

[20] Clasen, Burgbauten 180.

hat, sind bei der Formenentwicklung Einflüsse verschiedener Herkunft wirksam gewesen, wobei die wirtschaftlichen und politischen Verhältnisse bei der Anknüpfung von Beziehungen keine geringe Rolle gespielt haben. Ebendieselben Umstände riefen aber bald nach der Aufnahme und Verarbeitung der verschiedenartigen Formen auch eine entgegengesetzte Erscheinung hervor: die vollentwickelte Ordenskunst verfügte über eine starke Expansionskraft, die sich besonders in der Entwicklung der zeitgenössischen Baukunst der Nachbargebiete auswirkte.

Im 13. Jahrhundert vollzieht sich die Kunstentwicklung in Livland noch unter dem Zeichen der Rezeption: aus den älteren Elementen haben sich zwar bereits einige lokale Stileigenheiten ausgebildet, daneben spielen aber auch die von Süden und Westen her empfangenen neuen Elemente eine wesentliche Rolle. Erst zu Beginn des 14. Jahrhunderts, als das eigenartige Kunstbild des Landes sich unter dem Einfluss einer schwungvollen Bautätigkeit bereits auf einer genügend breiten Grundlage entwickelt hatte, wurde Livland nicht nur ein empfangender, sondern auch ein gebender Teil. Wie überall in Europa, so richtete sich die Kunstexpansion auch hier zuerst von Süden nach Norden: die ersten Spiegelungen der Ordenskunst kann man in der Burgenarchitektur Finnlands beobachten. Das in der ersten Hälfte des 14. Jahrhunderts erbaute Schloss Hämeenlinna (Tavastehus) schliesst sich mit seinem Gebäudeblock von der strengen Art des Konventshauses und den vier Ecktürmen [1], von denen jetzt zwei erhalten sind (Abb. 266), unmittelbar an die gleichartigen Traditionen im südlichen Teil Livlands an. Die um Riga konzentrierten viertürmigen Kastelle bildeten eine grössere einheitliche Gruppe im sonst ziemlich heterogenen Kunstbild Alt-Livlands, wodurch die Ausstrahlung gerade dieses Typs über die Grenzen des Ordensstaates verständlich wird.

Die mittelalterlichen Kunstbeziehungen zwischen Livland und Finnland kommen jedoch nicht bloss in der Burg Hämeenlinna zum Ausdruck, vielmehr gibt es auch in der kirchlichen Kunst zahlreiche Beispiele, die die starke Abhängigkeit Finnlands von den Ordensgebieten dartun (Hattula, Sauvo, Pernaja, Inkoo) [2]. Eine ausführliche Behandlung dieser Fragen würde den Rahmen der vorliegenden Arbeit sprengen. Es sei hier bloss erwähnt, dass ausser den Zisterziensern und den Stadtbürgern auch die in den Ordens- oder Bischofsgebieten tätigen Baumeister zur Verbreitung der Formen wesentlich beigetragen haben. Neben der Übereinstimmung in der Gesamtanlage und der Verwandtschaft der Gewölbe bietet die Ver-

---

[1] T ö r n e 27.
[2] K r o n q v i s t, Ingå kyrka 53.

Abb. 266. Hämeenlinna in Finnland.

breitung der Lavatoriumformen ein anschauliches Sonderbeispiel. Solche Lavatorien, wie sie sich in Arensburg und in dem von dort abhängigen Kloster Brigitten fanden, gab es in dem nachfolgenden Zeitabschnitt in grosser Anzahl gerade auch in Finnland, wo deren Herkunft aus den Ordensländern bereits nachgewiesen worden ist [3].

Auch in seinen Beziehungen zu Skandinavien war Livland nicht bloss der empfangende Teil; Karling hat bereits den Einfluss der Ordenskunst auf zwei bedeutsame Kirchenbauten überzeugend dargelegt: auf die den Franziskanern gehörende St.-Karin-Kirche zu Visby und auf die Klosterkirche zu Vadstena [4]. Darunter stehen besonders die Hausteinformen der 1412 eingeweihten St.-Karin-Kirche der livländischen Ordenskunst näher als den preussischen Backsteinformen. Zugleich deuten auch die geschichtlichen Tatsachen auf besonders enge Verbindungen Skandinaviens gerade mit Livland, wo sich zu dieser Zeit im Bistum Ösel-Wiek eine lebhafte Bautätigkeit entfaltete, so dass hier ein Austausch von Baumeistern stattfinden konnte. Hinzu kommt noch die Tatsache, dass Gotland in der Zeit von 1398—1408 dem Deutschen Orden gehörte, aus welcher Zeit auf der Insel ein steigender Einfluss des Ordens bekannt ist. Die an zweiter Stelle in Betracht kommende Kloster-

---

[3] Kronqvist, Kirkkokaluston 69.
[4] Karling, Tyska Orden 268 ff.

kirche zu Vadstena beweist, dass auch hier wie schon in Finnland die Brigittiner eine wichtige Vermittlerrolle gespielt haben. Verbindungen mit dem estländischen Gebiet waren schon recht früh angeknüpft worden: das in der Nähe von Reval gelegene Kloster St. Brigitten (Mariendal) ist eines der frühesten Tochterklöster von Vadstena. Auch in diesem Fall mögen das Ordens- und das Bischofsgebiet die Meister für die Brigittiner geliefert haben, wie dies die architektonischen Formen und das obenerwähnte Lavatorium beweisen. Dass in Vadstena Meister der gleichen Schule gearbeitet haben wie in Arensburg, tritt in besonders überzeugender Weise im Nonnenremter zutage, der mit dem Festremter von Arensburg unmittelbar vergleichbar ist.

Auch anderswo auf dem schwedischen Festland sind Formen anzutreffen, die von der starken Expansion der Ordenskunst zeugen, und zwar insbesondere durch Vermittlung des nordestländischen Kalksteingebiets. Neben dem Orden spielte auch die reiche Hansestadt Reval, wo sich bereits um 1400 ein Baustil starker Lokalfärbung ausgeprägt hatte, in der Verbreitung der Formen eine hervorragende Rolle. Besonders viel Parallelen finden sich in Festland-Schweden zu der Portalarchitektur Revals; Anklänge gibt es aber auch in den Innenräumen, wie dies besonders anschaulich die kleine Kirche zu Everlöv in Schonen beweist, deren im 15. Jahrhundert überwölbtes zweischiffiges Langhaus sich unmittelbar auf die Kunstentwicklung des gleichen Jahrhunderts im nördlichen Teil Livlands zurückführen lässt.

Für die Zeit, innerhalb deren sich die hier beschriebene Ausbreitung des Innenstils vollzogen hat, ist auf dem Gebiete der skandinavischen Burgenarchitektur nur ein einziges Mal eine Beeinflussung vom Ordenslande her zu beobachten, und zwar in Visborg zu Visby. Diese unter Erich dem Pommern neben der Stadtmauer errichtete Burg erinnert in ihrer quadratischen Anlage und in der Anordnung ihrer Innenräume sichtlich an die altlivländischen Kastelle aus der Zeit um 1400. Der Deutsche Orden hatte bereits in der Zeitspanne 1398—1408 an der Stadtmauer von Visby Ergänzungen vorgenommen [5], weshalb angenommen werden kann, dass Beziehungen zur Ordenskunst durch Vermittlung der Baumeister auch nach dem Aufhören der Ordensherrschaft auf der Insel unterhalten worden sind. Unter Erich dem Pommern mögen sich diese Beziehungen noch verdichtet haben, da er im Zusammenhange mit der beabsichtigten Rückeroberung Estlands für Dänemark fast mit allen Bischöfen und Vasallengruppen Alt-Livlands Verbindungen unterhalten hat [6].

---

[5] Eckhoff-Janse 277.
[6] Vasar 37 ff.

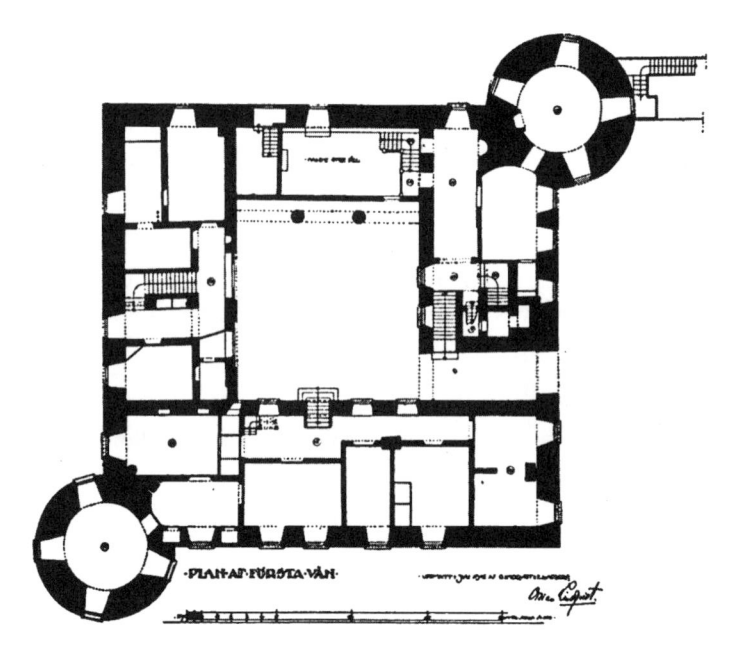

Abb. 267. Torup in Schonen, Grundriss. Nach H a h r.

Die wechselseitigen Einflüsse zwischen der skandinavischen und der altlivländischen Wehrarchitektur verdichteten sich besonders im 16. Jahrhundert, als die aufblühende Bautätigkeit nach dem Rezess von Kalmar (1483) ihren Gipfelpunkt erreicht hatte. Besonders viel wird in Schonen gebaut, wo in den ersten Jahrzehnten des 16. Jahrhunderts eine Reihe von Burgen entsteht, deren Charakter unmittelbare Beziehungen zu dem Ordenslande verrät [7]. Diese Burgen sind streng quadratisch, meistens mit diagonal angeordneten grossen runden Ecktürmen versehen (Torup, Widtsköfle) (Abb. 267) [8]. Wenn auch die Form und die Anordnung dieser Türme auf Grund rein fortifikatorischer Gestaltungsregeln auch auf andere Vorbilder zurückgeführt werden könnten, so spricht doch die Verteilung der Innenbauten und der äussere Charakter des Gebäudeblocks zugunsten der Ordensländer. Gleich den Konventshäusern bestehen auch die diesbezüglichen Bauten in Schonen aus vier Flügeln, was sich deutlich schon am Grundriss erkennen lässt, im Äusseren aber auch noch durch die Giebelabschlüsse der einzelnen Flügel betont wird. Diese Besonderheit wie auch die strenge kubische Geschlossenheit der Anlagen sind spezifische Erscheinungen der Ordensländer; es fehlen bloss die grossen Gemeinschaftsräume, weil die Schlösser dort andere Aufgaben hatten.

---

[7] T u u l s e, Riga 55 ff.
[8] H a h r, Skånska borgar, Heft 6 und 14.

Auch die geschichtlichen Ereignisse lassen eine Übertragung der Formen aus Livland nach Schonen durchaus glaubhaft erscheinen. Die meisten schonischen Schlösser sind im Zeitraum zwischen 1530—1560 erbaut worden, also zu einer Zeit, als sich der livländische Orden seinem Verfall näherte und als sich hier nach dem Tode Plettenbergs keine umfassende Bautätigkeit mehr entfalten konnte. Da Livland gerade zu Beginn des 16. Jahrhunderts im ergänzenden Ausbau der Burgen seine letzte Blüte erlebt hatte, so wurde die zahlreiche Baumeisterschaft plötzlich arbeitslos und war genötigt, sich nach einem neuen Arbeitsfeld umzusehen. Das nächste Gebiet war Schonen, wo der Aufschwung in der Bautätigkeit bereits begonnen hatte. Auf die Verwendung von Baumeistern ausländischer Herkunft weisen auch urkundliche Angaben [9]. So wurden die vom Orden bereits im 13. Jahrhundert geschaffenen Formen in eine neue Zeit übertragen, wo ihre strenge Regelmässigkeit gut den von einer neuen Kunstrichtung — der Renaissance — an die Baukunst gestellten Anforderungen entsprach. Das Konventshaus wurde jedoch nicht in seiner ursprünglichen Gestalt zugrunde gelegt, sondern so wie es in ergänzter Form vom Rigaer Schloss vertreten wurde, das mit seinen auf Feuerwaffen berechneten Türmen die Entwicklung der schonischen Schlösser in anregender Weise beeinflusst hat. Dort erlebte also die Ordenskunst ihre Nachblüte, ihren Spätsommer, der auch noch auf das norwegische Gebiet hinüberstrahlte, wie die 1525—1527 erbaute Burg Steinvikholm beweist, welche in gleicher Art angelegt ist wie die Rigaer Burg und die von dieser abhängigen Burgen in Schonen [10].

Endlich war diese Bauart auch Gustav Vasa nicht fremd. Nahe verwandt mit den livländischen Kanonentürmen erweist sich das Turmsystem von Gripsholm, dessen Blendnischenverzierung am Hauptturm ebenfalls aus dem baltischen Kunstkreise stammt [11]. Wenn in der allgemeinen Anlage dieses Schlosses auch keine so unmittelbare Verwandtschaft mit den Bauten Livlands besteht wie zwischen den letzteren und den erwähnten Burgen in Schonen, so ist in der Verteilung der Massen und in der allgemeinen Silhouette des Schlosses immerhin noch derselbe Kunstgeist zu spüren, dem der Deutsche Orden als einer der grössten Bauherren auf dem Gebiet der Wehrarchitektur in den Ostseeländern zur Herrschaft verholfen hat.

Die gegenseitige Beeinflussung in der Richtung von und nach Russland ist weniger rege gewesen. In den früheren Jahrhunderten wurden die dortigen Wehranlagen vor allem durch Traditionen

---

[9] Olsson, Herreborgar 85.
[10] Wallem 17.
[11] Hahr, Nordiska borgar 139 ff.

der Holzarchitektur beherrscht, die sich von der Bauweise der Ordensgebiete merklich unterschied. Infolge der Handelsbeziehungen fanden gewiss auch manche Elemente der Ordensbaukunst in Stadt und Gebiet Nowgorod Eingang, wo jedoch eine später aufblühende Bautätigkeit das alte Wehrsystem fast vollständig veränderte. Als in Russland im 15. Jahrhundert an der Grenze des Ordensstaates beträchtliche Burgen erbaut wurden, so geschah dies, wie oben erwähnt, unter der Leitung italienischer Architekten. Diese südlichen Bautraditionen standen zum Teil der Ordensbaukunst nahe, wodurch auch die einzelnen durch Russland vermittelten italienischen Elemente in der Architektur Alt-Livlands zu erklären sind. Die Verschiedenheit der Lebensformen liess aber keinen weiteren Formenaustausch zwischen Livland und Russland zu.

Endlich steigt die Frage auf, ob auch das südliche Ordensgebiet von Livland aus beeinflusst worden sei. Die erhaltenen Gebäude geben eine verneinende Antwort. Die Ursachen liegen in den bereits oben in anderem Zusammenhang berührten Tatsachen: in der Verschiedenheit der Baustoffe, der geschichtlichen Entwicklung und der durch die jeweilige Herkunft der Ordensleute bedingten auswärtigen Beziehungen. In Preussen haben sich schon früh durchaus eigenartige Traditionen des Ziegelbaus ausgebildet, die, obschon inzwischen auch Feldstein zur Verwendung gelangte, bis zum Ende des Mittelalters der ganzen Baukunst des Landes ihren Stempel aufdrückten. Dank ihrer Inerz lebten diese Formen noch nach 1410 weiter und besassen auch dann noch eine gewisse Expansionskraft, wie die Untersuchung der Baukunst Livlands ergeben hat. Diese starke Eigenart machte Preussen schon zeitig von auswärtigen Einflüssen fast unabhängig, und wo sich solche geltend machten, da kamen sie aus anderen Ziegelsteingebieten Norddeutschlands. Die preussischen Burgen waren im Vergleich zu den altlivländischen von feinerem Gewebe und ihr obschon teilweise streng geschlossener, kubischer Körper wies ein Raffinement auf, das wohl anderen Gebieten gegenüber eine leitende Stellung einzunehmen vermochte, nicht aber seinerseits dem Einfluss der vornehmlich den Charakter von Zweckbauten tragenden rustikalen livländischen Schlösser zugänglich war.

SCHLUSSWORT.

Die um 1200 im Ostbaltikum einsetzende grosse Burgenbauperiode kann in mehrfacher Hinsicht mit der gleichartigen Wirksamkeit der Kreuzfahrer in Syrien und Palästina verglichen werden. Wie dort, so war es auch im fernen Norden eines der Ziele der Eroberer, im Lande feste Verteidigungspunkte zu schaffen als Voraussetzung für den Erfolg des gesamten Unternehmens. Zwar nicht in demselben Masse wie im Orient, aber doch mehr als im preussischen Ordenslande kann man in Livland eine Kreuzung verschiedener Einflüsse wahrnehmen: die *Terra Mariae* wurde wie die *Terra Filii* ein Sammelbecken verschiedener Formen, und der Deutsche Orden als der bedeutendste Bauherr schuf wichtige Verbindungen zwischen diesen beiden Ländern. Im Vergleich zu Westeuropa erlebten die eroberten östlichen Gebiete eine eigenartige Nachblüte der Lebensformen, die vor allem in der Bedeutung der Ritterschaft und in der von dieser getragenen Kunstentwicklung zum Ausdruck kam. Zweifellos hat sich der Deutsche Orden sowohl um die Malerei als auch um die Bildhauerkunst verdient gemacht, seine Errungenschaften auf diesen Gebieten werden jedoch von der Baukunst völlig in den Schatten gestellt, deren Behandlung eines der wichtigsten Kapitel der mittelalterlichen Kunstgeschichte ausmacht.

Bei der Verfolgung der Entwicklung dieser Ordenskunst ist das livländische Material von wesentlicher Bedeutung, indem es in seiner Vielgestaltigkeit diejenigen Nebenmomente aufzeigt, die in der geradlinigen preussischen Entwicklung verborgen bleiben. Die Bauten Meinhards und des Schwertbrüderordens haben erwiesen, dass der Kastelltyp bereits am Ende des 12. Jahrhunderts, abgesehen von norddeutschen Gebieten, auch nach den Ostseeländern vorgedrungen ist, wo man bisher die unregelmässige Burg für den Haupttyp der Frühzeit gehalten hat. Es hat sich ergeben, dass die Verbreitung des Kastells stetig verlaufen ist, und zwar unter starkem Einfluss ähnlicher Strömungen in Skandinavien und Westeuropa. Mit alledem war die wesentliche Vorarbeit für die Ausbildung des Konventshauses als Haupttyp der Baukunst des Deutschen Ordens in der Hauptsache geleistet, wobei zu guter Letzt ausser den vorhandenen Elementen auch noch eine anregende Wirkung des Orients notwendig wurde.

Wenn Livland bei der Entwicklung der übrigen Burgtypen verhältnismässig unabhängig vom südlichen Ordenslande gewesen ist, so ist die Ausgestaltung des Konventshauses unter allerengster Fühlungnahme zwischen den beiden Gebieten erfolgt: das in Preussen erreichte Endergebnis ist bald auch in Livland befolgt worden und nachmals ist ein grosser Teil der Baupläne gemäss der Innenordnung des Ordens unmittelbar von Marienburg aus vorgeschrieben worden. In solcher streng zentralisierten Verwaltung des Ordens liegt eben eine der Ursachen, weshalb sich die Ordenskunst im Süden wie auch im Norden in so ähnlicher Weise entwickelt hat, wobei sie bald auch über die Grenzen der Ordensländer hinaus auszustrahlen beginnt. Vor allem haben die Ordensregeln auf die Gestaltung des Burgkörpers bestimmend eingewirkt, wie die Verbreitung des Konventshauses von Süden nach Norden beweist: zunächst wirkt sich dieser Einfluss in Kurland aus, um sich dann schliesslich über das Mittelgebiet hin bis in den nördlichen Landesteil auszudehnen, wo die dänische Staatsgewalt mit der Anlegung von Kastellen eine wesentliche Vorarbeit geleistet hatte.

Doch selbst am Konventshause tritt die Ungleichartigkeit des livländischen Kunstbildes zutage: die vorgeschriebenen Regeln sind nur in grossen Zügen befolgt worden und in der Ausführung der Pläne herrscht grössere Freiheit als in der fast mathematisch genauen preussischen Architektur. Dass die westdeutschen Hausteingebiete die hiesige Entwicklung in wesentlichem Masse beeinflusst haben, dafür hat das Material überzeugende Beweise geliefert. Gemeinsam haben eingewirkt Westfalen, die Rheinlande, die mitteldeutschen Gebiete und endlich auch der Orient, womit die Ordensburgen einen besonders wichtigen Zug in die Geschichte der europäischen Baukunst eingeführt haben, wodurch die bereits früher auf dem Gebiet der kirchlichen Architektur ausgesprochenen Vermutungen über die Rolle des Orients in der westlichen Kunstentwicklung eine Bestätigung finden (Strzygowski).

Die lange Dauer der Abhängigkeit der livländischen Baukunst von den westdeutschen Hausteingebieten ist auch an den Innenräumen der Burgen abzulesen. Besonders an den Frühbauten trat es zutage, von welch grosser Bedeutung es für die gesamte Baukunst des Landes gewesen ist, dass die deutsche Kolonisation hier um ein Menschenalter früher als in Preussen begonnen hatte: während dieser Zeit waren wichtige Beziehungen zu jenen Hausteingebieten geknüpft worden und die von dorther entlehnten Formen des Übergangsstils haben ihr volles Lebensrecht innerhalb des livländischen

Kunstbildes bis in die Zeit der Hochgotik hinein behauptet. Erst in der ersten Hälfte des 14. Jahrhunderts hat sich beim Orden im Geiste der Bautraditionen des Hausteingebiets ein eigener Innenraumstil ausgebildet, der das charakteristische Gepräge seiner sachlichen, scharfgeschnittenen geometrischen Formensprache dem mittelalterlichen Kunstbilde nicht nur Livlands, sondern auch der übrigen Ostseeländer aufgedrückt hat. Wie in der Zeit vor dem Zuge Waldemar Atterdags vom Jahre 1361 die gotländische Kunst für das sog. nordisch-baltische Gebiet von grosser Bedeutung gewesen war, so hat in der zweiten Hälfte des Jahrhunderts eine Expansion der Ordenskunst eingesetzt, wobei Livland eine besonders wichtige Rolle zugefallen ist. Die Grundlagen der Hochentwicklung sind im 14. Jahrhundert hauptsächlich unter zwei Ordensmeistern, Eberhard von Monheim und Goswin von Herike, entworfen worden. Unter dem ersteren wurde der Ordensstil lokaler Färbung in dem südlichen Teil des Landes ausgestaltet, sein Nachfolger führte ihn dann in dem kürzlich in den Besitz des Ordens übergegangenen Nordestland ein, wo die strengen Formen der Ordenskunst besonders in der spätmittelalterlichen Architektur Revals eine hohe Blüte erlebt haben. Diese strenge nordische Gotik ist im hohen Grade als eine Manifestation der Idee anzusehen, die die Tätigkeit des Deutschen Ordens getragen hat. Letztere erschien als einer der letzten Ausläufer der Kreuzfahrerepoche, getragen von Begeisterung, tiefem Ernst und unermüdlichem Tatendrang. Es war eben auch nur in solcher Weise möglich, die mehrfach gefährdeten Stellungen im hohen Norden jahrhundertelang zu behaupten und so diese Gebiete mit dem abendländischen Kulturkreise zu verbinden. Man denke nur an den Burgenbau an der Ostgrenze unter der Initiative der Ordensmeister Burchard von Dreileben und Goswin von Herike in der zweiten Hälfte des 14. Jahrhunderts. Besonders damals wurde also die Sperrlinie nördlich und südlich des Peipus-Sees gezogen, die später jahrhundertelang die Grenze zwischen dem Abendland und dem russischen Osten geblieben ist.

Die dem Lande eigentümlichen Gestaltungsgesetze haben auch die mit dem Aufkommen der Feuerwaffen zu Beginn des 15. Jahrhunderts einsetzende Spätentwicklung der Wehrarchitektur bestimmt. Auch jetzt bietet die Entwicklungsgeschichte der Typen ein anschauliches Illustrationsmaterial für den Hintergrund der geschichtlichen und wirtschaftlichen Verhältnisse. Infolge der Wandlungen in der Innenordnung des Ordens wurden die Konventshäuser überflüssig, das Söldnerwesen erheischte den Bau grosser Lagerkastelle, denen die auf Feuerwaffen berechneten Türme ein eigenartiges Gepräge verliehen haben. Preussen war durch die Niederlage bei Tannenberg endgültig lahmgelegt worden, und die Ordenskunst erlebte jetzt ihre letzte grosse Blüte in Livland, wo durch die politischen Verhältnisse eine grosse Bautätigkeit veranlasst wurde. Den Höhepunkt bildet die Zeit des Ordensmeisters Wolter von Plettenberg, wo Livland mit seiner Bautätigkeit die erste Stelle im ganzen nordischen Gebiet innehatte. Das war die letzte grosse Anstrengung des Deutschen Ordens zur Verteidigung seiner Stellung gegenüber dem immer heftiger werdenden Andringen des Moskowiterreichs. Noch einmal erhellt mit besonderer Deutlichkeit, in wie hohem Masse gerade die Burgen als Stützpunkte der Ordensmacht gedient haben, denen aber jetzt in den Kanonen gefährliche Feinde erstanden waren. So ist es begreiflich, dass um 1500 in Livland und ebenso an der Westgrenze des Moskowiterreichs die mächtigsten Kanonentürme der nordischen Länder entstanden, die auch auf die Wehrarchitektur der Nachbarländer einen stimulierenden Einfluss ausgeübt haben. Gleichzeitig änderte sich in beachtenswerter Weise das Verhältnis zu Preussen: der Sturz des Konventshauses von seiner herrschenden Stellung machte auch dem bisher von Preussen aus erfolgten Vorschreiben der Grundrisstypen ein Ende. Dafür erlebt aber Livland eine Invasion von Backsteinformen, wobei wiederum preussische Vorbilder eine wichtige Rolle spielen. Aber auch hier behauptet Livland seine Eigenart in der Schwere und Schlichtheit seiner Formen.

Ein eigenartiger Zug Livlands ist auch die grosse Verbreitung von Turmburgen, was teils auf auswärtige Einflüsse zurückzuführen, teils aber auch durch die örtlichen Verhältnisse veranlasst gewesen ist. Diese ermöglichten nämlich oft nicht die Aufführung eines grösseren Wehrbaus, und man musste sich daher mit einem kleinen Stützpunkt begnügen, der dann bei günstiger Gelegenheit erweitert werden mochte. In derselben Weise hat sich die Turmburg in den Adelssiedlungen anderer Länder, in Westdeutschland, Skandinavien und Finnland verbreitet, mit welchen Gebieten die livländische Entwicklung in enger Fühlung gestanden hat, indem sie auch in dieser Hinsicht im Vergleich zu Preussen eigene Wege gegangen ist.

Die Burgenbauer sind als Eroberer ins Land gekommen und haben als Oberschicht über die einheimische Bevölkerung geherrscht. In sozialer Hinsicht ist somit die Tragfläche dieser Kunst schmal gewesen wie in der Wehrarchitektur aller Länder. Zugleich charakterisiert keine andere Gattung von Baudenkmälern so lebhaft den Machtstreit, den die Landesherren untereinander geführt haben und der als roter Faden die Geschichte Alt-Livlands durchzieht, was wiederum einen eigenartigen Zug im Vergleich zu der geschichtlichen Entwicklung Preussens ausmacht. Zwar haben sowohl der Orden als auch der Bischof auswärtige Feinde berücksichtigen und die den Deutschen feindlich gesinnten einheimischen

Völkerschaften im Auge behalten müssen, doch neben alledem war das Burgennetz in hohem Masse für die einheimischen Mitbewerber um die Obermacht im Lande berechnet: der Orden stand dem Erzbischof und den Bischöfen feindlich gegenüber, die einen Vasallen den anderen, die Rigaer Bürgerschaft dem Orden, — keiner hat den andern aus den Augen gelassen und hat sich bereitgehalten, im günstigen Augenblick zur Waffe zu greifen, um den Rivalen klein zu kriegen.

Ein Blick auf die Burgenkarte zeigt uns am deutlichsten diesen Anteil der Burgen in der politischen und wirtschaftlichen Geschichte des Landes. Besonders klar umrissen erscheinen die einzelnen Fronten im mittleren Landesteil, worauf bei der Betrachtung des Materials wiederholt hingewiesen worden ist. Zwischen der Gabelung der Düna und der Livländischen Aa lag das Herz der Kolonie: dort vor allem spielten sich die Machtstreitigkeiten der Landesherren ab und eben dort wurde auch das Burgennetz am dichtesten. Natürlich ist das eine Widerspiegelung der Siedlungsdichte und der Güte des Ackerlandes und hat seine Wurzeln wiederum in der vorgeschichtlichen Zeit. Das Bild verändert sich völlig im Gebiet südlich von der Düna, wo gegenüber der litauischen Grenze eine burgenlose Wildnis beginnt; dort bildeten vornehmlich die Wälder eine natürliche Sperrzone zwischen Livland und Litauen.

In besonders hervorragender Weise war der östliche Grenzschutz organisiert. Auch dort bezeugen die Burgen zwar keine grosse Siedlungsdichte, desto besser kann man aber verschiedene Verteidigungslinien unterscheiden. Als Vorposten standen grössere Burgen da, — von Rositen und Ludsen bis Narwa; hinter diesen lagen verschiedene kleinere Fronten, in welche die Wildnisgebiete als natürliche Sperrzonen geschickt einbezogen waren. Im allgemeinen steht das nördliche Gebiet hinsichtlich der Dichte seines Burgennetzes dem südlichen stark nach: hier fehlte eben die politische Spannung des mittleren Gebiets. Nur im Dorpater Bistum und in der Wiek verursachten die Machtstreitigkeiten die Entstehung besonderer Burgengruppen der Vasallen. Sackala seinerseits war wiederum als Kornkammer des Ordens berühmt, und so setzt sich dort das dichte Burgennetz des mittleren Gebiets fort. Dagegen lag das sumpfige Land um den Pernau-Fluss völlig burgenlos da, ebenso ist der Mangel an Burgen auf Dagö als einer *insula deserta* durch die Dünne der Siedlung zu erklären. Die Baugeschichte der Burgen auf Ösel hat vor allem die politischen Verhältnisse widergespiegelt, obwohl auch dort die geringe Burgenzahl das starke Sinken der Siedlungsdichte nach dem grossen Freiheitskampf bezeugt.

An der Entstehung der mächtigen Wehrbauten ist die einheimische Bevölkerung in wesentlichem Masse beteiligt gewesen. Zwar haben die Mauern der Burgen nur in Ausnahmefällen auch den Bauern Schutz geboten; aber die Entstehung dieser Mauern ist nur dadurch möglich gewesen, dass den aus dem Westen kommenden Baumeistern bei der Durchführung ihrer Pläne hier eine ungeheure Zahl an Arbeitskräften zur Verfügung gestanden hat. Burgenbau war eine der schwersten Fronen, und für Livland sowohl als für Preussen ist es bekannt, dass man jahrelang Hunderte von Menschenhänden zu der Aufführung der gewaltigen Mauermassen und zu dem Anlegen der tiefen Gräben benötigt hat. Steinmetzen, Maurer und Zimmerleute kamen zumeist aus Deutschland, der spätere Gang der Geschichte hat aber gezeigt, dass gerade in diesen Berufen auch Einheimische anzutreffen gewesen sind, woraus geschlossen werden dürfte, dass sich die Bauhütten schon in der Ordenszeit auch aus der Zahl der einheimischen Handwerker ergänzt haben. Es war dem Orden nicht immer leicht, für das abgelegene Grenzgebiet erstklassige Meister zu bekommen, und das hat eben mit zur Ausbildung starker Lokaltraditionen beigetragen, wonach aus Westdeutschland übernommene Formen hier in einer schlichteren Abart bodenständig geworden sind.

Der enge Zusammenhang mit dem Lande tritt besonders in den naturgebundenen Frühburgen zutage, wo in unmittelbarerer Weise als anderweit das Gelände, das Klima und die am Ort zur Verfügung stehenden Baustoffe zu Worte kommen. Aber noch mehr, diese Frühburgen sind grösstenteils an den Stellen der alten Burgberge der einheimischen Bevölkerung oder in deren Nähe angelegt worden, und damit ist ein unmittelbarer Zusammenhang zwischen der vorgeschichtlichen und der geschichtlichen Zeit hergestellt, ein Zusammenhang, der in den Städten und Siedlungen, die bei den Burgen entstanden sind, in unsere Gegenwart hereinragt. Zwar hat der Orden zu derselben Zeit auch in Preussen auf den ehemaligen Burgstätten der alten Pruzzen gebaut, deren einstige Grundgestalt hat aber in den geschichtlichen Bauten nicht in so unmittelbarer Weise fortgelebt wie in den livländischen Frühburgen. Abgesehen von den unregelmässigen Burgen haben dieselben lokalen Faktoren auch den Kastellen und Türmen ihr Gepräge aufgedrückt, indem die verschiedenen auswärtigen Komponenten hier zu einem Ganzen verschmolzen sind, wo in den rustikalen Mauermassen die nur durch bescheidene malerische Zutaten einigermassen belebte nordische Schwere zum Ausdruck kommt.

Ungedruckte Quellen und Handschriften.

(Die Namen der estländischen und lettländischen Archive und Bibliotheken sind in der Form angeführt, die sie bei der Abfassung dieser Arbeit vor 1940 hatten.)

Estnisches Staatliches Zentralarchiv. — Eesti Riigi Keskarhiiv (ERKA).
Livländisches Generalgouverneursarchiv aus der schwedischen Zeit (LRKkA).

Pernauer Stadtarchiv. — Pärnu Linnaarhiiv (PLA).
Pläne und Aufmessungen.

Archiv der Gelehrten Estnischen Gesellschaft. — Õpetatud Eesti Seltsi Arhiiv (GEG).
Pläne und Zeichnungen.
Körber, E., Vaterländische Merkwürdigkeiten I. Wendau 1802 (Körber).
Inventar der Starostei Dorpat 1582.

Universitätsbibliothek Dorpat. — Tartu Ülikooli Raamatukogu (TrtÜR).
Handschriftensammlung.
Neumann, A., Eesti lossid. Kronoloogia ja plaanitüübid (= Estlands Schlösser. Chronologie und Plantypen). Magisterschrift aus dem Jahre 1935 (A. Neumann, Lossid).

Kunstgeschichtliches Institut der Universität Dorpat. — Tartu Ülikooli Kunstiajaloo Instituut (KAI).
Pläne, Zeichnungen und Photographien.
Neumann, A., Die mittelalterlichen Bischofs- und Vasallburgen im Bistum Tartu. Tartu, 1934 (A. Neumann, Bischofs- und Vasallburgen).

Bibliothek der Estländischen Literärischen Gesellschaft in Reval. — Eestimaa Kirjanduse Ühingu Raamatukogu Tallinnas (ELG).
Zeichnungen von Carl Baron Ungern-Sternberg.

Lettisches Staatsarchiv in Riga. — Valsts Archivs (VA).
Livländisches Ritterschaftsarchiv.
Handschriftensammlung.
Huhn, O., Liefland, in sieben Baenden beschrieben. Riga 1821 (Huhn).

Zentralbibliothek der Stadt Riga. — Rīgas Pilsētas Centrala Biblioteka (RPCB).
Brotze, J. Chr., Monumenta Livoniae. 10 Foliobände, Zeichnungen mit Text, aus dem Ende des 18. und Anfang des 19. Jahrhunderts stammend (Brotze).
Marquis Paulucci, Album I—III. Eine von ihm als Generalgouverneur befohlene Aufnahme von Burgen, bestehend aus je einer Ansicht, einem Grundriss und einem Situationsplan, um 1827 hergestellt (MP).

Lettisches Denkmalamt in Riga. — Piemineklu Valde (PV).
Pläne, Zeichnungen und Photographien.

Preussisches Staatsarchiv in Königsberg (PS).
Ordens Briefarchiv (OBA).
Herzogliches Briefarchiv (HBA).

Berliner Staatsbibliothek (BS).
Handschriftensammlung.
Moeller, K., Wasserburgen der nordwestdeutschen Tiefebene im Gebiet der Weser, Ems und Lippe. Hannover 1923 (Moeller).

Bilderarchiv des Kunstgeschichtlichen Seminars der Universität Marburg an der Lahn.
Photographien.

Schwedisches Reichsarchiv in Stockholm. — Riksarkivet (RA).
Livonica.

Kriegsarchiv in Stockholm. — Krigsarkivet (KA).
Pläne und Zeichnungen.

Antiquarisch-Topographisches Archiv in Stockholm. — Antikvarisk-Topografiska Arkivet (ATA).
Photographien.

Handschriften in Privatbesitz (PB).
Clasen, K. H. (Rostock), Die deutsche Burg (Clasen, Burg).
Raam, V. (Reval), Keskaegne ehituskunst Eestis ja tsistertslaste mungaordu (= Die mittelalterliche Baukunst in Estland und der zisterziensische Mönchsorden). Tartu 1938 (Raam).

Gedruckte Quellen und Literatur.

Akten und Rezesse der livländischen Ständetage. Dritter Band (1494—1535). Bearbeitet von L. Arbusow. Riga 1910 (Akten und Rezesse).

Альбомъ Мейерберга. С. Петербургъ, 1903.

Aranaes. En 1100-tals borg i Västergötland. Utgrävd av Bror Schnittger. Beskriven av Bror Schnittger och Hanna Rydh. Stockholm 1927 (Aranaes).

A r b u s o w, L., Frühgeschichte Lettlands. Riga 1933 (Arbusow, Frühgeschichte).

A r b u s o w, L., Grundriss der Geschichte Liv-, Est- und Kurlands. Riga 1918 (Arbusow, Grundriss).

A r n d t, J. G., Der Liefländischen Chronik Erster Theil. Halle im Magdeburg 1747 (Arndt).

A r n t z, L., Burg- und Schlosskapellen. Zeitschrift für Christliche Kunst. 27. Jg., Heft 11/12. Düsseldorf 1914 (Arntz).

B a l o d i s, Fr., Die lettischen Burgberge. Fornvännen 1929. Stockholm 1929 (Balodis, Burgberge).

Baltische Lande. Herausgegeben von A. Brackmann und C. Engel. I. Band: Ostbaltische Frühzeit. Leipzig 1939 (Baltische Lande).

Die Baltischen Provinzen. Band I. Stadt und Land. Herausgegeben von Dr. Hermann von Rosen und Freiherrn W. von Engelhardt. Berlin-Charlottenburg 1916 (Baltische Provinzen).

Die Bau- und Kunstdenkmäler der Provinz Ostpreussen. Heft I. Das Samland. Königsberg 1898 (Ostpreussen I).

Die Bau- und Kunstdenkmäler der Provinz Ostpreussen. Heft II. Natangen. Königsberg 1898 (Ostpreussen II).

Die Bau- und Kunstdenkmäler von Westfalen. Kreis Büren. Münster i. W. 1926 (Westfalen, Büren).

Die Bau- und Kunstdenkmäler von Westfalen. Die Bau- und Kunstdenkmäler des Kreises Minden. Münster i. W. 1902 (Westfalen, Minden).

B e c k e r, Fr., Die Profanbaukunst des Deutschen Ritterordens in Preussen. Bromberg 1914 (Becker).

B e c k e t t, Fr., Danmarks Kunst II. Köbenhavn 1926 (Beckett).

Beiträge zur Kunde Ehst-, Liv- und Kurlands, hrsg. v. der Ehstländischen Literärischen Gesellschaft. I—VIII. Reval 1868—1915. Von Band IX ab „Beiträge zur Kunde Estlands". Reval 1923 ff. (Beitr.).

B i e l e n s t e i n, A., Die Grenzen des lettischen Volksstammes und der lettischen Sprache in der Gegenwart und im 13. Jahrhundert. St. Petersburg 1892 (Bielenstein, Grenzen).

B o c k s l a f f, W., Schloss Gross-Roop in Livland. Jahrbuch für bildende Kunst in den Ostseeprovinzen. III. Jahrg. Riga 1909 (Bockslaff).

B o d i s c o, A. v., Das Schloss Lohde in Estland. Deutsche Monatsschrift für Russland. II. Jahrg. Reval 1913 (Bodisco).

B o n n e l l, E., Russisch-liwländische Chronographie von der Mitte des neunten Jahrhunderts bis zum Jahre 1410. St. Petersburg 1862 (Bonnell).

B r a s t i ņ š, E., Latvijas pilskalni (= Die Burgberge Lettlands) I—IV. Riga 1923—1930 (Brastiņš).

B r a u n, H., The English Castle. London 1936 (Braun).

B r u h n s, L., Hohenstaufenschlösser. Leipzig 1937 (Bruhns).

B r u i n i n g k, H. v. und B u s c h, N., Livländische Güterurkunden (1207—1500). Riga 1908 (BB).

B u n g e, Fr. G. v., Archiv für die Geschichte Liv-, Esth- und Curlands I—VIII. Dorpat-Reval 1842—1861 (Bunge, Archiv).

B u n g e, Fr. G. v., Das Herzogthum Estland unter den Königen von Dänemark. Gotha 1877 (Bunge, Estland).

B u n g e, Fr. G. v., Der Orden der Schwertbrüder. Dessen Stiftung, Verfassung und Auflösung. Leipzig 1875 (Bunge, Orden).

B u n g e, Fr. G. v. u. T o l l, Baron R. v., Est- und Livländische Brieflade I, 1. Dänische und Ordenszeit. Reval 1856 (Brieflade I).

B u s c h, N., Burg Holme. Riga 1908 (Busch, Holme).

B u s s e, K. H. v., Der Hof Angern. Archiv für die Geschichte Liv-, Esth- und Curlands. Herausgegeben von Dr. Fr. G. v. Bunge und Dr. C. J. A. Paucker. Band VII, Heft 1. Reval 1852 (Busse, Angern).

B u s s e, K. H. v., Die Burg Odenpäh und ihre frühere Bedeutung. Mitt. VI. Riga 1852 (Busse, Odenpäh).

B u s s e, K. H. v., Kriegszüge der Nowgoroder in Ehstland in den Jahren 1267 und 1268, nebst dem Friedensschlusse. Mitt. IV. Riga 1849 (Busse, Kriegszüge).

B u x h ö w d e n, Peter Wilhelm Baron v., Beiträge zur Geschichte der Provinz Oesell. Riga und Leipzig 1838 (Buxhöwden).

C e u m e r n, C., Theatridium Livonicum. Riga 1690 (Ceumern).

C l a s e n, K. H., Die mittelalterliche Kunst im Gebiete des Deutschordensstaates Preussen. Erster Band: Die Burgbauten. Königsberg i. Pr. 1927 (Clasen, Burgbauten).

C l a s e n, K. H., Entwicklung, Ursprung und Wesen der Deutschordensburg. Jahrbuch für Kunstwissenschaft. Herausgegeben von E. Gall. Leipzig 1926 (Clasen, Entwicklung).

C l a s e n, K. H., Deutschlands Anteil am Gewölbebau der Spätgotik. Zeitschrift des Deutschen Vereins für Kunstwissenschaft. Band 4, Heft 3. Berlin 1937 (Clasen, Gewölbebau).

C l a s e n, K. H., Die Deutschordensburg Lochstedt. Königsberg 1927 (Clasen, Lochstedt).

C o h a u s e n, A. v., Die Befestigungsweisen der Vorzeit und des Mittelalters. Wiesbaden 1898 (Cohausen).

D e m m i n, A., Die Kriegswaffen in ihren geschichtlichen Entwickelungen von den ältesten Zeiten bis auf die Gegenwart. Gera-Untermhaus 1891 (Demmin).

D e s c h a m p s, P., Les Châteaux des Croisés en Terre Sainte. Le Crac des Chevaliers. Paris 1934 (Deschamps, Le Crac des Chevaliers).

D e s c h a m p s, P., Les entrées des châteaux des croisés en Syrie et leurs défenses. Syria 1932 (Deschamps, Les entrées).

D e w i s c h e i t, C., Der Deutsche Orden in Preussen als Bauherr. Königsberg in Pr. 1899 (Dewischeit).

D i t l e b's v o n A l n p e k e livländische Reimchronik. Scriptores rerum Livonicarum I. Riga u. Leipzig 1853 (Reimchronik).

D r a g e n d o r f f, E., Ueber die Beamten des Deutschen Ordens in Livland während des XIII. Jahrhunderts. Berlin 1894 (Dragendorff).

Döring, J., Amt und Stiftsburg Angermünde. Sb. Mitau 1877. Mitau 1878 (Döring, Angermünde).

Ebhardt, B., Die Burgen Italiens I. Berlin 1909 (Ebhardt, Die Burgen Italiens).

Ebhardt, B., Der Wehrbau Europas im Mittelalter I. Berlin 1939 (Ebhardt, Wehrbau).

Eckhoff, E. och Janse, O., Visby stadsmur. Stockholm 1936 (Eckhoff-Janse).

Eesti ajalugu (= Estnische Geschichte) I—II. Tartu 1936—1937 (Eesti ajalugu).

Ehrenberg, H., Deutsche Malerei und Plastik von 1350—1450. Bonn u. Leipzig 1920 (Ehrenberg).

Eicke, K., Die bürgerliche Baukunst Niedersachsens I. Strassburg 1919 (Eicke).

Fornvännen. Meddelanden från K. Vitterhets Historie och Antikvitets Akademien. Stockholm, seit 1906.

Freymuth, O., Ülevaade Tartu Doomevaremete kaevamistöist aastail 1924 ja 1925 (= Übersicht über die Grabungsarbeiten an der Domruine in Dorpat in den Jahren 1924 und 1925). Ajalooline ajakiri 1926, nr. 1 (Freymuth).

Fusch, G., Über Hypokausten-Heizungen und mittelalterliche Heizungsanlagen. Hannover 1910 (Fusch).

Gadebusch, F. K., Livländische Jahrbücher. I. Teil, 1. Abschn. Riga 1780 (Gadebusch).

Gernet A. v., Forschungen zur Geschichte des Baltischen Adels. Erstes Heft: Die Harrisch-Wierische Ritterschaft unter der Herrschaft des Deutschen Ordens bis zum Erwerb der Jungingenschen Gnade. Reval 1893 (Gernet, Forschungen I).

Gernet, A. v., Forschungen zur Geschichte des Baltischen Adels. Zweites Heft: Die Anfänge der Livländischen Ritterschaft. Reval 1895 (Gernet, Forschungen II).

Gernet, A. v., Ueber die Geschichte Weissensteins. Reval 1892 (Gernet, Weissenstein).

Gernet, A. v., Verfassungsgeschichte des Bistums Dorpat. Reval 1896 (Gernet, Verfassungsgeschichte).

Gilsa, Felix Baron von und zu, Beiträge zur Geschichte eines ausgestorbenen Zweiges der hessischen Familie von und zu Gilsa in Livland und Estland. Hessische Chronik. 1913, Heft 5—7. Darmstadt 1913 (Gilsa).

Girgensohn, P., Die Inkorporationspolitik des Deutschen Ordens in Livland 1378—1397. Mitt. XX. Riga 1910 (Girgensohn).

Glasmeier, H., Westfälische Wasserburgen. Dortmund 1933 (Glasmeier).

(Goeteeris, A.), Journael der Legatie, ghedaen in de Jaren 1615 ende 1616 by de Edele, Gestrenge, Hochgheleerde Heeren Reynhout van Brederode, Ridder... Vry-Heere tot Wesenberghen etc. aen den Groot-Vorst van Moscovien op den Vredenhandel... Ins' Graven-Hage 1619 (Goeteeris).

Gröber, K., Unterfränkische Burgen. Augsburg 1924 (Gröber).

Guerguin, B., Zamki na planie trójkata z XVI w. Biuletyn Historii Sztuki i Kultury. Warszawa 1938, R. VI. Nr. 4 (Guerguin).

Guleke, R., Alt-Livland. Leipzig 1896 (Guleke).

Gurlitt, C., Beschreibende Darstellung der älteren Bau- und Kunstdenkmäler des Königreichs Sachsen. 34. Heft: Amtshauptmannschaft Löbau. Dresden 1910 (Gurlitt).

Gutzeit, W. v., Das Haus des Bischofs und der Bischofshof im ehemaligen Riga. Mitt. XI. Riga 1868 (Gutzeit).

Hagemeister, H., Materialien zu einer Geschichte der Landgüter Livlands. II. Teil. Riga 1837 (Hagemeister, Materialien II).

Hahr, A., Nordiska borgar från medeltid och renässans. Uppsala 1930 (Hahr, Nordiska borgar).

Hahr, A., Skånska borgar. Stockholm 1922 (Hahr, Skånska borgar).

Hamann, R. u. Wilhelm-Kästner, K., Die Elisabethkirche zu Marburg und ihre künstlerische Nachfolge. Band I. Marburg an der Lahn 1924 (Hamann u. Wilhelm-Kästner).

Hansen, G. O., Geschichte des Geschlechts derer von Uexküll. I. Band. Reval 1900 (Hansen).

Hasselblatt, A., Dritte Archäologische Exkursion der Gel. estn. Gesellschaft am 22. Mai 1888. Sb. GEG 1888. Dorpat 1889 (Hasselblatt).

Haupt, R., Dänischer Burgenbau: Die Burg Glambeck auf Fehmarn. Der Burgwart. IX. Jg. Nr. 4. Berlin 1908 (Haupt, Dänischer Burgenbau).

Hausmann, R., Studien zur Geschichte der Stadt Pernau. Sitzungsberichte der Altertumforschenden Gesellschaft zu Pernau 1903—1905. Vierter Band. Pernau 1906 (Hausmann).

Die livländische Chronik Hermann's von Wartberge. Aus dem Lateinischen übersetzt von E. Strehlke. Berlin u. Reval 1864 (Wartberge).

Heinrici Chronicon Lyvoniae. Ex recensione Wilhelmi Arndt. Hannoverae 1874 (Chron. Lyv.).

Hildebrand, H., Livonica, vornämlich aus dem 13. Jahrhundert im Vaticanischen Archiv. Riga 1887 (Hildebrand).

Holzmayer, J. B., Die Ordensvogtei Poida. Publikationen des Vereins zur Kunde Ösels. Heft I. Arensburg 1891 (Holzmayer).

Hupel, A. W., Topographische Nachrichten von Lief- und Ehstland I—III. Riga 1774—1782 (Hupel).

Jacobi, L., Das Römerkastell Saalburg bei Homburg von der Höhe nach den Ergebnissen der Ausgrabungen und mit Benutzung der hinterlassenen Aufzeichnungen des königl. Konservators Obersten A. von Cohausen. Homburg vor der Höhe 1897 (Jacobi).

Jakubowski, J. i Kordzikowski, J., Inflanty I. Polska XVI Wieku, XIII. Warszawa 1915 (Jakubowski-Kordzikowski).

Johansen, P., Die Estlandliste des Liber Census Daniae. Kopenhagen-Reval 1933 (Johansen, Estlandliste).

Johansen, P., Die Bedeutung der Hanse für Livland. Hansische Geschichtsblätter. 65/66. Jahrgang 1940/1941. Weimar 1941 (Johansen, Hanse).

Johansen, P., Acht Bilder aus Estland 1615. Reval 1927 (Johansen, Acht Bilder).

Johansen, P., Paide linna asutamisest (Zusammenfassung: The Foundation of the Town of Paide). Verh. GEG XXX. Liber saecularis. Tartu 1938 (Johansen, Paide).

Johansen, P., Toolse loss (= Schloss Tolsburg). Odamees 1928, nr. 3 (Johansen, Toolse).

Johansen, P., Siedlungsgeschichte der Deutschen. Sonderdruck aus Handwörterbuch des Grenz- und Auslanddeutschtums, Band II (Johansen).

Jähns, M., Handbuch einer Geschichte des Kriegswesens. Leipzig 1880 (Jähns, Handbuch).

Karling, S., Tartu universitets byggnadshistoria under den svenska tiden. Svio-Estonica 1934. Tartu 1934 (Karling, Byggnadshistoria).

Karling, S., Gotland och Estlands medeltida byggnadskonst. Rig 1939. Stockholm 1939 (Karling, Gotland).

Karling, S., Die Marienkapelle an der Olaikirche in Tallinn und ihr Bildwerk. Sb. GEG 1935. Tartu 1937 (Karling, Marienkapelle).

Karling, S., Matthias Holl från Augsburg. Göteborg 1932 (Karling, Matthias Holl).

Karling, S., Narva. Eine baugeschichtliche Untersuchung. Tartu 1936 (Karling, Narva).

Karling, S., Tyska Orden och den svenska kyrkobyggnadskonsten omkring år 1400. Rig 1936. Stockholm 1936 (Karling, Tyska Orden).

Kenkman, R., Kesk-Eesti muistsete maakondade asend. Ajalooline Ajakiri 1933, nr. 1 (Kenkman).

Keussler, Fr. v., Zur Genealogie des Zisterzienserklosters zu Dünamünde. Mitt. XIV. Riga 1890 (Keussler, Genealogie).

Keussler, Fr. v., Die Gründung des Cistercienserklosters zu Dünamünde in Livland. Einladungs-Programm zu dem am 19. Dezember 1884 im Livländischen Landesgymnasium zu Fellin stattfindenden festlichen Redeakt. Fellin 1884 (Keussler, Gründung).

Kjellin, H., En gotländsk fabeldjursfunt på Ösel och en gammal handelsväg österut. Stockholm 1926 (Kjellin, Fabeldjursfunt).

Klapheck, R., Die Baukunst am Nieder-Rhein I. Düsseldorf 1916 (Klapheck).

Kotljarewski, A., Die deutschen Hausmarken mitten in Russland. Verh. GEG VII. Dorpat 1873 (Kotljarewski).

Krollmann, Chr., Politische Geschichte des Deutschen Ordens in Preussen. Königsberg i. Pr. 1932 (Krollmann).

Kronqvist, I., Ingå kyrka. Finskt museum XLV. 1938 (Kronqvist, Inga kyrka).

Kronqvist, I., Keskiaisen kirkkokaluston muistoja. Suomen museo XLV. 1938 (Kronqvist, Kirkkokaluston).

Kruse, Fr., Necrolivonica. Leipzig 1859 (Kruse).

Die Kunstdenkmäler der Provinz Hannover. IV. Regierungsbezirk Osnabrück. 1. und 2. Stadt Osnabrück. Hannover 1907 (Hannover).

Die Kunstdenkmäler der Provinz Sachsen. Zweiter Band, Erster Teil: Die Sadt Erfurt. Burg 1931 (Sachsen I).

Die Kunstdenkmäler der Provinz Sachsen. Zweiter Band, Zweiter Teil: Die Stadt Erfurt. Burg 1932 (Sachsen II).

Die Kunstdenkmäler der Rheinprovinz. Die Kunstdenkmäler der Stadt Köln. Zweiter Band, II. Abteilung. Düsseldorf 1929 (Rheinprovinz, Köln II).

Die Kunstdenkmäler der Rheinprovinz. Die Kunstdenkmäler des Kreises Altenkirchen. Düsseldorf 1935 (Rheinprovinz).

Die Kunstdenkmäler des Königreichs Bayern. Unter-Franken IV. Bezirksamt Hassfurt. München 1912 (Bayern).

K ö m s t e d t, R., Die Entwicklung des Gewölbebaues in den mittelalterlichen Kirchen Westfalens. Strassburg 1914 (Kömstedt).

(K ö r b e r, M.), Bausteine zu einer Geschichte Oesels, Fünf Jahrhunderte, von der heidnischen Vorzeit bis zum Frieden von Nystädt. Arensburg 1885 (Körber, Bausteine).

K(ö r b e r), M., Oesel einst und jetzt. I—III. Arensburg 1887—1915 (Körber, Ösel).

K õ p p, J., Laiuse kihelkonna ajalugu (= Geschichte des Kirchspiels Lais). Tartu 1937 (Kõpp).

K ü h n e r t, E., Das Dominikanerkloster zu Reval. Beitr. XII. Band. 1.—3. Heft. Reval 1926 (Kühnert).

L a a k m a n n, H., Zur Geschichte des Grossgrundbesitzes im Erzstift Riga in älterer Zeit. Sb. Riga 1934. Riga 1936 (Laakmann, Grossgrundbesitz).

L a a k m a n n, H., Die Ymera. Sb. GEG 1930. Tartu 1932 (Laakmann, Ymera).

L a i d, E., Eesti muinaslinnad. Tartu 1923 (Laid, Muinaslinnad).

L a i d, E., Uusi andmeid Eesti muinaslinnadest. Ajalooline Ajakiri 1933, nr. 1 (Laid, Uusi andmeid).

L e f è v r e - P o n t a l i s, E., Le Château de Coucy. Paris 1928 (Lefèvre-Pontalis).

Liv-, Esth- und Curländisches Urkundenbuch nebst Regesten. 15 Bände (bis 1510). Reval 1853 ff. (UB).

L o r e n z e n, V., Studier i Dansk Herregaards Arkitektur I. Köbenhavn 1921 (Lorenzen, Studier).

L u n d b e r g, E., Herremannens bostad. Stockholm 1935 (Lundberg, Bostad).

L u n d b e r g, E., Byggnadskonsten i Sverige under medeltiden 1000—1400. Stockholm 1940 (Lundberg, Byggnadskonsten).

L u n d b e r g, E., Iaktagelser angående 1100-talets murningsteknik. Fornvännen 1929. Stockholm 1929 (Lundberg, Murningsteknik).

L ö w i s, A. v., Ueber die Entstehung, den Zweck und den endlichen Untergang der Ritterschlösser im alten Livland. Mitt. I. Riga 1840 (A. v. Löwis).

L ö w i s o f M e n a r, K. v., Die Burg Adsel in Livland. Eine Komturei des Deutschen Ordens. Sb. Riga 1911. Riga 1912 (Löwis of Menar, Adsel).

L ö w i s o f M e n a r, K. v., Topographische Beiträge zur Umgebung des „Rodenpoisschen Sees". Sb. Riga 1898. Riga 1899 (Löwis of Menar, Beiträge).

L ö w i s o f M e n a r, K. v., Bemerkungen betreffend das Rigasche und Lemsalsche Schloss. Sb. Riga 1888. Riga 1889 (Löwis of Menar, Bemerkungen).

L ö w i s o f M e n a r, K. v., Die Burgen der Livländischen Schweiz Segewold, Treyden, Kremon und Wenden. Riga 1895 (Löwis of Menar, Burgen).

L ö w i s o f M e n a r, K. v., Burgenlexikon für Alt-Livland. Riga 1922 (Löwis of Menar, Burgenlexikon).

L ö w i s o f M e n a r, K. v., Die ehemalige Burg des Deutschen Ordens am Burtneck in Livland. Sb. Riga 1910. Riga 1911 (Löwis of Menar, Burtneck).

L ö w i s o f M e n a r, K. v., Die Düna von der Ogermündung bis Riga und der Badeort Baldohn. Riga 1910 (Löwis of Menar, Düna).

Löwis of Menar, K. v., Estlands Burgen. Arbeiten des Zweiten Baltischen Historikertages zu Reval 1912. Reval 1932 (Löwis of Menar, Estlands Burgen).

Löwis of Menar, C. v., Die Cistercienserabtei Falkenau am Embach. Sb. Riga 1893. Riga 1894 (Löwis of Menar, Falkenau).

Löwis of Menar, K. v., Schloss Kalzenau. Sb. Riga 1897. Riga 1898 (Löwis of Menar, Kalzenau).

Löwis of Menar, K. v., Kokenhusen und Umgebung. Riga 1900 (Löwis of Menar, Kokenhusen).

Löwis of Menar, K. v., Zur Baugeschichte der Komtureien des Deutschen Ordens in Kurland. Sb. Mitau 1895. Mitau 1896 (Löwis of Menar, Komtureien).

Löwis of Menar, K. v., Neuschloss an der Narowa, ehemalige Vogtei des Deutschen Ordens. Sb. Riga 1910. Riga 1911 (Löwis of Menar, Neuschloss).

Löwis of Menar, K. v., Die älteste Ordensburg in Livland. Der Burgwart Nr. 3, 1899. Berlin 1902 (Löwis of Menar, Ordensburg).

Löwis of Menar, K. v., Ausgrabung der Deutschordenskomturei Pernau. Sb. Riga 1896. Riga 1897 (Löwis of Menar, Pernau).

Löwis of Menar, K. v., Die Überreste der Burg Salis in Livland. Sb. Riga 1908. Riga 1909 (Löwis of Menar, Salis).

Löwis of Menar, K. v., Die Deutsch-Ordensburg Trikaten in Livland. Sb. Riga 1890. Riga 1891 (Löwis of Menar, Trikaten).

Löwis of Menar, K. v., Die Ordensburg Tuckum in Kurland. Sb. Riga 1903. Riga 1904 (Löwis of Menar, Tuckum).

Löwis of Menar, K. v., Der „lange Hermann" am Schloss zu Wenden. Sb. Riga 1893. Riga 1894 (Löwis of Menar, Wenden).

Löwis of Menar, K. v., Die Burgruine Werder in Estland. Sb. Riga 1912. Riga 1914 (Löwis of Menar, Werder).

Löwis of Menar, K. v., Die Burg Wesenberg in der estländischen Landschaft Wierland. Sb. Riga 1906. Riga 1907 (Löwis of Menar, Wesenberg).

Löwis of Menar, K. v., Die Wolkenburg. Mitt. XXIII. Riga 1924—1926 (Löwis of Menar, Wolkenburg).

Löwis of Menar, C. v., Die städtische Profanarchitektur der Gothik, der Renaissance und des Barocco in Riga, Reval und Narva. Herausgegeben von der Gesellschaft für Geschichte und Alterthumskunde der Ostseeprovinzen Russlands. Lübeck 1892.

Mellin, Ludwig August Graf, Atlas von Liefland. Riga u. Leipzig 1798 (Mellin).

Mettig, K., Eine Notiz über den Schlossbau zu Dünamünde. Sb. Riga 1907. Riga 1908 (Mettig).

Mirbach, O., Briefe aus und nach Kurland. Mitau 1846. I. Teil (Mirbach).

Mittheilungen aus dem Gebiete der Geschichte Liv-, Ehst- und Kurlands, herausgegeben von der Gesellschaft für Geschichte und Alterthumskunde der russischen Ostsee-Provinzen. Riga u. Leipzig, seit 1840 (Mitt.).

Moora, H., Die Vorzeit Estlands. Tartu 1932 (Moora).

Motzki, A., Livonica aus den Supplikenregistern von Avignon (1342 Okt. 11 — 1366 Mai 9). Mitt. 21. Riga 1921 (Motzki).

Muistse Eesti linnused (= Altestnische Burgberge). Toimetanud H. Moora. Tartu 1939 (Muistse Eesti linnused).

N e u m a n n, W., Der Dom zu St. Marien in Riga. Riga 1912 (Neumann, Dom).

N e u m a n n, W., Grundriss einer Geschichte der bildenden Künste und des Kunstgewerbes in Liv-, Est- und Kurland vom Ende des 12. bis zum Ausgang des 18. Jahrhunderts. Reval 1887 (Neumann, Grundriss).

N e u m a n n, W., Die Ordensburgen im sog. polnischen Livland. Mitt. IV. Riga 1890 (Neumann, Ordensburgen).

N e u m a n n, W., Das mittelalterliche Riga. Berlin 1892 (Neumann, Riga).

N o t t b e c k, E. v. u. N e u m a n n, W., Geschichte und Kunstdenkmäler der Stadt Reval. I. Lieferung. Reval 1896 (Nottbeck-Neumann).

N y e n s t ä d t, Fr., Livländische Chronik, herausgegeben von G. Tielemann. Monumenta Livoniae Antiquae. Zweiter Band. Riga u. Leipzig 1837 (Nyenstädt).

O l e a r i u s, A., Offt begehrte Beschreibung der Newen Orientalischen Reise. Schleswig 1647 (Olearius).

O l s s o n, M., En grupp runda kastaler från romansk tid på Sveriges Östkust. Fornvännen 1932 (Olsson, Kastaler).

O l s s o n, M., Stockholms slotts medeltida byggnadshistoria. Samfundet S:t Eriks Årsbok 1929. Utgiven genom S. Wallin. Stockholm 1929 (Olsson, Stockholms slott).

O l s s o n, P. A., Skånska herreborgar. Lund 1922 (Olsson, Herreborgar).

O t t o, R., Zur Ortsbeschreibung und Entstehungsgeschichte von Burg und Stadt Dorpat. Aus Dorpats Vergangenheit. Dorpat 1918 (Otto).

P i p e r, O., Burgenkunde. Bauwesen und Geschichte der Burgen zunächst innerhalb des deutschen Sprachgebietes. München. 1912 (Piper).

P i r a n g, H., Das Baltische Herrenhaus I—III. Riga 1926—1930 (Pirang).

P o e s c h e l, E., Das Burgenbuch von Graubünden. Zürich u. Leipzig 1930 (Poeschel).

R a t h g e n, B., Das Aufkommen der Pulverwaffe. München 1925 (Rathgen).

R e b a n e, H., Lühike ülevaade Rõngu kihelkonna minevikust (= Kurze Übersicht über die Vergangenheit des Kirchspiels Ringen). Tartu 1928 (Rebane).

R e n a r d, E., Mittelalterliche Stadtbefestigung und Landesburgen am Niederrhein. Mitteilungen des Rheinischen Vereins für Denkmalpflege und Heimatschutz. Zweiter Jahrgang 1908, Heft 1. Düsseldorf 1908 (Renard, Stadtbefestigungen).

R e n a r d, E., Rheinische Wasserburgen. Bonn 1922 (Renard, Wasserburgen).

R e n n e r, J., Liflendischer Historien negen boker. Hrsg. von R. Hausmann und K. Höhlbaum. Göttingen 1876 (Renner).

R e y, G., Étude sur les monuments de l'architecture militaire des croisés en Syrie et dans l'ile de Chypre. Paris 1871 (Rey).

R o o s v a l, J., Die Steinmeister Gottlands. Stockholm 1918 (Roosval, Steinmeister).

R u s s o w, B., Chronica der Provintz Lyfflandt. Bart 1584 (Russow).

R u s s w u r m, C., Das Schloss zu Hapsal in der Vergangenheit und Gegenwart. Reval 1877 (Russwurm, Hapsal).

R u s s w u r m, C., Nachrichten über Alt-Pernau. Reval 1880 (Russwurm, Alt-Pernau).

S c h i e m a n n, Th., Der älteste schwedische Kataster Liv- und Estlands. Eine Ergänzung zu den baltischen Güterchroniken. Reval 1882 (Schiemann, Kataster).

S c h m i d, B., Die Burgen des deutschen Ritterordens in Kurland. Zeitschrift für Bauwesen, 71. Jahrg. 1921, 7.—9. Heft (Schmid).

S c h u c h h a r d t, C., Die Burg im Wandel der Weltgeschichte. Wildpark-Potsdam 1931 (Schuchhardt).

S e m b r i t z k i, J., Geschichte der königlich preussischen See- und Handelsstadt Memel. Memel 1926 (Sembritzki).

S e u b e r l i c h, H., Das Schloss zu Arensburg. Jahrbuch für bildende Kunst in den Ostseeprovinzen. I. Jahrg. Riga 1907 (Seuberlich).

Sitzungsberichte der Gelehrten Estnischen Gesellschaft 1861—1923. Dorpat 1861—1924. Õpetatud Eesti Seltsi Aastaraamat — Sitzungsberichte der Gelehrten Estnischen Gesellschaft 1924—. Tartu-Dorpat, seit 1926 (Sb. GEG).

Sitzungsberichte der Gesellschaft für Geschichte und Altertumskunde (der Ostseeprovinzen Russlands) zu Riga. Riga, seit 1874 (Sb. Riga).

Sitzungsberichte der Kurländischen Gesellschaft für Literatur und Kunst. Mitau, seit 1864 (Sb. Mitau).

S t a n g e, N., Zwei Beiträge zur Kenntnis Alt-Dorpats. Dorpat 1930 (Stange).

S t a v e n h a g e n, O., Johann Wolthus von Herse. Mitt. XVII. Riga 1900 (Stavenhagen, Herse).

S t e i n b r e c h t, C., Preussen zur Zeit der Landmeister. Berlin 1888 (Steinbrecht).

S t e p i n š, P., Senā Aizkraukles baznica (= Die alte Kirche zu Ascheraden). Senatne un Māksla II. Riga 1940 (Stepinš).

S t e r n, C. v., Livlands Ostgrenze im Mittelalter vom Peipus bis zur Düna. Mitt. XXIII. Riga 1924—1926 (Stern).

S ü v a l e p, A., Narva ajalugu (= Geschichte Narwas) I. Narva 1936 (Süvalep).

Š n o r e, E., 1937. g. izrakumi Valmierā (= Die Ausgrabungen in Wolmar im Jahre 1937). Senatne un Māksla III. Riga 1938 (Šnore).

Tartu. Koguteos, Tartu linna-uurimise toimkonna korraldatud ja toimetatud (= Dorpat, Sammelwerk). Tartu 1927 (Tartu).

T a u b e, M. v., Die von Uxkull. I—II. Berlin 1930—1936 (Taube).

T i d m a r k, N. P., „Kastalerna" eller Tornborgarna på ön Gotland. Visby 1936 (Tidmark, Kastalerna).

Des Bannerherrn Heinrich von T i e s e n h a u s e n des Aelteren von Berson Ausgewählte Schriften und Aufzeichnungen. Leipzig 1890 (Tiesenhausen).

T i l m a n i s, O., Ikškiles baznica sakarā ar izrakumiem 1927. g. vasarā (= Die Kirche zu Üxküll im Zusammenhang mit den Ausgrabungen im Sommer 1927). Illustrets žurnals VIII. gadag nr. 10. Oktobris 1927 (Tilmanis).

T o l l, Harald Baron, Prinzessin Auguste von Württemberg. Beitr. Band VI, Heft I. Reval 1902 (Toll).

T r a n s e h e - R o s e n e c k, A. v., Zur Geschichte des Lehnswesens in Livland. Theil I. Das Mannlehen. Riga 1903 (Transehe-Roseneck, Lehnswesen).

T r a p, J. P., Kongeriget Danmark IV. Köbenhavn 1923 (Trap).

T u u l s e, A., Viljandi ordulossi kapiteelid (Zusammenfassung: Die Kapitele des Ordensschlosses Viljandi). Verh. GEG XXX. Liber saecularis. Tartu 1938 (Tuulse, Kapiteelid).

T u u l s e, A., Lisaandmeid Tallinna lossi „riigisaali" ehitamisest (Zusammenfassung: Beiträge zur Baugeschichte des „Reichssaales" in der Tallinner Burg). Ajalooline Ajakiri 1940, nr. 1 (Tuulse, Lisaandmeid).

T u u l s e, A., Ergebnisse der Ausgrabungen in der Klosterruine zu Pirita im Sommer 1934 und 1935. Sb. GEG 1934. Tartu 1936 (Tuulse, Pirita).

T u u l s e, A., Das Schloss zu Riga. Sb. GEG 1937 II. Tartu 1939 (Tuulse, Riga).

T u u l s e, A., Piezimes par Meistaru Reinkenu (Reynken) (= Notizen über Meister Reynken). Senatne un Māksla I. Riga 1940 (Tuulse, Reynken).

T u u l s e, A., Zur Baugeschichte der Tallinner Burg. Sb. GEG 1935. Tartu 1937 (Tuulse, Tallinn).

T u u l s e, A., Die Kirche zu Karja und die Wehrkirchen Saaremaas. Sb. GEG 1938. Tartu 1940 (Tuulse, Wehrkirchen).

T ö r n e, P. O. v., De äldsta vyerna av Wiborg och Tavastehus. Finskt museum XXXVIII—XXXIX. 1931—1932 (Törne).

T y n e l l, L., Skånska medeltida dopfuntar. Stockholm 1913—1921 (Tynell).

U n g e r n - S t e r n b e r g, Paul Frhr. v., Die Revision vom J. 1586 und die Befragung vom J. 1589. Beitr. VIII. Reval 1915 (Ungern-Sternberg, Revision).

V a g a, V., Das Schloss Põltsamaa, ein Denkmal der Kunst des 18. Jahrhunderts in Estland. Sb. GEG 1929. Tartu 1931 (Vaga).

V a s a r, J., Taani püüded Eestimaa taasvallutamiseks 1411—1422 (Zusammenfassung: Dänemarks Bemühungen Estland zurückzugewinnen 1411—1422). Acta et Commentationes Universitatis Tartuensis (Dorpatensis). B XVIII. Tartu 1930 (Vasar).

Verhandlungen der Gelehrten Estnischen Gesellschaft I—XXIII. Dorpat 1840—1925. Õpetatud Eesti Seltsi Toimetused — Verhandlungen der Gelehrten Estnischen Gesellschaft XXIV—. Tartu-Dorpat, seit 1927 (Verh. GEG).

V e r m e u l e n, F. J., Handboek tot de geschiedenis der Nederlandsche bouwkunst. I. 'S-Gravenhage 1928 (Vermeulen).

W a l l e m, F. B., Steinvikholm. Trondhjem 1917 (Wallem).

W e s t r é n - D o l l, A., Burg und Stadt Fellin zu polnischer Zeit. Sb. GEG 1928. Tartu-Dorpat 1930 (Westrén-Doll).

W i l d e m a n n, Th., Rheinische Wasserburgen und wasserumwehrte Schlossbauten. Köln 1937 (Wildemann).

W i n t e r, F., Die Cistercienser des nordöstlichen Deutschlands. I. Gotha 1868 (Winter).

W r a n g e l, E., Die kunsthistorischen Beziehungen zwischen Polen und Schweden während des älteren Mittelalters. Odbitka ze sprawozdan z posiedzen towarzystwa naukowego Warszawskiego XXIX. 1936. II (Wrangel, Beziehungen).

Z i e s e m e r, W., Das Ausgabebuch des Marienburger Hauskomturs für die Jahre 1410—1420. Königsberg i. Pr. 1911 (Ziesemer, Ausgabebuch).

Z i e s e m e r, W., Das Grosse Ämterbuch des Deutschen Ordens. Danzig 1921 (Ziesemer, Ämterbuch).

Ergänzende Bemerkungen zu den Abbildungen.

Von den Neuaufmessungen der Burgen sind folgende Nummern von stud. J. A r m o l i k im Sommer 1939 angefertigt worden: 14, 38, 59, 61, 128, 196, 225, 234. Ferner sind Nr. 183 und 188 von N. P a u l s e n im Sommer 1925, Nr. 64 von E. K i t s i n g im Sommer 1938 gemessen und gezeichnet worden. Alle diese Materialien befinden sich im Kunstgeschichtlichen Institut der Universität Dorpat.

Die Photos verteilen sich folgendermassen:

a. Aus der P h o t o s a m m l u n g d e s K u n s t g e s c h i c h t l i c h e n I n s t i t u t s d e r U n i v e r s i t ä t D o r p a t: Photo des V e r f a s s e r s — 3, 42, 54, 58, 60, 62, 67, 96, 114, 116, 117, 129, 136, 137, 142, 148, 165, 177, 180, 186, 195, 197, 201, 216, 220, 221, 226, 231; Photo P a r i k a s (Reval) — 79, 98, 105, 106, 107, 110, 125, 127, 140, 141, 176, 218; Photo N y l a n d e r (ehemals in Reval) — 184, 187, 189, 190; Photo S a r a p (Wesenberg) — 107, 110, 180, 211; Photo S e l l e k e (Dorpat) — 124, 198, 208, 239; Photo A k e l (Reval) — 33, 103, 185; Photo H a i d a k (Narwa) — 105, 106; Photo P a r r i (Fellin) — 80, 81; Photo K i i s l a (Fellin) — 85; alte Photos unbekannten Ursprungs — 37, 44, 56, 135, 258, 263.

b. L e t t i s c h e s D e n k m a l a m t i n R i g a (PV): 8, 9, 13, 55, 57, 90, 92, 120, 130, 139, 152, 162, 214, 228, 230, 232.

c. M a r b u r g e r P h o t o: 204, 205, 257, 259, 262.

d. S t a a t l i c h e B i l d s t e l l e i n B e r l i n: 264, 265.

e. A n t i k v a r i s k - T o p o g r a f i s k a A r k i v e t i n S t o c k h o l m (ATA): 242.

f. F i n n i s c h e s N a t i o n a l m u s e u m i n H e l s i n k i: 266.

g. Prof. Dr. K. H. C l a s e n (Rostock): 254.

Verzeichnis der Abbildungen.

		Seite
1.	Üxküll, Plan der Burg und der Kirche. Nach Löwis of Menar	25
2.	Holme, Grundriss. Nach Neumann	27
3.	Holme, die Burgruine von Westen gesehen. Am Horizont die Kirche zu Kirchholm	29
4.	Riga, die Stadt im Mittelalter. Nach Johansen	31
5.	Riga, Plan der St.-Georgenkapelle und ihrer Umgebung. Nach Löwis of Menar	33
6.	Kokenhusen, Grundriss. Nach Löwis of Menar	35
7.	Kokenhusen von Westen gesehen. Nach einer Zeichnung von Joh. Steffens Sternburg aus dem Jahre 1670 (KA)	36
8.	Kokenhusen, Innenansicht der Südmauer	37
9.	Kokenhusen, Fenster in der Südmauer	38
10.	Lennewarden, Plan aus dem 17. Jahrhundert (KA)	39
11.	Alt-Dahlen, die Burgruine. Nach einer Zeichnung von Ungern-Sternberg aus dem Jahre 1829 (ELG)	40
12.	Treiden, Grundriss. Nach Ebhardt	41
13.	Treiden, der Hauptturm von Süden gesehen	42
14.	Treiden, Durchschnitt des Hauptturmes	43
15.	Segewold, Grundriss. Nach Löwis of Menar	45
16.	Wenden, Burg und Stadt. Plan aus dem 17. Jahrhundert (KA)	47
17.	Wolmar, Burg und Stadt. Nach Löwis of Menar	48
18.	Ascheraden, Grundriss. Nach Löwis of Menar	49
19.	Odenpäh, Grundriss. Nach Kruse	52
20.	Dorpat, die Burg im 17. Jahrhundert (ERKA)	53
21.	Dorpat, Keller und Hauptstock des Hauptgebäudes der Burg. Aufmessung aus dem 17. Jahrhundert (ERKA)	54
22.	Reval, die Burg in der Schwertbrüderzeit. Die Punktlinien bezeichnen ihre Ausdehnung im Spätmittelalter. Rekonstruktionsversuch des Verfassers	64
23.	Reval, die Burg zu der Zeit der zweiten dänischen Herrschaft. Rekonstruktionsversuch des Verfassers	64
24.	Wesenberg, die Burg zu der Zeit der zweiten dänischen Herrschaft. Rekonstruktionsversuch des Verfassers	67
25.	Wesenberg, die Burg von Osten gesehen. Nach einer Zeichnung von Goeteeris aus dem Jahre 1615	69
26.	Leal, die Burg und das Kloster im 17. Jahrhundert. Nach einer Zeichnung von Samuel Waxelberg (KA)	72
27.	Leal, die Burg im 17. Jahrhundert von Norden gesehen. Nach einer Zeichnung von Samuel Waxelberg (KA)	73
28.	Trikaten, Situationsplan. Nach Johansen	74

		Seite
29.	Trikaten, Grundriss. Nach Johansen	75
30.	Rujen, Grundriss. Nach Ebhardt	76
31.	Helmet, Grundriss und Situationsplan. Aufmessung von W. Tusch aus dem Anfang des 19. Jahrhunderts (MP)	77
32.	Helmet, die Burgruine von Westen gesehen. Nach einer Zeichnung von Ungern-Sternberg aus dem Jahre 1827 (ELG)	78
33.	Karkus, Turm an der östlichen Vorburgmauer	79
34.	Selburg, Grundriss. Aufmessung von J. v. Cislkowicz aus dem Jahre 1827 (MP)	81
35.	Rositen, Situationsplan. Nach Johansen	82
36.	Rositen, Grundriss. Nach Johansen	83
37.	Weissenstein, die Burgruine von Südwesten gesehen. Nach einer alten Aufnahme	84
38.	Weissenstein, Durchschnitt des Hauptturmes	85
39.	Peude, Grundriss der Burg und der Kirche. Nach Holzmayer	86
40.	Dünaburg, Grundriss. Nach Neumann	88
41.	Ludsen, Grundriss. Nach Neumann	90
42.	Ludsen, Hauptturm der Burg	91
43.	Doblen, Grundriss. Nach Schmid	93
44.	Doblen, die Burgruine von Südwesten gesehen. Nach einer alten Aufnahme	94
45.	Doblen, West- und Südseite des Hauptgebäudes der Burg. Nach Schmid	95
46.	Doblen, Grundriss des Hauptgebäudes der Burg. Nach Schmid	96
47.	Warbeck, Situationsplan. Aufmessung von Paul v. Essen aus dem Jahre 1697 (KA)	97
48.	Warbeck, Grundriss. Aufmessung von Paul v. Essen aus dem Jahre 1697 (KA)	98
49.	Kirrumpäh, Grundriss. Aufmessung aus dem 17. Jahrhundert (KA)	99
50.	Salis, Grundriss. Nach Kruse	101
51.	Kremon, Grundriss. Nach Löwis of Menar	103
52.	Hochrosen, Grundriss und Situationsplan. Aufmessung von W. Tusch aus dem Anfang des 19. Jahrhunderts (MP)	105
53.	Loxten, Grundriss. Nach Brastiņš	107
54.	Loxten, die Nordostmauer der Burg	109
55.	Gross-Roop, der Hauptturm von Nordwesten gesehen	110
56.	Klein-Roop, der Torturm. Nach einer alten Aufnahme	112
57.	Erlaa, die Burgruine	113
58.	Kyda, die Turmburg	114
59.	Kyda, Turmdurchschnitt	115
60.	Wack, die Turmburg	116
61.	Wack, Turmdurchschnitt	117
62.	Wack, Kellerraum	118
63.	Fickel, Grundriss. Nach Hansen	120
64.	Angern, Grundriss	122
65.	Annenburg, Zeichnung von Storno aus dem Jahre 1661 in Meyerbergs Reisebeschreibung	123
66.	Segewold, die Burgruine von Süden gesehen. Nach einer Zeichnung von Ungern-Sternberg aus dem Jahre 1810 (ELG)	126
67.	L i n k s: Segewold, Gewölbekonsole. R e c h t s: Wenden, Gewölbekonsole	127
68.	Windau, Grundriss des Kellers und des ersten Stockwerks. Nach Schmid	128

		Seite
69.	Windau, Längsschnitt durch den Ostflügel und Ostansicht. Nach Schmid	129
70.	Windau, Kragsteine aus dem Kapitelsaal. Nach Schmid	130
71.	Adsel, Grundriss. Aufmessung von P. v. Essen aus dem Jahre 1697 (KA)	132
72.	Neuermühlen, Grundriss. Nach Löwis of Menar	133
73.	Pernau, Grundriss des Erdgeschosses. Aufmessung von M. Schons aus dem Ende des 18. Jh. (PLA)	134
74.	Pernau, Grundriss des ersten Stockwerks. Aufmessung von M. Schons (PLA)	135
75.	Pernau, Ostansicht und Querschnitt des Süd- und Nordflügels. Aufmessung von M. Schons (PLA)	136
76.	Pernau, Plan der Burg und der Stadt im Mittelalter. Nach Johansen	138
77.	Fellin, Plan der Burg und der Stadt im Mittelalter. Nach Löwis of Menar	140
78.	Fellin, Grundriss der Hauptburg. Nach Löwis of Menar	141
79.	Fellin, Ansicht der Burgruine von Osten	142
80.	Fellin, die Kapitelle	143
81.	Fellin, Kapitell	144
82.	Marienburg, Grundriss. Nach Löwis of Menar	146
83.	Marienburg, von Nordwesten gesehen. Zeichnung von Storno aus dem Jahre 1661 in Meyerbergs Reisebeschreibung	148
84.	Oberpahlen, Grundriss. Nach einer Zeichnung aus dem 17. Jahrhundert (KA)	149
85.	Oberpahlen, Haupttor der Burg	150
86.	Riga, Schloss. Grundriss des Kellergeschosses. Nach Neumann	152
87.	Riga, Schloss. Grundriss des Hauptgeschosses. Nach Neumann	153
88.	Riga, das Schloss von Süden gesehen. Nach einer Zeichnung aus dem Jahre 1784 (GEG)	154
89.	Riga, das Schloss zu Monheims Zeit. Rekonstruktionsversuch des Verfassers	155
90.	Riga, ein Teil des Gewölbes der ehemaligen Schlosskapelle	156
91.	Riga, die Schlosskapelle. Rekonstruktion von Guleke	157
92.	Riga, Raum im ersten Stockwerk des Schlosses	158
93.	Mitau, die Burg im Jahre 1703. Nach Löwis of Menar	159
94.	Goldingen, die Burg im Jahre 1729. Nach Löwis of Menar	160
95.	Terweten, Grundriss und Situationsplan. Aufmessung von C. G. Raetsch aus dem Anfang des 19. Jahrhunderts (MP)	161
96.	Terweten, Mauerausbuchtung an der Südecke	162
97.	Wesenberg, Grundriss der Burg im 17. Jahrhundert. Nach Löwis of Menar	164
98.	Wesenberg, die Burgruine von Südosten gesehen	165
99.	Reval, die Burg am Ende der Ordenszeit. Rekonstruktion des Verfassers	166
100.	Reval, die Burg von Nordwesten gesehen. Nach Löwis of Menar	168
101.	Reval, Nordwestansicht der Rurg aus der Mitte des 17. Jahrhunderts. Nach Olearius	169
102.	Reval, Ansicht und Durchschnitt des „Langen Hermann" aus dem Jahre 1859 (ERKA)	171
103.	Reval, Ansicht des „Pilstikers" und der „Landskrone" vor der Restaurierung	172
104.	Narwa, Plan der Stadt und der Burg aus dem Jahre 1650. Nach Karling	173

		Seite
105.	Narwa, die Burg von Südosten gesehen	174
106.	Narwa, die Burg von Osten gesehen	175
107.	Narwa, die Hermannsburg und Iwangorod von Südosten gesehen	176
108.	Narwa, Längsschnitt des Nordflügels der Burg mit dem Turm. Nach Karling	177
109.	Narwa, Grundriss des ersten und des zweiten Stockwerks und Querschnitt des West- und des Ostflügels der Hauptburg nach Norden gesehen. Nach Karling	179
110.	Narwa, die Burg von Südwesten gesehen	180
111.	Frauenburg. Nach einer Zeichnung von Storno aus dem Jahre 1661 in Meyerbergs Reisebeschreibung	182
112.	Neuenburg, Grundriss. Nach Schmid	183
113.	Neuenburg, Südostfront der Burg. Nach Schmid	184
114.	Neuenburg, Raum im Kellergeschoss	185
115.	Soneburg, Grundriss. Aufmessung von Wildemann	186
116.	Soneburg, Kellerraum	187
117.	Soneburg, Schiessscharten an der Südfront	188
118.	Wenden, Grundriss des Hauptgeschosses. Nach Löwis of Menar	189
119.	Wenden, die Burg von Süden gesehen. Nach einer Zeichnung von Ungern-Sternberg aus dem Jahre 1825 (ELG)	190
120.	Wenden, Südostfront mit dem „Langen Hermann"	192
121.	Alt-Pernau. Grundriss. Nach Russwurm	194
122.	Hapsal, Grundriss. Nach Johansen	195
123.	Hapsal, Grundriss des Haupthauses. Nach Johansen	196
124.	Hapsal, das Innere der Schlosskirche von Osten gesehen	197
125.	Hapsal, die Schlossruine von Südwesten gesehen	198
126.	Hapsal, die Burgruine von Norden gesehen. Nach einer Zeichnung von Ungern-Sternberg aus dem Jahre 1825 (ELG)	199
127.	Hapsal, das Haupttor der Burg	200
128.	Lemsal, Grundriss	201
129.	Lemsal, die Burg von Süden gesehen	202
130.	Lemsal, Fensternische im oberen Stockwerk	204
131.	Sesswegen, Plan der Burg aus dem 17. Jahrhundert (KA)	205
132.	Sesswegen, die Burg von Nordwesten gesehen. Nach einer Zeichnung von Storno aus dem Jahre 1661 in Meyerbergs Reisebeschreibung	206
133.	Ronneburg, Plan der Burg aus dem 17. Jahrhundert (KA)	207
134.	Ronneburg, Grundriss des Hauptgebäudes der Burg. Nach Seuberlich	208
135.	Ronneburg, Kapellenfenster. Nach einer alten Aufnahme	209
136.	Ronneburg, Westwand des grossen Remters	210
137.	Ronneburg, Westansicht des Hauptgebäudes der Burg	211
138.	Pilten, Grundriss. Nach Schmid	212
139.	Pilten, der „Schmachturm"	213
140.	Arensburg, Aussenansicht des Schlosses von Nordwesten	214
141.	Arensburg, Ansicht des Schlosses von Norden durch das Bastionstor	215
142.	Arensburg, das Lavatorium	216
143.	Arensburg, Grundriss des Kellergeschosses. Nach Seuberlich	217
144.	Arensburg, Grundriss des Hauptgeschosses. Nach Seuberlich	217
145.	Arensburg, die Schlosskapelle. Nach Guleke	218
146.	Arensburg, der Festremter gegen Westen gesehen. Nach Guleke	219
147.	Arensburg, Längsschnitt durch den Südflügel. Nach Seuberlich	220
148.	Arensburg, das Dormitorium im Nordflügel	221
149.	Arensburg, die Vorlaube im Südflügel. Nach einer alten Aufnahme	222
150.	Hasenpoth, Grundriss. Nach Schmid	223

		Seite
151.	Hasenpoth, Schnitt durch den Ostflügel. Nach Schmid	224
152.	Hasenpoth, Ansicht von Westen	225
153.	Kandau, Grundriss. Nach Schmid	226
154.	Grobin, Grundplan der Burg und erstes Stockwerk des Hauptgebäudes. Nach Schmid	227
155.	Grobin, nach einer Zeichnung von Storno aus dem Jahre 1661 in Meyerbergs Reisebeschreibung	228
156.	Tuckum, Grundriss der Burg und Schnitt durch das Hauptgebäude. Nach Löwis of Menar	229
157.	Tuckum, von Nordosten gesehen. Nach einem Aquarell von H. F. Wäber aus dem Jahre 1795 (PV)	230
158.	Durben, Grundriss. Nach Schmid	231
159.	Neuhausen, Grundriss. Nach Schmid	233
160.	Alschwangen, Grundriss. Nach Schmid	234
161.	Altona, Grundriss. Nach Löwis of Menar	237
162.	Altona, Ansicht von Süden	238
163.	Wolkenburg, Grundriss. Nach Neumann	239
164.	Arrasch, Grundriss	240
165.	Arrasch, Westmauer	241
166.	Lemburg. Plan aus dem 17. Jahrhundert (KA)	242
167.	Burtneck, Grundriss der Burg und Schnitt durch den Hauptflügel. Nach Löwis of Menar	244
168.	Karkus. Plan aus dem 17. Jahrhundert (KA)	245
169.	Tarwast. Plan aus dem 17. Jahrhundert (KA)	247
170.	Dondangen, Grundriss. Nach Schmid	248
171.	Edwahlen, Grundriss. Nach Schmid	249
172.	Smilten. Situationsplan und Standriss aus dem 17. Jahrhundert (KA)	251
173.	Pebalg. Plan aus dem 17. Jahrhundert (KA)	252
174.	Schwanenburg, Grundriss. Nach Mitt. I	253
175.	Lode. Situationsplan, Schnitt und Prospekte aus dem 17. Jahrhundert (KA)	255
176.	Lode, Ansicht gegen Nordosten	256
177.	Lode, Kellerraum unter dem Südostflügel	257
178.	Bersohn. Plan aus dem 17. Jahrhundert (KA)	259
179.	Kalzenau, Grundriss. Nach Löwis of Menar	260
180.	Ringen, Haupteingang der Burg mit der ehemaligen Torkapelle	263
181.	Dünamünde, Grundriss. Nach Löwis of Menar	269
182.	Falkenau, Grundriss. Nach Johansen	271
183.	Padis, Grundriss des Kellergeschosses	276
184.	Padis, Krypta	277
185.	Padis, Südansicht des Kirchenflügels mit dem älteren Haupteingang	279
186.	L i n k s : Padis, Echauguette an der Nordecke des Kirchenflügels. R e c h t s : Padis, Konsole in der Kirche	280
187.	Padis, Konsolen in der Kirche	281
188.	Padis, Längsschnitt durch den Kirchenflügel und das Haupttor	282
189.	Padis, Ansicht der Kirche gegen Nordosten	283
190.	Padis, Tür der Laienbrüder an der Südostecke der Kirche	284
191.	Padis, Ansicht von Westen. Nach Stavenhagen	285
192.	Kolk. Nach einer Zeichnung von Goeteeris aus dem Jahre 1615	286
193.	Kuimetz. Nach einem Aquarell von C. Faehlmann aus dem 19. Jahrhundert (GEG)	287
194.	Weissenstein, Grundriss. Nach Löwis of Menar	290
195.	Weissenstein, Westansicht des Haupttors	292

		Seite
196.	Lais, Grundriss	293
197.	Lais, Südwestmauer mit Schwibbogen darunter	294
198.	Lais, Nordansicht mit dem Hauptturm	295
199.	Ermes, Grundriss. Nach Löwis of Menar	296
200.	Ermes, Ansicht von Nordosten. Nach einem Aquarell aus dem Anfang des 19. Jahrhunderts (MP)	297
201.	Ermes, Haupteingang mit Fallgatternische	298
202.	Bauske, Grundriss. Nach Schmid	299
203.	Bauske, Südansicht der Burg und Schnitt durch den Hauptturm. Nach Schmid	300
204.	Bauske, Ostansicht	301
205.	Bauske, Südostansicht	302
206.	Borkholm. Grundriss aus dem 17. Jahrhundert (KA)	303
207.	Borkholm, Ansicht von Nordosten. Nach einer Zeichnung von Samuel Waxelberg aus dem 17. Jahrhundert (KA)	304
208.	Borkholm, Haupteingang	305
209.	Neuhausen, Grundriss. Nach Guleke	306
210.	Neuhausen, Ansicht von Osten. Nach Guleke	307
211.	Neuhausen, der Nordostturm	308
212.	Kirrumpäh, die Burgruine von Süden gesehen. Nach einem Aquarell von E. Körber aus dem Anfang des 19. Jahrhunderts (GEG)	309
213.	Rosenbeck, Grundriss und Situationsplan. Aufmessung von W. Tusch um 1827 (MP)	310
214.	Rosenbeck, Ansicht von Süden	311
215.	Mojahn, Grundriss und Situationsplan. Aufmessung von W. Tusch um 1827 (MP)	312
216.	Mojahn, der „Weisse Turm"	313
217.	Neuschloss, Grundriss. Nach Löwis of Menar	314
218.	Neuschloss, Ansicht von Osten	315
219.	Tolsburg, Grundriss aus dem 17. Jahrhundert von Samuel Waxelberg (KA)	316
220.	Tolsburg, Ansicht von Südosten	317
221.	Tolsburg, Innenansicht der Südmauer	318
222.	Tolsburg, Südwestansicht. Nach einer Zeichnung von Samuel Waxelberg aus dem 17. Jahrhundert (KA)	319
223.	Fegefeuer, Ansicht von Norden. Nach einer Zeichnung von Ungern-Sternberg aus dem Anfang des 19. Jahrhunderts (ELG)	320
224.	Werder, Grundriss, Situationsplan und Schnitt. Nach Löwis of Menar	321
225.	Ass, Grundriss	322
226.	Ass, eine Schiesskammer im Kellergeschoss des Südturmes	323
227.	Alschwangen, Plan und Schnitt des Eckturmes. Nach Schmid	324
228.	Riga, Schloss. Ein Teil des Gewölbe des ehemaligen Remters	325
229.	Riga, der Remter. Rekonstruktion von Guleke	326
230.	Riga, der Haupteingang des Schlosses	327
231.	Wenden, eine Schiesskammer im oberen Stockwerk des „Langen Hermann"	328
232.	Wenden, Sockel des „Langen Hermann"	329
233.	Wenden, Meisterkammer im Westturm. Nach Clasen	330
234.	Wenden, Gewölbesystem der Meisterkammer	331
235.	Villack, Grundriss. Nach Löwis of Menar	333
236.	Greifenstein in Thüringen, Grundriss. Nach Ebhardt	340
237.	Sternberg in Westfalen, Grundriss. Nach Ebhardt	341

		Seite
238.	Rauschenberg in Hessen, Grundriss. Nach Ebhardt	342
239.	Isborsk, die Burgruine	344
240.	„Gräfte" bei Driburg in Westfalen, Grundriss. Nach Hahr	346
241.	Taarnborg auf Själland, Grundriss. Nach Hahr	347
242.	Lärbro auf Gotland, die Kirche und das Kastal	348
243.	Ratzeburg in Norddeutschland. Nach Ebhardt	350
244.	Elburg in Holland, ein befestigtes Haus. Nach Vermeulen	352
245.	Steinhausen in Westfalen. Nach Glasmeier	353
246.	Kalö auf Jütland, Situationsplan. Nach Karling	356
247.	Goliat in Syrien, Grundriss. Nach Deschamps	359
248.	Rheden in Preussen, Grundriss. Nach Clasen	362
249.	Rheden in Preussen, Rekonstruktion. Nach Steinbrecht	363
250.	Muyden in Holland. Nach Ebhardt	364
251.	Moyland im Rheinland. Nach Renard	365
252.	Kempen im Rheinland. Nach Renard	367
253.	Bütow in Preussen. Nach Clasen	369
254.	Heilsberg in Preussen, Eckturm an der Vorburg	371
255.	Heyden im Rheinland, Grundriss. Nach Renard	372
256.	Hollwinkel in Westfalen, Rekonstruktion. Nach Bau- und Kunstdenkmäler von Westfalen	373
257.	Marburg an der Lahn, Saal im Schlosse	379
258.	Mont-St.-Michel in der Normandie, der Remter	380
259.	Tischnowitz in Schlesien, Klosterremter	381
260.	Erfurt, der Kapitelsaal im Augustinerkloster. Nach Bau- und Kunstdenkmäler von Sachsen	382
261.	Erfurt, die Salvatorkapelle der Kartause. Nach Bau- und Kunstdenkmäler von Sachsen	383
262.	Mariaburghausen in Franken, die „Gruft" der Klosterkirche	384
263.	Florenz, der Hof des Bargello	385
264.	Marienburg in Preussen, der Grosse Remter des Hochmeisterpalastes	386
265.	Danzig, der Artushof	387
266.	Hämeenlinna in Finnland	390
267.	Torup in Schonen, Grundriss. Nach Hahr	392

Anhang: Burgenkarte Est- und Lettlands.

Personenregister.

Abkürzungen: Bf. — Bischof, EBf. — Erzbischof, HM. — Hochmeister, Kg. — König, Kgin. — Königin. OM. — Ordensmeister.

Albert, Bf. v. Riga 12, 17, 28, 30, 35, 37, 38, 61, 62, 104, 267
Albrecht der Bär, Markgraf v. Brandenburg 11
Albrecht, Herzog v. Preussen 162
Alexander, Bf. v. Dorpat 51
Arndt, J. G. 90, 96, 100, 134, 293
Balk, Hermann, OM. 127
Bancrow, Daniel v. 38
Bernhard, Ordensmagister 49
Berthold, Bf. 28, 30, 267
Boccop, Arent thoe, Baumeister 351
Borch, Bernd v. d., OM. 314
Borch, Simon v. d., Bf. v. Reval 302, 303, 317
Brakel, Ritter 274
Brotze, J. Chr. 102, 104, 115, 136, 231, 243, 261, 326
Bruno, OM. 44
Brüggenei, Wennemar v., OM. 190, 191, 263
Buchholz, A. 29
Burchard, Bf. v. Kurland 209
Buxhoevden, Reinhold v., Bf. v. Ösel-Wiek 258, 318
Byldensnyder, Hinrik, Bildhauer 372, 373
Canne, Johann, Ritter 65
Clasen, Karl Heinz 340, 343, 350, 357, 365, 366, 370
Dabrel, Livenälteste 44
Damerow, Dietrich III, Bf. v. Dorpat 100, 262, 273
Dehio, Georg 356
De la Gardie, Jakob, Reichsrat 203
Deschamps, Paul 358, 359
Dolen 262, 264
— Johann v. 39, 40

Dreileben, Burkhard v., OM. 100, 147, 185, 397
Elisabeth Magdalene, Herzogin v. Kurland 94
Endorp, Willekin v., OM. 74
Erich der Pommer, Kg. 391
Ernst (v. Rassburg), OM. 87—89.
Faehlmann, C., 119, 288, 316
Friedrich II, Kaiser 356
Fürstenberg, Wilhelm v., OM. 145
Galen, Heinrich v., OM. 234
Gilsa 118
Gilsen s. Gilsa
Goeteeris 68, 287, 315
Greke, Marcus de, Baumeister 344
Grube, Stephan, EBf. v. Riga 302
Guleke, Reinhold 101, 143, 271, 273
Hadrian, Kaiser 357
Hagemeister, Heinrich v. 265
Haren, Gerlach v., Komtur 147
Hecht, A. 100
Heinrich III, Bf. v. Ösel-Wiek 216
Heinrich v. Lettland, Chronist 26, 28, 34, 41, 44, 46, 50, 56, 58, 67, 74, 80, 241
Heinrich der Löwe, Herzog 11
Henning (Scharpenberg), EBf. v. Riga 332
Herike, Goswin v., OM. 89, 90, 93, 94, 145, 163, 185, 227, 277, 313, 368, 397
Hermann, Bf. v. Dorpat 270
Herse, Wolthus v., OM. 246, 314, 315
Holzmayer, J. B. 86
Huhn, O. 264
Hupel, A. W. 119, 123, 266
Johann, Kg. v. Schweden 57
Johann III, Kg. v. Schweden 64

Johannes, Magister 60, 61
Johansen, Paul 55, 61, 119, 256
Jorke, Gerhard v., OM. 89, 90, 134, 226
Jürgen Helms 96
Kalne, Ladewich, Landsknecht 255
Karl XII, Kg. v. Schweden 295
Karling, Sten 66, 178, 349, 356, 376, 390
Kauno, Livenälteste 40, 41, 103
Kettler Gotthard, OM. 94, 145, 333
Kniprode, Winrich v., Bf. v. Ösel-Wiek 221, 256, 257
Knud, Herzog 270
Kokael 61
Koningk, Gert, Baumeister u. Bildhauer 373
Körber, E. 24, 51
Kruse, Fr. 51, 109
Kursel 266
Kudesel, Bernd 121
Kyvel, Johannes, Bf. v. Ösel-Wiek 203
Kyvel, Vasall 69, 70

Linde, Jasper, EBf. v. Riga 207, 332, 333
Lippe, Bernhard v. d. 267
Lode 256
Löwis of Menar, K. v. 25, 31, 74, 129, 131, 137, 180, 260, 268, 318
Lyndalis, Arnold, Vasall 261

Maekius 61
Magnus, Herzog 103, 203
Mandern, Konrad v., OM. 82, 85, 95, 157, 179, 181, 291
Margareta, Kgin. v. Dänemark 65
Meinhard, Bf. v. Üxküll 12, 17, 23—29, 34, 38, 58, 59, 61, 124, 235, 236, 240, 267, 348, 354, 395
Mellin, L. A. Graf 56
Menved, Erik, Kg. v. Dänemark 65, 275, 356
Meyendorff, Konrad v. 24, 26, 38
Michael (Hildebrand), EBf. v. Riga 332
Modena, Wilhelm v., Legat 44
Monheim, Eberhard v., OM. 93, 151, 153—158, 161, 323, 324, 362, 378, 387, 397
Monikhusen, Johann v., Bf. v. Ösel-Wiek 220

Neumann, W. 63, 87, 89, 129, 167, 181, 239

Nickels s. Nyggels
Nyggels, Baumeister 323, 331

Olearius, Adam 70, 170, 321
Overberch, Vincke v., OM. 297
Ovelacker, Hermann v., Komtur 151

Paulucci, Marquis, Generalgouverneur 80, 162
Plettenberg, Wolter v., OM. 138, 153, 155, 156, 189, 190, 191, 193, 270, 322 —324, 327, 328, 331—333, 372, 373, 393, 398

Raam, Villem 273, 280
Ratzeburg, Philipp v., Bf. 41, 43, 349
Recke, J. Fr. v. 159
Renner, J. 56, 266, 321
Resler (Dietrich IV), Bf. v. Dorpat 263
Risebiter, Nikolaus, Abt 277
Ronneberg, Hermann, Bf. v. Kurland 249
Rosen 106, 110, 111
— Fabian 310
Russow, B. 70
Russwurm, C. 195

Salza, Hermann v., HM. 14, 360
Schenking, Ökonomus 265
Scherenbecke, J. 201
Schiemann, Th. 139, 144
Schierborch, Wilhelm v., OM. 145
Schmid, Bernhard 129, 184, 209
Schons, Matthias, Gouvernementsarchitekt 135, 137
Sixtus IV, Papst 302
Spannheim, S. L. v., OM. 293
Storno 123, 182, 206, 233
Strzygowski, J. 396
Sturz, Christof, Kanzler 162
Suerbeer, Albert, EBf. v. Riga 103

Theodorich (v. Thoreyda) 40, 267, 268
Tiesenhausen 106, 112, 259, 260, 261, 262, 264, 266
— Bartholomäus 265, 274
— Engelbrecht 113
— Fromhold 265
— Heinrich 265
— Johann 113

Tödwen 263
Torgkan, Vollendimer, Baumeister 344
Tott, Erik Axelson 345

Ubelacker, Tonys, Vogt 186, 187
Ungern-Sternberg, Carl Baron 40, 316

Üxküll 52, 106, 108, 114, 201, 262, 265, 309, 317
— Otto 274
— Peter 266
Vasa, Gustav, Kg. v. Schweden 393
Vesceke, Fürst 35, 36
Vietinghof, Konrad v., OM. 190, 191
Volquin, OM. 56, 59, 60, 139
Vriemersheim, Wilhelm v., OM. 170, 229
Waldemar I, Kg. v. Dänemark 347

Waldemar II, Kg. v. Dänemark 57—59, 65
Waldemar IV Atterdag, Kg. v. Dänemark 397
Wallenrode (Johannes V), EBf. v. Riga 189
Wartberge, Hermann v., Chronist 158, 163, 170, 227, 254
Waxelberg, Samuel 73, 163, 286
Wetberg, Brun 121
Weygandt 160
Wrangel, Evert 349

Register der Baudenkmale.

Abkürzungen: B. — Burg, BB. — Bischofsburg, OB. — Ordensburg, VB. — Vasallenburg, KB. — Klosterburg, WG. — Wirtschaftsgut, Pr. — Preussen.

Fett gedruckt ist die Seitenzahl der Stelle, die ausführlicher über ein Baudenkmal Auskunft gibt. Die jeweiligen estnischen und lettischen Entsprechungen der deutschen Burgnamen sind, wie schon im Text, in Klammern gesetzt. Bei der Ortsnamen Finnlands erscheinen die schwedischen Entsprechungen in Klammern.

Adaži s. Neuermühlen
Adsel (Gaujiena), OB. **131**—133, 147, 203
Agelinde (Punamäe), B. 61
Aizkraukle s. Ascheraden
Aizpute s. Hasenpoth
Allenstein i. Pr., BB. 371, 388
Alschwangen (Alsunga), OB. **233**—235, 322
Alsunga s. Alschwangen
Altburg, s. Soela
Alt-Dahlen (Dole), VB. 39
Alteni s. Altona
Althaus-Culm i. Pr., OB. 342
Alt-Karmel (Vana-Kaarma), VB. **320**, 321
Altona (Alteni), OB. **236**—238
Alt-Pernau (Vana-Pärnu), Kathedrale **194**—196, 360
Alt-Wenden, OB. **46**, 241
Alūksne s. Marienburg
Amboten (Embute), BB. **95**, 100, 209
Angerja s. Angern
Angermünde (Rinda), BB. 248
Angern (Angerja), VB. **121**, 122, 351
Annenburg (Emburga), VB. 123

Antsla s. Anzen
Anzen (Antsla), VB. 262, **265**, 266
Araiši s. Arrasch
Aranaes i. Schweden, B. 354, 355
Arensburg (Kuressaare), BB. **211**—221, 257, 278, 380, 381, 383, 390, 391
Arlava s. Erwahlen
Arrasch (Araiši), OB. 241
Ascheraden (Aizkraukle), OB. **48**, 49, **236**
— Alte Kirche 33
Ass (Kiltsi), VB. 118, **319**, 320
Augstroze s. Hochrosen
Baldenek i. Hunsrück, B. 351
Balduinstein i. Lahngeb., B. 351
Balga i. Pr., OB. 342
Baltava s. Baltow
Baltow (Baltava), BB. 112, **254**
Bari i. Italien, B. 359
Bäslak i. Pr., OB. 365
Bauska (Bauske), OB. **297**—301, 327
Bauske, s. Bauska
Bologna i. Italien, Stadtmauer 294
Borkholm (Porkuni), BB. **302**—304, 317

423

St. Brigitten s. Reval
Burtneck (Burtnieki), OB. **243,** 262
Burtnieki s. Burtneck
Bütow i. Pr., OB. 369, 370
Cēsis s. Wenden
Cesvaine s. Sesswegen
Chateau de Gilbet i. Syrien, B. 358
Cleydael am Niederrhein, B. 366
Coucy i. Frankreich, B. 358
Crac des Chevaliers i. Syrien, B. 357, 358

Danzig, Artushof 388
Daugavgriva s. Dünamünde
Daugavpils s. Dünaburg
Dobe s. Doben
Dobele s. Doblen
Doben (Dobe), OB. 71
Doblen (Dobele), OB. **92**—94, 183, 184, 288, 351
Dole s. Alt-Dahlen
Dondangen (Dundaga), BB. 248
Dorpat (Tartu), BB. **50**—54, 59, 90, 368
— Domkirche 266
— Johanniskirche 155
— Stadtmauer 53, 54
Driburg, „Gräfte", Westfalen 346, 355
Dubena, VB. 108
Dünaburg (Daugavpils), OB. 87—91, 238
Dünamünde (Daugavgriva), KB. **268,** 269, 275, 322, 351, 373
Dundaga s. Dondangen
Durbe s. Durben
Durben (Durbe), OB. 125, **232,** 235
Dzērbene s. Serben
Edise s. Etz
Edole s. Edwahlen
Edwahlen (Edole), BB. **249,** 250
Eichenangern (Stakenbergi), VB. 262
Elbing i. Pr., OB. 364
Elburg i. Holland, befestigtes Wohnhaus 351
Emburga s. Annenburg
Embute s. Amboten
Engelsburg i. Pr., OB. 342
Erfurt
— Augustinerkloster 381
— Kartäuserkloster 381
Ērgeme s. Ermes
Ērgļi s. Erlaa
Erlaa (Ērgļi), VB. **112,** 113, 259
Ermes (Ērgeme), OB. **296,** 297
Erwahlen (Ārlava), BB. 249

Etz (Edise), VB. 118, 119
Everlöv i. Schonen, Kirche 391
Falkenau (Kärkna), KB. 151, **270**—274, 278, 284
Fegefeuer (Kiviloo), BB. 316
Fellin (Viljandi)
— OB. 50, **55**—57, 59, **139**—149, 157, 244—246, 314, 341, 361, 377
— Katharinenkapelle 147
Felx (Velise), VB. **121,** 123, 262
Fickel (Vigala), VB. **119**—121, 123, 262
Florenz, Bargello 360, 384
Frauenburg in Estland s. Neuhausen
Frauenburg (Saldus), OB. **182,** 183, 363
Fredeland s. Treiden
Friedewald i. Rheinland, B. 366

Gaillard i. Frankreich, B. 358
Gammelgarn auf Gotland, Kirche u. Kastal 348
Gaujiena s. Adsel
Gemen i. Westfalen, B. 372
Gerzike, VB. 108
Glambeck i. Dänemark, B. 355
Goldenbeck (Kullamaa)
— B. 61, **255,** 256
— Kirche 255, 257
Goldingen (Kuldiga), OB. **159,** 160, 224, 227, 231, 232, 235
Goliat i. Syrien, B. 358
Gothem auf Gotland, Kirche u. Kastal 348
Greifenstein i. Thüringen, B. 340
Gripsholm i. Schweden, Schloss 393
Grobin (Grobina), OB. **227,** 228, 232
Grobina s. Grobin
Gross-Roop (Lielstraupe), VB. **110,** 111, 261, 262, 309
Gudenau i. Rheinland, B. 354
Gulbene s. Schwanenburg

Haapsalu s. Hapsal
Haljal (Haljala), Wehrkirche 155, 166
Haljala s. Haljal
Hälsingborg i. Schweden, B. 347
Hämeenlinna (Tavastehus) i. Finnland, B. 389
Hapsal (Haapsalu), BB. **196**—203, 206, 221, 257, 360, 373, 375—377
Hardenberg i. Rheinland, B. 346
Hardtburg i. Rheinland, B. 346
Harlach bei Weissenberg i. Bayern, B. 358

Hasenpoth (Aizpute)
— BB. 225, 249
— OB. 225, 226, 232, 235
Hattula i. Finnland, Kirche 389
Heiligenberg, OB. 71, 161
Heilsberg i. Pr., BB. 371
Heimerzheim i. Rheinland, B. 354
Helme s. Helmet
Helmet (Helme), OB. 76—79, 243, 339
Heyden i. Rheinland, B. 372
Hochrosen (Augstroze), VB. 106—108, 261, 262, 340
Holme
— B. 26—30, 32, 38, 39, 45, 58, 59, 108, 124, 235, 354
— Wehrkirche 26, 27
Holmhof (Saare), VB. 321
Ikškile s. Üxküll
Ingå s. Inkoo
Inkoo (Ingå) i. Finnland, Kirche 389
Irboska s. Isborsk
Isborsk (Irboska), B. 307, 344, 345
Iwangorod, B. 178, 307, 344
Järve s. Türpsal
Jerusalem, Stadtmauer 357
Jesusburg s. Goldingen
Jewe (Jõhvi), Wehrkirche 119
Jõhvi s. Jewe
Jürgensburg (Jaunpils), OB. 243
Jürgenshof, s. Riga
Kaarma s. Karmel
Kalkar, am Niederrhein, Rathaus 366
Kalö in Dänemark, B. 356
Kalsnava s. Kalzenau
Kalvi s. Põddes
Kalzenau (Kalsnava), VB. 260, 261
Kandau (Kandava), OB. 226, 227, 229, 230
Kandava s. Kandau
Kärkna s. Falkenau
Karksi s. Karkus
Karkus (Karksi), OB. 76, 79, 244—246, 314
Karmel (Kaarma), Kirche 87
Kasr-Bchêr in Arabien, B. 359
Kasti s. Kasty
Kasty (Kasti), VB. 121, 123, 262
Kavilda s. Kawelecht
Kawelecht (Kavilda)
— VB. 262, 264, 265
— Kirche 265
Kempen i. Rheinland, B. 366
Kiiu s. Kyda

Kiltsi s. Ass
Kirchholm s. Holme
Kirrumpäh (Kirumpää), BB. 96, 99, 100, 102, 255, 308, 309, 351
Kirumpää s. Kirrumpäh
Kiviloo s. Fegefeuer
Klein-Marien (Väike-Maarja), Kirche 117, 118, 378
Klein-Roop (Mazstraupe), VB. 111, 261, 262, 309, 354
Kloostrimõis s. Klosterhof
Klosterhof (Kloostrimõis), WG. 287
Koblenz, Deutschordenshaus 378
Kokenhusen (Koknese), BB. 35—38, 43, 55, 236, 343—345, 368
Koknese s. Kokenhusen
Kolga s. Kolk
Kolk (Kolga), WG. 287, 288, 349
Köln
— St. Panthaleon 376
— Stadtmauer 294
Koluvere s. Lode
Kongota (Konguta), VB. 262, 264
Konguta s. Kongota
Königsberg i. Pr., OB. 360, 364
Konstantinopel, Stadtmauer 357
Koziana, B. 343
Kraslava s. Kreslawka
Krasna, B. 343
Krasnyj, B. 307
Kremon (Krimulda), BB. 103, 104, 110
Kreslawka (Kraslava), OB. 238
Kreuz (Risti), Kirche 291
Kreuzburg (Krustpils), BB. 104
Krievciems s. Ruschendorf
Krimulda s. Kremon
Krustpils, s. Kreuzburg
Kubesele, Kirche 40, 43
Kuimetsa s. Kuimetz
Kuimetz (Kuimetsa), WG. 287, 288, 351
Kuldiga s. Goldingen
Kullamaa s. Goldenbeck
Kullenzall s. Kreuz
Kunda, Hof 70, 321
Kuressaare s. Arensburg
Kursi s. Talkhof
Kyda (Kiiu), VB. 114—117, 349

Lais (Laiuse)
— OB. 292—296, 370
— Kirche 293
Laiuse s. Lais
Lamgarben i. Pr., OB. 365

425

Laudon (Laudona), BB. 254
Laudona s. Laudon
Leal (Lihula)
— B. **57**, **73**, 74, 194, 341
— Kloster 286, 287
Lechenich i. Rheinland, B. 346
Leerodt i. Rheinland, B. 354
Lemburg (Mālpils), OB. 241
Lemsal (Limbaži), BB. 110, **203**, 204, 206, 254, 255
Lennewarden (Lielvarde), VB. **38**, 39, **109**, 110
Lielstraupe s. Gross-Roop
Lielvarde s. Lennewarden
Lihula s. Leal
Limbaži s. Lemsal
Limmat (Lümandu), VB. 123
Lindanisse (Lindanisa) s. Reval
Lochstedt i. Pr., OB. 361, 383
Lode (Koluvere), BB. 255—257
Lokstina s. Loxten
Loxten (Lokstina), VB. **108**, 236
Ludsen (Ludza), OB. **91**, 92, 398
Lüganuse s. Luggenhusen
Luggenhusen (Lüganuse), Wehrkirche 119, 167
Lümandu s. Limmat

Maasilinn s. Soneburg
Mālpils s. Lemburg
Marburg an der Lahn
— Elisabethkirche 377, 378
— Schloss 378
Mariaburghausen i. Unterfranken, Zisterzienserinnenkloster 383
Marienburg (Alūksne), OB. **147**, 148, 292, 314, 362
Marienburg i. Pr., OB. 362, 387, 396
Marienfeld b. Münster, Zisterzienserkloster 268
Marienhausen s. Villack
Marienstern, Zisterzienserinnenkloster i. Unterfranken 380, 381
Marodei i. Mecklenburg, B. 347
Mazstraupe s. Klein-Roop
Memel, B. **162**, 209, 227
Mewe i. Pr., OB. 362
Minden i. Westfalen, Rathaus 377
Mitau (Jelgava), OB. **157**—160, 232
Mojahn (Mujāni), VB. 262, **310**, 311
Montfort in Syrien 358
Mont-St.-Michel i. Normandie, Kloster 379
Moskau, Kreml 304, 345

Moyland i. Rheinland, B. 366
Mujāni s. Mojahn
Münster i. Westfalen
— Steinwerke 353
— Wehrgürtel 374
Muyden i. Holland, B. 366
Myllendonk i. Rheinland, B. 354

Nabben (Nabe), BB. 254, 255
Nabe s. Nabben
Narwa (Narva), Hermansburg 55, **65**—69, 163, **176**—179, 181, 295, 356, 373, 398
Neuenhof (Uuemōisa), Hof 70
Neuenburg (Jaunpils), OB. **183**—185, 223, 288
Neuermühlen (Adaži), OB. **133**, 139, 203, 309, 322, 327
Neuhausen (Valtaiki), OB. 232
Neuhausen, Frauenburg (Vastseliina), BB. 96, **100**—102, 147, **306**, 307, 344, 345, 351, 370
Neuschloss (Vasknarva), OB. **313**, 351
Nitau (Nitaure), OB. 242, 243
Nitaure s. Nitau
Noarootsi s. Nuckö
Nōo s. Nüggen
Nuckö (Noarootsi), Wehrkirche 167
Nüggen (Nōo), Wehrkirche 167
Nurmhusen (Nurmuiža), VB. 262
Nurmuiža s. Nurmhusen
Nürnberg, Stadtmauer 294
Nyköping i. Schweden, B. 356

Oberpahlen (Pōltsamaa), OB. **148**--151, 293
Odenpäh (Otepää), BB. **50**—52, 59
Olavilinna (Olofsborg) i. Finnland, B. 345
Oldentorn (Vana-Kastre), BB. 96, 97
Olofsborg s. Olavilinna
Örebro i. Schweden, B. 356
Ortelsburg i. Pr., OB. 362
Osnabrück, i. Westfalen
— Steinwerke 353
— Wehrgürtel 374
Otepää s. Odenpäh

Padis (Padise), KB. 201, **274**—280, 283 —285, 291, 351, 354, 380
Padise s. Padis
Paide s. Weissenstein
Pärnu s. Pernau
Pebalg (Vec-Piebalga), BB. 243, **252**, 253
Pernā s. Pernaja

Pernaja (Pernå) i. Finnland, Kirche 389
Pernau (Pärnu)
— OB. 55, **133**—139, 183, 363, 373
— Nikolaikirche 386
— Stadtmauer 138
Peude (Pöide)
— OB. 85—87, 185, 186, 349
— Kirche 86, 87, 349
Pforta bei Naumburg, Zisterzienserkloster 268
Pilten (Piltene), BB. **208**—210, 309, 368
Piltene s. Pilten
Pirita s. Reval
Pöddes (Kalvi), VB. 119
Pöide s. Peude
Põltsamaa s. Oberpahlen
Porkuni s. Borkholm
Pr. Holland, OB. 365
Prozelten i. Unterfranken, OB. 368, 369
Punamäe s. Agelinde
Pürkeln (Ungurpils), VB. 261
Ragnit i. Pr., OB. 363
Rakvere s. Wesenberg
Randen (Rannu)
— VB. 262, **264**
— Kirche 264
Rannu s. Randen
Ratzeburg, BB. 349, 350
Rauna s. Ronneburg
Rauschenberg i. Hessen, B. 341
Rees i. Rheinland, Rathaus 366
Reval (Tallinn)
— OB. **57**—60, **63**—69, 111, 112, 163, **167,** 170—172, 174—176, 179, 277, 304, **331,** 332, 366, 368
— St. Brigitten, Klosterkirche 213, 390, 391
— Dominikanerkloster 272
— Grosse Gilde 283
— St. Michaelskirche 332
— St. Olai Gilde 332
— St. Olaikirche 326, 372, 386
— Portalarchitektur 118
— Rathaus 366
— Stadtmauer 297, 304, 322, 331, 373, 374
Rēzekne s. Rositen
Rheden i. Pr., OB. 350, 362
Riga
— Georgenburg 30—33, 49, 60, 152

Riga
— OB. **151**—158, 181, 189, 246, 278, **323**—329, 331, 333, 362, 363, 378, 380, 393
— Bischöfliche Pfalz 32
— Domkirche 49, 128, 131, 144, 195, 360, 375, 376, 385
— Grosse Gilde 383
— Johanniskirche 388
— Stadtmauer 31, 43
Rinda s. Angermünde
Ringen (Rõngu), VB. 262—264
Rodenpois (Ropaži), OB. 242
Rogosi s. Rogosinski
Rogosinski (Rogosi), Hof 266
Roma auf Gotland, Zisterzienserkloster 287, 349
Rõngu s. Ringen
Ronneburg (Rauna), BB. **206,** 207, 231, 243, 332
Ropaži s. Rodenpois
Rosenbeck (Rozbeki), VB. 262, **309,** 310
Rositen (Rēzekne), OB. **81,** 82, 91, 162, 341, 350, 398
Rössel i. Pr., BB. 371
Rozbeki s. Rosenbeck
Rujen (Rujiena), OB. **76**—78, 243, 321, 339
Rujiena s. Rujen
Ruschendorf (Krievciems), VB. 261
Saalburg i. Rheinland, Römerkastell 338
Sabile, s. Zabeln
Sackenhausen (Saka), VB. 261
Sagnitz (Sangaste), Hof 266
Sagu s. Sauvo
Saka s. Sackenhausen
Salacgriva s. Salis
Salaspils s. Neu-Kirchholm
Saldus s. Frauenburg
Salis (Salacgriva), BB. **102,** 103
Sangaste s. Sagnitz
Sauvo (Sagu) i. Finnland, Kirche 389
Schlockenbeck (Slokumberga), OB. **230,** 266
Schrunden (Skrunda), OB. **232,** 233, 235
Schujen (Skujene), OB. 242
Schwanenburg (Gulbene), BB. **253,** 254
Schwetz i. Pr., OB. 289, 366

427

Segewold (Sigulda), OB. **44**—46, 61, **125**—**128**, 355, 377
Selburg (Sēlpils), OB. **80**, 81, 108, 236
Sēlpils s. Selburg
Serben (Dzerbene), OB. 322
Sesswegen (Cesvaine), BB. 204—206
Sigulda s. Segewold
Skrunda s. Schrunden
Skujene s. Schujen
Slokumberga s. Schlockenbeck
Smilten (Smiltene), BB. 250—252
Smiltene s. Smilten
Soela 58, 59
Soldau i. Pr., BB. 362, 365
Sõmerpalu s. Sommerpahlen
Sommerpahlen (Sõmerpalu), VB. 262, **266**
Soneburg (Maasilinn), OB. **185**—188, 211, 319
Stakenbergi s. Eichenangern
Starkenberg s. Montfort
Steinhausen i. Westfalen, B. 353
Steinvikholm i. Norwegen, BB. 393
Stenda s. Stenden
Stenden (Stenda), Haus 123
Sternberg i. Westfalen, B. 340
Strasburg i. Pr., OB. 350
Stuhm i. Pr., OB. 365
Suntaži s. Sunzel
Sunzel (Suntaži), BB. 254
Taarnborg i. Dänemark, B. 347, 355
Talkhof (Kursi), OB. **151**, 293
Tallinn s. Reval
Talsen (Talsi), OB. **234**, 262
Talsi s. Talsen
Tartu s. Dorpat
Tarvanpe s. Wesenberg
Tarwast (Tarvastu), OB. 246, 247
Tarvastu s. Tarwast
Tavastehus s. Hämeenlinna
Tervete s. Terweten
Terweten (Tervete), OB. 160—162
Thorn i. Pr., OB. 379
Tirsen (Tirza), VB. 261
Tirza s. Tirsen
Tischnowitz, Zisterzienserkloster i. Schlesien 379, 381
Toolse s. Tolsburg
Tolsburg (Toolse), OB. 314, 315
Torup i. Schonen, Schloss 392
Treiden (Turaida), BB. **41**—44, 61, 82, 84, 103, 104, 106, 340, 349, 350

Trier, Domkirche 376
Trikāta s. Trikaten
Trikaten (Trikāta), OB. **74**—76, 78, 243, 339
Tripolis, Turris Maniliorum 358
Tuckum (Tukums), OB. 229, 230
Tukums s. Tuckum
Turaida s. Treiden
Turgel (Türi), Kirche 145
Türi s. Turgel
Türpsal (Järve), VB. 119
Uue-Kastre s. Warbeck
Uuemõisa s. Neuenhof
Ülzen (Vaabina), VB. 262, **266**
Ungurpils s. Pürkeln
Urwast (Urvaste), Kirche 266
Urvaste s. Urwast
Üxküll
— B. **23**—26, 28, 30, 38, 39, 87, 348, 349, 354
— Kirche 23—25, 349, 377
Vaabina s. Ülzen
Vadstena i. Schweden, Brigittinerkloster 390, 391
Väike-Maarja s. Klein-Marien
Vainiži s. Wainsel
Valjala s. Waljal
Valkenberga s. Wolkenberg
Valmiera s. Wolmar
Valtaiki s. Neuhausen
Vana-Kastre s. Oldentorn
Vao s. Wack
Vasknarva s. Neuschloss
Vastseliina s. Neuhausen
Velise s. Felx
Ventspils s. Windau
Vigala s. Fickel
Vilaka s. Villack
Viljandi s. Fellin
Villack, Marienhausen (Vilaka), BB. **102**, 253, **332**, 344, 351
Virtsu s. Werder
Visborg i. Visby, B. 391
Visby auf Gotland, Stadtmauer 294, 391
Vischering i. Westfalen, B. 340
Vredeborch s. Tolsburg
Wack (Vao), VB. **116**—118, 121, 353, 378
Wainsel (Vainiži), BB. 254, 255
Waljal (Valjala), Wehrkirche 198, 199
Warbeck (Uue-Kastre), BB. 96—98

Weissenstein (Paide), OB. 82—85, **179**—181, 201, **290**—292, 295, 350, 354
Wenden (Cēsis)
— OB. **46,** 47, 55, 59, 61, 74, **127,** 128, **188**—193, 201, 208, 220, 241, 246, 309, 323, **327**—331, 372, 377, 386, 388
— Johanniskirche 191, 193, 280
— Katharinenkapelle 193
Werder (Virtsu), VB. 317—319
Wesenberg (Rakvere), OB. 61, **67,** 68, **163**—167, 176, 302, 314, 355, 356

Widsköfle i. Schonen, Schloss 392
Windau (Ventspils), OB. **128**—131, 139, 160, 203, 209, 232, 361, 362, 377
Wolkenburg (Valkenberga), OB. **238**—240, 355
Wolmar (Valmiera)
— OB. **48,** 55, **79,** 80, 240, 318
— Stadtkirche 79
Worms, Stadtmauer 294
Zabeln (Sabile), OB. **230,** 231, 235

Inhaltsverzeichnis.

Seite

Vorwort 7
Einleitung 11

Erster Teil.
Baugeschichte und Entwicklung der Burgen.

I. Kapitel. Die Anfänge der Burgenarchitektur (1185—1237).

1. Die Zeit Bischof Meinhards 23
   Üxküll 23—26. Holme 26—29.
2. Die Zeit Bischof Alberts und des Schwertbrüderordens 30
   Die Gründung der Stadt Riga 30—35. Die erste Periode 35—49. Kokenhusen 35—38. Lennewarden 38—39. Alt-Dahlen 39—40. Treiden 41—44. Segewold 44—46. Wenden 46—47. Wolmar 48. Ascheraden 48—49. Die zweite Periode 49—62. Odenpäh 51—52. Dorpat 52—55. Fellin 55—57. Leal 57. Reval 57—58. Soela 58—59. Reval 59—60. Agelinde 60—61. Goldenbeck 61.

II. Kapitel. Die Gestaltung der Grundtypen und ihre Verbreitung bis zum Aufkommen der Feuerwaffen (1237—1400).

1. Die Entwicklung im dänischen Nordestland 63
   Reval 63—65. Narwa 65—66. Wesenberg 67—69.
2. Die Entwicklung im Ordensgebiete und in den bischöflichen Territorien 70
   A. Naturgebundene Anlagen. Turm- und Hausburgen   70
   Holzburgen. Doben und Heiligenberg 71. Leal 73. a. Ordensburgen 73—94. Trikaten 74—76. Rujen 76—77. Helmet 77—79. Karkus 79. Wolmar 79—80. Selburg 80—81. Rositen 81—82. Weissenstein 82—85. Peude 85—87. Dünaburg 87—91. Ludsen 91—92. Doblen 92—94. b. Bischofsburgen 95—104. Am-

boten 95. Oldentorn 96—97. Warbeck 97—98. Kirrumpäh 99—100. Neuhausen 100—101. Villack 102. Salis 102—103. Kremon 103—104. Kreuzburg 104. c. Vasallenburgen 104—124. Hochrosen 106—108. Loxten 108—109. Lennewarden 109—110. Gross-Roop 110—111. Klein-Roop 111—112. Erlaa 112—113. Kyda 114—116. Wack 116—118. Ass 118. Etz 118—119. Türpsal 119. Pöddes 119. Fickel 119—121. Felx 121. Kasty 121. Angern 121—122. Limmat 123. Stenden 123. Annenburg 123.

B. Das Konventshaus 124
a. Ordensburgen 124—193. Die Frühentwicklung 125—139. Segewold 125—127. Wenden 127—128. Windau 128—131. Adsel 131—133. Neuermühlen 133. Pernau 133—139. Der reifende Stil 139—151. Fellin 139—147. Marienburg 147—148. Oberpahlen 148—151. Talkhof 151. Das viertürmige Kastell 151—162. Riga 151—157. Mitau 157—159. Goldingen 159—160. Terweten 160—162. Memel 162. Die Entwicklung in Nordestland 163—181. Wesenberg 163—166. Reval 167—175. Narwa 176—179. Weissenstein 179—181. Die Spätentwicklung 181—193. Frauenburg 182—183. Neuenburg 183—185. Soneburg 185—187. Wenden 188—193. b. Bischofsburgen 193—221. Alt-Pernau 194—196. Hapsal 196—203. Lemsal 203—204. Sesswegen 204—206. Ronneburg 206—208. Pilten 208—210. Arensburg 211—221.

C. Der freie Kastelltyp. Das Lagerkastell 221
a. Ordensburgen 221—247. Die kurländischen Wegekastelle 224—235. Hasenpoth 225—226. Kandau 226—227. Grobin 227—229. Tuckum 229—230. Schlockenbeck 230. Zabeln 230—232. Durben 232. Neuhausen 232. Schrunden 232—233. Alschwangen 233—234. Talsen 234—235. Die Dünalinie und das Mittelgebiet 235—243. Neu-Kirchholm 235—236. Ascheraden 236. Altona 236—237. Kreslawka 238. Wolkenburg 238—240. Arrasch 241. Lemburg 241—242. Rodenpois 242. Schujen 242. Nitau 242—243. Jürgensburg 243. Die teils naturgebundene Mittelgruppe 243—247. Burtneck 243. Karkus 244—246. Tarwast 246—247. b. Bischofsburgen 247—258. Dondangen 248. Angermünde 248. Erwahlen 249. Hasenpoth 249. Edwahlen 249—250. Smilten 250—252. Pebalg 252—253. Schwanenburg 253—254. Baltow 254. Sunzel 254. Wainsel 255. Nabben 255. Lode 255—258. c. Vasallenburgen 258—267. Bersohn 259—260. Kalzenau 260—261. Ruschendorf 261. Tirsen 261. Pürkeln 261. Sackenhausen 261. Nurmhusen 262. Eichenangern 262. Ringen 263—264. Randen 264. Kongota 264. Kawelecht 264—265. Anzen 265—266. Ülzen 266. Sommerpahlen 266. Sagnitz 266.

D. Klosterburgen 267
Dünamünde 268—270. Falkenau 270—274. Padis 274—285. Leal 286—287. Klosterhof 287. Kolk 287—288. Kuimetz 288.

III. Kapitel. Die Spätentwicklung vom Siege der Feuerwaffen bis zur Auflösung des Ordensstaates (1400—1562).

Seite

1. Die Weiterentwicklung des Lagerkastells 289
    a. Ordensburgen 289—301. Weissenstein 290—292. Lais 292—295. Ermes 296—297. Bauske 297—301. b. Bischofs- und Vasallenburgen 302—311. Borkholm 302—304. Neuhausen 306—307. Kirrumpäh 308—309. Rosenbeck 309—310. Mojahn 310—311.
2. Mischtypen 312
    a. Neubauten 312—321. Neuschloss 313. Tolsburg 314—315. Fegefeuer 316—317. Werder 317—319. Ass 319—320. Alt-Karmel 320—321. Holmhof 321. b. Vervollständigungen und Erweiterungen 322—334. Riga 323—327. Wenden 327—330. Reval 331—332. Villack 332.

Zweiter Teil.

Beziehungen zu der mittelalterlichen Baukunst anderer Länder.

Seite

1. Die naturgebundene Anlage 337
2. Die Turmburg 345
3. Das Kastell 354
4. Die den Feuerwaffen angepasste Burg 368
5. Die Innenarchitektur 374
6. Die Einwirkung der Ordenskunst auf die Nachbargebiete . . . 388

Schlusswort 395
Ungedruckte Quellen und Handschriften 401
Gedruckte Quellen und Literatur 403
Ergänzende Bemerkungen zu den Abbildungen . . 413
Verzeichnis der Abbildungen 414
Personenregister 421
Register der Baudenkmale 423
Kartenanhang.